韓國精神文化研究院

譯註 三國遺事

IV

姜仁求 金杜珍 金相鉉 張忠植 黃浿江

以會文化社

序　文

　　三國遺事는 三國史記와 함께 韓民族 최고의 古典이며 歷史書이다.
三國遺事는 官撰의 正史인 三國史記와는 달리, 고승 一然이 高麗 후
기 영남지방 여러 寺刹에 주석하면서 당시까지 남아 있는 자료들을
망라하여 편찬한 野史이다. 그 속에는 古朝鮮부터 高麗까지 고대사회
에서 이룩된 신화·전설·사상·문학·풍속 등과 불교의 傳來·盛衰
樣相이 原形 그대로 담겨져 있다. 더욱이 檀君古事와 駕洛國記·新羅
鄕歌 등은 三國史記에도 들어 있지 않은 유일한 기사들로서 천만금의
가치를 지니고 있다고 하겠다.

　　三國遺事에 대한 飜譯·註釋書는 일찍이 국내·외에서 간행되어
현재는 20여 종에 이른다. 이들 譯註本들은 대부분 飜譯에 중점을 두
었거나, 註釋을 병행한 경우도 그 내용이 간략하여 거의가 국어사전
적 주석이거나 한자해석정도에 그치고 있다. 그리고 외국에서 간행된
것도 우리 학계의 연구결과를 반영하는 데에는 소홀히 한 면이 보이
고, 그렇지 않으면 자국의 입장에서 자국 학계의 결과에만 치중하여
해석한 부분이 있었다. 어느 경우이든 민족 최고의 고전 역주서로서
후세에 전하기에는 만족스럽지 못하였다.

　　이에 본 연구원에서는 三國遺事를 만들어낸 민족문화의 기반 위에
서 자국의 역사나 언어를 해석하고 다듬어 나가듯이, 三國遺事에 담

겨진 모든 자구문장의 뜻을 바르고 정확하게 해석한 역주본의 正本이 어느 사서보다 그 간행보급이 시급하다고 판단하였다.

정본을 출간하여 안으로는 새로운 민족문화창달의 밑바탕을 삼게 하고, 국외의 이해자들을 위해서는 史實에 입각한 바른 해석을 전달 하여 민족문화의 보급에 새로운 전기를 마련하고자 三國遺事의 주석 번역을 새롭게 계획하였다. 물론 본 三國遺事의 역주사업도 이미 1988년부터 착수하여 간행을 본 三國史記의 역주사업에 이어지는 큰 계획의 하나이기도 하다.

본 역주사업은 본원의 연구과제로 채택되어 1995 · 1996 · 1997 · 1998년의 4개년에 걸쳐 수행되고, 1999년 이후 2002년까지 4개년은 비 예산사업으로 진행되었다. 이 역주사업에는 최근까지의 학계연구결과 를 검토하여 반영하는 문제가 가장 중요한 일로 여겨졌다. 그래서 三 國遺事를 오랫동안 연구해온 斯界의 전문가를 동원하게 되었다. 연구 는 金杜珍 · 金相鉉 · 張忠植 · 黃浿江 · 姜仁求 등 5인이 공동으로 담 당하였다.

역주작업을 위해 正德本을 底本으로 하고, 기왕에 간행된 六堂崔南 善本 · 斗溪李丙燾本 · 民族文化推進會本 · 李載浩本 · 북한의 리상호 본 · 日本의 三品彰英本 등을 주요 비교대상본으로 하여 분석검토하 였다.

校勘은 원본인 正德本(서울大學校 奎章閣所藏)을 최대한으로 살렸 다. 그러나 一然禪師의 원문과 木板印刷時 변경된 한자를 구분하기는 지난한 일이었다. 高麗 후기 당시 사용한 것으로 보이는 약자는 현재 도 韓國과 日本 · 中國에서 사용되므로 각주에 일부분을 반영하기로 하였다.

史實과 年代 등에서 三國史記와 차이가 있는 경우는 三國史記의 내용을 비교자료로 제시하였다. 고유명사나 특수용어는 三國史記와 상이하더라도 正德本의 원문을 택하고, 가급적이면 원문을 보전하려고 노력하였다. 그리고 어느 경우에나 三國史記와의 상이한 부분은 주석에 근거와 설명을 달았다.

飜譯과 註釋은 고등학교 3학년의 수준이면 충분히 읽고 이해할 수 있는 문장으로 하고, 장차 영어번역을 유념하여 교과서적 문장을 사용하였다. 그러나 가장 어려웠던 일은 각 연구자의 문장을 통일하는 일과 주석의 범위와 깊이에서 균형을 맞추는 일이었다. 이 일을 위하여 연구보조원인 趙景徹・文銀順・尹琇姬 등이 다년간 진력하였으며, 또 일시적으로 全鍾國・金善珠 등도 협력하였다. 공동연구자 여러분과 연구보조원 여러분께 깊은 감사의 인사를 드린다.

끝으로, 본 譯註三國遺事는 의욕과 기대와는 달리, 여러 면에서 부족하다고 생각한다. 그러나 2002년까지의 새로운 연구를 수록 반영하였다는 의미에서 이후 더 잘된 역주본이 간행될 때까지만이라도 正本의 구실을 하였으면 하는 마음 간절하다. 앞으로도 계속하여 수정보완해 나갈 것을 약속드리며, 학계 제현의 질정을 바란다.

2002년 7월
공동연구 책임자 姜 仁求 근서

凡　例

• 본서의 原本은 朝鮮 中宗 7년(正德 壬申年: 1512)에 간행된 木版本 『三國遺事』(正德本: 서울대학교 奎章閣소장, 民族文化推進會 간행)를 기본으로 하였다.

• 본서는 正德本(이하 [正]으로 약칭함)의 편제를 재편하여 Ⅰ(卷第一), Ⅱ(卷第二), Ⅲ(卷第三), Ⅳ(卷第四・卷第五), Ⅴ(研究論文・索引)의 총 5권으로 재구성하였다.

• 본서 각 권의 구성은 항목별로 原文校勘, 飜譯註釋 순으로 하고, 각 권의 맨 뒷편에 해당 항목의 影印原文을 실었다.

• 본서는 독자의 편의를 위해 각권 내의 항목에 일련번호를 추가하였다.

• 본서는 독자의 편의를 위해 縱書로 되어 있는 원본을 橫書로 조판하였다.

Ⅰ. 原文校勘

1. 원문은 내용에 따라 문단을 나누고 띄어쓰기를 하였다.
2. 원본의 原註는 〈 〉안에 작은 글자로 표기하였다.
3. 교감은 [正]을 저본으로 하고, 이미 출간된 三國遺事 板本과 活字本(飜譯本 포함) 등을 비교대상으로 하였다. 이 외에 필요한 경우 史書·地理書·金石文 등의 여러 자료를 참고로 하였다. 자료의 목록과 약호는 다음과 같다.

三國遺事관계자료				기타 자료	
晚松文庫本	[晚]	東京大本	[東]	『三國史記』	[史]
順庵手澤本	[順]	朝鮮光文會本	[光]	『高麗史』	[麗史]
石南筆寫本	[石]	朝鮮史學會本	[會]	『新增東國輿地勝覽』	[勝覽]
鶴山筆寫本	[鶴]	大日本續藏經本	[續]	『世宗實錄』 地理志	
神田本 德川本	[神]	大正新修大藏經本	[修]	『史記』	
		斗溪李丙燾本	[斗]	『漢書』	
		六堂崔南善本	[六]	『三國志』	
		李載浩本	[浩]	金石文	
		民族文化推進會本	[民]		
		三品彰英本	[品]		
		리상호본	[리]		
		權相老本	[相]		
		李東歡本	[歡]		
		曉星女大本	[曉]		
		韓國佛敎全書本	[全]		
		李民樹本	[樹]		

4. 위의 자료 중에서 기본적인 교감비교대상본의 범위는 원본인 [正]을 포함하여 [斗], [六], [浩], [民], [品] 등 6서로 하되, 최근 개정판을 대상으로 하였다. 위 6서의 출판사항은 다음과 같다.

[正]	서울대학교 奎章閣소장; 『三國遺事』(民族文化推進會 간행), 景仁文化社, 1973.
[斗]	『譯註·原文三國遺事』, 明文堂, 2000.
[六]	『三國遺事』, 瑞文文化社, 1996.
[浩]	『삼국유사』, 솔출판사, 1997.
[民]	『三國遺事』, 景仁文化社, 1973.
[品]	『三國遺事考証』, 塙書房, 1975.

그러나 卷第一의 王曆의 경우 위의 6서 중 [浩]와 [民]은 교감대상자료에서 제외하였다. 그 이유는 왕력부분이 최근 개정판 [浩]에는 원문이 없이 한글번역문만 실려 있고, [民]에는 [六]의 내용을 그대로 전재하여 중복되기 때문이다.

5. 원문은 원본의 내용을 최대한 존중하여 싣되, 잘못된 부분은 바로잡아 원문에 표기하고, 각주에서 원본의 글자와 앞에 제시한 교감대상자료 중 본서와 다르게 판독한 경우를 밝혔다.

6. 同字·古字·本字·俗字의 경우는 正字로 바로잡아 원문에 표기한 뒤 따로 각주에서 밝히지 않았다. 그러나 다음의 예와 같이 字形으로 보아 正字를 쉽게 파악하기 어렵다고 판단되는 글자는 이해를 돕기 위해 각주에서 밝히고 正字와의 관계를 ( ) 안에 덧붙였다.

예) 塤(壎과 동자), 饍(膳과 동자), 厸(隣의 고자), 你(爾의 속자),
　　虵(蛇의 속자)

7. 고유명사에 있어서 避諱하거나 음이 相通하는 경우에는 한 가지
로 일치시키지 않고 원본대로 표기하고 각주에서 설명하였다.

　　예) 顯慶과 現慶, 鴻嘉와 鴻佳, 漢岐部와 漢歧部

8. 高麗朝 왕의 이름을 避諱하기 위해 다른 글자로 바꿔 쓴 경우에는
원본의 표기대로 두고 각주에서 설명하였다. 단, 缺劃法을 사용한
경우에는 正字로 교감한 뒤 각주에서 밝혔다.

　　예) 虎 : 고려 惠宗의 이름 '武'의 피휘.

　　　　武 : [正] 正. 고려 惠宗의 이름 '武'의 결획피휘.

9. '干'·'于'와 '己'·'已'·'巳' 등의 글자는 文理로 보아 문제가 되지
않을 경우에는 교감한 뒤 각주를 붙이지 않았다.

10. 원본에서는 '大'와 '太'를 음과 뜻이 유사하여 혼용하였는데, 수정
할 사항은 바로 잡은 후 각주에서 밝혔다.

　　예) 大宗→太宗, 大子→太子

11. 원본의 상태를 나타내는 기호와 용어는 다음과 같다.

　　'□' : 원본의 여백에 예상되는 글자수가 한 글자인 경우

　　'□…□' : 원본의 여백에 예상되는 글자수가 정확하지 않은 경우

　　'없음' : 원본에 여백 없이 글자가 생략되어 없는 경우

　　'판독미상' : 원본의 글자를 판독할 수 없는 경우

　　'파손' : 원본이 파손되어 글자를 읽을 수 없는 경우

Ⅱ. 飜譯註釋

1. 한글로 번역하는 것을 원칙으로 하고, 번역은 평이한 문장으로 원
   뜻에 충실하게 하고, 일부는 의역하기도 하였다.
2. 고유명사는 한자를 ( ) 안에 표기하였다. 번역한 한글과 원문의
   한자가 다를 경우에는 그 한자를 [ ] 안에 표기하였다.

   예) 예악(禮樂), 제왕의 지위[大器]

3. 원문에는 없으나 이해를 돕기 위해 필요한 단어나 문장을 추가한
   경우에는 [ ] 안에 표기하였다.
4. 年號와 干支는 해당 연대를 ( ) 안에 표기하였다.
5. 왕의 이름을 피휘한 경우 본래대로 번역하고 원문을 [ ] 안에 표
   기하였다.

   예) 무령왕[虎寧王], 문무왕[文虎王]

6. 인용문은 「 」로, 인용문 안에서의 대화체는 " "로, 그 안에서 다
   시 인용된 부분은 ' '로 표기하였다.
7. 수량의 표기는 1에서 10까지는 아라비아 숫자로, 100 이상은 백,
   천, 만 등의 단위로 하였다. 그러나 일부는 이해를 돕기 위해 우리
   말의 셈수로 표기하였다.

   예) 1만 2천 3백 45명, 다섯 명

8. 두, 세 가지의 내용을 포함하고 있는 제목의 경우, 그 내용이 동격
   을 이룰 때는 '과(와)'로, 그 내용이 공통성이 있으나 '과(와)'보다
   약하게 연결될 때는 '·'로 표기하였다.

　　예) 말갈과 발해, 변한·백제

9. 주석의 표제어는 번역의 해당 부분을 원문의 한자로 표기하였다.
　표제어의 해당 원문이 긴 경우에는 앞과 뒤의 글자를 표시하고 그
　사이에 중략된 부분을 '…'로 표기하였다. 그리고 표제어의 해당 원
　문이 짧으면서 그 한자의 독음이 일반적인 독음과 다르거나 어려
　운 경우에는 독음을 ( ) 안에 표기하였다.

　　예) 國史云…來投, 兜率歌(도솔가), 蘇首(진수)

譯註三國遺事 內容

目 次

三國遺事 卷第四
義解 第五

三國遺事 卷第五

神呪 第六

感通 第七

三國遺事 卷第四

義解 第五

三國遺事 卷第四

義解 第五

98. 圓光西學

　唐續高僧傳第[1]十三卷載　新羅皇隆[2]寺釋圓光　俗姓朴氏[3]　本住
三韓　卞韓辰韓馬韓　光卽辰韓人[4]也　家世海東　祖習綿遠　而神器
恢廓　愛染篇章　校[5]獵玄儒　討讎子史　文華騰藹於韓服　博瞻[6]猶愧
於中原　遂割略親朋　發憤溟渤　年二十五　乘舶造于金陵　有陳之世
號稱文國　故得諮考先疑　詢猷了義

　初聽莊[7]嚴旻公弟子講　素霑世典　謂理窮神　及聞釋宗　反[8]同腐
芥　虛尋名敎　實懼生涯　乃上啓陳主　請歸道法　有勅許焉　旣爰初落
采　卽稟具戒　遊歷講肆　具盡嘉謀　領牒微言　不謝光景　故得成實涅
槃　蘊[9]括心府　三藏釋論　徧[10]所披尋　末又投[11]吳之虎丘[12]山　念

---

1) 第 : [正] 苐.　[品][斗][浩][六] 第.
2) 隆 : [民] 龍.
3) 氏 : 『續高僧傳』 없음.
4) 人 : 『續高僧傳』 新羅人.
5) 校 : [正][鶴] 挍.　[品][斗][浩][六] 校.
6) 瞻 : [斗] 膽.
7) 莊 : [斗] 庄.
8) 反 : [順] 更(가필).

定相沿 無忘覺觀 息心之衆 雲結林泉 幷以綜涉四含 功流八[13]定
明善易擬 簡[14]直[15]難虧 深副夙心 遂有終焉之慮 於卽頓絶人事
盤遊聖迹[16] 攝想靑霄 緬謝終古[17]

時有信士 宅居山下 請光出講 固辭不許 苦事邀延 遂從其志 創
通成論 末講般若 皆思解俊[18]徹 嘉問[19]飛移 兼緜以絢采 織綜詞
義 聽者欣欣 會其心府

從此因循舊章 開化成任 每法輪一動 輒[20]傾注江湖 雖是異域通
傳 而沐道頓除嫌郄[21] 故名望橫[22]流 播于嶺表 披榛負橐而至者 相
接如鱗

會隋后御宇[23] 威加南國 曆窮其數 軍入[24]揚[25]都 遂被亂兵 將
加刑戮[26] 有大主將 望見寺塔火燒 走赴救之 了無火狀 但見光在
塔前 被縛將殺 旣怪其異 卽解而放之 斯臨危達感如此也

---

9) 蘊：[正][晚][順][鶴] 薀. [品][斗][浩][六] 蘊.
10) 徧：[鶴] 偏.
11) 投：[正][晚] 枝. [鶴][品][斗][浩][六] 投.
12) 丘：[正] □. [品][斗][浩][六][民] 丘.『海東高僧傳』『續高僧傳』丘.
13) 八：[斗] 入.
14) 簡：[正][斗][六] 筒. [品][浩][民] 簡.
15) 直：[順] 眞(가필).
16) 迹：『續高僧傳』蹤.
17) 古：[正][晚][順][鶴] 右. [品][斗][浩][六] 古.
18) 俊：[正][晚][順][鶴] 佼. [品][斗][浩][六][民] 俊.
19) 問：[品][民] 聞.
20) 輒：[正][品][斗][六] 輙(輒의 속자). [浩] 輒.
21) 郄：[斗][六] 郤.
22) 橫：[鶴] 撗.
23) 宇：[正] 字. [品][斗][浩][六][民] 宇.
24) 入：[鶴] 八.
25) 揚：[正][斗] 楊. [品][浩][六] 揚.
26) 戮：[六] 戳.

光學通吳越 便欲觀化周秦 開皇九年 來遊帝宇 値佛法初會 攝論肇興 奉佩文言 振績微27)緒 又馳慧解 宣譽京皐 勸業旣成 道東須繼 本國遠聞 上啓頻請 有勅厚加勞問放歸桑梓 光往還累紀 老幼相欣28) 新羅王金氏面申虔敬 仰若聖人

光性在虛閑 情多汎愛 言常含笑 慍結29)不形 而牋表啓書 往還國命 并出自胸襟 一隅傾奉 皆委以治方 詢之道化 事異錦衣 情30)同觀國 乘機敷訓 垂範于今 年齒旣高 乘輿入內 衣服藥食 并王手31)自營 不許佐助 用希專福 其感敬爲此類也 將終之前 王親執慰 囑累遺法 兼濟民斯 爲說徵祥 被于海曲

以彼建福五十八年 少覺不悆32) 經于七日 遺誡淸切 端坐終于所住皇隆寺中 春秋九十有九 卽唐貞觀四年也〈宜云十四年〉 當終之時 寺東北虛中 音樂滿空 異香充院 道俗悲慶 知其靈感 遂葬于33)郊外 國給羽儀葬具 同於王禮

後有俗人兒胎死者 彼土諺云 當於有福人墓埋之 種胤不絶 乃私瘞於墳側 當日震此胎屍 擲于塋外 由此不懷34)敬者 率崇仰焉

有弟子圓安 神志35)機穎 性希歷覽 慕仰幽求 遂北趣丸36)都 東觀不耐 又西燕魏 後展帝京 備通方俗 尋諸經論 跨轢大綱 洞淸織

---

27) 微 : [斗] 徵.
28) 欣 : [正][晩] 판독미상. [順] 欣(가필). [鶴][品][斗][浩][六][民] 欣.
29) 結 : [正] 結. [品][斗][浩][六][民] 結.
30) 情 : [正][六] 請. [品][斗][浩][民] 情.
31) 手 : [品][斗][民] 后.
32) 悆 : [六] 念.
33) 于 : [正] 亏. [鶴][品][斗][浩][六] 于.
34) 懷 : [品] 壞.
35) 志 : [正][斗][六] 忘. [浩] 慧. [品][民] 志. 『續高僧傳』志.
36) 丸 : [正][六] 九. [品][斗][浩] 丸. 『海東高僧傳』九.

旨 晚歸心學 高軌光塵 初住京寺 以道素有聞 特進蕭瑀奏請 住於
藍田所造津梁寺 四事供給 無替六時矣

安嘗敍光云 本國王染患 醫治不損 請光入宮 別省安置 夜別二
時爲說深法 受戒懺悔 王大信奉 一時初夜 王見光首 金色晃然 有
象日輪 隨身而至 王后宮女同共觀37)之 由是重發勝心 克留疾所
不久遂差 光於辰38)韓馬韓之間 盛通正法 每歲再講 匠成後學 嚫
施39)之資 幷充營寺 餘惟衣盂而已〈載達函〉

又東京安逸戶長貞孝家在 古本殊異傳 載圓光法師傳曰 法師俗
姓薛氏 王京人也 初爲僧學佛法 年三十歲 思靜居修道 獨居三岐
山 後四年有一比丘來 所居不遠 別作蘭若 居二年 爲人强猛 好修
呪術40) 法師夜獨坐誦經 忽有神聲呼其名 善哉善哉 汝之修行 凡
修者雖衆 如法者稀有 今見隣有比丘 徑修呪術而無所得 喧聲惱他
靜念 住處礙我行路 每有去來 幾發惡心 法師爲我語告 而使移遷
若久住者 恐我忽作罪業

明日法師往而告曰 吾於昨夜有聽神言 比丘可移別處 不然 應有
餘殃 比丘對曰 至行者爲魔所眩 法師何憂狐鬼之言乎 其夜神又來
曰 向我告事 比丘有何答乎 法師恐神瞋怒而對曰 終未了說 若强
語者 何敢不聽 神曰 吾已具聞 法師何須補說 但可默然 見我所爲
遂辭而去 夜中有聲如雷震 明日視之 山頹塡比丘所在蘭若

神亦來曰 師見如何 法師對曰 見甚驚懼 神曰 我歲幾於三千年
神術最壯 此是小事 何足爲驚 但復將來之事 無所不知 天下之事

---

37) 觀 : 『續高僧傳』覩.
38) 辰 : 『續高僧傳』下.
39) 嚫施 : [正] □. [品][斗][浩][六] 嚫施. 『續高僧傳』嚫施.
40) 術 : [正][品][斗][六] 述. [浩][民] 術.

無所不達　今思法師　唯居此處　雖有自利之行　而無利他之功　現在
不揚高名　未來不取勝果　盍採佛法於中國　導群迷於東海　對曰　學
道中國　是本所願　海陸迥阻　不能自通而已

　神詳誘歸中國所行之計　法師依其言歸中國　留十一年　博通三藏
兼學儒術　眞平王二十二年庚申〈三國史云 明年辛酉來〉師將理策東還
乃隨中國朝聘使還國　法師欲謝神　至前住三岐山寺　夜中神亦來呼
其名曰　海陸途間　往還如何　對曰　蒙神鴻恩　平安到訖　神曰　吾亦
授戒於神41)　仍結生生相濟之約　又請曰　神之眞容　可得見耶　神曰
法師若欲見我形　平旦可望東天之際

　法師明日望之　有大臂貫雲　接於天際　其夜神亦來曰　法師見我臂
耶　對曰　見已甚奇絶異　因此俗號臂長山　神曰　雖有此身　不42)免無
常之害　故吾無月日　捨身其嶺　法師來送長逝之魂　待約日43)往看　有
一老狐黑如柒44)　但吸吸無息　俄然而死

　法師始自中國來　本朝君臣敬重爲師　常講大乘經典　此時　高麗百
濟常侵邊鄙　王甚患之　欲請兵於隋〈宜作唐〉請法師作乞兵表　皇帝見
以三十萬兵親征高麗　自此知法師旁通儒術也　享年八十四入寂　葬
明活城西

　又三國史列傳云　賢士貴山者　沙45)梁部人也　與同里箒項爲友　二
人相謂曰　我等期與士君子遊　而不先正心持身　則恐不免於招辱　盍
問道於賢者之側乎　時聞圓光法師入隋回　寓止嘉瑟岬〈或作加西　又嘉

---

41) 神：[品][浩][民] 師.
42) 不：[正][晩] 不. [順] 不(가필). [鶴][品][斗][浩][六] 不.
43) 日：[正] 曰. [品][斗][浩][六][民] 日.
44) 柒：[斗][浩][六] 漆(柒과 동자).
45) 沙：[六] 牟.

栖46) 皆方言也 岬俗云古尸 故或云古尸47)寺 猶言岬寺也 今雲門寺東九千步許
有加西峴 或云嘉瑟峴 峴之北洞有寺基 是也〉 二人詣門進告曰48) 俗士顓
蒙 無所知識 願賜一言 以爲終身之誡 光曰 佛敎有菩薩戒 其別有
十 若等爲人臣子 恐不能堪 今有世俗五戒 一曰 事君以忠 二曰
事親以孝 三曰 交友有信 四曰 臨戰無退 五曰 殺生有擇 若等49)
行之無忽

貴山等曰 他則旣受命矣 所謂殺生有擇 特未曉也 光曰 六齋
日50)春夏月不殺 是擇時也 不殺使畜 謂馬牛雞犬 不殺細物 謂肉
不足一臠 是擇物也 此亦唯其所用 不求多殺 此是世俗之善戒也
貴山等曰 自今以後 奉以周旋 不敢失墜 後二人從軍事 皆有奇功
於國家

又建福三十年癸酉〈卽眞平王 卽位三十五年也〉秋 隋使王51)世儀至 於
皇龍寺設百座道場 請諸高德說經 光最居上首

議曰 原宗興法已來 津梁始置 而未遑堂奧52) 故宜以歸戒滅懺之
法 開曉愚迷 故光於所住嘉栖53)岬54) 置占察寶 以爲恒規 時有檀
越尼 納田於占察寶 今東平郡之田一百結是也 古籍猶存

光性好虛靜 言常含笑 形無慍色 年臘旣邁 乘輿入內 當時群彥
德義攸屬 無敢出其右者 文藻之瞻 一隅所傾 年八十餘 卒於貞觀

---

46) 栖：[鶴] 抳.
47) 古尸：[史] 卷45 列傳 貴山條에는 '加悉'.
48) 曰：[正] 昌. [品][斗][浩][六][民] 曰.
49) 等：[正][品] 없음. [斗][浩][六] 等. [史] 卷45 列傳5 貴山條에는 '等'.
50) 日 : 주 43)과 같음.
51) 王：[正] 판독미상. [晚][順][鶴][品][斗][浩][六][民] 王.
52) 奧：[正][品] 粵. [斗][浩][六] 奧.
53) 栖：[正] 抳. [品][斗][浩][六][民] 栖.
54) 岬：[浩][六] 寺.

間 浮圖55)在三岐山金谷寺〈今安康之西南洞也 亦明活之西也〉

　唐傳云 告寂皇隆寺 未詳其地 疑皇龍之訛也 如芬皇作王芬寺之例也

　據如上唐鄉二傳之文 但姓氏之朴薛 出家之東西 如二人焉 不敢詳定 故兩存之 然彼諸傳記 皆無鵠岬璃目與雲門之事 而鄉人金陟明 謬以街巷之說 潤文作光師傳 濫記雲門開山祖寶壤師之事迹 合爲一傳 後撰海東僧傳者 承誤而錄之 故時人多惑之 因辨於此 不加減一字 載二傳之文詳矣

　陳隋之世 海東人鮮有航海問道者 設有 猶未大振 及光之後 繼踵西學者憧憧焉 光乃啓途矣

　讚曰 航海初穿漢地雲 幾人來往挹清芬 昔年蹤迹青山在 金谷嘉栖56)事可聞

---

55) 圖：[正] 啚(鄙와 동자, 圖의 속자). [品][斗][浩][六] 圖.
56) 栖：[正][品][斗][浩][六] 西.

삼국유사 권제4

의해 제5

원광이 중국에 유학하다

당(唐)의 『속고승전(續高僧傳)』[1] 제13권에 실려 있는 기록이다.

「신라 황룡사(皇隆寺)[2] 석(釋) 원광(圓光)[3]의 속성은 박(朴)씨이

---

1) 續高僧傳 : 중국 唐 초의 律宗 승려 道宣(596-667)이 南北朝의 후기로부터
   당 초까지의 시기에 활약한 승려들의 전기를 기록한 책. 모두 50권으로 『唐高
   僧傳』이라고도 한다. 645년에 완성됐으나, 그후 665년까지 20여 년에 걸쳐 증
   보하여 正傳 485인과 附傳 219인을 수록하고 있다. 이 책에는 우리 나라 삼국
   시대의 고승으로 圓光을 비롯하여 實法師, 印法師, 波若, 智晃, 慈藏, 慧顯 등
   의 전기가 수록되어 있다. 이 책은 六朝時代와 당 초기의 중국 불교사를 이해
   하는데 가장 확실한 사료이며, 道宣의 수많은 저술 중에서 특히 뛰어난 것으
   로서 모든 大藏經에 수록되어 있다. 후대의 『宋高僧傳』을 낳게 하는 저본이
   되기도 하였다.

2) 皇隆寺 : 一然은 皇隆寺를 皇龍寺의 訛傳으로 추측하였다. 李基白은 신라에
   는 皇福寺 등 皇자가 붙는 절이 달리 더 있기에 황룡사로 볼 수 없다고 하였
   다.(李基白, 「圓光과 그의 사상」, 『新羅思想史研究』, 1986, 一潮閣, p.120) 반
   면 당시 국가 최고의 절이었던 황룡사야말로 당시 최고의 고승으로서 국왕으
   로부터 존숭받았던 만년의 圓光이 머물기에 적합한 절이라고 지적하면서, 현
   재에 구체적인 위치나 내력에 관하여 전해지지 않는 별도의 절이 그러한 역할
   을 담당하기는 무리였을 것이라는 견해가 있다.(崔鉛植, 「圓光의 生涯와 思想」,
   『泰東古典研究』12, 翰林大學校 泰東古典研究所, 1995) 그러나 황룡사는 황
   룡사의 와전으로 본 일연의 견해가 옳은 것 같다. 황룡사에 관한 자세한 사항
   은 [遺] 卷2 紀異 元聖大王條 주석 37) 참조.

다.4) 본래 변한(卞韓)·진한(辰韓)·마한(馬韓)의 삼한(三韓)에 살

---

3) 圓光 : 圓光의 행적을 전하는 자료로는 唐 前期인 7세기 중반에 편찬된『續高
僧傳』卷13의 新羅皇隆寺釋圓光傳과 11세기 후반에 편찬된 것으로 생각되는
古本『殊異傳』, 1145년에 편찬된 [史]의 관련기사들, 1215년에 찬술된『海東
高僧傳』의 圓光傳, 13세기 후반에 편찬된 [遺]의 본조를 들 수 있다. 그런데
문제는 이 자료들에 언급된 원광에 관한 기초자료, 특히 출신가문과 생몰년,
중국 유학과 출가의 배경 등이 다르게 기록되어 있다는 점이다. 원광의 행적에
대한 종합적 자료인 [遺]의 본조는 기본적 자료로서『續高僧傳』과『殊異傳』
을 들고 있는데, 이 두 자료는 구체적 사실에 대하여 전혀 상이할 뿐만 아니라
심지어는 서로 모순된 내용을 제시하고 있어 원광의 생애를 체계적으로 이해
하는데 어려움을 주고 있다. 이 때문에『殊異傳』의 자료적 가치를 더 신뢰하는
李基白은 원광의 불교내용을 巫覡的 불교의 극복에 비중을 둔 반면(李基白, 위
의 논문), 중국 불교의 수용에 비중을 둔 辛鍾遠은『殊異傳』의 내용을 거의 언
급하고 있지 않다.(辛鍾遠,「圓光과 眞平王代의 占察法會」,『新羅初期佛敎史
硏究』, 民族社, 1992) 崔鉛植도『續高僧傳』의 자료적 가치를 더 신뢰하는 가
운데 원광의 행적과 사상을 이해하고 있다.(崔鉛植, 위의 논문)『續高僧傳』은
道宣에 의해 645년경부터 찬술되었는데, 원광의 사후로부터 멀지 않은 시기이
고, 또한 원광은 도선과 비슷한 시기에 중국에서 활동하고 있었다. 따라서『續
高僧傳』중의 圓光傳의 사료적 가치는 높은 편이다. 원광의 대체적인 행적을
살펴보면, 그는 중국에 유학하여 젊어서 儒學을 공부하려던 본래의 목적과 달
리, 불교에 귀의한 후, 陳나라 金陵의 莊嚴寺에서『涅槃經』과『成實論』을, 蘇
州의 虎丘山에서『阿含經』등을 연구한 후 강경을 하여 명성을 떨쳤으며, 589
년(眞平王 11년)에는 隋나라 長安으로 가서『攝大乘論』을 연구하였다. 600년
(진평왕 22년) 귀국 후에는 雲門山의 嘉栖寺에서 占察法會를 개최하였고 貴
山과 箒項에게 世俗五戒를 지어 주었는데, 이것이 花郎徒의 중심이념이 되었
다. 613년(진평왕 35년) 皇龍寺에서 仁王百高座會를 열어『仁王經』을 강설하
다 죽자, 明活山에 장사지내고, 삼기산 金谷寺에 浮屠가 세워졌다. 저서로는
『如來藏經私記』와『大方等如來藏經疏』등의『如來藏經』에 대한 저술이 있었
던 것으로 전해지고 있다.(동국대학교 불교문화연구소 편,『한국불교찬술문헌
목록』, 1976)
4) 俗姓朴氏 : 이와는 달리『殊異傳』에서는 薛氏라고 하였다.『殊異傳』의 설씨
설을 취하여 원광을 6두품으로 간주하고 그의 활동을 진골귀족에 대항하는 것
으로 해석하는 견해가 있다.(李基白, 위의 논문) 그러나『殊異傳』의 기록을
『續高僧傳』의 기록에 비해서 더 신빙할 만한 근거는 없다. 반면 崔鉛植은 박
씨를 반드시 왕비족으로 이해할 필요가 없으며, 오히려 김씨로 나타나는 慈藏
과 달리, 박씨라는 점에서 원광은 그와는 다른 신분이나 입장에 있을 가능성이
높다고 보았다. 즉 신라의 고승 중 적지 않은 인물이 왕실 혹은 고위귀족 출신

았는데, 원광은 곧 진한 사람이다. 집안 대대로 해동(海東)에 살아서 조상의 풍습이 연면하고, 기량5)이 넓고 문장을 좋아하여 도가와 유학 [玄儒]6)을 섭렵하고 제자서와 역사서[子史]7)를 연구하여 문장이 삼한에서 뛰어났다. 해박함에서는 중국[中原]에 부끄러웠으므로 마침내 친구들과 작별하고 해외8)에 뜻을 두고 분발하였다. 나이 25세에 배를 타고 금릉(金陵)9)에 이르렀다.10) 때는 진(陳)나라 시대로 문교의 나라[文國]로 불렸으므로 이전에 가졌던 의문들을 질문하여 요해하고 도를 물어서 뜻을 깨달았다.

처음에 장엄사[莊嚴]11) 민공(旻公)12) 제자13)의 강의를 들었다. 본

인 것으로 기록되어 있는데 반하여 원광의 경우는 어떤 자료에서도 그와 왕실 혹은 귀족과의 관련성을 언급하고 있지 않다는 점에 주목하였다.(崔鈆植, 위의 논문)

5) 神器 : 비범한 기량.
6) 玄儒 : 玄學과 儒學. 현학은 노장의 학문이고, 유학은 孔孟의 학문이다.
7) 子史 : 老子·荀子·莊子 등의 諸子類와 史記·漢書 등 史類를 가리킨다.
8) 溟渤 : 滄海, 大海 등의 의미로 바다를 말한다.
9) 金陵 : 중국 江蘇省의 南京을 말한다. 자세한 사항은 [遺] 卷3 興法 原宗興法 厭髑滅身條 주석 8) 참조.
10) 年二十五 乘舶造于金陵 : 『續高僧傳』에 의하면, 圓光의 생몰년은 532-630년이다. 따라서 그가 陳나라의 金陵으로 들어갔다는 25세 때는 556년에 해당한다. 그런데 『殊異傳』에는 589년(眞平王 11년)에 36세의 나이로 중국에 들어간 것으로 기록했고, [史]에도 진평왕 11년(589) 3월조에 「원광 법사가 陳에 들어가 법을 구했다」고 하였다. 그러나 원광은 589년 이전에 중국에서 활동하고 있었다. 慧旻이 587년에 廻向寺에서 光師로부터 『成實論』을 배웠다는 기록이 있는데(『續高僧傳』 卷22 慧旻傳), 光法師는 원광으로 생각된다. 따라서 원광은 진평왕 11년 이전에 중국에 유학하고 있었음이 확실하다.
11) 莊嚴 : 중국 江蘇省 南京에 있던 절. 東晋 永和 4년(384)에 세워졌으며 劉宋의 世宗이 중수하였다. 이 절에서 僧旻이 講席을 열었으며 입적한 곳이기도 하다.
12) 旻公 : 莊嚴寺의 僧旻. 467-527. 梁代 3大法師 중의 한 사람으로 명성을 떨쳤고, 梁武帝의 尊信을 받기도 하였다. 이들은 모두 成實學의 대가였으며, 이들이 활약하던 당시에는 성실학이 불교교학의 중심을 이룰 정도로 성행하였다.

래 세간의 전적[世典]14)에 익숙하여 신비의 궁구만을 이치라고 하더니 불교의 종지[釋宗]를 듣고 나서는 도리어 썩은 지푸라기처럼 여겼다. 헛되이 성인의 교훈[名敎]15)을 찾는다는 것이 실로 생애에 두려움이 되었으므로 이에 진주(陳主)에게 글을 올려 불법[道法]에 귀의할 것을 청하였더니 칙명으로 [이를] 허락하였다. 이에 비로소 [그는] 머리를 깎고 곧 구족계[具戒]를16) 받고 강석을 두루 찾아다니며 좋은 계책을 다하여 미묘한 말을 해득하기에 세월을 아끼지 않았다. 그리하여 『성실론[成實]』17)과 『열반경[涅槃]』18)을 얻어 마음에 쌓아 간직하고 3장(三藏)19)의 석론(釋論)20)을 두루 연구하였다. 나중에는 또

僧旻에 관한 행적은 『續高僧傳』卷5 梁楊都莊嚴寺沙門釋僧旻傳에 있다.

13) 旻公弟子 : 僧旻의 제자 가운데 누구인지 명확히 알 수 없다. 다만 崔鉛植은 僧旻의 제자이기보다는 제자의 제자와 같이 그의 계보를 잇는 승려이거나 혹은 비슷한 학문 경향을 가진 승려를 가리킬 가능성이 높은 것으로 보았다.(崔鉛植, 앞의 논문)

14) 世典 : 불전 외의 세간의 전적.

15) 名敎 : 명분과 교화.

16) 具戒 : 具足戒의 약칭. 비구, 비구니가 지켜야 할 계율. 비구는 250계, 비구니는 348계이다. 이런 계를 具足戒라고 하는 것은 그 수가 많기 때문이 아니다. 그 계의 숫자는 단지 긴요한 것만을 열거한 것이며, 이것을 바탕으로 하여 일체의 행위에 淸淨을 약속하는 것이므로 具足이라고 한다. 이 계를 받기 위해서는 특별한 受戒作法을 필요로 하는데, 이를 통하여 불교교단에 들어감을 의미한다.

17) 成實 : 成實論. 訶梨跋摩가 짓고 鳩摩羅什이 번역한 것으로 모두 16권이다. 梵語 원전은 전해지지 않는다. 내용은 發聚·苦諦聚·集諦聚·滅諦聚·道諦聚의 5聚 202品으로 분류된다. 發聚에는 佛·法·僧 三寶에 대한 설명이 있고, 苦諦聚에는 현실을 구성하는 심리적 요소와 물질적 요소에 대해 설명하고 있다. 集諦聚에서는 業과 번뇌에 대하여, 滅諦聚에서는 涅槃에 대하여, 道諦聚에서는 깨달음을 실현하기 위한 지혜와 禪定에 대하여 서술하고 있다. 모든 현상은 假로 존재하는 것이므로 결국 空에 들어가는 것임을 강조하였다. 成實宗의 소의경전이다.

18) 涅槃 : 涅槃經. 涅槃宗의 소의경전이다. 담무참 역 40권본과 법현 역 3권본, 혜관 등 역 36권본이 있다. 法身常住와 一切衆生 悉有佛性을 강조하고 있다.

오(吳)나라의 호구산(虎丘山)[21]으로 들어가 염정(念定)이 끊이지 않고 각관(覺觀)[22]을 잊지 않음에, 마음에 안식을 찾는 무리들[23]이 임천(林泉)에 구름처럼 모여들었다. 아울러 4아함경[四含][24]을 섭렵하고 8정(八定)[25]에 공을 들여 착한 일을 밝힘은 쉽게 되었고 곧은 결심[簡直][26]을 굽힐 수 없게 되었다. 지난날 먹었던 마음[夙心][27]에 잘 맞았으므로 드디어 평생을 이곳에서 마치려는 생각을 하였다. 이에 인사(人事)를 일체 끊고 성적(聖迹)을 노닐며 생각을 푸른 하늘[青霄][28]에 두고 세간의 일을 멀리[29] 사절하였다.

이때 한 신도가 산 아래에 살고 있었는데, 원광에게 나와서 강의해

---

19) 三藏 : 經·律·論의 三藏.

20) 釋論 : 여기에 인용된 『續高僧傳』에는 '釋論'으로 되어 있으나, 다른 판본의 『續高僧傳』에는 모두 '數論'으로 되어 있다. 보통 인도 부파불교의 교리를 의미하는 용어로 三藏과 數論이 함께 쓰이는 것으로 미루어 數論이 옳다고 생각된다. 釋論은 보통 『般若經』의 해설서인 『大智度論』을 의미하는데, 三藏과 함께 사용되는 경우가 드물다.(崔鉛植, 앞의 논문)

21) 虎丘山 : 중국 江蘇省 蘇州市에 있는 산. 이 산에 虎丘塔, 雲岩寺, 劍池, 千人石 등의 名勝古蹟과 虎丘寺가 있다. 晋代에는 竺道生이 梁代에는 僧旻과 僧詮이 주석하였다.

22) 覺觀 : 불교에서 총체적으로 麤思하는 것[覺]과 분석적으로 자세하게 細思하는 것[觀]을 가리키는 말. 覺은 사물을 추리하는 마음의 조잡한 작용이고, 觀은 미세한 작용이란 뜻이다. 둘 다 禪定에는 방해가 된다.

23) 息心之衆 : 沙門을 번역한 것이다.

24) 四含 : 모든 소승경을 四部로 보류한 四阿含經. 『增一阿含經』 51권, 『長阿含經』 22권, 『中阿含經』 60권, 『雜阿含經』 50권.

25) 八定 : 色界와 無色界의 四禪 四定을 가리킨다. 入定이 八定으로 와전되었을 수도 있다.

26) 簡直 : [正]의 '簡直'은 아마도 簡直의 오기인 듯하다. 簡은 質直과 같은 뜻으로 질박하고 정직하다는 뜻이다.

27) 夙心 : 年來의 소망.

28) 青霄 : 창공, 즉 세상 밖이란 뜻이다.

29) 終古 : 영원, 영구의 의미.

주기를 청하였다. [원광은] 굳이 사양하고 허락하지 않았으나 끝내 맞아들이기에 마침내 그의 뜻을 따랐다. 처음에 『성실론』으로 통하고 끝으로 『반야경[般若]』30)을 강의하였다. 모든 사유와 해석이 뛰어나고 철저했으며, 좋은 질문을 주고 받았고, 아울러 아름다운 수사로 깊은 뜻을 엮어 내니 듣는 이들은 기뻐하고, 그들의 마음에 맞았다.

이로부터 옛 규례에 따라 교화를 열어 소임을 이루어갔다. 법륜(法輪)이 한 번 움직일 때마다 강과 호수의 물을 기울여 붇듯 하였다. 비록 이역 땅이었지만 전법에 통하고 도에 젖어 꺼려하거나 틈이 생기는 일[嫌郤]은 없었다. 그리하여 [그의] 명성은 두루 퍼져 영외의 남방[嶺表]31)에까지 전파되니, 험한 길을 헤치고 바람을 지고 오는 사람이 고기비늘처럼 서로 잇닿았다.

마침 수(隋)나라 황제32)가 천하를 통치하기에 이르러 [그] 위세가 남국(南國)에까지 미쳐 그 운수가 다하여 군사가 양도(揚都)33)로 들

---

30) 般若 : 『般若經』. 모든 법의 실상은 般若에 의해 밝혀진다고 설명하는 경전으로, 가장 방대한 경전은 唐나라 玄奘이 번역한 『大般若經』 600권이며, 그 외 여러 가지 반야경전류는 이 경전의 일부분이거나 이를 요약한 것이다. 특히, 『金剛經』으로 통칭되는 姚秦 鳩摩羅什 번역의 『金剛般若經』은 석가모니가 제자 수보리를 위하여 "모든 법이 정해진 모양이 없으며 머무르는 바가 없으니 마음을 내라"고 설하여 반야사상의 정수를 적합한 분량으로 나타내어 중국 선종의 근본경전으로도 활용된다.(望月信亭, 『望月佛教大辭典』, 京都 世界聖典刊行協會, 1954)

31) 嶺表 : 중국의 五嶺 밖, 곧 중국 남방지대인 영남을 가리킨다.

32) 隋后 : 隋 文帝. 541-604. 성명은 楊堅, 묘호는 高祖이다. 隋나라를 세우고 長安을 수도로 하였다. 제도를 정비하고, 과거제를 실시하여 귀족세력을 억제하는 등 중앙집권제를 강화하였다. 그가 정한 관제, 均田制, 府兵制 등은 唐나라 律令의 기초가 되었다.

33) 揚都 : 중국 陳의 수도였던 揚州. 중국 江蘇省에 있는 도시로 揚子江 북방, 대운하의 서쪽 기슭에 있다. 일찍이 『禹貢』에 기록된 9州의 하나였으나 차차 범위가 줄어들어 隋나라 때인 589년 江頭縣을 중심지로 삼은 뒤 揚州라고 부르

어오니 마침내 [원광은] 난병(亂兵)에게 잡혀 살해당할 지경에 이르렀다. 그때 주장하는 대장이 절의 탑이 불타는 것을 바라보고 달려가 불을 끄려 하니, 불길은 전혀 없고 다만 원광이 탑 앞에 결박당하여 곧 죽게 되었을 뿐이었다. [대장은] 이것을 괴이하게 여겨 곧 그를 풀어 놓아주었다. 위기를 당하여 감응에 통함이 이와 같았다.

원광의 학문이 [남방인] 오월(吳越)에 밝았기에 [그는] 문득 [북방인] 주진(周秦)[34)]의 문화를 보고자 개황(開皇)[35)] 9년(589)에 수나라의 서울로 갔다. 마침 불법의 초회(初會)를 당해 섭론종[攝論][36)]이 비로소 홍기하는 때를 만나, [그는] 오묘한 말씀을 마음속에 간직하여 묘지를 떨치고, 또 명석한 해석을 날리니 [그] 명성이 장안에 퍼졌다. 큰 업적을 이루자 도를 동방으로 이어가려고 생각하였다. 본국에서 멀리 [이 소식을] 듣고 글을 올려 [원광의 귀국을] 여러번 청하자, [황제가] 칙명으로 후하게 위로하고 고향[37)]으로 돌아가게 하였다. 원광이 몇 십 년만에 돌아오니,[38)] 늙은이나 젊은이가 다 같이 기뻐하고,

---

게 되었다. 唐나라 때는 江南의 물자를 운하로 북송하는 것으로 번영하였으며, 元나라 때는 江淮行省의 省都가 되었고, 明나라 이후 兩淮鹽 유통의 중심시가 되었으며, 쌀·잡곡의 집산지로서 번영하였다.

34) 周秦 : 중국 周나라와 秦나라가 일어난 근거지인 陝西省의 渭水盆地, 즉 關中地方을 말한다. 넓게는 華北地方을 가리킨다.

35) 開皇 : 중국 隋 文帝의 연호. 그 9년은 신라 眞平王 11년(589)에 해당한다.

36) 攝論 : 『攝大乘論』의 약칭. 無着이 지은 것으로 佛陀扇多, 眞諦, 玄奘의 3종의 번역본이 있다. 攝論宗의 근본성전으로 萬有는 唯心에 돌아간다는 이론과 이에 의한 종교적 실천을 발하여 대승의 교리가 소승의 교리보다 앞선다고 주장한다.

37) 桑梓 : 고향. 옛날에 집 주위에 뽕나무와 가래나무 등을 심었는데, 이 나무를 보면 심은 조부를 생각하게 된다고 하여 고향이라는 의미로 쓰인다.

38) 光往還累紀 : [史] 卷4 新羅本紀 眞平王 22年條에 「고승 圓光이 조빙사 내마 諧文, 대사 橫川을 따라서 돌아왔다」고 하였다. 眞平王 22년은 600년이다.

신라왕 김(金)씨39)도 면대하여 성인처럼 공경하였다

원광은 성품이 겸허 한정하고, 정이 많아 두루 사랑하며, 말할 때는 언제나 미소를 띄고, 성난 기색을 [얼굴에] 나타내지 않았다. 그리고 전표(牋表)와 계서(啓書) 등 오가는 국서는 모두 [그의] 흉금에서 나와, 온 나라가 [그에게] 쏠려 떠받들어 정치하는 방법을 맡기고 교화하는 도리40)를 묻게 되었으니, 사실 벼슬로 금의환향[錦衣]41)한 것은 아니지만 실상은 위정자42)와 같았다. 기회를 잡고 훈계를 베풀어 그 전범이 지금까지도 전한다. 나이가 많아서는 수레를 타고 궁궐에 들어가고, [그의] 의복과 약과 음식 등을 모두 왕이 손수 마련하여 좌우에서 돕는 것을 허락하지 않음으로써 복을 독차지하려고 했으니, 왕의 감격과 존경이 이와 같았다.

[원광이] 세상을 떠나기 전에 왕이 친히 [손을] 잡고 위문하며 유법(遺法)과 백성을 구제할 것을 여러번 부탁하니, [그는] 상서로운 징조를 설하여 [그것이] 온 나라에 미쳤다.

건복(建福)43) 58년(641)에 그는 몸이 조금 불편함을 느끼더니 이

---

39) 新羅王金氏 : 신라 眞平王을 말한다. ?-632. 신라 제26대 왕. 재위 579-632. 성은 金씨이고 이름은 伯淨(白淨)이다. 眞興王의 태자 銅輪의 아들이며, 어머니는 葛文王 立宗의 딸 萬呼夫人이다. 즉위 후 584년(진평왕 6년)에 建福으로 改元하고, 여러 차례에 걸친 고구려의 침공에 대항, 隋나라에게 공물을 바치며 수교하였다. 618년 수나라가 망하자 621년 唐나라와 수교하여 고구려의 침공을 꾀하였다. 대내적으로는 位和府・船府署・禮部・內省 등의 관청을 신설하여 내정의 충실을 도모하였고, 圓光・曇育 등 명승을 중국에 보내 수도하게 하는 등 불교를 진흥시키고 왕실을 튼튼히 하는데도 힘썼다.([史] 卷4 新羅本紀 眞平王條)

40) 道化 : 道風德化. 즉 도와 덕으로 남을 교화하는 것.

41) 錦衣 : 錦衣還鄕. 정치적 실권자, 관료로서의 출세를 의미한다.

42) 觀國 : 재상, 고문관 등이 국정을 살피는 것. 여기서는 圓光이 중국의 문물을 돌아보고 온 것을 뜻한다.

로부터 7일을 지나 매우 간절한 계(誡)를 남기고 머물고 있던 황룡사에서 단정히 앉아서 임종하니 춘추가 99세였다.[44] 바로 당 정관(貞觀)[45] 4년(630)이었다.〈14년(640)이라야 맞다.〉[46]

[그가] 임종할 때 절의 동북쪽 허공에서 음악소리가 공중에 가득하고, 이상한 향기가 절에 가득 차니, 승속 [모두가] 슬퍼하는 한편 경사로 여기며 그의 영감을 알게 되었다. 마침내 교외에 장사지내니, 나라에서는 우의(羽儀)[47]와 장례도구를 내려 왕례(王禮)와 같이 하였다.

그후 태사(胎死)한 아이를 낳은 한 속인이 있었는데, 그곳 속설에

---

43) 建福 : 신라 眞平王 때의 연호(584-633). 이 연호는 眞平王 6년(584)부터 善德女王 3년(634)까지 사용되어 建福 51년이 그 최후의 연대가 된다.

44) 春秋九十有九 : 『殊異傳』에는 84세에 입적한 것으로 나온다. 본조 '議曰'에는 80여 세로 貞觀 연간(627-649)에 입적하였다고 하였다. 이러한 자료의 상이함으로 인해 기존의 연구에서는 圓光의 享年을 주관적으로 판단하곤 하였다. 즉, 『續高僧傳』의 99세를 66세로 보거나(今西龍, 「新羅圓光法師傳」, 『新羅史硏究』, 1933), 『殊異傳』의 기록을 신뢰하거나(李基白, 앞의 논문), 임의적으로 99세보다 10년 적은 89세로 추정하기도 하였다.(辛鍾遠, 앞의 논문) 그러나 현재의 자료상태로는 이런 혼선을 해결할 수 있는 객관적인 기준을 제시하기 힘들다.(崔鉛植, 앞의 논문)

45) 貞觀 : 중국 唐 太宗의 연호(627-649).

46) 以彼建福五十八年…卽唐貞觀四年也〈宜云十四年〉 : 『續高僧傳』은 圓光이 신라의 建福 58년에 99세로 입적하였는데 이때가 唐의 貞觀 4년(630)이라고 하여 원광의 생몰년을 532-630년으로 제시하였다. 그런데 一然은 이 자료를 인용하면서 원광의 몰년이 貞觀 14년(640)이 되어야 한다고 주석하였다. 이것은 신라의 建福이라는 연호가 眞平王 6년(584)부터 사용되었으므로 建福 58년이 정관 4년과 일치하지 않기 때문일테지만, 실제의 건복 58년은 정관 14년(640)이 아닌 정관 15년(641)과 일치되므로 일연의 주석도 올바른 것이라고는 할 수 없다. 어쨌든 『續高僧傳』과 그것을 부연한 일연의 설명에만 의해서도 원광의 생몰년에 대해서 '532-630년', '542(543)-640(641)년' 등의 견해가 제기될 수 있다.(崔鉛植, 앞의 논문)

47) 羽儀 : 의식에 장식으로 쓰던 새의 깃.

유복한 사람의 무덤에 아이를 묻으면 자손이 끊어지지 않는다고 하여 곧 [그의] 무덤 곁에 묻었더니, 당일에 그 태아의 시체에 벼락이 쳐서 무덤 밖으로 내던져버려졌다. 이로 인하여 [원광에게] 공경의 마음을 품지 않았던 사람들도 모두 숭앙하게 되었다.

[원광의] 제자로는 원안(圓安)48)이 있었는데, 천품이 영민하고 천성이 유람을 좋아하며 심오한 것의 탐구를 동경하였다. 마침내 북쪽으로는 환도(丸都)49)에 갔었고, 동쪽으로는 불내(不耐)50)를 보았으며, 또 서쪽으로 연위(燕魏)지방51)을 거쳐 후에 제경(帝京)52)에 이르렀다. 각 지방의 풍속을 자세히 알고 여러 경론(經論)을 탐구하여 [그] 대강을 섭렵하고 자세한 뜻을 깊이 알게 되었다. 만년에는 심학(心學)에 귀의하여 높이 원광의 뒤를 계승하였다. 처음 서울의 한 절에 머물러 있었는데, 평소에 도(道)로 소문이 나서 특진(特進)53) 소우(蕭

---

48) 圓安 : 圓光의 제자. 중국 隋나라에서 활동했는데, 그에 관한 기록은 여기와 『續高僧傳』 圓光傳·『海東高僧傳』 圓光傳에 부분적으로 보일 뿐이다.

49) 丸都 : [正]의 九都는 丸都의 오기인 듯하다. 丸都는 吉林省 集安縣 通溝이다. 고구려의 舊都로 2세기경 제10대 山上王이 도읍한 후, 427년(長壽王 15년) 平壤으로 천도할 때까지 약 200년간 고구려의 수도였다. 이에 관해서는 다음 논문을 참조. 李丙燾, 「高句麗國號考」, 『韓國古代史研究』, 博英社, 1976. 鄭璟喜, 「丸都城考」, 『韓國古代社會文化研究』, 一志社, 1990, p.167.

50) 不耐 : 함경남도 安邊郡의 옛이름. 不而라고도 하였다. 고구려 때는 比烈忽, 통일신라에서는 比列州라고 하였다. 이에 관해서는 다음 논문을 참조. 李丙燾, 「玄菟郡考」 및 「臨屯郡考」, 『韓國古代史研究』, 博英社, 1976.

51) 燕魏 : 燕은 중국 전국시대에 遼東지방(지금의 河北省)에서 발전하여 戰國7雄의 하나가 되었던 나라로 그 도읍은 薊(계)지방이었다. 魏는 처음에 鄴(河南省)을 근거지로 발전한 후, 華北을 통일하고 後漢을 대신해서 魏왕조를 세웠고 洛陽을 도읍으로 삼았다. 따라서 본문의 燕魏지방이라는 것은 협의로는 燕과 魏가 도읍했던 지역을, 광의로는 華北 전역을 가리키는 것으로 보인다.

52) 帝京 : 내용상 황제가 있는 서울, 즉 唐의 수도인 長安을 가리키는 것 같다.

53) 特進 : 이 관위는 漢代에서 시작되었는데, 諸侯·王公·將軍 중에서 공적이 현저한 자에게 내렸다. 이후 魏晋時代에도 이를 모방하여 계속 시행하였고, 隋

瑀)54)의 주청으로 남전(藍田)55)에 지은 진량사(津梁寺)56)에 머물면서 4사(四事)의 공양57)이 6시(六時)58)에 어김이 없었다.

원안이 일찍이 원광에 관해 서술하여 다음과 같이 말하였다. "본국왕이 병에 걸려 의원의 치료에도 차도가 없자, 원광을 궁중으로 초청해서 별도의 궁전에 모시게 하였다. 밤이면 두 시간이나 심오한 법을 설하고, [왕에게] 계(戒)를 주고 참회하게 했더니, 왕이 크게 신봉하였다.59) 어느 때 초저녁에 왕이 원광의 머리를 보니 금색이 찬연하여 일륜(日輪)60) 같은 것이 그의 몸을 따라왔는데, 왕후와 궁녀들도 함

唐代에는 散官으로 바꾸어 시행하였다.

54) 蕭瑀 : 574-647. 중국 唐 초기의 功臣. 唐 高祖와 太宗에게 연이어 큰 신임을 받았다. 同中書門下三品에 임명되었고, 特進 벼슬을 더 받았다.(『舊唐書』卷 63,『新唐書』卷101 蕭瑀傳 참조) 특히, 그는 불교에 심취하였으며, 그 중에서도 三階敎와 밀접한 관련을 맺었던 것으로 평가되고 있다.

55) 藍田 : 중국 陝西省에 있는 縣. 陝西省의 渭河平原 남쪽으로, 渭河의 지류인 灞河(파하)의 上流지역이다. 이곳은 중국 불교의 중심지인 終南山과 가까우며, 1964년에 藍田原人이 발견되어 유명해진 곳이기도 하다.

56) 津梁寺 : 중국 唐나라 초기 蕭瑀가 藍田에 건립한 절. 三階敎를 신봉하였던 것으로 보인다. 三階敎는 末法思想에 기초하여 만인의 평등과 빈민구제를 교리로 내걸며 隋唐代에 크게 유행했던 사상이다. 이 절에 신라 圓光의 제자인 圓安이 유학하였었다.

57) 四事供給 : 의복·음식·탕약·臥具 등 4가지의 공양. 와구 대신에 房舍를 넣기도 한다.

58) 六時 : 하루를 6으로 나눈 염불·독경의 시간. 곧 아침(晨朝), 낮(日中), 해질녘(日沒), 초저녁(初夜), 밤중(中夜), 새벽(後夜)의 여섯 때. 하루를 낮 3시 밤 3시로 구분, 합하여 6시라고 한다.

59) 受戒懺悔 王大信奉 : 이 부분은 圓光의 교화에 있어서 受戒의 중요성을 상징적으로 보여주고 있다. 특히, 菩薩戒의 受持라는 실천적 신앙은 원광의 교화에서 매우 커다란 의미를 갖고 있는 것으로 보인다. 한편, 南北朝 이래로 在家信徒의 菩薩戒 受持는 크게 확대되는 경향이 있었다.

60) 日輪 : 梵語로 Surya라고 하며, 太陽을 뜻한다. 항상 허공 중에 있으면서 須彌山의 허리를 돌며 차례로 수미산의 동·남·서·북에 있는 4大州를 비춘다. 이것이 공중에 떠있는 이유는 중생의 業力으로 인해 일어나는 바람에 의지하고

께 그것을 보았다. 이로 인하여 나을 수 있다는 마음을 거듭 발하여 [원광을] 병실에 머물게 했더니 오래지 않아 마침내 병이 나았다.61)"

원광이 진한과 마한의 사이에서 정법(正法)을 널리 유통시키고, 해마다 두 번 강론하여 후학을 양성하고, 보시로 받은 재물은 모두 절을 짓는데 충당했으므로 남은 것은 단지 가사와 바루뿐이었다.」〈달함(達函)에 실려 있다.62)〉

또 동경(東京)63) 안일호장(安逸戶長)64) 정효(貞孝)65)의 집에 있는 고본(古本)『수이전(殊異傳)』66)에 실린 원광법사전(圓光法師傳)

있기 때문이라고 한다.

61) 安嘗叙光云…不久遂差 : 이 부분의 圓光설화에 관해 三岐山 金谷寺에 관계된 密本法師의 이야기가 장소의 동일성으로 인해 원광의 행적으로 변형되었을 것으로 보는 견해가 있다. [遺] 卷5 神呪 密本摧邪條에 따르면, 전체적인 이야기 전개가 이 설화와 매우 비슷하다. 여기서 密本은 종래의 주술적 승려와는 성격을 달리하는 고차원적 종교를 전한 승려로 소개되고 있으며, 특히 밀본이 활동한 지역이 金谷寺라는 점은 시사하는 바가 크다. 즉, 三岐山에 전해지던 밀본의 전설이 후에 지역적 동일성으로 인해 원광의 이야기로 재편되었을 가능성이 높다고 한다.(崔鉛植, 앞의 논문, pp.8-9)

62) 載達函 : 達函은『高麗大藏經』函帙의 기호를 말한다. 따라서 달함에 실려있다는 것(載達函)은 본조의 시작부터 여기까지 인용한 글이 모두『續高僧傳』圓光傳을 재수록하였음을 밝힌 것이다.

63) 東京 : 신라의 王都인 慶州. 고려시대에는 王都 開京에 대립하여 平壤을 西京으로, 慶州를 東京으로 불렀다.

64) 安逸戶長 : 戶長은 고려・조선시대 鄕職의 우두머리. 副戶長과 더불어 호장층을 형성하여 해당 고을의 모든 향리들이 수행하던 말단 실무행정을 총괄하였다. 고려 太祖 때 신라시대 이래로 지방에 세력을 펴고 있던 城主나 豪族을 포섭하여 戶長・副戶長의 향직을 주었다. 穆宗 1년(998)에는 호장으로서 70세를 지나면 安逸戶長이라고 하여 退役田으로 그 職田의 반을 주었다. 고려시대의 호장은 과거응시자격이 주어졌으며 중앙진출에 아무런 제약이 없었다. 그러나 조선시대에 이르러서는『經國大典』에 따라 호장층은 中人層으로 그 신분이 고정되어 신분상승의 기회가 주어지지 않게 되었다.

65) 貞孝 : 여기 외에는 다른 기록이 없어 자세히 알 수 없다.

66) 殊異傳 : 통일신라 후기에 쓰여진 작자 미상의 한문설화집. 원명은『新羅殊異

에는 다음과 같은 글이 있다.

「법사의 속성은 설(薛)씨로 왕경(王京) 사람이다. 처음에 승려가
되어 불법을 배우다가 30세 때 조용하게 거처하면서 수도할 생각으로
삼기산(三岐山)67)에서 혼자 지냈다.68) 4년 후에 한 비구가 와서 [법
사의 거처에서] 멀지 않은 곳에 따로 난야(蘭若)를 짓고 2년을 살았
는데, 사람됨이 사납고 주술 닦기를 좋아하였다. 법사가 밤에 혼자 앉
아 경을 외우는데, 홀연히 신의 소리가 나더니 그 이름을 부르면서 말
하기를, "훌륭합니다. 훌륭합니다. 당신의 수행이여 ! 무릇 수행하는
이가 많아도 제대로 하는 이는 드뭅니다. 지금 이웃에 있는 비구를 보
니 주술을 곧잘 닦지만 소득은 없고, 시끄러운 소리로 다른 사람의 정
념(靜念)만 어지럽게 합니다. [그] 거처는 내가 다니는 길에 방해가
되어 항상 오갈 때마다 미운 마음이 날 정도입니다. 법사께서는 나를

傳』이다. 현전하는 『殊異傳』은 신라의 설화를 단편적으로나마 이해할 수 있는
귀중한 자료이다. 지은이에 관하여 살펴보면, 朴寅亮으로 밝힌 最古의 기록은
覺訓이 지은 『海東高僧傳』阿道傳이며, 金陟明이라고 한 것은 一然의 [遺] 卷4
義解 圓光西學條·寶壤梨木條이다. 현재로서는 모두 불확실하여 확정할 수
없다. 『殊異傳』에 대한 이해는 다음 논문을 참조. 金乾坤, 「『新羅殊異傳』의 作
者와 著作背景」, 『정신문화연구』통권34호, 韓國精神文化研究院, 1988, pp.259-278.

67) 三岐山 : 지금의 경상북도 경주시 安康邑 斗流里에 있는 산. 金谷山이라고도
한다. 이 산에 圓光의 浮圖가 안치된 金谷寺가 있다. 三岐山이란 이름의 유래
는 金谷寺址가 위치한 지점이 三溪流가 합쳐지는 곳이고, 또 그 發源이 三溪
谷의 三山峰이어서 이곳 지형과 주위의 산세로 인해 붙여진 산명이라고 한
다.(鄭永鎬, 「圓光法師와 三岐山 金谷寺」, 『史叢』17·18합, 高麗大學校 史學
會, 1973, p.210)

68) 初爲僧學佛法…獨居三岐山 : 이하 圓光의 三岐山에서의 修行설화에 관해, 중
국 陳나라 虎丘山의 수행(『續高僧傳』에 수록됨)이 약간의 변형을 거쳐 삼기
산에서의 수행으로 자리잡게 된 것으로 보기도 한다. 삼기산으로 수행처가 변
하여 전해진 이유는 이곳에 원광의 부도가 있었기 때문에 자연히 이곳에 원광
과 관련되는 전승이 요구되었을 것으로 보고 있다.(崔鈆植, 앞의 논문, pp.10-11)

위하여 그가 [다른 곳으로] 옮겨가도록 일러주십시오. 만약 오래 머물 게 되면 아마도 내가 죄업을 짓게 될 것 같습니다"고 하였다.

이튿날 법사가 가서 말하기를, "내가 어젯밤에 신의 말을 들었는데, 비구는 다른 곳으로 옮기는 것이 좋겠소. 그렇지 않으면 반드시 다른 재앙이 있을 것이오"라고 하였다. 비구가 대답하기를, "수행이 지극한 이도 마귀에게 현혹됩니까? 법사는 어찌 여우귀신 따위의 말을 걱정 합니까?"라고 하였다. 그날 밤 신이 또 와서 말하기를, "전에 내가 말 한 일에 대하여 비구는 무엇이라고 답했습니까?"라고 하였다. 법사는 신의 진노를 염려하여 대답하기를, "아직 말하지 못했으나 만약 강하 게 말하면 어찌 감히 듣지 않겠습니까?"라고 하였다. 신이 말하기를, "내가 이미 다 들었는데, 법사는 어찌 보태어 말합니까? 다만 잠자코 내가 하는 것을 보기나 하십시오"라고 하고는 마침내 작별하고 가버 렸다. 밤중에 뇌성벽력 같은 소리가 나더니, 이튿날 보니 산이 무너져 비구가 있던 난야를 묻어버렸다.[69)

신이 또 와서 말하기를, "법사가 보기에는 어떠합니까?"라고 하였 다. 법사가 대답하기를, "보기에 매우 놀랍고 두렵습니다"고 하였다. 신이 말하기를, "나는 나이가 3천 년에 가깝고 신술(神術)도 최고로 장합니다. 이것은 작은 일이니, 무슨 놀랄 만한 것이 되겠습니까? 이 밖에도 장래의 일도 모르는 것이 없고, 천하의 일도 통달하지 못한 것 이 없습니다. 이제 생각해보니 법사가 단지 이곳에만 산다면 비록 자 리(自利)의 행은 있어도 이타(利他)의 공은 없을 것입니다. 현재에

<hr>

69) 有一比丘來…山頹墳比丘所在蘭若 : 이 부분은 呪術수행의 승려와 圓光과의 비교, 그리고 원광의 승려를 말하고 있다. 이것은 종래의 형식적인 신앙생활을 자기 반성적인 실천신앙으로 인도하는 의미를 부여한 것으로 보고 있다.

고명(高名)을 드날리지 못하면 미래에 승과(勝果)70)를 거두지 못할
것이니, 어찌하여 불법을 중국에서 배워다가 이 나라의 혼미한 무리들
을 인도하지 않겠습니까?"라고 하였다. [법사가] 대답하기를, "중국에
가서 도를 배우는 것은 본래 소원이나 바다와 육지가 아득히 막혀 제
스스로 통하지 못할 뿐입니다"고 하였다.

신이 중국으로 갈 수 있는 계책을 상세히 일러주자, 법사는 그 말에
따라 중국으로 가서71) 11년간 체류하면서 3장(三藏)에 두루 통달하
고 겸하여 유술(儒術)72)까지 배웠다.

진평왕(眞平王) 22년 경신(庚申, 600)73)〈『삼국사(三國史)』에서는 이듬해
신유(辛酉, 601)에 왔다고 하였다.〉에 법사가 행장을 꾸려 돌아오려고 하는
데, 마침 중국에 왔던 조빙사를 따라 귀국하였다. 법사가 신에게 사례
를 표하고자 전에 거주했던 삼기산의 절74)에 갔더니, 밤중에 신도 역

---

70) 勝果 : 뛰어난 證果. 證果란 수행한 결과로 얻은 과보인데, 최종의 증과는 成
   佛이다. 佛果에 대하여, 聲聞·緣覺 二乘의 果와 十地菩薩의 果를 勝果라고
   한다.

71) 法師依其言歸中國 : 이 부분(『殊異傳』)에서는 중국에 유학갈 때의 나이를 정
   확히 언급하지는 않았으나, 글의 전후를 살펴보면 대강의 나이를 추정할 수 있
   다. 30세에 산에 들어가 수행한지 4년이 지났을 때 呪術을 닦는 비구가 근처로
   들어왔고, 다시 2년 후에 山神이 나타나 그 비구를 해치고 圓光에게 중국유학
   을 권유하였으므로 원광이 중국에 유학한 것은 그의 나이 36세 때, 즉 589년이
   라고 할 수 있다. 이러한 원광의 중국유학연대는 [史]의 기록과도 부합된다.

72) 儒術 : 儒家의 학술.

73) 眞平王二十二年庚申 : 圓光이 귀국한 해를 眞平王 22년 庚申으로 보는 것은
   [史]와도 부합된다.([史] 卷4 新羅本紀 眞平王 22年條)

74) 三岐山寺 : 지금의 金谷寺를 말한다. 금곡사는 경상북도 경주시 안강읍 두류
   리 臂長山에 있던 절. 창건시기와 창건자는 확실히 알 수 없다. 신라 때 密宗
   의 큰 스님인 密本이 머물렀다. 善德女王이 병이 나서 興輪寺에 있던 스님
   法惕을 초청하여 치료했으나 효험이 없자 密本을 청하였다. 밀본은 자신이 짚
   던 六環杖과 『藥師經』 독경을 통하여 귀신의 무리를 몰아내 왕을 낫게 하였
   다. 또 638년(선덕여왕 7년) 圓光이 입적하자 그의 부도를 이 절에 세웠다. 이

시 와서 그의 이름을 부르며 말하기를, "해륙의 먼 길을 어떻게 다녀왔습니까?"라고 하였다. [법사가] 대답하기를, "신의 크나큰 은혜를 입어 편안히 다녀왔습니다"고 하니, 신이 말하기를, "나도 역시 신으로부터 계를 받아서 세세생생[生生]에 서로 구제할 약속을 맺었다"고 하였다. [법사가] 또 청해서 말하기를, "신의 진용(眞容)을 볼 수 있겠습니까?"라고 하니, 신이 말하기를, "법사가 만약 나의 형체를 보려거든 이른 아침에 동쪽 하늘 가를 바라보시오"라고 하였다.

법사가 이튿날 그곳을 바라보니 거대한 팔뚝이 구름을 꿰뚫고 하늘 가에 닿아 있었다. 그날 밤 신이 또 와서 말하기를, "법사는 내 팔뚝을 보았습니까?"라고 하니, [법사가] 대답하기를, "보았는데 매우 신기했습니다"라고 하였다. 이로 인하여 [이 산을] 속칭 비장산(臂長山)[75]이라고 한다.

신이 말하기를, "비록 몸이 있다고 해도 무상(無常)의 해는 면하지 못할 것이므로 나는 멀지 않아 그 고개에 이 몸을 버릴 것입니다. 법사는 와서 길이 떠나는 [나의] 혼을 전송해주시오"라고 하였다. 약속한 날을 기다려 가서 보니, 칠빛처럼 검은 늙은 여우 한 마리가 헐떡이면서 숨을 쉬지 못하다가 곧 죽어버렸다.

법사가 처음 중국에서 돌아오자 본조(本朝)의 군신들은 그를 존경

후의 사적은 정확하지 않으나, 고려시대에 一然이 [遺]를 편찬할 때까지는 이 절이 존재했던 것 같다. 이 밖의 자세한 연혁은 전하지 않는다. 현재 절터에는 원광법사탑(경상북도 문화재자료 제97호)이 남아 있다. 한편, 금곡사를 원광의 부도를 건립한 후 그를 위해 건립한 절로 보는 견해도 있다.(崔鉛植, 앞의 논문, p.33) 원광 법사와 금곡사에 대해서는 鄭永鎬, 앞의 논문 참조.

75) 臂長山 : 경상북도 경주시 안강읍 두류리에 있는 산. 三岐山이라고도 한다. 이 지역 古老들의 설명에 따르면, 臂長山이란 이름은 긴 능선의 산줄기가 '팔뚝'과 같이 길다고 하여 붙여졌다고 한다.(鄭永鎬, 앞의 논문, p.202)

하여 스승으로 삼았고, [그는] 항상 대승경전(大乘經典)76)을 강의하
였다. 이때 고구려와 백제가 늘 변경을 침범하므로 왕이 이를 매우 걱
정하여 수나라⟨마땅히 당나라라고 해야 할 것이다.77)⟩ 군사를 청하려고 법사
에게 청하여 걸병표(乞兵表)를 짓게 하였다.78) 황제가 [그 글을] 보
고 30만 군사로 친히 고구려 정벌에 나섰다.79) 이로부터 법사가 유술
(儒術)까지도 능통함을 알게 되었다. 향년 84세로 입적하니 명활성
(明活城)80) 서쪽에 장사지냈다.81)」

　또 『삼국사』 열전(列傳)에는 다음과 같은 기록이 있다.

---

76) 大乘經典 : 大乘의 가르침을 설하는 경전으로 『華嚴經』·『法華經』·『涅槃經』
　등이 대표적이다. 圓光이 講하였다는 大乘經典은 『續高僧傳』 圓光傳에서 원
　광이 심취하여 배우기도 하고 강하기도 하였다는 『涅槃經』·『成實論』·『般若
　經』·『攝大乘論』이 아니었을까 추측된다.(李基白, 앞의 논문, p.106)

77) 宜作唐 : [史] 卷4 新羅本紀 眞平王 30년條에도 「欲請隋兵 以征高句麗」라고
　한 것으로 보아 본문의 隋나라가 옳으며, 이를 唐으로 본 것은 一然의 착각으
　로 생각된다.

78) 此時高麗百濟…請法師作乞兵表 : 이 내용은 [史] 卷4 新羅本紀 眞平王 30年
　條에도 기록되어 있다. 이때 圓光은 자신은 비록 승려이나 왕의 명이니 따르겠
　다고 하면서 乞兵表를 지었는데, 李基白은 이를 圓光과 專制王權과의 결합을
　의미하는 것으로 보았다. 巫覡信仰을 신봉하는 귀족세력에 대한 원광의 반항
　과 귀족세력을 꺾으려는 전제왕권과의 결합은 六頭品 이하의 하급귀족들과의
　결합과정으로도 볼 수 있다고 하였다.(李基白, 앞의 논문, pp.107-109)

79) 皇帝見…親征高麗 : 隋 煬帝가 고구려를 토벌한 사실을 말한다. 이때 고구려
　는 乙支文德을 앞세워 薩水에서 수양제의 군대를 크게 물리쳤다. 이 사실은
　[史] 卷20 高句麗本紀 嬰陽王 22년條에 자세히 기록되어 있다.

80) 明活城 : 경상북도 경주시 천군동과 보문동에 걸쳐 있는 明活山 정상부에 자
　리잡은 삼국시대 석축산성. 둘레 약 6000m. 사적 제47호. 정확한 축성연대는
　알 수 없으나 [史] 卷3 新羅本紀 實聖王 4年條(405)의 明活城에 관한 기사로
　보아 實聖王 이전에 축성되었을 것으로 생각된다. 축성방식 또한 신라 초기의
　방식을 취하고 있다. 南山城·仙桃山城·北兄山城 등과 함께 倭寇 등 외적의
　침입에 있어서 수도 경주를 방어하는 성으로 기능하였다.

81) 葬明活城西 : 圓光이 입적한 후 그의 부도는 明活城 서쪽에 건립되었는데, 일
　반적으로 安康邑에 있는 三岐山 金谷寺址로 추정하고 있다.

「어진 선비 귀산(貴山)[82]은 사량부(沙梁部)[83] 사람이다. 같은 마을의 추항(箒項)[84]과 벗이 되었는데, 두 사람은 서로 말하기를, "우리들이 사군자(士君子)와 교유하려고 기약하면서도 먼저 마음을 바르게 하고 몸을 닦지 않는다면 아마도 욕을 면치 못할 것이니, 어찌 현자의 곁에 가서 도를 묻지 않겠는가?"라고 하였다. 그때 원광 법사가 수나라에서 돌아와 가슬갑(嘉瑟岬)[85]〈혹은 가서(加西)라고도 하고 가서(嘉栖)라고도 하는데 모두 방언이다. 갑(岬)은 우리말로 고시(古尸)라고 한다. 그래서 혹은 고시사(古尸寺)[86]라고도 하니 갑사(岬寺)라고 하는 것과 같다. 지금 운문사(雲門寺)[87] 동쪽 9천 보쯤 되는 곳에 가서현(加西峴)이 있는데, 혹은 가슬현(嘉瑟峴)이라고 한다. 고개 북쪽 골짜기에 있는 절터가 이것이다.〉에 머물고 있다[88]는 소문

---

82) 貴山 : ?-602. 阿干 武殷의 아들. 沙梁部 사람. 친구인 箒項과 더불어 圓光에게 世俗五戒의 가르침을 받았다. 眞平王 19년 백제와의 母山城전투에 小監職으로 출전하여 전사하였고, 이후 奈麻의 관등을 추증받았다. 자세한 것은 [史] 卷45 列傳 貴山條 참조.

83) 沙梁部 : 신라 6部의 하나. 梁部와 함께 6부를 주도했던 부. 자세한 사항은 [遺] 卷3 塔像 栢栗寺條 주석 26) 참조.

84) 箒項 : ?-602. 신라 眞平王 때의 인물. 貴山과 같은 沙梁部人. 귀산과 함께 圓光 법사에게 世俗五戒를 받았으며 백제와의 母山城전투에서 小監으로 출전하였다가 전사하였다. 이후 大舍의 관등을 추증받았다. 자세한 사항은 [史] 卷45 列傳 貴山條 참조.

85) 嘉瑟岬 : 본문에서 雲門寺에서 9千步 정도 된다고 하였으므로 지금의 경상북도 淸道 부근으로 추정된다.

86) 古尸寺 : [史] 卷45 列傳 貴山條에는 당시 圓光法師가 머물렀던 곳은 加悉寺라고 하여 본문의 내용과 표기상의 차이가 있다.

87) 雲門寺 : 경상북도 청도군 운문면 신원리 호거산에 있는 절. 560년(眞興王 21년) 한 神僧이 창건하였고 608년(眞平王 30년) 圓光이 크게 중건하였다. 고려시대에는 寶壤이 중창하고 鵲岬寺라고 하였는데, 943년 雲門禪寺라고 사액한 후로는 雲門寺로 불렀다. 현재 대웅전·鵲鴨殿·미륵전·오백나한전·金法堂·萬歲樓·관음전·명부전·강원·요사채 등의 옛 건물이 보존되어 있으며, 대웅보전과 대웅전 앞의 석등을 비롯하여, 3층석탑, 圓應國師碑, 석조여래좌상, 은입사향로, 四天王石柱 등이 보물로 지정되어 있다.

88) 寓止嘉瑟岬 : 圓光이 군신의 대대적인 환영에도 불구하고 도읍지인 경주에서

을 듣고 두 사람이 그 문하를 찾아가서 아뢰기를, "속사(俗士)는 우매하여 아는 것이 없습니다. 바라옵건대 한 말씀 주시면 일생의 교훈으로 삼겠습니다"고 하였다. 원광이 말하기를, "불교에는 보살계(菩薩戒)[89]가 있어서 그 조항이 열 가지가 있는데, 너희들은 남의 신하와 자식이 되었으니 아마 감당하기 어려울 것이다. 지금 세속의 5계가 있으니, 첫째는 충성으로 임금을 섬기는 것이요, 둘째는 효도로 부모를 섬기는 것이며, 셋째는 벗을 사귀되 신의가 있어야 하며, 넷째는 싸움에 임하여 물러서지 않는 것이요, 다섯째는 산 것을 죽임에는 가림이 있어야 한다. 그대들은 이를 실행하여 소홀히 하지 말라"고 하였다.

귀산 등이 말하기를, "다른 것은 이미 알겠습니다만, 이른바 산 것을 죽임에는 가림이 있어야 한다는 말은 알지 못하겠습니다"고 하였다. 원광이 말하기를, "6재일(六齋日)[90]과 봄과 여름철에는 죽이지 않는데, 이것은 시기를 가림이요, 가축을 죽이지 않는다는 것은 말ㆍ

떨어진 雲門寺에 머물렀다는 본 기록에 대해서 연구자들마다 시각차가 있다. 李基白은 원광을 6두품으로 간주하고 그의 유학과 이후 운문사에 머무르는 일까지를 모두 진골귀족에 대항하는 새로운 질서를 추구하는 것으로 보았다.(李基白, 앞의 논문) 그러나 崔鉛植은 이에 대해 원광을 반드시 6두품으로 볼 수는 없으며 속세에서의 대중교화를 위해서였을 것으로 보았다. 점찰법회와 세속오계 등의 이후 원광의 행적과 관련해 보더라도 원광은 대중교화를 우선시하는 승려였다고 하였다.(崔鉛植, 앞의 논문, pp.26-28)

89) 菩薩戒 : 大乘戒ㆍ佛性戒라고도 한다. 대승의 보살이 받아 지키는 계. 이 계는 止惡ㆍ修善ㆍ利他의 3면을 포괄적으로 가지고 있으므로 三聚淨戒라고도 한다. 즉, 惡을 멈추고, 善을 닦고, 다른 사람을 위해 힘을 다하는 것을 내용으로 하고 있기 때문에 攝律儀戒ㆍ攝善法戒ㆍ攝衆生戒를 가리켜 말하는 경우도 있다. 보살계를 설명하는 경전은 많으나 『梵網經』의 梵網戒와 『瑜伽論』의 瑜伽戒가 가장 대표적이다. 菩薩十戒는 不殺戒ㆍ不盜戒ㆍ不婬戒ㆍ不妄言戒ㆍ不酤酒戒ㆍ不說過罪戒ㆍ不自讚毁他戒ㆍ不慳戒ㆍ不瞋戒ㆍ不謗三寶戒 등이 있다.

90) 六齋日 : 齋家의 사람이 몸과 마음을 맑고 깨끗하게 유지하고 八齋戒를 지키고 善事를 행하는 精進日로 매월 8ㆍ14ㆍ15ㆍ23ㆍ29ㆍ30의 6일을 가리킨다.

소·닭·개를 이름이고, 미세한 생물을 죽이지 않음을 고기가 한 점도
되지 못하는 것을 이름이니, 이는 생물을 가리는 것이다. 이 또한 그
소용되는 것만 하고 많은 살생을 해서는 안된다. 이것이 세속의 좋은
계이다"고 하였다. 귀산 등이 말하기를, "지금부터 받들어 행하여 감
히 어기지 않도록 하겠습니다"고 하였다. 그후 두 사람이 군사에 종군
하여 모두 국가에 큰 공을 세웠다.[91]」

또 건복 30년 계유(癸酉, 613)〈즉 진평왕 즉위 35년이다.〉 가을에 수나라
사신 왕세의(王世儀)[92]가 오자 황룡사(皇龍寺)에서 백좌도량(百座道
場)[93]을 개설하고 여러 고승을 청하여 불경을 강의하는데, 원광이 가
장 윗자리에 있었다.

논의해서 말한다. 원종(原宗)이 불법을 일으킨 이래로 진량(津梁)[94]
은 비로소 설치되었으나 당오(堂奧)[95]는 아직 이루어지지 않았었다.
그러므로 마땅히 귀계멸참(歸戒滅懺)[96]의 법으로써 우매한 중생을

---

91) 皆有奇功於國家 : 이에 관해서는 [史] 卷4 新羅本紀 眞平王 24年條와 卷45
列傳 貴山條에 자세히 기록되어 있다.
92) 王世儀 : 생몰년 미상. 眞平王 35년에 중국 隋나라의 사신으로 신라에 와서 皇
龍寺에서 百高座會를 열었다고 한다. 이 외의 자세한 기록은 없어 알 수 없다.
93) 百座道場 : 百高座會라고도 한다. 이는 『仁王經』의 護國品에 근거한 法會를
말한다. 『仁王經』을 설함으로써 나라를 지키고자 하는 이러한 방법은 隋·唐
이래의 護國, 즉 밀교적 주술이 만들어내는 강력한 법력을 기대하는 것과는 다
르다. 이것은 南朝 불교의 한 특징으로서 『仁王經』은 護國經典史上 政法治國
思想과 밀교적 治國의 중간적 위치를 차지한다고 할 수 있다.(辛鍾遠, 앞의 논
문, p.230)
94) 津梁 : 나루터의 다리와 뗏목. 부처가 민중의 고뇌를 구하고 깨달음의 경지에
인도하는 것을 말한다.
95) 堂奧 : 마루와 방의 깊숙한 곳으로 학문의 깊은 경지를 의미한다.
96) 歸戒滅懺 : 歸戒는 佛·法·僧 3寶의 戒法에 귀의한다는 것이고, 滅懺은 번뇌
를 제거하고 참회한다는 뜻이다.

깨우쳐 주어야 했을 것이다. 그래서 원광은 머물고 있던 가서갑(嘉栖岬)에 점찰보(占察寶)[97]를 두어서 상규로 삼았다. 이때 단월니(檀越尼)가 있어 그 점찰보에 전지를 헌납했는데, 지금의 동평군(東平郡) 전지 1백 결이 이것으로 옛날 문서가 아직도 남아 있다.

원광은 성품이 허정(虛靜)을 좋아하고, 말할 때는 언제나 웃음을 띠고 얼굴에는 성내는 기색이 없었다. 나이가 이미 많아져서는 수레를 타고 대궐에 들어가기도 했으니 당시의 여러 인사들 중에 덕의(德義)가 있는 이로서도 감히 그를 능가할 사람이 없었고, 문장의 넉넉함도 일국이 [그에게] 쏠렸다. 나이 80여 세로 정관 연간에 돌아가셨는데, 그 부도는 삼기산 금곡사(金谷寺)에 있다.〈지금의 안강(安康) 서남쪽 골짜기인데, 역시 명활성의 서쪽이다.〉

『당전(唐傳)』[98]에서는 황룡사에서 입적했다고 하였으나, 그곳이 자세하지 않다. 아마도 황룡(黃龍)의 와전인 듯한데, 마치 분황사[芬皇][99]를 왕분사(王芬寺)라고 쓴 예와 같다.

이상의 당나라와 우리 나라 두 전기에 의하면, 다만 성씨가 박·설로 되고 출가가 동과 서로 되어 마치 두 사람 같아 감히 자세히 단정할 수 없으므로 두 기록을 다 남긴다.

---

97) 占察寶 : 占察法會를 항구적으로 열기 위한 기금. 占察法會는 圓光의 대중포교활동의 일환으로서 『占察經』에 의거하여 吉凶善惡을 점치고 부정적 결과가 나오면 이를 혹독히 참회하는 일종의 懺法이다. 이러한 점찰법회는 신라에 如來藏思想과 地藏信仰을 심어준 것으로 원광의 『如來藏經』 관계 저술과도 무관하지 않은 것으로 여겨지고 있다.(辛鍾遠, 앞의 논문, p.230. 崔鈆植, 앞의 논문, pp.30-31)
98) 唐傳 : 『唐高僧傳』의 약칭. 즉 『續高僧傳』을 가리킨다.
99) 芬皇 : 芬皇寺. 지금의 경상북도 경주시 동쪽 九黃洞에 있는 절. [遺] 卷3 興法 阿道基羅條 주석 39) 참조.

그러나 여러 전기에는 모두 작갑(鵲岬)100)·이목(璃目)101)·운문
(雲門)의 사적102)이 없는데, 향인(鄕人) 김척명(金陟明)103)이 그릇
되게 항간의 설을 윤색하여 원광법사전을 짓고, 운문사의 개산조(開
山祖) 보양(寶壤)104) 법사의 사적을 함부로 기록하여, 합쳐서 한 가
지 전기를 만들었다. 뒤에『해동승전(海東僧傳)』을 지은 자가 그 잘
못을 답습하여 기록했기 때문에 사람들이 많이 그것에 미혹되었다. 따
라서 여기에 [이를] 분별하고자 한 글자도 가감하지 않고 두 전기의
글을 자세히 실은 것이다.

진나라·수나라시대에 해동(海東) 사람으로 바다를 건너 구도한 이
는 드물었고, 설령 있었다고 해도 아직 크게 떨치지는 못했는데, 원광
이후에는 뒤를 이어 서쪽 중국으로 유학하는 이가 끊이지 않았으니,
원광이 바로 길을 열어주었기 때문이다.

찬한다.

---

100) 鵲岬 : 雲門寺가 있는 땅의 이름. 이에 대한 설화는 [遺] 卷4 義解 寶壤梨木
條 참조.
101) 璃目 : 서해바다 용왕의 아들. 아버지인 용왕의 명을 받아 寶壤을 도와 雲門
寺를 중창하는데 힘을 쏟았다고 한다. 자세한 사항은 [遺] 卷4 義解 寶壤梨
木條 참조.
102) 雲門之事 : 寶壤과 관련된 설화를 말한다. 이에 대한 자세한 사항은 [遺] 卷4
義解 寶壤梨木條 참조.
103) 金陟明 : 생몰년 미상. [遺] 卷4 義解 寶壤梨木條에도 寶壤의 기록을 圓光
傳에 끼워넣은 사람에 대한 언급이 나오는데 역시 같은 사람이 아닐까 한다.
그러나 여기 외에 다른 기록이 없어 자세한 사항은 알 수 없다.
104) 寶壤 : 생몰년 미상. 신라 말 고려 초의 고승. 知識이라고도 하며 초년과 말년
의 전기는 전하지 않는다. 그는 중국에서 佛法을 전해받고 돌아오는 길에 서
해 용왕의 아들 璃目을 만나 함께 돌아와 鵲岬寺를 세웠다고 한다. 이후 太
祖가 후삼국을 통일하는데 기여한 공으로 전지와 사액을 내려 雲門禪寺라고
하였다. 자세한 내용은 [遺] 卷4 義解 寶壤梨木條 참조.

바다 건너 처음으로 중국 땅 구름을 뚫으니

얼마나 많은 이가 왕래하며 맑은 향기 품었던가

그 옛날 자취 푸른 산에 남아

금곡과 가서의 옛일[105]을 알 수 있다네

---

105) 金谷嘉栖事 : 金谷은 金谷寺에 장사지낸 일, 嘉栖는 嘉瑟岬에서 貴山 등에
   게 世俗五戒를 내려준 일을 뜻하니, 곧 圓光의 遺蹟을 뜻한다.

99. 寶壤¹⁾梨木

釋寶壤傳 不載鄕井氏族 謹按淸道郡司籍 載天福八年癸²⁾卯³⁾〈太⁴⁾祖卽位第二十六年也〉 正月日 淸道郡界里審使順英 大乃末水文等 柱貼公文 雲門山禪院長生 南阿尼岾 東嘉西峴〈云云〉同藪三綱⁵⁾典主人寶壤和尙 院主玄會長老 貞⁶⁾座玄兩上座 直歲信元禪師〈右公文 淸道郡都田帳傳准〉

又開運三年丙午⁷⁾ 雲門山禪院長生標塔公文一道 長生十一 阿尼岾 嘉西峴 畝峴 西北買峴〈一作面知村〉 北猪足門等 又庚寅年 晉陽府貼 五道按察使 各道禪敎寺院始創年月形止 審檢⁸⁾成籍時 差使員東京掌書記李僐審檢⁹⁾記載

正¹⁰⁾豊¹¹⁾六年辛巳〈大金年號 本朝毅宗卽位十六年也〉 九月 郡中古籍

---

1) 壤 : [正] 攘. [品][斗][浩][六] 壤.
2) 癸 : [六] 年.
3) 卯 : [正][六] 酉. [品][斗][浩][民] 卯.
4) 太 : [正] 大. [順] 太(가필). [鶴][品][斗][浩][六] 太.
5) 綱 : [正][品][斗][六] 剛. [浩][民] 綱.
6) 貞 : [浩][民] 典.
7) 午 : [正][鶴][斗][浩][六] 辰. [品] 午.
8) 檢 : [正] 撿(檢과 동자). [品][斗][浩][六] 檢.
9) 檢 : 주 8)과 같음.
10) 正 : [正] 疋(결획). [東] 王. [品][斗][浩][六] 正.
11) 豊 : 고려 世祖의 이름 '隆'의 피휘.

裨補[12])記准 清道郡前副戶長禦侮副尉李則楨戶在古[13])人消息及諺
傳記載 致仕上戶長金亮辛 致仕戶長旻育 戶長同正尹應 前其人珍
奇等 與時上戶長用成等言語 時太守李思老 戶長亮辛年八十九 餘
輩皆七十已上 用成年六十已上〈云云次不准〉

羅代已來 當郡寺院 鵲岬已下中小寺院 三韓亂亡間 大鵲岬 小
鵲岬 所寶岬 天門岬 嘉西岬等 五岬皆亡壞 五岬柱合在大鵲岬

祖師知[14])識〈上文云寶壤〉 大國傳法來還 次西海中 龍邀入宮中念
經 施金羅袈裟一領 兼施一子璃目 爲侍奉而追之 囑曰 于時三國
擾動 未有歸依佛法之君主 若與吾子歸本國鵲岬 創寺而居 可以避
賊 抑[15])亦不數年內 必有護法賢君出 定三國矣 言訖 相別而來還
及至玆洞 忽有老僧 自稱圓光 抱印櫃[16])而出 授之而沒〈按圓光以陳
末入中國 開皇間東還 住嘉西岬 而沒於皇隆 計至淸泰之初 無慮三百年矣 今悲
嘆諸岬皆廢[17]) 而喜見壤來而將興 故告之爾〉

於是壤師將興廢[18])寺 而登北嶺望之 庭有五層黃塔 下來尋之則
無跡 再陟望之 有群鵲啄地 乃思海龍鵲岬之言 尋掘之 果有遺塼
無數 聚而蘊崇之 塔成而無遺塼 知是前代伽藍墟也 畢創寺而住焉
因名鵲岬寺

未幾太祖統一三國 聞師至此創院而居 乃合五岬田[19])束[20])五百

---

12) 補 : [正] 楠. [鶴][品][斗][浩][六] 補.
13) 古 : [正] 右. [鶴][品][斗][浩][六][民] 古.
14) 知 : [品] 智.
15) 抑 : [正] 栁. [品][斗][浩][六][民] 抑.
16) 櫃 : [正] 槓. [品][斗][浩][六][民] 櫃.
17) 廢 : [正] 癈. [品][斗][浩][六][民] 廢.
18) 廢 : 주 17)과 같음.
19) 田 : [正] 판독미상. [晚][鶴][品][斗][浩][六][民] 田.
20) 束 : [正] 판독미상. [晚][鶴][品][斗][浩][六][民] 束.

結納寺 以淸泰四年丁酉 賜額曰雲門禪寺 以奉袈裟之靈蔭

璃目常在寺側小潭 陰騭[21]法化 忽一年亢[22]旱 田蔬焦槁 壤勅
璃目行雨 一境告足 天帝將誅不識[23] 璃目告急於師 師藏於床下
俄有天使到庭 請出璃目 師指庭前梨木 乃震之而上天 梨木萎摧[24]
龍撫[25]之卽蘇〈一云師呪之而生〉 其木近年倒地 有人作樓椎 安置善
法堂及食堂 其椎柄有銘

初師入唐廻 先止于推火之奉聖寺 適太祖東征至淸道境 山賊嘯
聚于犬城〈有山岑臨水峭立 今俗惡其名 改云犬城〉 驕傲不格 太祖至于山
下 問師以易制之述[26] 師答曰 夫犬之爲物 司夜而不司晝 守前而
忘其後 宜以晝擊其北 太[27]祖從之 果敗降 太祖嘉乃神謀 歲給近
縣租五十碩 以供香火 是以寺安二聖眞容 因名奉聖寺 後遷至鵲岬
而大創終焉 師之行狀 古傳不載 諺云 與石崛備虛師〈一作毗虛〉爲昆
弟 奉聖石崛雲門三寺 連峰櫛比 交相往還爾

後人改作新羅異傳 濫記鵲塔璃目之事于圓光傳中 系犬城事於毗
虛傳 旣謬矣 又作海東僧傳者 從而潤文 使寶壤無傳而疑誤後人 誣
妄幾何

---

21) 騭 : [浩][六] 隲.
22) 亢 : [正][斗] 元. [品][浩][六][民] 亢.
23) 識 : [浩][民] 職.
24) 摧 : [鶴][品][浩][六] 推.
25) 撫 : [正] 橅. [鶴][品][斗][浩][六] 撫.
26) 述 : [品][浩][民] 術.
27) 太 : [正][品][斗][六] 缺음. [浩][民] 太.

보양과 배나무

석(釋) 보양(寶壤)1)의 전기2)에는 향리[鄕井]3)와 씨족이 실려 있지 않다. 청도군(淸道郡)4)의 관청 장적5)을 자세히 살펴보면, 천복(天

---

1) 寶壤 : 생몰년 미상. 신라 말 고려 초의 고승. 초년과 말년의 전기는 전하지 않는다. 중국에서 불법을 전수받고 돌아오다가 서해의 용왕이 용궁으로 맞아들여 불경을 염송하게 한 뒤, 금빛 가사 한 벌을 주고 아울러 자기의 아들 璃目을 데리고 돌아가게 하였다. 寶壤은 밀양의 奉聖寺에 머물면서 고려 太祖에게 犬城의 싸움에서 승리하도록 계책을 일러주었다. 그뒤 淸道에 鵲岬寺를 짓고 거주했는데, 태조가 후삼국을 통일한 후 전쟁 중에 소실된 5갑사의 토지 500결을 합하여 절에 시주하였으며, 937년(태조 20년)에는 雲門禪寺라고 사액하였다. 보양은 이 절에서 생애를 마쳤다.

2) 寶壤傳 : 寶壤의 傳記. 지금은 전하지 않으나 一然이 이 전기를 보고 본 寶壤梨木條를 구성하였다. 『海東高僧傳』을 지은 覺訓이 사료를 잘못 인용하여 圓光傳에 寶壤傳의 내용을 혼입하였으므로 雲門寺를 세운 보양의 전기가 사라지게 되었다. 일연은 이를 아쉬워하여 圓光西學條 바로 뒤에 보양의 사적을 밝혔다.

3) 鄕井 : 鄕은 일반적으로 鄕里를 뜻하고, 井은 사람이 모이는 곳을 말한다. 곧 鄕井은 市井에 대비되는 것으로서 家鄕이라는 뜻이다.

4) 淸道郡 : 「本伊西小國 新羅儒理王伐取之 後合仇刀城境內 率伊山 鷲山 烏刀山等三城 置大城郡 景德王時 仇刀改稱烏岳縣 鷲山改荊山縣 率伊山改蘇山縣 俱爲密城郡領縣 高麗初 復合三城爲郡 改今名 仍屬密城 睿宗四年置監務」([勝覽] 卷26 淸道郡 建置沿革條). 청도군에는 원래 伊西國이 있었는데, 신라 儒理王 때 신라에 정복된 뒤, 仇刀城 경내의 率伊山 · 鷲山 · 烏刀山 등 3城과 합쳐 大城郡으로 편제되었다. 景德王 때 구도를 烏岳縣, 경산을 荊山縣, 솔이산을 蘇山縣으로 고치고 모두 密城郡의 領縣으로 삼았다. 고려 초 3성을 다시 합하여 淸道郡으로 고치고 밀성군에 예속시켰다. 그뒤 監務가 설치되었으며, 忠惠王 때 郡人 金善莊의 공로로 知郡事가 두어졌다.

5) 司籍 : 해당 郡 내의 사원이나 田畓 등을 기록한 郡司의 문서.

福)[6] 8년 계묘(癸卯, 943)〈태조(太祖) 즉위 26년이다.〉 정월 모일에 청도 군지역의 이심사(里審使)[7] 순영(順英)[8]과 대내말(大乃末)[9] 수문 (水文)[10] 등의 주첩공문(柱貼公文)에 「운문산선원(雲門山禪院)[11] 장생표[長生][12]는 남쪽이 아니점(阿尼岾), 동쪽이 가서현(嘉西峴)〈운

---

6) 天福 : 중국 後晋 高祖의 연호(936-943).

7) 里審使 : 村里와 莊園 등의 경계를 심사하는 관리로 추정된다. '淸道郡界里審 使'는 淸道郡界에 파견된 '里審使'인데, 또는 청도군의 '界里審使'라고 파악하 기도 한다. 이심사가 중앙에서 파견된 지방관이었을지는 분명하지 않다. 다만 太祖 26년에 올린 柱貼公文은 [遺] 卷3 塔像 伯巖寺石塔舍利條에는 定宗 元 年(946)에 올리는 '康州界任道大監柱貼'과 같은 형식으로 이해된다. 그런데 任道大監은 중앙에서 康州界에 파견된 지방관으로 이해된다. 그렇다면 '계리 심사'가 아니라 '이심사'임이 분명하며, 중앙에서 파견된 지방관으로 이해된다. 이로 보면 고려 成宗 2년(983) 이전에 지방관으로 今有·租藏이 파견되어 있 었는데, 이들은 왕과 지방호족을 연결시키는 紐帶가 되었고(李基白, 「高麗 地 方制度의 整備와 州顯軍의 성립」, 『趙明基華甲紀念佛敎史學論叢』, 1965; 『高 麗兵制史研究』, 一潮閣, 1968, p.3) 이들 외에 이심사나 임도대감 등이 파견되 었다. 다만 이들 지방관에 파견된 인물이 중앙의 귀족이었다기보다는 지방의 호족이나 토호에서 차출되었을 법하다.

8) 順英 : 여기 외에 달리 나타나지 않은 인물이다. 신분은 지방토호로 이해된다.

9) 大乃末 : 신라 17관등 중의 제10관등. 大奈麻·大奈末 등으로도 불렸다. 여기 서는 고려 초에 지방토호가 스스로를 불렀던 관등으로 이해된다.

10) 水文 : 여기 외에 달리 나타나지 않은 인물이다. 신분은 지방토호로 이해된다.

11) 雲門山禪院 : 雲門寺를 말한다. 경상북도 청도군 운문면 신원리 虎踞山에 있 는 절. 608년(眞平王 30년)에 圓光이 이 곳에서 가까운 嘉瑟岬寺에 거주하면 서, 세속 5계를 지어 貴山 등에게 주었다. 신라 말 唐에 유학하고 돌아온 寶壤 이 前代의 가람터였던 이곳에 절을 세우고 鵲岬寺라고 하였다. 후삼국을 통일 한 王建은 보양의 공에 대한 보답으로 5갑사의 밭 500결을 시주하고, 937년(太 祖 20년)에는 雲門禪寺라고 사액하였다. 1105년(肅宗 10년)에는 圓眞國師가 宋에 유학하여 天台敎觀을 배운 뒤 귀국해서 이곳에 머무르면서 중창하였다. 1958년이래 비구니 전문 강원으로 선정되었다. 현재 대웅보전·鵲鴨殿·미륵 전·오백나한전·金法堂·萬歲樓·관음전·명부전·강원·요사채 등의 옛 건 물을 보존하고 있다. 경내에는 석등·圓應國師碑·석조여래좌상·四天王石 柱·3층석탑·銅壺 등의 문화재가 있다.

12) 長生 : 長生標. 長生標柱, 長生標塔이라고도 하며, 조선시대에는 長栍이라고 표기하였다. 寺格을 정하기 위하여 절의 洞口에 세운 표시, 혹은 寺領의 네 경

운〉이라」고 하였고, 「사원의 삼강전(三綱典)13) 주인은 보양 화상(和尙)이요, 원주(院主)14)는 현회(玄會)15) 장로(長老),16) 정좌(貞座)17)는 현량(玄兩)18) 상좌(上座),19) 직세(直歲)20)는 신원(信元)21) 선사(禪師)라」고 하였다.〈이 공문은 청도군 도전장(都田帳傳)22)에 준거하였다.〉

계를 표시하기 위하여 세운 것을 가리킨다.(鮎貝房之進, 『雜攷』 제6집 하, 國書刊行會復刊本, 1972, p.576)

13) 三綱典 : [正]의 三剛은 三綱의 잘못된 표기이다. 三綱職制는 上座·寺主·都維那(維那)를 말하는데, 중국 남북조시대에 지방 僧官制로 나타났으며 唐代에는 지방의 절에 설치되었다. 唐 중기 이후에는 禪門세력이 커지면서 삼강직제는 상좌가 바뀐 都寺, 사주가 분화된 監寺·副寺, 도유나가 분화된 維那·典坐·直歲의 六知事制로 확대되었다. 나말려초에 중국 六知事制의 영향을 받아 삼강체제가 구축되었다. 특히 고려 초에 禪宗의 중심 山門에서 독자적인 職制로서 삼강전(剛司)을 설치하고 그 내에 院主·典座·直歲·維那·史僧 등을 두었다(蔡尙植, 「淨土寺址 法鏡大師碑 陰記의 分析-高麗初 地方社會와 禪門의 構造와 관련하여-」, 『韓國史硏究』 36, 1982, pp.58-65). 삼강전 주인은 항상 寺院 내에 있으면서 절의 승려를 統轄하고 사무를 처리하는 別當 또는 座主를 말한다.

14) 院主 : 고려 초 三綱典 내에 두어진 僧官. 禪院의 승려를 통솔하였다.

15) 玄會 : 나말여초 雲門寺에 거주한 승려. 여기 외에 달리 나타나 있지 않은 인물이다.

16) 長老 : 德行이 높은 나이 많은 比丘.

17) 貞座 : [正]에는 貞座이나 典座의 誤記인 듯하다. 典座는 중국 지방 僧官制인 六知事制에 속했던 僧職인데, 고려 초 선종 산문에 설치된 三綱典 내에 두어진 僧官이다(蔡尙植, 앞의 논문, pp.63-64). 禪寺에서 승려들의 침구나 음식 등을 관장하는 소임을 맡았을 것으로 추측된다.

18) 玄兩 : 나말여초 雲門寺에 거주한 승려. 여기 외에 달리 나타나 있지 않은 인물이다.

19) 上座 : 고려 초 禪宗 산문에 설치된 三綱典 내에 두어진 僧官. 본래 중국 지방 僧官制인 三綱職制 중의 하나였는데, 唐代에 六知事制로 되면서 寺主로 바뀌었다(蔡尙植, 앞의 논문, p.63).

20) 直歲 : 고려 초 선종 山門에 설치된 三綱典 내에 두어진 僧官. 禪寺에서 한 해의 살림을 맡았던 듯하다. 본래는 중국 唐代에 지방 僧官制인 六知事制 내에 두어진 僧職이었다.

21) 信元 : 나말여초 雲門寺에 거주한 승려. 여기 외에 달리 나타나 있지 않은 인물이다.

또한 개운(開運)[23] 3년 병오(丙午, 946)의 운문산선원 장생표탑에 관한 공문 한 통에는 「장생이 11개인데, 아니점(阿尼岾), 가서현(嘉西峴), 묘현(畝峴), 서북매현(西北買峴)〈혹은 면지촌(面知村)이라고도 한다.〉, 북저족문(北猪足門)[24] 등이다」고 하였다. 또 경인년(庚寅年)[25] 진양부(晉陽府)[26]의 첩문에서는 「5도안찰사(五道按察使)[27]가 각 도의

---

22) 都田帳傳 : 都田帳은 土地臺帳이다. 量田都帳, 導田帳이라고도 표기한다.

23) 開運 : 중국 後晋 出帝의 연호(944-946). 開運 3년은 946년(고려 定宗 원년)이다.

24) 阿尼岾 嘉西峴 畝峴 西北買峴〈一作面知村〉北猪足門 : 淸道郡 내에 있는 지명. 여기 외에는 나오지 않는다. 고려 초 雲門寺의 소속 경역 내에 포함되어 있어서 그 경계 표시인 장생표가 설치되어 있던 곳이다.

25) 庚寅年 : 정확한 연도를 알 수 없으나 正豊 6년(1161) 이후임은 확실하다. 바로 뒤에 晋陽府가 나온 것으로 보아 아마도 1230년(高宗 17년)인 듯하다.

26) 晉陽府 : 「本百濟居列城 新羅文武王取而置州 神文王分居陁州 置晉州摠管 景德王改康州 惠恭王復爲菁州 高麗太祖又改康州 成宗二年置牧 十四年改晉州 置節度使」([勝覽] 卷30 晋州牧 建置沿革條). 晋州는 백제 居列城이었는데, 신라에 복속되어 康州로 개칭되었고, 그뒤 여러 차례 이름이 바뀌었으며, 고려 成宗 14년(995)에 晋州로 불렸고 節度使가 두어졌다. 그뒤 조선시대에 들어와 太祖 때 顯妃의 內鄕이었으므로 晋陽大都護府로 삼았다. [勝覽]에는 진양대도호부가 조선시대에 설치된 것으로 되어 있고 晋陽府로 명기되어 있지는 않다. 그러나 고려 崔氏 武人執政期에 진양부가 나타나 있다. [麗史] 卷23 高宗 23年 2月條에 「庚子燃燈 王如奉恩寺 命內侍柳宗卿崔宗敬 賜花酒于晉陽府 翌日大會亦如之」라고 하였다. 그 외에 [麗史] 卷23 高宗 23年 11月條와 [麗史] 卷129 崔忠獻傳에도 진양부가 보이는데, 앞의 내용처럼 단편적으로 기술된 것에 불과하다. 진양부는 崔忠獻을 이어 정권을 담당하였던 崔怡(崔瑀)가 만든 관부 혹은 그가 머물던 저택을 가리킨다. 최씨정권은 각지에 사유지를 확보하였는데, 특히 1205년 이후 최이는 晋州지방 전체를 食邑으로 지배하였다. 원래 崔氏의 출신지는 牛峯(지금의 황해도 金川)이나, 진주지방에 거대한 경제적 기반을 가졌기 때문에 진양부는 최이의 관부를 가리킨다.

27) 五道按察使 : [麗史] 卷77 志31 百官2 外職條에 「按廉使 專制方面 以行黜陟 卽國初節度使之任 顯宗三年罷節度使 後置按察使 文宗十八年改爲都部署 睿宗八年復爲按察使 忠烈王二年改按察使爲按廉使」라고 하였다. 按察使는 각 도에 두어져서 군사를 장악하였으나, 주로 農務의 감찰과 飢民의 구제 등을 담당하였고, 管下 鎭將의 黜陟을 행하였다. 五道는 楊廣道・慶尙道・全羅道・

선종[禪]과 교종[敎] 사원이 창건된 연월과 그 상황[28]을 자세히 조사해서 문서를 만들 때 차사원(差使員)[29]이었던 동경(東京)의 장서기(掌書記)[30] 이선(李儇)[31]이 자세히 조사하여 기재하였다」고 하였다.

정풍(正豊)[32] 6년 신사(辛巳, 1161)〈금나라[大金]의 연호이니 본조(本朝) 의종(毅宗) 즉위 16년[33]이다.〉 9월 군내의 옛 전적인 비보기(裨補記)[34]에 따르면, 청도군의 전 부호장(副戶長)[35]인 어모부위(禦侮副尉)[36] 이

交州道·西海道이다. 고려의 지방제도는 成宗 때 만들어져서 顯宗 때 五道兩界로 정립되었다. 양계는 東界·北界이다.

28) 形止 : 형상 또는 사실의 顚末을 말한다. 특히 形止案이라고 말하는 경우는 '現狀調査記錄'의 의미이다. 고려 顯宗 22년(1031)에 건립된 淨兜寺 5층석탑 (경상북도 漆谷郡 若木面 소재)에 造成形止記가 있다. 또한 고려 후기의 기록으로 松廣寺에 修禪社形止記가 전하며, 조선시대에는 金山寺의 5층석탑에 탑을 조성한 형지기가 기록되어 있다.

29) 差使員 : 정확하게 알 수 없으나, 按察使의 휘하에 차출되어 지방의 사정을 조사하여 기록하던 관리인 듯하다.

30) 東京掌書記 : 동경 소속의 관직명인 듯하나, 여기 외에는 나와 있지 않다. 東京은 慶州이다.

31) 李儇 : [麗史] 卷129 列傳42 崔忠獻傳에는 1244년(高宗 31년) 가을 7월에 崔怡가 郞將 申着을 按察使로 삼았을 때, 右正言이었던 李儇이 이를 불가하다고 탄핵하였는데, 최이가 노하여 이선을 延州副使로 삼았다고 한다. 또한 『高麗史節要』 고종 37년 12월조에는 1250년(고종 37년) 12월에 侍御史였던 이선 등 4인이 몰래 강물에 들어갔다는 내용이 있다. 이로써 보면 이선은 최이정권 아래에서 우정언, 시어사 등의 관직을 역임하였던 것으로 보인다.

32) 正豊 : 正隆이다. 고려 太祖의 父(世祖) 王隆의 '隆'자를 피하기 위해 '豊'자를 대신 사용하였다고 한다([麗史] 卷89 表節1 年表 毅宗 10年條). 正隆은 중국 金 海陵王(帝亮)의 연호(1156-1161). 정륭 6년은 1161년(毅宗 15년)이다.

33) 毅宗卽位十六年 : 1161년은 卽位年稱元法으로 毅宗 16년이 된다. [麗史]는 踰年稱元法을 사용하였으므로 1161년은 의종 15년이 된다.

34) 裨補記 : 風水地理說에 따라 전 국토를 효율적으로 이용할 방책을 기록한 책이다. 고려 초에는 道詵이 작성한 비보기가 있었다.

35) 副戶長 : 고려·조선시대 鄕吏職의 우두머리인 戶長 다음의 직책. 그 밑으로 戶正·副戶正·史·兵正·副兵正·兵史·倉正 등이 있었다. 뒤의 주석 40) 참조.

36) 禦侮副尉 : 고려 成宗 14년(995)에 정한 武散階는 從一品(驃騎將軍)에서 從

칙정(李則楨)[37]의 집에 있는 옛사람의 소식과 세속에서 전해오는 기
록에 상호장(上戶長)[38] 벼슬을 지낸 김양신(金亮辛)[39]과 호장(戶
長)[40] 벼슬을 지낸 민육(旻育),[41] 호장동정(戶長同正)[42]인 윤응(尹

九品下(陪戎副尉)까지 모두 29등급으로 구성되었다. 禦侮副尉는 무산계의 25
위인 從八品下에 해당한다. 이 관직에는 田 20결이 지급되었다([麗史] 卷77
志31 百官2 武散階條). 무산계는 鄕吏·老兵·耽羅의 王族·女眞의 酋長·
工匠·樂人에게 주어진 官階이다.

37) 李則楨 : 고려 毅宗 연간에 戶長職에 있었던 인물. 여기 외에 달리 행적을 찾
을 수 없다.

38) 上戶長 : 뒤의 주석 40) 참조.

39) 金亮辛 : 고려 毅宗 연간에 戶長職에 있었던 인물. 여기 외에 달리 행적을 찾
을 수 없다.

40) 戶長 : 戶長은 고려·조선시대 鄕吏職의 우두머리이며, 副戶長은 戶長 다음의
직책이었고, 그 밑으로 戶正·副戶正·史·兵正·副兵正·兵史·倉正 등이
있었다. 신라 말의 城主들은 지방에서 독자세력을 형성하면서, 중앙과 相等하
는 독립된 지방 관부의 행정조직을 갖추었다(李基白,「新羅私兵考」,『歷史學
報』9, 1955 ;『新羅政治社會史硏究』, 一潮閣, 1974, p.266). 고려왕조는 건국
초기부터 이들을 국가체제 내에 편입하려고 하였다. [麗史] 卷75 志29 選擧 3
鄕職條에는 成宗 2년(983)에「改州府郡縣吏職 以兵部爲司兵 倉部爲司倉 堂
大等爲戶長 大等爲副戶長 郎中爲戶正 院外郎爲副戶正 執事爲史 兵部卿爲兵
正…」이라고 하였다. 12牧이 설치되던 성종 2년에 지방의 吏職에 대한 대대적
인 개편이 이루어졌다. 이때 지방 官班의 최고위직인 堂大等이 호장, 大等이
副戶長, 郎中이 戶正, 院外郎이 副戶正 등으로 개편되면서 土豪的 성격의 이
들 세력은 독자성을 상실하여 지방통치체제 내에 흡수되었다. 戶長은 攝戶
長·權知戶長·上戶長·首戶長·安逸戶長·正朝戶長 등이 있어 그 임무를
분담하였다. 그 가운데 上戶長은 다수의 호장들을 포함한 향리들을 보다 효과
적으로 통제하기 위해 설치되었다. 특히 상호장은 수호장이라고도 하였는데,
邑司를 구성하여 印信을 가지고 공무를 집행하였으며 부정행위가 있을 때는
戶長印을 받을 수가 없었다. 한편 안일호장은 나이 70세에 이른 퇴역 호장이
다. 이들 호장직은 대체로 세습되었으며, 같은 신분간에 通婚이 이루어졌다.

41) 旻育 : 고려 毅宗 연간에 戶長職에 있었던 인물. 여기 외에 달리 행적을 찾을
수 없다.

42) 戶長同正 : 散職으로 제수된 戶長. 同正職은 고려시대의 산직으로 文班 정6품
이하, 武班 정5품 이하, 南班·吏屬·鄕吏·僧官 등에 설정되어 있었다. 같은
산직인 檢校職은 문반 5품 이상, 무반 4품 이상에 두어, 동정직과 검교직으로
산직 체계를 구성하였다. 특히 동정직은 처음 入仕職으로 활용되어, 蔭敍를 통

應),43) 전 기인(其人)44)인 진기(珍奇) 등과 당시 상호장 용성(用
成)45) 등의 말이 적혀 있다. 그때 태수(太守)인 이사로(李思老)46)와
호장 김양신은 나이 89세였고, 나머지 사람들은 모두 나이 70세 이상
이었으며, 용성만이 나이 60세 이상이었다〈운운하였는데 다음은 [생략하여]
따르지 아니한다.〉고 하였다.

   신라시대 이래로 청도군의 절인 작갑사[鵲岬] 이하 중소 사원들은

해 관직으로 나아간 자나 과거 급제자도 初職은 모두 동정직을 제수받는 것이
상례였다. 그리고 일정 기간 대기한 뒤 實職으로 진출하는데, 주로 外職이나
權務職을 받았다(金光洙, 「고려시대의 同正職」, 『歷史教育』 11·12合, 1969).

43) 尹應 : 고려 毅宗 연간에 戶長職에 있었던 인물. 여기 외에 달리 행적을 찾을
   수 없다. 尹應은 尹應前이라고 註解하기도 한다.

44) 其人 : [麗史] 卷75 志29 選擧3 其人條에 「國初 選鄕吏子弟 爲質於京 且備
   顧問其鄕之事 謂之其人 文宗三十一年判 凡其人 千丁以上州 卽足丁 年四十
   以下三十以上者許選上 以下州卽半足丁 勿論兵倉正以下副兵倉正以上 富强
   正直者選上 其足丁限十五年 半丁限十年 立役 半丁至七年 足丁至十年 許同
   正職 役滿加職」이라고 하였다. 其人制度는 지방의 土豪세력을 중앙의 왕권
   아래에 두기 위해서 취해졌던 여러 조치 가운데 하나이다. 그 내용은 지방에서
   실질적 지배를 행사하였던 鄕吏의 子弟를 교대로 서울로 불러들여 立役하게
   하였다. 기인제도의 원형은 이미 신라 때 시행되었다. [遺] 卷2 紀異 文虎王法
   敏條에는 왕의 庶弟 車得公이 지방을 순시할 때, 國制에 매번 外州의 吏 1인
   을 京中諸曹에 上守하게 하였음을 말하고 있다. 당시 지방에서 향리가 서울에
   입역하는 것을 上守吏제도라고 한다. 기인제도의 기원은 이 상수리제도에서
   비롯되었다고 한다. 이렇게 향리 자신이 입역하던 제도는 고려시대에 들어와
   자제 1인이 입역하는 기인제도로 변화한 것으로 이해된다(金成俊, 「其人의 性
   格에 대한 考察」, 『歷史學報』 10, 1958, p.210). 또한 憲康王 때의 處容을 蔚山
   지방 호족의 아들로 보아, 그가 왕을 따라 서울로 가서 왕정을 보좌한 것이 기
   인제도의 기원이라고도 한다(李佑成, 「三國遺事所載 處容說話의 一分析-高
   麗 其人制度의 起源과의 關聯에서-」, 『金載元博士回甲紀念論叢, 乙酉文化社,
   1969, pp.108-111). 여기의 珍奇도 其人으로서 입역을 마친 향리였던 듯하다.

45) 用成 : 고려 毅宗 연간에 戶長職에 있었던 인물. 여기 외에 달리 행적을 찾을
   수 없다.

46) 太守李思老 : 太守는 淸道郡 태수이다. 고려 毅宗 연간에 청도군 태수를 지낸
   李思老의 행적은 여기 외에 달리 찾아지지 않는다.

삼한(三韓)이 어지러울 때,47) 대작갑사[大鵲岬]·소작갑사[小鵲岬]·
소보갑사[所寶岬]·천문갑사[天門岬]·가서갑사[嘉西岬]48) 등 다섯
갑사가 모두 파괴되어 없어져서 다섯 갑사의 기둥을 대작갑사에 모아
두었다.

조사(祖師) 지식(知識)49)〈위의 글에는 보양이라고 하였다.〉이 중국에서
법을 전수받아 돌아올 때 서해 가운데에 이르자, 용이 [그를] 용궁으
로 맞아들여 불경을 염송하게 하고, 금색 비단 가사 한 벌을 시주하였

---

47) 三韓亂亡間 : 후삼국동란시기를 가리킨다. 이때 甄萱과 王建은 서로 패권을
다투었는데, 후백제에서 경주로 가는 길목인 陝川·淸道지역과 고려에서 경주
로 가는 통로인 安東지역의 확보를 두고 치열하게 대립하였다. 자연 이 두 지
역에서의 전투가 가장 격렬하게 전개되었다.

48) 大鵲岬 小鵲岬 所寶岬 天門岬 嘉西岬 : 경상북도 청도군 雲門山 加西嶼에
있었던 신라시대의 절. 신라 眞興王 18년(557)에 한 神僧이 北臺庵 터에 초암
을 짓고 3년 동안 수도하였는데, 어느 날 이곳이 五靈이 숨어사는 곳임을 알고
大鵲岬寺, 嘉瑟岬寺(嘉西岬寺), 小鵲岬寺, 所寶岬寺, 天門岬寺를 각각 지어
진흥왕 28년(567)에 불사를 마쳤다고 한다. 한편 [遺] 卷4 義解 圓光西學條의
「時聞圓光法師入隋回 寓止嘉瑟岬〈或作加西 又嘉栖 皆方言也 岬俗云古尸 故或云古尸寺
猶言岬寺也 今雲門寺東九千步許 有加西嶼 或云嘉瑟嶼 嶼之北洞有寺基是也〉」라고 하였다. 眞
平王 22년(600)에 수나라에서 귀국한 圓光이 嘉瑟岬寺에 머물면서 貴山과 箒
項에게 世俗五戒를 가르쳤으며, 그뒤 후삼국시대에 다섯 갑사가 모두 파괴되
어 남은 기둥만을 대작갑사에 모아 두었다. 고려 太祖 17년(934) 寶壤이 이곳
작갑에 탑을 쌓고 절을 중창하여 鵲岬寺라고 하였다. [遺] 卷4 義解 圓光西學
條의 細註의 내용을 참고해보면, 嘉瑟岬寺는 雲門寺의 동쪽으로 9천 보 쯤에
있었던 절이며 嘉西岬寺 또는 嘉栖岬寺라고도 하였다. 따라서 보양은 원광이
머물렀던 가슬갑사의 근처에 鵲岬寺(雲門禪寺)를 세운 것이 된다. 여기서 5층
黃塔의 상징성이 주목된다. 寶壤이 廢寺를 일으키려고 北嶺에 올라갔을 때,
일단 5층 황탑의 자리는 사라지고, 대신 까치가 있는 곳에서 옛탑의 벽돌을 찾
아 절을 중창하게 된다. 圓光은 이곳 嘉栖岬에서 머물다가 皇隆寺에서 입적하
였고, 皇龍寺에서 百高座會를 개설하기도 하였다. [遺] 卷4 圓光西學條
에 잘 나와 있지 않으면서 본문에 기록되어 있는 5층 황탑은 圓光이 開皇 연
간에 머물렀던 가슬갑을 상징하는 것이 아닌가 생각된다.

49) 知識 : 善知識은 敎를 설하여 인도하는 덕이 높은 스님을 말한다. 여기서는 寶
壤을 가리키는데, 그의 다른 이름이라는 설도 있다.

으며, 아울러 아들 이목(璃目)으로 하여금 받들어 모시고 좇아가게 하였다. [또한] 부탁해서 말하기를, "이때 삼국이 어지러워 불법에 귀의하는 임금이 없으므로, 만약 그대가 내 아들과 더불어 본국에 돌아가 작갑에 절을 짓고 거주하면 가히 도적을 피할 수 있을 것입니다. 아마 몇 년이 되지 않아 반드시 불법을 지키는 어진 임금이 나와 삼국을 평정할 것입니다"50)고 하였다.

말을 마치고 서로 이별하고 돌아와 이 골짜기에 이르니, 갑자기 노승이 스스로 원광(圓光)이라고 하면서 인궤(印櫃)를 안고 나와 그것을 주고는 사라졌다.〈살펴보건대, 원광은 진(陳)나라 말 중국에 들어가 개황(開皇)51) 연간에 돌아와서 가서갑에 머물다가 황룡사[皇隆]에서 죽었다. 계산해보면 청태(淸泰)52) 초에 이르기까지 무려 3백 년이 된다. 지금 여러 갑사가 모두 폐하였음을 슬피 탄식하였는데, 보양이 와서 장차 일으킬 것을 보고 기뻐하였으므로 이를 알린 것이다.〉

이에 보양 조사가 장차 폐사를 일으키려고 북쪽 고개에 올라가서 바라보니, [이 절의] 뜰에 5층의 누런 탑이 있었다. 내려와서 그것을 찾아보니 자취가 없었다. 다시 올라가 그것을 바라보니 까치떼가 땅을

---

50) 兼施一子璃目 爲侍奉而追之 : 용왕이 자신의 아들을 데리고 가기를 청하는 모티브는 여기 외에 東海의 龍王이 開雲浦에 놀러온 憲康王에게 자신의 아들 處容을 데려가 政事에 보탬이 되기를 청하는 설화([遺] 卷2 紀異 處容郎 望海寺條)에서도 나타나 있다. 다만 두 설화에서 璃目은 자신의 본분을 잊고 天帝의 노여움을 사면서까지 당대 사회를 돕고 있는데 비해, 처용은 헌강왕의 失政에 실망하면서 떠나가고 있다. 그 결과 비록 신라 하대에 비슷한 모티브를 보여 주는 두 설화에서 처용은 신라 멸망의 모습을 암시하나, 이목과 연계된 寶壤의 도움을 받은 王建은 佛法을 지키는 삼한 통일의 君主로 표현되고 있다. 한편 이목은 보양의 제자로 파악되기도 한다.

51) 開皇 : 중국 隋 文帝의 연호(581-600).

52) 淸泰 : 중국 後唐 廢帝의 연호(934-936).

쪼고 있었다. 이에 해룡이 작갑을 말한 것이 생각나서 그곳을 찾아가 파보니 과연 남겨진 벽돌이 무수히 있었다. 이를 모아서 쌓아올리니 탑이 이루어져 남는 벽돌이 없었으므로 이곳이 전대의 절터임을 알았다. 절 세우기를 마치고 [거기에] 거주하며 절이름을 작갑사라고 하였다.

얼마 후 태조가 삼국을 통일하고 조사가 이곳에 와서 절을 세워 머물고 있다는 말을 듣고 5갑의 밭 5백 결을 합하여 [이] 절에 바쳤다. 청태 4년53) 정유(丁酉, 937)에 사액하여 운문선사(雲門禪寺)라고 하고 가사의 영음(靈蔭)을 받들게 하였다.

이목이 항상 절 옆의 작은 못에 있으면서 몰래 불법의 교화를 도왔는데, 어느 해는 갑자기 큰 가뭄이 들어 밭의 채소가 마르고 탔다. 보양이 이목을 시켜 비를 내리게 하자 온 경내가 흡족하였다. 천제는 [이목이] 그 직분을 남용했다고 하여 죽이려고 하였다. 이목이 조사에게 위급함을 고하니 조사가 마루 밑에 숨겼다. 조금 있으니 천사(天使)가 뜰에 이르러 이목을 내놓으라고 청하므로 조사가 뜰 앞의 배나무를 가리키자 당장 배나무에 벼락을 치고는 [그는] 하늘로 올라갔다. 배나무가 꺾여 시들자 용54)이 어루만지니 곧 살아났다.〈또는 조사가 주문을 외우자 살아났다고도 한다.〉 그 나무가 근년에 땅에 쓰러지자 어떤 사람이 빗장뭉치로 만들어 선법당(善法堂)과 식당에 두었는데, 그 뭉치 자루에는 명문이 있었다.

일찍이 조사가 당(唐)나라에 갔다가 돌아와서 먼저 추화군[推

---

53) 淸泰四年 : 後唐은 淸泰 3년(936) 10월에 멸망하였다. 여기서의 4년은 937년 (太祖 20년)을 말한다.
54) 龍 : 璃目을 가리킨다.

火]55)의 봉성사(奉聖寺)56)에 머물렀다. 마침 태조가 동쪽으로 정벌하여 청도 지경에 이르렀는데, 산적이 견성(犬城)57)〈산봉우리가 물에 다다라 깎은 듯이 섰는데, 지금 민간에서는 그것을 미워하여 이름을 고쳐 견성이라고 하였다.〉에 모여 교만하고 거만하게도 항복하지 않았다. 태조가 산 밑에 이르러 조사에게 쉽게 [도적을] 제어하는 술책을 물으니, 조사가 대답하기를, "무릇 개라는 짐승은 밤을 맡았고 낮을 맡지 않았으며, 앞은 지키되 뒤는 잊고 있으므로 마땅히 낮에 그 북쪽을 쳐야 할 것입니다"고 하였다.

태조가 그 말에 따랐더니, 과연 [도적이] 패하여 항복하였다.58) 태

---

55) 推火 : 推火郡. 지금의 密陽.「本新羅推火郡景德王改密城郡 高麗初因之 成宗改密州刺史 顯宗稱知密城郡事」([勝覽] 卷26 密陽都護府 建置沿革條). 추화군은 景德王 이후 密城郡으로 고쳐졌고, 恭讓王 때 密陽都護府로 부르다가, 조선시대에 密陽으로 고쳐졌다.

56) 奉聖寺 : 경상남도 밀양시에 있었던 절. 신라 때 창건되었고, 신라 말 寶壤이 귀국한 뒤 그곳에 주석하였다. 그때 보양의 도움으로 고려 太祖는 犬城에 머물고 있던 적도들(아마도 甄萱軍)을 물리쳤다. 그뒤 보양과 태조의 眞影을 봉안하였으므로 절이름을 奉聖寺라고 하였다.

57) 犬城 : [勝覽]에는「吠城 在郡東七里東西皆石壁」(卷26 淸道郡 古蹟條)이라고 하였으며, 이어 '世傳'이라고 하면서 王建과 犬城싸움에 관한 기사를 그대로 싣고 있다. 곧 犬城은 吠城인데, 청도군 동쪽 7리에 있는 石壁으로 쌓여진 성이다.

58) 適太祖東征至淸道境…果敗降 : 犬城싸움은 寶壤이 중국에서 돌아온 직후에 일어났다. 여기서의 賊徒는 甄萱軍으로 이해된다. 犬城싸움은 王建의 東征으로 표현되었고 또한 왕건은 남쪽에서 북쪽으로 진격하고 있었다. 왜냐하면 견성의 적도는 남쪽인 앞을 방어하고 있었기 때문이다. 왕건은 903년(孝恭王 7년)에 羅州를 정벌하고, 920년(太祖 3년)에 康州將軍 閏雄의 항복을 받았으며, 이어 金海·梁山지역을 확보하고 있었다. 그렇다면 왕건은 양산지역에서 밀양을 거쳐 淸道지역으로 진격하였음이 분명하다. 다만 왕건은 927년 公山전투에서 견훤에게 크게 패하였다. 견성에서 왕건의 승리는 아마 927년 이후의 일로 생각된다. 930년(太祖 13년) 1월에 왕건은 古昌郡 전투에서 견훤군을 크게 격파하였다. 이후 후삼국의 형세는 왕건 쪽으로 기울게 된다. 청도는 慶州로 가는 군사적 요지이다. 청도지역의 확보로 신라와 후백제와의 연결이 불가

조가 그 신통한 계책을 가상히 여겨 해마다 가까운 고을의 조(租) 50석을 주어 향화(香火)를 받들게 하였다. 이 때문에 절에는 [태조와 보양] 두 성인59)의 진용을 안치하고, 이로 인해 봉성사(奉聖寺)라고 이름지었다. [조사는] 뒤에 작갑사로 옮겨 절을 크게 짓고 세상을 마쳤다.

조사의 행장은 옛 전기에는 실리지 않았다. 민간에서 이르기를, 석굴(石崛)의 비허(備虛)스님60)〈비허(毗虛)라고도 한다.〉와 형제가 되는데, 봉성·석굴·운문 세 절이 봉우리를 나란히 하고 있어서 서로 왕래하였다고 한다.

뒷날 사람이『신라이전(新羅異傳)』61)을 고쳐 지으면서 작탑(鵲塔)과 이목의 사실을 원광의 전기 속에 잘못 기록하고, 견성의 사실을 비허의 전기에 넣은 것62)은 이미 틀린 것이다. 또『해동승전(海東僧

능해진 사실과 고창군전투의 승리는 서로 불가분의 관계에 있었던 듯하다. 왕건은 고창군전투의 승리를 기점으로 견훤의 지배하에 있었던 영안(영천), 하곡(하양), 직명(안동), 송생(청송) 등 경상북도 북부 내륙지역과 명주(강릉)에서 홍례부(안동)에 이르는 동해안 연변 지역의 110여 성, 30여 군현을 차지하게 된다. 931년 2월 신라 敬順王이 왕건에게 太守 謙用을 보내 '復請相見'한 것을 볼 때, 犬城싸움은 적어도 927년 이후에서 930년에 이르는 어느 시기에 이루어졌던 것으로 보인다.

59) 二聖 : 太祖와 寶壤을 말한다.

60) 石崛備虛師 : 石崛寺는 密陽과 淸道郡지역에 있었던 절이며, 거기에 주석한 備虛師는 寶壤의 형제이다. 여기 외에 달리 알려져 있지 않다.

61) 新羅異傳 : 작자가 정확하지 않은 漢文說話集인『新羅殊異傳』을 가리키는 듯하다. 이 책은 현재 전해지지 않고, 다만 여러 서적에 일부분만이 전한다. 權文海가 지은『大東韻府群玉』纂輯書籍目錄 本國諸書條에는 崔致遠의 저작이라고 하며,『海東高僧傳』阿道傳에는 고려 文宗 때 朴寅亮이 지었다고도 한다. 한편 [遺]에서는 金陟明의 저작이라고 하였다.

62) 系犬城事於毗虛傳 : [遺]에는 備虛와 관련된 傳記는 없으며, 그와 관련된 기사는 寶壤梨木條의 본문에만 있을 뿐이다. 그런데『新羅殊異傳』에는 犬城의 사실을 備虛師와 연결시켜 기록한 듯하다.

傳)』63)의 찬자도 이를 따라 글을 윤색했으므로64) 보양의 전기를 없
게 하여 뒷날 사람들에게 의심나고 잘못 알도록 하였으니 이 얼마나
그릇된 일인가?

---

63) 海東僧傳 :『海東高僧傳』을 가리킨다. 이 외에도 [遺]에 僧傳 또는 高僧傳 등
  으로 인용되고 있다. 남아 있는 우리 나라 僧傳 가운데 가장 오래된 이 책은
  고려의 覺訓이 왕명을 받아 高宗 2년(1215)에 완성한 것으로 추정된다.『海東
  高僧傳』은 全帙이 전하지 않으며, 그 가운데 유통편 1의 1과 1의 2인 2권만이
  현전하는데, 유통편도 그 일부에 지나지 않는다.『海東高僧傳』은 판본이 전하
  지 않고 사본만이 전하는데, 1910년대에 李晦光이 星州의 모 절에서 발견한 사
  본은 지금 그 행방이 묘연하다. 그 외 1914년부터 일본인 아사미[淺見倫太郎]
  가 소장한 사본과 서울대학교 奎章閣 소장본 및 고려대학교 중앙도서관 소장
  본이 알려져 있다. 규장각 소장본은 1973년에 아세아문화사에서 영인하여 출판
  되었고, 아사미가 소장했던 사본은 현재 미국 캘리포니아의 버클리대학에 소장
  되어 있는데, 동국대학교 金相鉉 교수가 그 복사본을 입수하여『신라문화』3ㆍ
  4합(신라문화연구소, 1987)에 소개하였다.

64) 從而潤文 :『海東高僧傳』卷2 圓光傳에「神曰吾固不離扶擁 且師與海龍 結
  創寺約 其龍今亦偕來 師問之曰 何處爲可 神曰 于彼雲門山 當有羣鵲啄地 卽
  其處也 詰旦 師與神龍偕歸 果見其地 卽堀地有石塔存焉 使刱伽藍 額曰雲門
  而住之」라고 하여 雲門寺의 창건을 圓光과 연계시켜 기술하였다. 또 같은 책
  圓光傳에「西海龍女 常隨聽講 適有大旱 師曰 汝幸雨境內 對曰 上帝不許 我
  若擅雨必獲罪於天 無所禱也 師曰 吾力能免矣 俄而南山朝隮 崇朝而雨 時天
  雷震 卽欲罰之 龍告急師 匿龍於講狀下講經 天使來告曰 予受上帝命 師爲逋
  逃者主莘 不得成命 奈何 師指庭中梨木曰 彼變爲此樹 汝當擊之 遂震梨而去
  龍乃出 禮謝以其木 代己受罰 引手撫之 其樹卽蘇」라고 하여, 龍과 梨木을 역
  시 원광과 연결시켜 기록하였다. 일연은 璃目 및 운문사의 창건에 관련된 기사
  를 寶壤과 연관시켜 바로 잡으면서, 원광의 귀국과 관련시켜 기록한『海東高
  僧傳』의 기록을 잘못이라고 하였다.

100. 良志使錫

釋良志 未詳祖考鄉邑 唯現迹於善德王朝 錫杖頭掛一布帒 錫自飛至檀越家 振拂而鳴 戶知之納齋費 帒滿則飛還 故名其所住曰錫杖寺 其神異莫測皆類此 旁通雜藝1) 神妙絶比 又善筆札2) 靈廟3) 丈六三尊 天王像 并殿塔之瓦 天王寺塔下八部神將 法林寺主佛三尊 左右金剛神等 皆所塑4)也 書靈廟5)法林二寺額 又嘗彫磚造一小塔 并造三千佛 安其塔置於寺中 致敬焉 其塑靈廟6)之丈六也 自入定 以正受所對 爲揉式 故傾城士女爭運泥土 風謠云 來如來如來如 來如哀反多羅 哀反多矣徒良 功德修叱如良來如

至今土人舂相7)役作皆用之 蓋始于此 像初成8)之費 入穀二萬三千七百碩〈或云改9)金時租10)〉 議曰 師可謂才全德充 而以大方隱於末

---

1) 藝 : [正][品][斗][六] 譽. [浩][民] 藝.
2) 札 : [正] 扎. [品][斗][浩][六][民] 札.
3) 廟 : [正][品] 庙. [浩][勝覽] 妙. [斗][六] 廟.
4) 塑 : [正][晚][順][鶴] 槊. [品][斗][浩][六] 塑.
5) 廟 : 주 3)과 같음.
6) 廟 : 주 3)과 같음.
7) 相 : [正][晚][順][品][斗] 桓. [鶴][浩][六] 相.
8) 初成 : [正][品] 成. [斗][浩][六][民] 初成. [遺] 卷3 塔像 靈妙寺丈六條 세주에는 '初成'.
9) 云改 : [正] □□. [品] 云□. [斗][浩][六][民] 云改.
10) 租 : [正] 祖. [品][斗][浩][六][民] 租.

技者也

　讚曰 齋罷堂前錫杖閑 靜裝爐鴨自焚檀 殘經讀了無餘事 聊塑圓
容合掌看

양지가 석장을 부리다

석(釋) 양지(良志)[1]의 조상과 고향은 자세히 알 수 없다.[2] 다만 선덕왕(善德王) 때 자취를 나타냈을 뿐이다.[3] 석장(錫杖)[4] 끝에 포대 하나를 걸어놓으면 석장은 저절로 날아가 단월(檀越)[5]의 집에 이르러 흔들면서 소리를 냈다. [그] 집에서 이를 알고 재에 쓸 비용을 [여기에] 넣었고, 포대가 차면 날아서 되돌아온다. 이 때문에 그가 머

1) 良志 : [遺] 卷3 塔像 靈妙寺丈六條와 卷1 紀異 善德女王知幾三事條에는 良志法師傳에 대해서 언급했으나, 이는 良志使錫條를 가리켰다. 따라서 양지에 관한 기록은 이 항목이 유일하다. 생몰년에 대해서는 정확하지 않으나 [遺]의 기록에 의하면, 善德王代(632-646)부터 文武王代(661-680)까지는 생존한 것으로 보인다. 양지에 대해서는 風謠를 중심으로 한 연구와 양지의 작품세계를 중심으로 한 연구가 있다.(黃浿江, 『新羅佛教說話硏究』, 一志社, 1975. 文明大, 「良志와 그의 作品論」, 『佛教美術』 1, 동국대박물관, 1973. 池憲英, 「風謠에 관한 諸問題」, 『國語國文學』 41, 1968)

2) 釋良志 未詳祖考鄕邑 : 良志의 조상과 고향을 자세히 알 수 없다는 이 기록에 의해 양지의 신분을 비천한 것으로 보는 견해도 있다.(文明大, 앞의 논문, p.2) 그러나 이 기록만으로 그의 신분이 비천하다고 보기 어렵다는 견해도 있다.(張忠植, 「석장사지출토유물과 석양지의 조각 유풍」, 『신라문화』 3·4합, 동국대학교신라문화연구소, 1987, p.4)

3) 唯現於善德王朝 : 良志의 활약시기는 善德女王代(632-646)로부터 文武王代(661-680)였다. 양지가 天王寺 탑 밑의 八部神將을 조각했다고 한 것으로 미루어 볼 때, 그가 四天王寺가 창건된 시기(679)까지는 활동했다고 볼 수 있기 때문이다.

4) 錫杖 : 六環杖이라고도 한다. 승려들의 지팡이나 가끔 의식용으로 사용되기도 하였다.

5) 檀越 : 시주, 곧 보시를 행하는 사람.

무는 곳을 석장사(錫杖寺)6)라고 하였다. 그의 신이함을 헤아리기 어
려움이 모두 이와 같은 것들이다. 한편으로는 여러 가지 기예에도 통
달하여 신묘함이 비할 데가 없었다. 또한 [그는] 필찰(筆札)7)에도 능
하여 영묘사[靈廟]8)의 장륙삼존상[丈六三尊]과 천왕상(天王像)9)과
전탑의 기와, 천왕사(天王寺)10) 탑 밑의 8부신장(八部神將),11) 법림
사(法林寺)12)의 주불삼존과 좌우 금강신(金剛神)13) 등은 모두 [그
가] 만든 것들이다. 영묘, 법림 두 절의 현판도 썼으며, 또 일찍이 벽
돌을 다듬어 작은 탑 하나를 만들고 아울러 3천 불상을 만들어 그 탑
에 모시어14) 절 안에 두고 공경하였다. 그가 영묘사의 장륙상을 만들
때는 스스로 입정(入定)15)하여 수정[正受]16)의 태도로 대하는 것을

---

6) 錫杖寺 : 경상북도 경주시 석장동 산 81-2번지에 있던 절. 1986년에 동국대학
   교 경주캠퍼스에 의해 발굴되어 금동불상, 탑상문전, 소상, 명문전 등의 유물이
   수습되었다.
7) 筆札 : 지필과 같은 말. 여기에서는 서예의 의미로 사용되었다.
8) 靈廟 : 靈廟寺. 신라 善德王 때 창건된 절. 靈妙寺 또는 令妙寺 등으로 표기
   하기도 한다. [遺] 卷1 紀異 善德王知幾三事條, 卷3 興法 阿道基羅條, 卷3 塔
   像 靈妙寺丈六條 참조.
9) 天王像 : 持國天, 增長天, 廣目天, 多聞天의 四天王像을 말한다.
10) 天王寺 : 四天王寺. 文武王 19년(679) 경상북도 경주시 배반동에 창건되었다.
11) 八部神將 : 불법을 수호하는 8神將. 八部衆이라고도 한다. 곧 天, 龍, 夜叉, 阿
   修羅, 迦樓羅, 乾闥婆, 緊那羅, 摩睺羅伽를 가리킨다.
12) 法林寺 : 여기에서만 이름이 보이는 절이다. 위치와 창건시기는 알 수 없다.
13) 金剛神 : 金剛을 가진 神. 金剛力士 또는 仁王이라고도 한다. 절 문의 좌우에
   안치하는데, 왼쪽은 密迹金剛, 오른쪽은 那羅延金剛이라고 한다. 사원의 수호
   신으로 흔히 허리에 옷을 걸친 용맹스러운 모습을 하고 있다.
14) 造三千佛安其塔 : 과거·현재·미래에 출현하는 각 千佛을 합하여 三千佛이
   라고 한다. 良志는 塔像紋塼으로 탑을 조성함으로써 3천불을 모두 봉안했던
   것 같다.
15) 入定 : 禪定에 드는 것. 곧 三昧의 경지에 드는 것이다.
16) 正受 : 禪定의 한 異名. 사악하고 어지러운 마음을 여의었으므로 正이라고 하
   고, 無念無想의 상태에서 법을 받아들이므로 受라고 한다.

법식[揉式]17)으로 삼으니 이 때문에 성 안의 남녀가 다투어 진흙을 날랐다. [그때 부른] 풍요(風謠)18)는 다음과 같다.

오다 오다 오다

오다 슬픔 많아라

슬픔 많은 우리 무리여

공덕 닦으러 오다

지금도 그곳 사람들이 방아를 찧거나 다른 일을 할 때 모두 이 노래를 부르는데, 대개 이로부터 시작되었다. 장륙상을 처음 조성할 때 든 비용은19) 곡식 2만 3천 7백 섬이었다.〈혹은 다시 도금할 때의 비용이라고도 한다.〉20) 평하건대, 스님은 재주가 온전하고 덕이 충족했으나, 대가21)로서 하찮은 재주22)에 숨었던 자라고 하겠다.

찬한다.

---

17) 揉式 : 揉는 捻과 같으니, 손으로 주무른다는 뜻이다. 밑거름 없이 자유롭게 흙을 붙여나가는 것을 捻塑의 기법이라고 한다.

18) 風謠 : 원래 민간에 유행하는 속요를 의미하나 신라 향가 25수 중의 하나이기도 하다. 京城의 士女가 흙을 나르며 풍요를 불렀다는 사실에 주목하여 이 향가를 노동요로 보는 견해도 있으나(池憲英, 앞의 논문, p.144), 인간의 근원적 슬픔을 공덕을 닦아서 극복되기를 희망적으로 노래한 불교적 주제의 향가로 보는 견해도 있다.(黃浿江,「풍요에 대한 일고찰」,『신라문화제학술발표회논문집』 7, 신라문화선양회, 1986, p.102)

19) 像成之費 : [遺] 卷3 塔像 靈妙寺丈六條에는「像之初成之費」라고 하였다.

20) 或云改金時租 : [正]에는「或□□金時租」로 되어 있으나, [遺] 卷3 塔像 靈妙寺丈六條에「丈六改金 租二萬三千七百碩」이라고 한 것으로 보아 脫字부분을 '云改'로 보충할 수 있다.

21) 大方 : 유명한 대가.

22) 末技 : 조그마한 기예.

재 끝난 불당 앞엔 석장 한가로운데
향로23)엔 전단향 조용히 피어나네
남은 경 읽고 나니 더 이상 할 일 없어
불상 조성하여 합장하며 보노라

---

23) 爐鴨 : 오리모양으로 된 향로.

101. 歸竺諸師

廣函求法高僧傳云 釋阿離那〈一作耶〉跋摩〈一作□1)〉 新羅人也 初希正2)教 早入中華 思觀聖蹤 勇銳彌增 以貞觀年中離長安 到五天 住那蘭陁寺 多閱律論 抄寫貝3)莢 痛矣歸心 所期不遂 忽於寺中無常 齡七十餘

繼此有惠業 玄泰 求本 玄恪 惠輪 玄遊 復有二亡名法師等 皆忘身順法 觀化中天 而或夭於中途 或生存住彼寺者 竟未有能復雞貴與唐室者 唯玄泰師克返歸唐 亦莫知所終

天竺人呼海東云矩矩吒瞖說羅 矩矩吒言雞也 瞖說羅言貴也 彼土相傳云 其國敬雞神而取尊 故戴翎羽而表飾也

讚曰 天竺天遙萬疊山 可憐遊士力登攀 幾回月送孤帆去 未見雲隨一杖還

---

1) □ : [浩] 麿. [斗] 郎.
2) 正 : [正] 正(가필). [晩] 壬. [順] 王(가필). [鶴][品][斗][浩][六] 正.
3) 貝 : [正] 具. [品][斗][浩][六][民] 貝.

천축에 갔던 여러 스님들

광함(廣函)1)의 『구법고승전(求法高僧傳)』2)에는 다음과 같은 기록이 있다.

「석(釋) 아리나(阿離那)〈야(耶)라고도 한다.〉발마(跋摩)3)〈□이라고도 한다.〉는 신라 사람이다. 처음 정교(正敎)를 희구하여 일찍이 중화(中華)에 들어가 성인의 자취에 참배할 것을 생각하고 용기를 더욱 내더니, 정관(貞觀)4) 연간에 장안(長安)을 떠나5) 5천축[五天]에 이르렀다. 나란타사(那蘭陁寺)6)에 머물면서 율장과 논장을 많이 열람하고

---

1) 廣函 : 『高麗大藏經』의 函帙 번호.
2) 求法高僧傳 : 본래의 이름은 『大唐西域求法高僧傳』이다. 중국 唐의 승려 義淨(635-713)이 671년에 뱃길을 통해 인도로 갔다가 25년만에 귀국하여 678년에 슈리비쟈(지금의 인도네시아 북부의 항구)에서 이 책과 함께 『南海寄歸內傳』을 찬술하여 691년에 귀국한 大津師로 하여금 조정에 전하게 하였다. 이 책에는 동남아시아와 인도까지 가서 활동했던 求法僧 60여 명에 대한 전기가 수록되어 있다. 이 전기들은 義淨 자신이 해외에서 스스로 견문한 자료에 기초하고 있어 신빙할 만한 내용이 많다. 또한 이 책에는 신라승려 7명과 고구려 출신의 玄遊의 전기가 포함되어 있어서 우리 나라 고대 불교사 연구에도 도움이 된다.
3) 阿離那〈一作耶〉跋摩 : 『求法高僧傳』의 항목명에는 「新羅阿離那跋摩法師」로, 그 본문에는 「阿離耶跋摩」로 기록되어 있다. 이 때문에 一然은 '那〈一作耶〉'이라는 註記를 덧붙였다.
4) 貞觀 : 중국 唐 太宗의 연호(627-649).
5) 離長安 : 『求法高僧傳』에는 「出長安之廣脇(王城山城)」이라고 하였다.
6) 那蘭陁寺 : 중인도 마갈타국의 수도 라자그리하의 북방 7km 지점에 있던 5세기 초 굽다왕조의 제왕 샤크라디티아에 의해 창건되었다. 5세기로부터 12세기

패협(貝莢)7)을 베껴 썼다. 몹시 [고향으로] 돌아오고 싶어했으나 목
적을 이루지 못하고 갑자기 [그] 절에서 무상하게 죽었으니 나이가
70여 세였다.

그 뒤를 이어 혜업(惠業),8) 현태(玄泰),9) 구본(求本),10) 현각(玄
恪),11) 혜륜(惠輪),12) 현유(玄遊)13)가 있었고, 또 이름이 전하지 않
는 두 법사가 있었다. 모두 자신을 잊고 법에 순종하여 중천축[中天]
에서 석가의 교화를 보려고 하였다. 그러나 혹은 중도에서 요사하고
혹은 생존하여 그 절에서 머문 이도 있었다. 마침내 다시 신라[雞貴]
나 당나라[唐室]로 돌아온 이는 없었고, 현태 법사만이 당나라로 돌아
왔으나, 역시 [그도] 어디서 세상을 마쳤는지 알지 못한다.」

까지 불교교학의 중심대학이 있던 곳으로 유명하다. 7세기에 현장이 이곳을 방
문했을 때는 1만 명이 넘는 승려가 있었다고 하며, 중국의 義淨, 道琳, 道生 등
도 이곳에서 공부했고, 신라의 여러 스님들도 이 절에 유학하였다. 13세기 초
이슬람교도의 공격을 받아 나란다 불교대학은 허물어졌다.

7) 貝莢 : 貝葉. 貝多羅葉의 약칭. 인도에서는 종이대신에 다라나무의 잎으로 불
교경전을 필사하는데 많이 사용하였다. 따라서 여기서의 패엽은 佛典을 뜻한다.
8) 惠業 : 『求法高僧傳』의 항목에는 「新羅惠業法師」라고 밝혔다. 貞觀연간(627-
649)에 인도로 갔는데, 나란타사에서 오래 공부하다가 60세가 가까워 이 절에
서 입적했다고 한다.
9) 玄泰 : 『求法高僧傳』에는 '玄太'로 표기하였다. 永徽 연간(650-656)에 네팔을
거쳐 중부 인도를 순례하였다.
10) 求本 : 『求法高僧傳』에는 보이지 않는다.
11) 玄恪 : 신라의 玄恪은 중국의 玄照와 함께 貞觀 연간(627-649)에 대각사를 참
배하고 병으로 입적하였다.
12) 惠輪 : 『大唐西域求法高僧傳』에는 '慧輪'으로 되어 있다. 玄照의 侍者로 인도
를 두루 순례하고, 義淨이 중국으로 돌아올 때도 인도에 있었는데, 나이는 40
세를 바라보고 있었다. 『古詩紀』卷138에 신라 惠輪이 쓴 悼歎이라는 시가 전
한다. 「衆美乃羅列 群英已古今 世知生死分 那得不復心」.
13) 玄遊 : 고구려인으로 중국의 僧哲 선사를 따라 獅子國(스리랑카)에서 출가하
여 승려가 되었다.

천축(天竺) 사람들이 해동(海東)을 구구탁예설라(矩矩吒瞖說羅)라고 부르니, 구구탁은 닭이라는 말이고, 예설라는 귀하다는 말이다. 그 나라에서는 서로 전해 말하기를, "그 나라는 계신(雞神)을 공경하여 떠받들므로 그 깃을 꽂아서 장식한다"[14]고 하였다.

찬한다.

천축의 하늘 멀고 멀어 만첩산이 가리웠는데
가상하도다. 힘써 오르는 유사들이여
얼마나 많은 이가 저 달따라 외로운 배 떠나갔건만
구름따라 돌아오는 이 볼 수 없어라

---

14) 天竺人呼海東…故戴翎羽而表飾也 : 『求法高僧傳』 阿離耶跋摩傳의 分註에 「梵云矩矩吒說羅 矩吒是鷄 瞖說羅是卽貴 高麗國也 相傳云 彼國敬神而取尊 故戴羽而表飾矣 那爛陀有池 名曰龍泉 西方傷高麗爲矩矩吒瞖說羅之域也」라고 하였다.

102. 二惠同塵

釋惠宿 沈光於好世郞徒 郞旣讓名黃卷 師亦隱居赤善村〈今安康縣有赤谷村〉二十餘年 時國仙瞿[1]旵公嘗往其郊 縱獵一日 宿出於道左 攬轡而請曰 庸僧亦願隨從可乎 公許之 於是縱橫馳突 裸[2]祖[3]相先 公旣悅 及休勞坐 數炮烹[4]相餉 宿亦與啖嚼 略無忤色

旣而進於前曰 今有美鮮於此 盍薦之何 公曰善 宿屛人割其股實盤以薦 衣血淋漓 公愕然曰 何至此耶 宿曰 始吾謂公仁人也 能恕己通物也 故從之爾 今察公所好 唯殺戮之耽篤 害彼自養而已 豈仁人君子之所爲 非吾徒也 遂拂衣而行 公大慚 視其所食 盤中鮮胾[5]不減

公甚異之 歸奏於朝 眞平王聞之 遣使徵迎 宿示臥婦床而寢 中使陋[6]焉 返行七八里 逢師於途 問其所從來 曰 城中檀越家 赴七日齋 席罷而來矣 中使以其語達於上 又遣人檢[7]檀越家 其事亦實

未幾宿忽死 村人轝葬於耳峴〈一作硎[8]〉峴東 其村人有自峴西來者

---

1) 瞿 ：[正] 瞿.[品][斗][浩][六] 瞿.
2) 裸 ：[正][晚][順][鶴] 裸.[品][斗][浩][六][民] 裸.
3) 祖 ：[正][晚][順] 祖.[品][斗][浩][六][民] 祖.
4) 烹 ：[正] 烹.[品][斗][浩][六][民] 烹.
5) 胾 ：[曉] 戚.
6) 陋 ：[正] 陋.[品][斗][浩][六] 陋.
7) 檢 ：[正][品] 撿(檢과 동자).[鶴][斗][浩][六] 檢.

逢宿於途中 問其何往 曰 久居此地 欲遊他方爾 相揖而別 行半許
里 躡雲而逝 其人至峴東 見葬者未散 具說其由 開塚視之 唯芒鞋
一隻而已 今安康縣之北 有寺名惠宿 乃其所居云 亦有浮圖9)焉

釋惠空 天眞公之家傭嫗之子 小名憂助〈蓋方言也〉公甞患瘡濱於
死 而候慰塡街 憂助年七歲 謂其母曰 家有何事 賓客之多也 母曰
家公發惡疾將死矣 爾何不知 助曰 吾能右之 母異其言 告於公 公
使喚來 至坐床下 無一語 須臾瘡潰 公謂偶爾 不甚異之

旣壯 爲公養鷹 甚愜公意 初公之弟 有得官赴外者 請公之選鷹
歸治所 一夕公忽憶其鷹 明晨擬遣助取之 助已先知之 俄頃取鷹 昧
爽獻之 公大驚悟 方知昔日救瘡之事 皆叵10)測也 謂曰 僕11)不知
至聖之托吾家 狂言非禮污辱之 厥罪何雪 而後乃今願爲導師 導我
也 遂下拜

靈異旣著 遂出家爲僧 易名惠空 常住一小寺 每猖狂大醉 負簣
歌舞於街巷 號負簣12)和尚 所居寺因13)名14)夫蓋寺 乃簣之鄕言也
每入寺之井中 數月不出 因以師名名其井 每出有碧衣神童先湧 故
寺僧以此爲候 旣出 衣裳不濕

晚15)年移止恒沙寺〈今迎日縣吾魚寺 諺云恒沙人出世 故名恒沙16)洞〉時

---

8) 硎 : [斗] □.
9) 圖 : [正] 啚(鄙와 동자, 圖의 속자). [品][斗][浩][六] 圖.
10) 叵 : [正][斗] 匹. [鶴][品][浩][六][民] 叵.
11) 僕 : [正][晚][順] 儁. [品][斗][浩][六][民] 僕.
12) 簣 : [正] 蕢. [品][斗][浩][六][民] 簣.
13) 因 : [正] 판독미상. [品][斗][浩][六] 因.
14) 名 : [正] 판독미상. [品][斗][浩][六] 名.
15) 晚 : [正][晚][順] 睌. [鶴] 晩. [品][斗][浩][六] 晚.
16) 沙 : [正][晚] 少. [順] 沙(가필). [鶴][品][斗][浩][六][民] 沙.

元曉撰諸經疏[17)　每就師質疑　或相調戲　一日二公沿溪掇魚蝦而啖
之　放便於石上　公指之戲曰　汝屎吾魚　故因名吾魚寺　或人以此爲
曉師之語　濫也　鄉俗訛呼其溪曰芼矣川

　瞿旵公嘗遊山　見公死僵於山路中　其屍膖脹　爛生虫蛆　悲嘆久之
及廻轡入城　見公大醉歌舞於市中

　又一日將草索綯　入靈廟[18)寺　圍結於金堂　與左右經樓及南門廊
廡　告剛司　此索須三日後取之　剛司異焉而從之　果三日善德王駕幸
入寺　志鬼心火出燒其塔　唯結索處獲免

　又神印[19)祖師明朗　新創金剛寺　設落成會　龍象畢集　唯師不赴
朗卽焚香虔禱　小[20)選[21)公至　時方大雨　衣袴不濕　足不沾泥　謂明
朗曰　辱召慇懃　故茲來矣　靈迹頗多

　及終　浮空告寂　舍利莫知其數　嘗見肇論曰　是吾昔所撰也　乃知
僧肇之後有也

　讚曰　草原縱獵床頭臥　酒肆狂歌井底眠　隻履浮空何處去　一雙珍
重火中蓮

---

17) 疏 ：[正] 踈.
18) 廟 ：[正] 庙.
19) 印 ：[正] 卬. [順] 郞(가필). [品][斗][浩][六] 印.
20) 小 ：[浩][民] 少.
21) 選 ：[品][斗] 遼.

혜숙과 혜공[1]이 같이 갖가지 모습을 나타내다[2]

석(釋) 혜숙(惠宿)[3]은 [화랑] 호세랑(好世郎)[4]의 무리[5] 속에 파묻혀 지냈는데,[6] 호세랑이 이미 화랑 명부[黃卷][7]에서 이름을 면하게 되자 스님도 적선촌(赤善村)[8]〈지금의 안강현(安康縣)[9]에 적곡촌(赤谷

---

1) 二惠 : 신라 眞平王 때부터 善德王 때에 이르기까지 民衆敎化로 활약하였던 惠宿과 惠空 두 스님을 말한다. 혜숙 · 혜공은 그 전기가 여기 외에 달리 전하지 않으나, 경상북도 慶州 興輪寺 金堂에 10聖으로 배향되어 있는 점으로 미루어 보아 신라 불교 발전에 공헌한 분으로 敬仰되었음을 알 수 있다.

2) 同塵 : 和光同塵의 준말로, 부처나 보살이 威德의 빛을 부드럽게 하여 여러 惡人에게 가까이 한다든가 또는 갖가지 모습으로 나타나는 것을 의미한다. 여기서는 惠宿과 惠空 두 스님이 속세에서 민중교화에 힘쓴 것을 말한다.

3) 惠宿 : 생몰년 미상. 신라 眞平王 때의 神僧. 신라 10聖 중의 한 사람이다. ([遺] 卷3 興法 東京興輪寺金堂十聖條 참조) 처음에 화랑 好世郎의 낭도가 되었다가 뒤에 安康縣 赤善村에 은거하여 20여 년을 숨어 살았다. 진평왕 22년(600)에 安含과 함께 당나라에 가려고 泥浦津에서 출발하였으나 풍랑을 만나 되돌아왔다. 國仙 瞿旵公과 함께 하루동안 사냥하면서 살생을 즐기고 고기를 먹는 구참공을 위해, 자신의 다리 살을 베어 소반에 올려 먹도록 권한 뒤 구참공을 꾸짖어 교화하는 등 일생동안 이상한 자취를 많이 남겼다.

4) 好世郎 : 신라 眞平王 때의 花郎. 여기 외에 달리 나타나 있지 않은 인물이다.

5) 好世郎徒 : 화랑인 好世郎의 무리라는 뜻인데, 이를 호세랑의 郎徒로 해석하기도 한다(李基白, 「新羅 淨土信仰의 起源」, 『新羅思想史硏究』, 一潮閣, 1986, p.133).

6) 沈光 : 이름 또는 자취를 숨긴다는 뜻이다.

7) 黃卷 : 화랑도의 명부. [遺] 卷2 紀異 孝昭王代 竹旨郎條에는 「竹曼郎之徒有得烏級干 隷名於風流黃卷」이라고 하였다.

8) 赤善村 : 지금의 경상북도 月城郡 安康邑(慶州市 북쪽) 부근에 있었던 지역으로 정확한 위치는 알 수 없다. 안강현 내에 있었던 赤谷村으로 추정되기도 한다.

村)이 있다.〉에 숨어 지낸 지가 20여 년이 되었다.

당시의 국선(國仙)[10] 구참공(瞿旵公)[11]이 일찍이 그가 살던 들에 가서 온종일 사냥을 하였는데,[12] 혜숙이 길가에 나가[13] 말고삐를 잡고 청하기를, "소승[庸僧][14]도 따라 가고 싶은데 좋겠습니까?"라고 하였다. 구참공이 이를 허락하자 이에 종횡으로 달리며 웃통을 벗어 젖히고[15] 서로 앞을 다투니 공이 기뻐하였다. 앉아서 쉬게 되자 고기를 굽고 삶아 서로 먹었는데, 혜숙도 같이 먹으며 조금도 꺼리는 기색이 없었다.

조금 있다가 [혜숙이 공의] 앞에 다가서며 말하기를, "지금 이보다 맛있고 싱싱한 고기가 있으니 좀더 드시는 것이 어떻겠습니까?"라고 하였다. 공이 말하기를, "좋다"고 하니, 혜숙은 사람들을 물리치고 자기 다리 살을 베어서 소반에 올려놓아 바치니 옷에 피가 뚝뚝 떨어졌다. 공이 깜짝 놀라 말하기를, "어떻게 된 일이냐?"고 하자, 혜숙이 말하기를, "처음에 제가 생각하기에 공은 어진 사람이어서 능히 자기 몸

---

9) 安康縣 : 지금의 경상북도 慶州市 安康邑지역에 해당된다. 「在府北三十里 本新羅比火縣 景德王改今名爲義昌郡領縣 高麗顯宗時來屬 恭讓王置監務 本朝太祖朝復屬之」([勝覽] 卷21 慶州府 安康縣條). 본래 신라의 比火縣이었는데, 景德王 때 安康縣으로 고쳐졌다. 한편 안강현을 興海로 비정하는 견해도 있다 (김동욱, 「新羅淨土思想의 展開와 願往生歌」, 『중앙대학논문집』 2, 1957; 『韓國歌謠의 研究』, 1961, p.84).

10) 國仙 : 花郞의 다른 명칭. [遺] 卷3 塔像 栢栗寺條 주석 12) 참조.

11) 瞿旵公 : 신라 眞平王 때의 花郞. 여기 외에 달리 전해지지 않은 인물이다.

12) 縱獵 一日 : 여기서는 '하루동안' 사냥을 하였다라는 뜻으로 번역하였으나, 사냥을 하였는데 '하루는'이라고 번역하기도 한다.

13) 道左 : 길가라는 말. 옛날에 어진 이를 교외에서 맞이할 때는 반드시 길 왼편 (道左)에 선데서 유래하였다.

14) 庸僧 : 小僧과 같은 뜻으로 중이 자기를 낮추어 부르는 말.

15) 裸袒 : 옷을 벗는다는 뜻이다.

을 헤아림이 다른 물건에까지 미칠 것으로 여겨 따라왔던 것입니다. [그러나] 이제 공이 좋아하는 것을 살펴보니, 오직 살육에 몰두하여 남을 해쳐서 자기를 살찌울 뿐이니 어찌 어진 사람이나 군자가 할 일이겠습니까? 저희가 [따를] 무리가 아닙니다"고 하고, 드디어 옷을 떨치고 가버렸다. 공이 몹시 부끄러워하여 혜숙이 먹은 데를 살펴보니 소반 위의 고기가 그대로 있었다.

공이 매우 이상히 여겨 조정에 돌아와 아뢰었다. 진평왕(眞平王)16)이 이를 듣고 사자를 보내 맞아 오게 하였더니, 혜숙이 여자의 침상에 누워 자는 체하였다. 중사(中使)17)가 [이를] 더럽게 여겨 7, 8리쯤 되돌아오다가 혜숙을 중도에서 만났다. [사자가] 묻기를, "어디에서 옵니까?"라고 하니, [그가] 말하기를, "성안 시주집[檀越家]의 7일재(七日齋)에 갔다가 법석을 파하고 돌아온다"고 하였다. 중사가 그 말을 왕에게 아뢰니, [왕이] 또 사람을 보내 그 시주집을 조사해본 결과, 그 일도 사실이었다.

얼마 후 혜숙이 갑자기 죽으니 마을 사람들이 이현(耳峴)18)〈혹은 형현(硎峴)이라고도 한다.〉 동쪽에 장사지냈다. 그 마을 사람으로서 이현 서쪽으로부터 오던 사람이 있었는데, 길에서 혜숙을 만나 묻기를, "어디로 갑니까?"고 하니, [그가] 말하기를, "이곳에 오래 살았기에 다른 곳으로 가보려고 한다"고 하였다. 서로 인사를 하고 헤어졌는데, 반

---

16) 眞平王 : 신라 제26대 왕. 재위 579-632. [遺] 卷1 紀異 天賜玉帶條 참조.
17) 中使 : 國王이 개인적으로 파견하는 使者. 원래는 宮中에서 보내는 使者라는 뜻이다.
18) 耳峴 : 경상북도 慶州 근교에 있었던 지명. 硎峴이라고도 하나, 자세한 위치는 알 수 없다.

리 가량 가다가 구름을 타고 가버렸다. 그 사람이 고개 동쪽에 이르러 장사지내는 사람들이 아직 흩어지지 않은 것을 보고 그 사유를 자세히 이야기하여 무덤을 헤쳐 보니 다만 짚신 한 짝이 있을 뿐이었다. 지금 안강현의 북쪽에 혜숙이라는 절이 있으니,19) 곧 그가 살던 곳이라고 하며, 또한 부도도 있다.

석(釋) 혜공(惠空)20)은 천진공(天眞公)21)의 집에서 고용살이를 하던 노파의 아들로 어릴 때의 이름은 우조(憂助)〈방언인 듯하다〉였다. 천진공이 일찍이 종기를 앓아서 거의 죽게 되자 문병하는 이가 거리를 메웠다. [이때] 우조의 나이는 일곱 살이었는데, 그의 어머니에게 말하기를, "집안에 무슨 일이 있기에 이렇게 손님이 많습니까?"고 하

---

19) 有寺名惠宿 : 惠宿寺는 신라시대 安康縣 북쪽에 있던 惠宿이 거주하던 절로 여기 외에 달리 나타나 있지 않다. 다만 [遺] 卷5 感通 郁面婢念佛西昇條에 「按僧傳 棟梁八珍者觀音應現也 結徒有一千 分朋爲二 一勞力 一精修 彼勞力中 知事者 不獲戒 墮畜生道 爲浮石寺牛 嘗䭾經而行 賴經力 轉爲阿干貴珍家婢 名郁面 因事至下柯山 感夢遂發道心 阿干家距惠宿法師所創彌陀寺不遠 阿于 每至其寺念佛 婢隨往 在庭念佛云云」이라고 하였다. 곧 혜숙사는 혜숙이 창건한 彌陀寺로 추정되기도 한다(李基白, 앞의 논문, p.135).

20) 惠空 : 생몰년 미상. 신라 善德王 때의 神僧. 신라 10聖 중의 한 사람이다. ([遺] 卷3 興法 東京興輪寺金堂十聖條 참조) 아명은 憂助이며, 天眞公 집에서 심부름하는 할머니의 아들로 태어났다. 자라면서 이적을 많이 행하였으며, 뒤에 출가하여 惠空이라고 이름하였다. 작은 암자에 머무르며 삼태기를 지고 취하여 다니면서 춤을 추었으므로 사람들이 그를 負簣和尙이라고 불렀고 그의 암자를 夫蓋寺라 하였다. 만년에는 영일군 恒沙寺에 거주하였는데, 元曉가 經疏를 지을 때 그에게 와서 의심나는 것을 묻고 서로 농담하였다. 하루는 새끼줄을 가지고 靈廟寺에 가서 금당과 좌우의 경루, 남문 행랑 등에 둘러치고 3일 후에 풀라고 하였는데, 3일만에 善德王이 절에 행차하였을 때 귀신이 절을 태웠으나 새끼로 둘러 맨 곳은 타지 않게 하는 등, 그는 평생 신령스러운 기적을 많이 남겼고 僧肇의 후신으로 여겨졌다.

21) 天眞公 : 신라 眞平王 때의 귀족. 자세한 행적을 알 수 없고, 여기 외에 달리 나타나 있지 않다.

자, 어머니가 말하기를, "집안 어른이 나쁜 병에 걸려 돌아가시려 하
는데 너는 어찌해서 알지 못했느냐?"고 하였다. 우조가 말하기를, "제
가 낫도록 하겠습니다"고 하자, 어머니는 그 말을 이상히 여겨 공에게
알렸다. 공이 [그를] 불러오게 하여 [그가] 침상 밑에 와서 앉았으나
한 마디 말도 하지 않았는데, 얼마 안되어 [공의] 종기가 터졌다. 공
은 우연한 일이라고 하여 이를 별로 이상하게 여기지 않았다.

　[그가] 장성하자 공을 위하여 매를 길렀는데, [이것이] 공의 마음에
아주 들었다. 처음에 공의 아우로서 벼슬을 얻어 지방으로 부임하는
이가 있었는데, 공이 골라 준 좋은 매를 얻어 임지22)로 갔다. 어느 날
밤 공이 갑자기 그 매 생각이 나서 다음날 새벽에 우조를 보내 그 매
를 찾아오려고 하였다. 우조는 이것을 미리 알고 잠깐 사이에 그 매를
가져와서 새벽녘23)에 바쳤다. 공이 크게 놀라 깨달아 그제야 전일에
종기를 고치던 일이 모두 헤아리기 어려운 일임을 알고24) 말하기를,
"내가 대단한 성인이 내 집에 의탁하신 것을 모르고 난폭한 말과 무
례한 짓으로 욕되게 하였으니 그 죄를 어찌 씻을 수 있겠습니까? 이
제부터는 부디 지도하는 스승이 되어 나를 인도해 주십시오"라고 하
면서 드디어 내려와 절을 하였다.

　신령스러운 이적이 이미 나타났기 때문에 [우조는] 드디어 출가하
여 중이 되고 이름을 바꾸어 혜공이라고 했으며 한 조그만 절에 늘 살
았다.25) [그는] 매양 미친 듯이26) 크게 취해서 삼태기를 지고 거리에

---

22) 治所 : 군이나 현의 관청이 있는 곳.
23) 昧爽 : 먼동이 뜰 무렵.
24) 叵測 : 예측하기 어렵다는 뜻이다.
25) 常住一小寺 : 惠宿·惠空 두 스님이 늘 小寺에 살면서 널리 민중교화에 힘쓴

서 노래하고 춤추었으므로 부궤(負簣)27) 화상으로 불렸다. [그가] 있
는 절을 이로 인하여 부개사(夫蓋寺)라고 했는데, [부개는] 삼태기의
우리말이다.

　　매번 절의 우물 속에 들어가면 몇 달씩 나오지 않으므로 스님의 이
름으로써 우물 이름을 지었다. [또] 우물에서 나올 때마다 푸른 옷을
입은 신동이 먼저 솟아 나왔으므로 절의 중들은 이것으로 [혜공이 나
오는] 조짐을 삼았으며, 막상 나왔어도 옷은 젖지 않았다.

　　만년에는 항사사(恒沙寺)〈지금의 영일현(迎日縣)28) 오어사(吾魚寺)29)이다.
민간에 전하기는 항하[恒]30)의 모래처럼 많은 사람이 출세했으므로 항사동(恒沙
洞)31)이라고 한다.32)〉로 옮겨 살았다. 이때 원효(元曉)33)가 여러 경전의

　　것을 特筆한 것이다. 여기서는 혜공이 거주한 夫蓋寺를 말한다.
26) 猖狂 : 미친 듯이 날뛰는 모습.
27) 負簣 : 惠空이 항상 삼태기를 입고 있는 데서 비롯하여 붙여진 이름. 夫蓋와
　　負簣는 同音이어서 그가 주석한 절을 夫蓋寺라고 불렸다. 그러나 본문에서는
　　夫蓋가 簣의 신라 말이라고 하였다.
28) 迎日縣 : 지금의 경상북도 迎日郡. 「本新羅斤烏支縣〈一作烏良友〉 景德王改臨汀
　　爲義昌郡領縣 高麗改今名 顯宗屬慶州 恭讓王置監務 以管軍萬戶兼之」([勝覽]
　　卷23 迎日縣의 建置沿革條). [遺] 卷1 紀異 延烏郎 細烏女條 참조.
29) 吾魚寺 : 恒沙寺라고도 하며, 迎日縣에 있던 신라시대의 절. 「吾魚寺 俱在雲
　　梯山東恒沙洞 世傳新羅釋元曉 與惠空捕魚而食 遺矢水中 魚輒活 指之曰吾魚
　　構寺因名」([勝覽] 卷23 迎日縣 佛宇條).
30) 恒 : 恒河. 인도의 갠지스(Ganges)강을 가리킨다. 인도 북부를 동서로 가로질
　　러 벵골만으로 흘러드는 인도 최대의 강이다. 강유역에 전개되는 광대한 힌두
　　스탄의 충적평야는 인도 북부의 곡창지대를 이루는 동시에 인도 역사의 중요
　　한 무대이며 힌두문화의 중심지를 이루었다. 힌두교도들에게는 성스러운 강으
　　로 숭앙되고 있다. 곧 이 강물에 목욕재계하면 모든 죄를 면할 수 있으며, 사후
　　에 이 강물에 뼈가루를 흘려보내면 극락왕생할 수 있다고 믿고 있다. 이 강유
　　역에는 연간 1백만 이상의 순례자가 찾아 드는 유명한 바라나시를 비롯하여 하
　　르드와르·엘라하바드 등의 수많은 힌두교의 성지가 분포되어 있다.
31) 恒沙洞 : 迎日縣의 雲梯山 동쪽에 있었던 洞名.
32) 恒沙人出 故名恒沙洞 : 恒沙는 恒河寺의 약어이다. 恒은 恒河 곧 갠지스강을

주해를 찬술하면서 매번 스님에게 가서 의심나는 것을 묻고 혹은 서로 농담도 하였다.[34] 어느 날 두 분이 시냇가에서 물고기와 새우를 잡아먹고 돌바닥 위에 대변을 보았다. 혜공이 이것을 가리켜 장난말로 "그대가 눈 똥은 내가 잡은 물고기이다"고 하였으므로 [이 절을] 오어사라고 하였다. 어떤 사람은 이것을 원효스님의 말이라고 하나 잘못이다. 세간에서는 그 시내를 잘못 불러 모의천(芼矣川)[35]이라고 한다.

구참공이 일찍이 산에 놀러갔다가 혜공이 산길 중에 죽어 넘어진 것을 보았는데, 그 시체가 부어 터지고 살이 썩어 구더기가 나므로 오랫동안 슬피 탄식하였다. [그러다가] 말고삐를 돌려 성으로 들어가자 혜공이 몹시 술에 취하여 시중에서 노래하고 춤추는 것을 보았다.

또 어느 날은 풀로 새끼를 꼬아 가지고 영묘사(靈廟寺)[36]에 들어

가리킨다. 恒河沙는 갠지스강에 있는 모래처럼 많다는 뜻으로 무수한 것을 비유한 것이다. 恒河寺의 寺名은 恒沙처럼 많은 문도를 배출했다는 뜻에서 유래하였다.

33) 元曉 : 617-686. 신라 통일기인 7세기의 고승. 속성은 薛씨이고, 元曉는 법명이며, 아명은 誓幢 또는 新幢이다. 자세한 것은 [遺] 卷4 義解 元曉不羈條 참조.

34) 調戱 : 언어로써 서로 희롱함을 뜻한다.

35) 芼矣川 : 신라 安康縣 북쪽에 있는 芼兮縣을 가로질러 흐르는 내로 추정된다. [史]에 「本芼兮縣〈一云化雞〉 景德王改名 今因之」(卷34 地理志 良州管下 義昌郡 杞溪縣條)라고 하였다. 또한 [勝覽]에는 「杞溪縣 在府北五十里 本新羅芼兮縣 一云化雞 景德王改今名 爲義昌郡領縣 高麗顯宗時來屬」(卷21 慶州府 屬縣條)이라고 하였다. 芼兮縣의 '芼兮'와 芼矣川의 '芼矣'는 同音異寫라고 추측된다. 다만 신라시대에 모혜현은 지금 軍威의 서남쪽인 또 다른 곳에도 있었다. [史] 卷34 地理志 尙州管下 嵩善郡條에는 領縣으로 孝靈・尒同・軍威의 3縣이 있었는데, 그 중 '孝靈縣'에 대해서는 「本芼兮縣 景德王改名 今因之」라고 하였다. 또한 [勝覽] 卷25 軍威縣의 屬縣條에는 「孝靈縣 靈一作令 在縣西南三十五里 本新羅芼兮縣 景德王改今名 爲嵩善郡領縣 高麗顯宗屬尙州 仁宗還屬一善 恭讓王時來屬 本朝因之」라고 하였다. 여기에서의 모혜현은 지리적으로 너무 떨어져 있어 비정하기 어렵다.

36) 靈廟寺 : 신라 善德王 때 창건된 절. 靈妙寺 또는 令妙寺 등으로 표기하기도

가서 금당과 좌우에 있는 경루와 남문의 낭무를 둘러 묶고 강사(剛
司)37)에게 말하기를, "이 새끼를 꼭 3일 후에 걷어라"고 하였다. 강사
가 이상히 여기면서 그대로 하였다. 과연 3일만에 선덕왕(善德王)38)
이 행차하여 절에 오자 지귀(志鬼)39)의 심중에서 불이 나와 그 탑을
태웠으나 오직 새끼로 둘러맨 곳만은 [화재를] 면하였다.40)

한다. [遺] 卷1 紀異 善德王知幾三事條, 卷3 興法 阿道基羅條, 卷3 塔像 靈妙
寺丈六條 참조.
37) 剛司 : 三綱典을 가리킨다. [遺] 卷3 塔像 天龍寺條에는 「剛司」로 되어 있으
나, [遺] 卷4 義解 勝詮髑髏條에는 「至今爲綱司所傳」이라고 하였다. 아마 '綱
司'와 혼동하여 사용되었을 듯하다. [遺] 卷4 義解 寶壤梨木條의 주석 13) 참조.
38) 善德王 : 신라 제27대 왕. 재위 632-646. [遺] 卷1 紀異 善德王知幾三事條 참조.
39) 志鬼 : 신라시대에 活里에 사는 驛人으로 善德女王을 사모하다가 죽어서 火鬼
가 된 사람. 『新羅殊異傳』에는 「志鬼 新羅活里譯人 慕善德王之美麗 憂愁涕泣
形容憔悴 王幸寺行香 聞而召之 志鬼歸寺塔下 待駕幸 忽然睡酣 王脫臂環 置胸
還宮 後乃睡覺 志鬼悶絶良久 心火出燒其塔 卽變爲火鬼 王命術士 作呪詞曰 志
鬼心中火 燒身變火神 流移滄海外 不見不相親 時俗帖此詞於門壁 以鎭火災」(權
文海, 『大東韻府群玉』 卷20 心火燒塔條)라고 하였다. [遺]의 志鬼가 나온 본문
이나 上記한 『新羅殊異傳』의 내용은 心火燒塔說話를 가리킨다. 곧 지귀는 선덕
여왕의 아름다움을 사모하여 고민한 나머지 몸이 점점 여위어 갔다. 하루는 여
왕이 절에 불공을 드리러 갔다가 그 이야기를 듣고 지귀를 불렀다. 지귀는 절
간 탑 밑에서 여왕을 기다리다가 잠이 들었다. 여왕이 돌아가는 길에 그에게
다가가서 자기의 팔찌를 빼어 놓고 왕궁으로 돌아왔다. 그뒤에 깨어난 지귀는
팔찌를 보고, 잠든 사이에 여왕이 다녀갔음을 알았다. 지귀는 사모의 정이 더
욱 불타올라, 마음의 불이 탑을 불태우고 마침내 火鬼로 변해버렸다고 하였다.
이로써 보면 『殊異傳』의 心火遶塔說話 중에 나온 절은 靈廟寺를 가리킨다.
40) 果三日善德王駕幸入寺 志鬼心火出燒其塔 唯結索處獲免 : 靈廟寺가 준공된
것은 善德王 4년(635)이다. [史] 卷5 新羅本紀 善德王 4年條에 「靈廟寺成」이
라고 하였다. 그런데 [遺] 卷1 紀異 善德王知幾三事條에는 영묘사를 막연히
선덕왕이 창건했다고만 했으나, [遺] 卷3 興法 阿道基羅條에는 「今靈廟寺 善
德王乙未(635)始開」라고 하였다. 곧 영묘사는 선덕왕 4년에 창건되었음이 분
명하다 [史] 卷5 新羅本紀 善德王代의 기록에는 이러한 준공사실 외에 영묘
사가 불탄 어떠한 기사도 보이지 않는다. 물론 그 이후에는 화재를 당하기도
하였다. [史] 卷6 新羅本紀 文武王 2年(662) 2月條, 同王 6年 4月條, 同王 8
年 12月條 등에 영묘사가 불탄 기록이 나온다. 한편 志鬼는 신라 선덕왕 때의

또 신인종[神印][41]의 조사 명랑(明朗)[42]이 금강사(金剛寺)[43]를
새로 짓고 낙성회를 베풀었는데, 내노라는 고승들[龍象][44]이 모두 모
였으나 오직 스님만이 오지 않았다. 명랑이 곧 향을 피우고 경건하게
기도하니 조금 있다가 공이 왔다. 때마침 많은 비가 내렸는데도 옷이
젖지 않고 발에 진흙이 묻지 않았다. 명랑에게 이르기를, "초청이 은
근해서[45] 왔노라"고 하였다. [이처럼] 신령스러운 자취가 자못 많았다.

사람으로 선덕왕을 사모하였는데, 그에 대해서는 위의 주석 참조.

41) 神印 : 神印宗. 密敎 계통의 불교 宗派의 하나. 신라 文武王 때의 明朗을 宗
    祖로 한다. 고려 太祖가 해적의 침범을 물리치려고 명랑의 후예인 廣學과 大
    緣을 청하여 文豆婁秘法을 베풀게 하였고, 이 두 승려를 위해 賢聖寺를 세웠
    다. 고려시대의 신인종은 이 현성사를 本寺로 하여 성립된 종파이다. 문두루비
    법과 같은 神印法은 『灌頂伏魔封印大神呪經』에 전한다. 조선 초 太宗 6년
    (1406) 3월에 議政府의 啓로 설정된 불교 11종 가운데 신인종이 들어 있으며,
    다음 해 12월에 그것을 폐합하여 성립시킨 7종 중의 하나인 中神宗은 신인종
    과 中道宗을 합한 종파이다. 중신종은 世宗 6년에 敎宗으로 합쳐졌다.
42) 明朗 : 생몰년 미상. 신라 文武王 때의 고승. 神印宗의 開祖. 字는 國育이며,
    沙干 才良의 아들이고 慈藏 율사의 외조카이다. 善德王 1년(632)에 당나라로
    들어가 眞言 密敎의 비법을 배우고 3년만에 귀국하였다. 귀국하는 길에 海龍
    의 청으로 용궁에 들어가 비법을 전했으며, 용왕으로부터 황금 1천 냥을 시주
    받았다. 귀국 후 용왕이 시주한 황금으로 탑을 장식하였으며, 그의 집을 헐고
    절을 창건하여 金光寺라고 하였다. 삼국통일 후에는 狼山의 남쪽 神遊林에 四
    天王寺를 창건하고 文豆婁秘法으로 唐軍의 침입을 물리쳤다. [遺] 卷2 紀異
    文虎王法敏條와 卷5 神呪 明郞神印條 참조.
43) 金剛寺 : 明朗이 창건한 신라 때의 절. 그 遺址는 알 수 없다. [遺] 卷5 神呪
    明朗神印條에 『按金光寺本記云 師挺生新羅 入唐學道 將還 因海龍之請 入龍
    宮傳秘法 施黃金千兩〈一云千斤〉潛行地下 湧出本宅井底 乃捨爲寺 以龍王所施
    黃金飾塔像 光曜殊特 因名金光焉』라고 하였다. 곧 金剛寺는 명랑이 당나라에
    서 귀국한 후 자기가 살던 집을 희사하여 세운 절이다. 金剛寺와 金光寺는 발
    음이 비슷하며 같은 절로 추측된다. 그러나 [遺] 卷2 紀異 元聖大王條와 [遺]
    卷5 感通 善律還生條에도 '金剛寺'가 보이고 있으므로 金剛寺는 명랑이 창건
    하였으나 金光寺와 다른 절로 파악되기도 한다. 金剛寺를 『金剛經』과 관계 있
    는 호국사찰로 보고, 아마 唐軍을 격퇴하기 위하여 창건한 四天王寺일 것이라
    는 주장도 있다(李基白, 앞의 논문, p.137).
44) 龍象 : 학덕을 갖춘 고승.

죽을 때는 공중에 떠서 입적했는데, 사리를 헤아릴 수가 없었다. 일찍이 『조론(肇論)』46)을 보고 말하기를, "이것은 내가 옛날에 찬술한 것이다"고 하였으니, 이것으로써 [혜공이] 승조(僧肇)47)의 후신임을 알겠다.

찬한다.

벌판에서 사냥하고 침상 위에 누웠으며
거리에서 술취하여 미친 듯 노래하고 우물 속에서 잠을 잤네
신 한 짝이 허공에 떠 어디로 갈 것인가
한 쌍의 보배로운 불길 속의 연꽃48)이어라

---

45) 勲勲 : 은근하다는 뜻이다.
46) 肇論 : 중국 後秦시대의 승려인 僧肇(384-414)가 지은 불교 저술. 般若無知論・物不遷論・不眞空論・涅槃無名論 등 4論에 다시 宗本義를 첨부하여 만들었다. 『肇論』은 대승의 空사상에 대한 깊은 이해를 담고 있는 것으로, 뒤의 중국 불교사상에 큰 영향을 끼쳤다. 唐나라 이래의 불교계에서 중시되었던 『寶藏論』 1권은 그의 저술로 가탁된 것이지만, 이 점은 바로 불교 교학에 있어서 그의 지위가 얼마나 높이 평가되고 있는가를 보여준다.
47) 僧肇 : 384-414. 중국 後秦시대의 學僧. 陝西省 長安 사람. 『維摩經』을 읽고 감동을 받아 출가하였으며, 20세 무렵에는 이미 長安에 그 이름이 알려졌다. 羅什門下 四哲의 한 사람이다. 龜玆國의 鳩摩羅什이 姑臧(涼州)에 머물고 있을 때 그의 명성을 듣고 찾아갔다. 鳩摩羅什의 문인이 되어 인도의 龍樹系 대승불교를 배웠다. 401년에 鳩摩羅什이 後秦 왕의 명령을 받아 국가 사업으로 불경의 번역과 강습을 시작하자, 그는 선생과 함께 長安에 와서 불경을 번역하는 작업을 도왔다. 그는 31세의 젊은 나이로 요절하지만, 神智明敏하여 三藏을 통달하지 아니한 것이 없으며, 특히 『維摩經』・『涅槃經』에 능하였다. 그가 남긴 『注維摩詰經』은 지금도 이 분야를 전공하는 학자들의 필독서이다. 그리고 그의 般若無知論은 慧遠, 劉遺民을 감탄시켰다. 이 외에도 不眞空論・涅槃無名論을 비롯한 많은 經典의 서문을 썼다.
48) 火中蓮 : 불 속에서 연꽃이 피어났다는 말. 『維摩經』의 佛道品에 「火中生蓮花 是可謂希有」라고 하였다.

103. 慈藏定律

大德慈藏　金氏　本辰韓眞骨蘇判〈三級爵名〉茂[1]林之子　其父歷官清要　絶無後胤　乃歸心三寶　造于千部觀音　希生一息　祝曰　若生男子　捨作法海津梁　母忽夢星墜入懷　因有娠　及誕　與釋尊同日　名善宗郎　神志澄睿　文思日瞻　而無染世趣　早喪二親　轉厭[2]塵譁　捐妻息　捨田園爲元寧寺

獨處幽險　不避狼虎　修枯骨觀　微或倦弊　乃作小室　周障荊棘　裸[3]坐其中　動[4]輒[5]箴刺　頭懸在梁　以袪昏暝[6]

適台輔有闕　門閥當議　累徵不赴　王乃勑曰　不就斬之　藏聞之曰　吾寧一日持戒而死　不願百年破戒而生　事聞　上許令出家　乃深隱岩叢　粮粒不恤　時有異禽　含菓[7]來供　就手而喰　俄夢天人來授五戒方始出谷　鄕邑士女　爭來受戒

藏自嘆邊生　西希大化　以仁平三年丙申歲〈即貞觀十年也〉受勑　與門人僧實等十餘輩　西入唐　謁淸涼山　山有曼殊大聖塑相　彼國相傳云

---

1) 茂：고려 惠宗의 이름 '武'의 피휘.
2) 厭：[正][晚][順] 猒(厭과 동자). [品][斗][浩][六] 厭.
3) 裸：[正] 楳. [浩] 裡. [鶴][品][斗][六][民] 裸.
4) 動：[斗] 取.
5) 輒：[正][品][斗] 輙(輒의 속자). [浩][六] 輒.
6) 暝：[正][品] 瞑. [斗][浩][六] 暝.
7) 菓：[正] 菒. [品][斗][浩][六] 菓.

帝釋天將工來彫也

藏於像前禱祈冥感 夢像摩頂授梵偈 覺而未解 及旦有異僧來釋云⟨已出皇龍塔篇⟩ 又曰雖學萬教 未有過此 又[8)以袈裟舍利等付之而滅⟨藏公初匿之 故唐僧傳不載⟩

藏知已蒙聖剈 乃下北臺 抵太[9)和池 入京師 太宗勅使慰撫 安置勝光別院 寵賜頗[10)厚 藏嫌其繁 擁啓表入終南雲際寺之東崿 架嵓爲室 居三年 人神受戒 靈應日錯 辭煩不載 既而再入京 又蒙勅慰賜絹二百疋[11) 用資衣費

貞觀十七年癸卯 本國善德王上表乞還 詔許引入宮 賜絹一領 雜綵五百端 東宮亦賜二百端 又多禮貺 藏以本朝經像未充 乞齋藏經一部 泊諸幡幢花蓋 堪爲福利者皆載之 既至 泊擧國欣迎 命住芬皇寺⟨唐傳作王芬⟩ 給侍稠渥

一夏請至宮中 講大乘論 又於皇龍寺演菩薩戒本七日七夜 天降甘澍 雲霧暗靄 覆所講堂 四衆咸服其異 朝廷議曰 佛教東漸 雖百千齡 其於住持修奉 軌[12)儀闕如也 非夫綱理 無以肅淸 啓勅藏爲大國統 凡僧尼一切規猷 總[13)委僧統主之⟨按北齊[14)天保[15)中 國置十統 有司奏[16)宜甄異之 於是宣帝以法上法師爲大統 餘爲通統 又梁陳之間 有國統 州統 國都 州都 僧都 僧正[17) 都維乃等名 總[18)屬昭[19)玄曹 曹卽領僧尼官名 唐初

8) 又 : [品][斗] 文.
9) 太 : [正] 大. [順] 太(가필). [品][斗][浩][六] 太.
10) 頗 : [正][品][斗] 頻. [浩][六] 頗.
11) 疋 : [斗][浩][六] 匹.
12) 軌 : [正] 軏. [斗] 軓. [品][浩][六] 軌.
13) 總 : [正][晩][鶴] 摠(總과 동자). [品][斗][浩][六] 總.
14) 齊 : [正][晩][鶴][六] 齋. [品][斗][浩] 齊.
15) 保 : [正][晩][順][鶴][斗][六] 寶. [品][浩][民] 保.『北齊書』에는 '保'.
16) 奏 : [正][斗][六] 卷. [品][浩][民] 奏.

又有十20)大德之盛 新羅眞興王十一年庚午 以安藏21)法師爲大書省一人 又有小
書省二人 明年辛未22) 以高麗惠亮法師爲國統 亦云寺主23) 寶良法師爲大都維那
一人 及州統九人 郡統十八人等 至藏更置大國統一人 蓋非常職也 亦猶夫24)禮郎
爲大角干 金庾信太25)大角干 後至元聖大王元年 又置僧官名政26)法典 以大舍一
人 史二人 爲司 揀27)僧中有才行者爲28)之 有故卽替 無定年限 故今紫衣之徒 亦
律寺29)之別也 鄕傳云 藏入唐 太宗迎至武30)乾殿 請講華嚴 天降甘露 開爲國師
云者妄矣 唐傳與國史皆無文〉

藏値斯嘉會 勇激31)弘通 令僧尼五部各增舊32)學 半月說戒 冬
春摠33)試 令知持犯 置員管維持之 又遣巡使 歷檢34)外寺 誡35)礪
僧失 嚴飾36)經像爲恒式 一代護法 於斯盛矣 如夫子自衛返魯 樂
正雅頌 各得37)其宜

---

17) 正 : [正][晚][順][鶴] 止. [品][斗][浩][六] 正.
18) 總 : [正] 摠(總와 동자). [品] 惚(摠의 와자). [斗][浩][六] 總.
19) 昭 : [正][晚][順][鶴] 胎. [斗][浩][六][民] 昭.
20) 十 : [正][晚] 亠(아랫쪽이 없음). [順] 十(가필). [鶴][品][斗][浩][六] 十.
21) 藏 : [品] 藏.
22) 未 : [正][順] 木. [晚][鶴][品][斗][浩][六] 未.
23) 主 : [正][晚] 三. [順][鶴][品][斗][浩][六] 主.
24) 夫 : [民] 失.
25) 太 : [正][斗][六] 大. [品][浩] 太.
26) 政 : [正][晚][順][鶴] 㪠. [斗] 攻. [東] 授. [品][浩][六] 政.
27) 揀 : [正][晚][順] 揀. [鶴][斗] 棟. [品][浩][六][民] 揀.
28) 爲 : [正][晚][順][鶴][斗] 衆. [品] 兼. [浩][六][東] 爲.
29) 寺 : [浩][民] 宗.
30) 武 : [正][晚][順][鶴][品][斗] 式. [浩][六] 武. 고려 惠宗의 이름 '武'의 피
휘.
31) 激 : [品][斗] 邀.
32) 舊 : [品][斗] 奮.
33) 摠 : [品][斗][六] 惚(摠의 와자).
34) 檢 : [正][品] 撿(檢과 동자). [斗][浩][六] 檢.
35) 誡 : [浩] 試.
36) 飾 : [浩] 飭.

當此之際 國中之人 受戒奉佛 十室八九 祝髮請度 歲月增至 乃
創通度寺 築戒壇 以度四來〈戒壇事已出上〉 又改營生緣里第元寧寺
設落成會 講雜花萬偈 感五十二女現身證聽 使門人植樹如其數 以
旌厥異 因號知識樹

嘗以邦國服章不同諸夏 擧議於朝 簽允曰臧 乃以眞德王三年己
酉 始服中朝衣冠 明年庚戌又奉正朔 始行永徽號 自後每有朝覲
列在上蕃 藏之功也

暮年謝辭京輦 於江陵郡38)〈今39)溟40)州也〉創水多寺居焉 復夢異僧
狀北臺所見 來告曰 明日見汝於大松汀 驚悸而起 早行至松汀 果
感文殊來格 諮詢法要 乃曰 重期於太伯葛蟠地 遂隱不現〈松汀至今
不生荊刺 亦不棲鷹鸇之類41)云〉

藏往太伯山尋之 見巨蟒蟠結樹下 謂侍者曰 此所謂葛蟠地 乃創
石南院〈今淨岩寺〉以候聖降 粤有老居士 方袍襤褸42) 荷葛簣 盛死
狗兒 來謂侍者曰 欲見慈藏來爾 門者曰 自奉巾43)箒 未見忤犯吾
師諱者 汝何人斯 爾狂言乎 居士曰 但告汝師 遂入告 藏不之覺曰
殆狂者耶 門人出詬逐之 居士曰 歸歟歸歟 有我相者 焉得見我 乃44)
倒簣拂之 狗變爲師子寶座 陞坐放光而去 藏聞之 方具威儀 尋光
而趨45)登南嶺 已杳然不及 遂殞身而卒 茶毗安骨於石穴中

---

37) 得 : [正][晚][順][鶴] 淂. [品][斗][浩][六] 得.
38) 郡 : [浩] 府.
39) 今 : [斗] 本.
40) 溟 : [正][品][斗][六] 冥. [浩] 溟.
41) 類 : [斗] 棲.
42) 襤褸 : [正][品][斗][浩][六] 繿縷.(繿은 襤과 동자.)
43) 巾 : [順] 山(가필). [品][斗] 山.
44) 乃 : [正] 판독미상. [晚][順][鶴][品][斗][浩][六][民] 乃.

凡藏之締構46)寺塔 十有餘所 每一興造 必有異祥 故蒲塞供塡市
不日而成 藏之道具布襪 幷太47)和龍所獻木鴨枕 與釋尊田48)衣等
合在通度寺 又巇陽縣〈今彦陽〉有鴨遊寺 枕鴨嘗遊49)此現異 故名之
又有釋圓勝者 先藏西學 而同還桑梓 助弘律部云

讚曰 曾向淸涼夢破廻 七篇三聚一時開 欲令緇素衣慚愧 東國衣
冠上國裁

---

45) 趨：[正][品] 趍. [斗][浩][六] 趨.
46) 構：[正] 搆. [品][斗][浩][六][民] 構.
47) 太：[正][晩][鶴][浩][六] 大. [順] 太(가필). [品][斗][民] 太.
48) 田：[正][品][斗][六] 由. [浩][民] 田.
49) 遊：[正][品][斗] 於. [浩][六] 遊.

자장이 계율을 정하다[1]

대덕(大德) 자장(慈藏)[2]은 김씨이니 본래 진한(辰韓)[3]의 진골(眞骨) 소판(蘇判)〈셋째 급수의 관작이름이다.〉[4] 무림(茂林)[5]의 아들이다. 그

---

1) 慈藏定律 : 慈藏이 계율을 정하였다는 것은 엄격한 계율을 정립시켰다는 의미가 아니라, 戒를 누구나 지닐 수 있게 생활화했다는 의미이다. 곧 자장으로 인해 신라 사람들은 10인 중 8, 9사람이 戒를 지녔다고 한다(金杜珍, 「慈藏의 文殊信仰과 戒律」, 『韓國學論叢』 12, 1989, p.22).

2) 慈藏 : 신라 때의 고승. 성은 김씨. 俗名은 善宗郎. 아버지는 蘇判 武林公이고, 누이는 明朗의 어머니인 南澗夫人(혹은 法乘娘)이다. 늦게까지 아들이 없던 부모는 千部觀音을 조성하고 불교에 귀의하여 4월 초파일에 자장을 낳았다. 일찍 부모를 여읜 자장은 세속의 번거로움을 싫어하여 처자를 버리고 홀로 깊은 산으로 들어가 枯骨觀을 닦았다. 마침 재상 자리가 비어 門閥로써 기용하려고 했으나, 그는 왕의 부름에 응하지 않았다. 636년(善德王 5년)에 僧實 등 제자 10여 명과 함께 당나라로 가서, 淸凉山의 문수보살로부터 은밀한 감응을 받고 7년만에 귀국하였다. 善德女王은 그를 芬皇寺에 머무르게 하고 大國統으로 임명하였다. 645년 皇龍寺에 9층탑을 세우고 그 절의 제2대 주지로 취임하였으며, 649년(眞德王 3)에는 국가의 복식을 중국 제도와 같게 하도록 권하였고 그 이듬해에는 당나라 연호를 쓰도록 하였다. 그는 불교 교단의 기강을 확립하였으며, 通度寺를 창건하고 그곳에 金剛戒壇을 쌓아 계율을 통한 국민 교화에 힘썼다. 또한 자장은 신라 佛國土說을 세운 장본인으로 여겨지며, 신라 10聖의 한 사람으로 추대되어 興輪寺 金堂에 모셔졌다. 저서로는 『阿彌陀經疏』 1권·『阿彌陀經義記』 1권·『四分律羯磨私記』 1권·『十誦律木叉記』 1권·『觀行法』 1권 등이 있으나, 현재 모두 전하지 않는다.

3) 辰韓 : 본래는 三韓 중의 하나로 낙동강 동쪽 지역에 있었다. 辰韓은 12국으로 구성되어 있었는데, 그 중의 하나인 斯盧國이 중심이 되어 주위의 국가를 통합·발전하여 신라 국가로 성장하였다. 따라서 여기서는 신라라는 의미로 사용되었다.

4) 蘇判 : 신라 17관등 중의 제3관등. 迊湌·迊判·西湌·迎干이라고도 한다.

의 아버지는 높은 요직을 지냈으나 뒤를 이을 아들이 없었다. 이에 불교[三寶]6)에 귀의하여 천부관음(千部觀音)7)을 조성하고 자식 하나 낳기를 바라면서 축원하기를, "만일 사내아이를 낳으면 내놓아서 불교계[法海]의 중요한 인물[津梁]로 삼겠습니다"고 하였다.

[자장의] 어머니가 갑자기 꿈을 꾸었는데, 별이 떨어져서 품속으로 들어왔다. 이로 인해 임신을 하고 아이를 낳았는데, 석가세존[釋尊]과 [생일이] 같은 날이었으며 선종랑(善宗郎)8)이라고 이름하였다. [그는] 정신과 지조가 맑고 슬기로웠고 문장과 생각이 날로 풍부하였으며 세간의 취미에 물들지 않았다. 일찍이 두 부모를 여의고 속세의 시끄러움을 더욱 싫어해서 처자를 버리고,9) 전원을 희사하여 원령사(元

---

5) 茂林 : 武林. [遺] 卷1 紀異 眞德王條에는 '虎林'으로 나와 있다. '茂'나 '虎'는 고려 惠宗의 이름인 '武'를 避諱한 것이다. 무림은 眞德女王代에 閼川公·庾信公·林宗公·述宗公·廉長公 등과 함께 南山 于知巖會議에 참석한 것으로 보아 진골 귀족으로서 중요한 지위에 있었음을 알 수 있다.

6) 三寶 : 佛寶·法寶·僧寶를 말한다. 여기에서는 佛敎를 가리킨다.

7) 千部觀音 : 千手千眼觀世音菩薩을 말하며 六觀音 중의 하나이다. 온 몸이 황금색이며 27면을 하고 千手와 千眼을 가진 관음보살이다. 千手와 千眼은 모든 중생을 濟度하는 큰 작용이 있음을 표현하는 것으로 모든 소원을 이루게 한다.

8) 善宗郎 : 慈藏의 어릴 때의 이름. 이로써 보아 소년시절의 자장은 화랑의 일원이었을 것으로 추론하기도 한다.

9) 早喪二親…捐妻息 : 慈藏의 출가동기를 알 수 있는 부분이다. 자장의 출가 동기를 알려주는 자료로는 이 외에도 皇龍寺 9層塔 刹柱本記와 『續高僧傳』의 慈藏傳이 있다. 황룡사 9층탑 찰주본기에 의하면, 「어려서 살생을 좋아하여 매를 놓아 꿩을 잡았는데, 꿩이 눈물을 흘리며 울었다. 여기에 감동하여 마음을 돌이키고 출가하여 법의 길에 들어가기를 청하였다」고 되어 있다. 그리고 『續高僧傳』의 자장전에는 그가 관직도 사양하고 출가하여 수행하던 도중, 神人에게 "중생을 이롭게 하기 위해" 깊은 산 속에서 수행하고 있다고 하였다. 곧 그의 출가 동기는 중생을 구제하기 위함이다. 그런데 위에서 자장의 출가 동기를 「일찍이 두 부모를 여의고…」라고 한 부분은 사실과 다르다. 즉 자장의 아버지인 武林公은 眞德女王 때까지 활동하는 인물이기 때문이다.

寧寺)10)를 만들었다.

　그윽하고 험한 곳에 혼자 자리를 잡고, 이리나 호랑이도 피하지 않으면서 고골관(枯骨觀)11)을 닦는데 조금도 게을리함이 없었다. 이리하여 작은 방을 지어서 [자리] 주위를 가시나무로 둘러막고, 그 속에 발가벗고 앉아서 움직이기만 하면 가시에 찔리도록 하고, 머리는 들보에 매달아 정신이 흐려짐을 막았다.

　마침 재상자리가 비어 있었는데, [자장이] 문벌로써 물망에 올라 여러 번 불렀으나 나아가지 않았다. 왕이 이에 칙명을 내려 말하기를, "나오지 않으면 목을 베겠다"고 하였다. 자장이 이를 듣고 말하기를, "저는 차라리 하루동안이라도 계율을 지키다가 죽을지언정, 백 년 동안 계율을 어기고 사는 것을 원하지 않습니다"고 하였다.12) 이 말이 보고되자 왕은 [그가] 출가하는 것을 허락하였다.

---

10) 元寧寺 : 慈藏이 살던 집을 희사하여 만든 절. 여기서는 자장의 田園을 절로 만들었다고 하였으나, 본문의 뒷부분에서는 살던 마을의 집을 개조하여 元寧寺로 만들었다고 하였다.

11) 枯骨觀 : 釋 慧皎가 찬한『梁高僧傳』卷24 護法篇 下 釋慈藏傳에서는 白骨觀으로 기록하고 있다. 그러므로 枯骨觀은 백골관과 같음을 알 수 있다. 백골관은 五蘊이 화합된 肉身의 집착에서 벗어나 무상을 알기 위해 살점이 떨어져 나가고 皮肉를 다 드러내어 白骨만 앙상하게 남게 되기까지의 고된 수행과정이다.

12) 吾寧一日持戒…破戒而生 : 이러한 사고는 작은 집을 짓고 가시나무를 사방에 두르고 머리를 대들보에 매는 수행 방법과 함께, 자기 중심적이며 小乘的인 성격을 드러내는 것으로 이해된다. 즉 慈藏이 출가하여 처음에 익힌 계율은 소승적인 것이고 엄격하였던 것이다. 그것은 圓光이「若等爲人臣子 恐不能堪」이라고 한 菩薩戒가 일반적으로 행해지던 신라 불교계의 분위기와 연계되어 있다. 이렇게 신라 초기 戒律이 엄격하였던 것은 가혹한 수련을 요구하는 토착신앙의 神秘主義的 경향에 의한 것으로 보는 견해도 있다(辛鍾遠,「慈藏의 佛敎思想에 대한 再檢討-新羅 佛敎 初期 戒律의 意義-」,『韓國史硏究』39, 1982, pp.7-8).

이에 [자장이] 바위 사이에 깊이 숨어서 사니 양식 한 알 돌보아
주는 사람이 없었다. 이때 이상한 새가 과일을 물어다 바치니 [이것
을] 손으로 받아먹었다. 갑자기 꿈에 천인(天人)13)이 와서 5계를 주
므로 그제서야 비로소 골짜기에서 나오니 향읍의 사녀(士女)가 다투
어 와서 계를 받았다.

자장은 변방에 태어난 것을 스스로 탄식하고 중국으로 가서 크게
교화되기를 바랐다. 인평(仁平) 3년 병신(丙申, 636)〈곧 정관(貞觀) 10년
이다.〉14)에 칙명을 받아 문인인 승실(僧實)15) 등 10여 명과 함께 서쪽
으로 당(唐)나라에 들어가16) 청량산(淸凉山)17)을 찾았다. [이] 산에

---

13) 天人 : 帝釋天과 연관시켜 이해할 수 있다. 특히 眞平王代에 자주 나타나는
    '天'은 제석천인데, 이와 연관하여 여기의 天人도 제석천이라고 할 수 있다(金
    杜珍, 앞의 논문, p.9).

14) 仁平三年丙申歲〈卽貞觀十年也〉 : 신라 善德女王 때의 연호(634-646). 仁平 3년
    은 636년(선덕여왕 5년)이며, 唐 貞觀 10년에 해당된다. 정관은 중국 唐 太宗
    의 연호(627-649).

15) 僧實 : 慈藏의 門人. 여기 외에 다른 곳에는 나오지 않는다.

16) 以仁平三年…西入唐 : 慈藏이 중국에 들어간 시기는 기록마다 차이를 보이고
    있다. [史]와 [遺]에서는 善德女王 5년(636)으로 되어 있고, 『續高僧傳』의 자
    장전에는 선덕여왕 7년(638)으로 되어 있다. 다만 朴居勿 撰 「新羅皇龍寺九層
    塔刹柱本記」(黃壽永 編著, 『韓國金石遺文』, 一志社, 1976, p.159)에「法號慈
    藏 大王卽位七年 大唐貞觀十二年 我國仁平五年 戊戌歲 隨我使神通 入於西
    國」이라고 하였다. 이로써 보면 자장은 638년에 入唐하였음이 분명하다. 이 당
    시 자장이 이용한 경로는 신라가 眞興王 이후 확보한 黨項城(지금의 경기도
    南陽)을 출발해 椒島를 거쳐 산동성 등주에 도착하는 남양 항로이었을 것으로
    추론된다.

17) 淸凉山 : 중국 山西省 太原府에 있는 五台山을 가리킨다. 『舊華嚴經』 第29
    菩薩住處品에 「東北方有菩薩住處 名淸凉山 過去諸菩薩 常於中住 彼現有菩
    薩 名文殊師利 有一萬菩薩眷屬 常爲說法」이라고 하였다. 또한 『文殊師利法
    寶藏陀羅尼經』에는 贍部洲의 동북방에 있는 나라 중에 五頂山이 있는데, 문
    수사리 동자가 거주하면서 여러 중생을 위해 설법한다고 하였다. 곧 오대산은
    『舊華嚴經』 이전부터 문수사리의 淨土로 전해졌다. 청량산은 東·西·南·
    北·中의 다섯 봉우리로 구성되어 있으며, 일찍부터 華嚴道場으로 성립되어

는 만수대성(曼殊大聖)18)의 소상이 있었는데, 그 나라 사람들이 서로 전해 말하기를, "제석천(帝釋天)19)이 장인을 데리고 와서 조각한 것이다"20)고 하였다.

자장은 소상 앞에서 기도하고 은밀하게 감응하니, 꿈에 소상이 [자장의] 이마를 만지면서 범어[梵]로 된 게(偈)를 주었는데, 깨어보니 해석할 수가 없었다. 이튿날 아침 이상한 중이 와서 해석해주고21)〈이

있었다. 766년(惠恭王 2년)에 不空·含光 등이 본래 이곳에 있던 金閣寺를 造營하여 密敎의 도량으로 삼기도 하였다. 776년(惠恭王 12)에 澄觀이 華嚴寺의 西般若院에 거주하였는데, 오대의 다섯 봉우리에 如來가 住處하는 것으로 註釋하였다(澄觀『大方廣佛華嚴疏抄』卷58 諸菩薩住處品 第32). 곧 東臺에는 阿閦佛, 남대에는 寶勝如來, 서대에는 阿彌陀여래, 북대에는 不空成就여래, 중대에는 毘盧遮那佛이 거처한다고 하였다.

18) 曼殊大聖 : 文殊菩薩을 말한다. 普賢菩薩과 一對가 되어 왼편에서 항상 釋迦如來를 모시고 지혜를 맡아본 보살이다. 또한『般若經』을 결집·편찬한 보살로도 알려져 있다. 이 때문에 經卷을 손에 쥔 모습으로 조각되고 묘사되는 일이 많았다. 전설적으로 이 보살은 중국의 山西省 五臺山에서 1만 보살과 함께 있다고도 하는데, 한국에서는 강원도 五臺山에 있다고 하여 지금도 그곳의 上院寺는 문수를 主尊으로 모시고 예불하며 수행하는 道場으로 알려져 있다.

19) 帝釋天 : 須彌山頂에 있는 忉利天을 말한다. [遺] 卷3 塔像 栢栗寺條의 주석 5) 참조.

20) 帝釋天將工來彫也 : 慈藏의 사상은 석가불신앙을 내세우는데 그치지 않고 제석천 신앙을 표방하였다. 자장이 중국에서 추구하려고 한 문수신앙은 제석천신앙을 매개로 전개되고 있다. 이것은 眞平王 때 성행한 석가불신앙에서 제석천신앙을 내세우려는 경향이 있었던 점, 善德王 때가 되면서 제석천 신앙이 더 강조되었던 점, 그리고 특히 善德女王이 제석천신앙을 표방하였던 점과 관련지어 이해될 수 있다(金杜珍, 앞의 논문, p.13).

21) 夢像摩頂授梵偈…異僧來釋云 : [遺] 卷3 塔像 臺山五萬眞身條에서「初至中國大和池邊石文殊處 虔祈七日 忽夢大聖授四句偈 覺而記憶 然皆梵語 罔然不解 明旦忽有一僧 將緋羅金點袈裟一領 佛鉢一具 佛頭骨一片 到于師邊 問何以無聊 師答以夢所受四句偈 梵音不解爲辭 僧譯之云 呵囉婆佐曩 是曰了知一切法 達嚛哆佉嘢 云自性無所有 曩伽呬伽曩 云如是解法性 達嚛盧舍那 云卽見盧舍那 仍以所將袈裟等 付而囑云 此是本師釋迦尊之道具也 汝善護持」라고 한 사실을 가리킨다.

미 황룡사탑편[皇龍塔篇]에 나와 있다.22)〉, 또 말하기를, "비록 만 가지 가르
침을 배운다고 해도 이 게보다 더 나은 것은 없다"고 하고는 다시 가
사와 사리 등을 주고 사라졌다.〈자장은 처음에 이것을 숨겼기 때문에『당승전
(唐僧傳)』에는 기록되지 않았다.23)〉

자장은 [자신이] 이미 성별(聖莂)24)을 받은 것을 알고, 북대(北臺)
에서 내려와 태화지(太和池)에 이르러 [당나라] 서울에 들어갔다. 태
종(太宗)이 칙사를 보내 위무하고 승광별원(勝光別院)25)에 편히 있
게 하여 총애가 매우 두터웠다. 자장은 그 번거러움을 꺼려서 글을 올
리고 종남산[終南] 운제사(雲際寺) 동쪽 낭떠러지에 들어가서 바위
에 나무를 걸쳐 방을 만들고 3년을 살았는데, 사람과 신들이 계를 받
고 영험이 날로 많았으나 말이 번거로워 싣지 않는다. 얼마 후 다시
서울로 들어가자 [태종은] 또 칙사를 보내 위무하고 비단 2백 필을

---

22) 已出皇龍寺塔篇 : [遺] 卷3 塔像 皇龍寺九層塔條에는「慈藏法師西學 乃於五
臺感文殊授法〈詳見本傳〉 文殊又云 汝國王是天竺刹利種王 預受佛記 故別有因
緣 不同東夷共工之族 然以山川崎嶮故 人性麤悖 多信邪見 而時或天神降禍
然有多聞比丘 在於國中 是以君臣安泰 萬庶和平矣 言已不現 藏知是大聖變化
泣血而退」라고 하였다. 본 내용 중에는 四句偈에 관한 내용은 나와 있지 않다.
이에 대해서는 위의 주석 참조.
23) 唐僧傳不載 : 慈藏이 文殊의 감응을 받은 사실은 [遺]에 기록되어 있으나『續
高僧傳』에는 일체 언급되어 있지 않다. 본문에서는 그 이유를 중국에 있을 당
시에 자장이 숨기고 말하지 않았기 때문이라고 하였다. 그러나 이 점은 그러한
연기설화가 新羅 佛國土說 등 주로 신라 조정과의 관계에서 생겨난 것으로 이
해될 수 있다(金杜珍, 앞의 논문, p.8).
24) 聖莂 : 文殊大聖의 記莂을 말한다. 기별은 부처가 도를 닦는 사람에게 미래에
성불할 수 있음을 예언하는 것이다.
25) 勝光別院 : 唐의 서울에 있었던 절로 추측되나 정확한 위치는 알려져 있지 않
다.『續高僧傳』慈藏傳에는 그가 승광별원을 중심으로 도적을 감화시켜 계를
주기도 하고, 눈먼 사람의 눈을 뜨게 해주었으며 많은 사람에게 계를 주었다고
되어 있다.

내려서 의복의 비용으로 쓰게 하였다.

정관 17년 계묘(癸卯, 643)에 본국의 선덕왕(善德王)26)이 글을 올려 돌려보내주기를 청하니, [태종은] 이를 허락하고 [그를] 궁중으로 불러들여 비단 1령과 채색 비단 5백 단을 하사했으며, 태자[東宮]도 2백 단을 내려주고, 그밖에도 예물로 준 물건이 많았다. 자장은 본국에 아직 불경과 불상이 구비되지 못했으므로 『대장경[藏經]』 1부와 여러 가지 번당(幡幢)·화개(花蓋)27) 등에 이르기까지 복리가 될 만한 것을 청해서 모두 싣고 돌아왔다. [본국에] 이르자 온 나라가 [그를] 환영하였다. [왕이] 명하여 분황사(芬皇寺)28)〈『당전(唐傳)』29)에서는 왕분사[王芬]라고 하였다.〉에 있게 하니 모든 대우가 넉넉하였다.

어느 해 여름에 궁중으로 청하여 대승론(大乘論)30)을 강의하게 하

---

26) 善德王 : 신라 제27대 왕. 재위 632-646. [遺] 卷1 紀異 善德王知幾三事條 참조.

27) 幡幢 花蓋 : 幡과 幢은 모두 佛殿을 장엄하게 장식하는데 쓰는 깃발을 말한다. 幢은 장대 끝에 용머리의 모양을 만들고 그 아래에 비단 폭을 단 것이고, 幡은 긴 비단을 밑으로 달아 늘어뜨린 것이다. 花蓋는 꽃으로 장식한 日傘의 뚜껑을 말하는 것으로 華蓋라고도 한다.

28) 芬皇寺 : 지금의 경상북도 경주시 동쪽 九黃洞에 있는 절. 慈藏이 大國統이 되어 이 절에 주석하였다. [遺] 卷3 興法 阿道基羅條 주석 39) 참조.

29) 唐傳 : 『唐高僧傳』, 곧 『續高僧傳』을 가리킨다. 또한 『續高僧傳』에는 芬皇寺가 아니라 분명히 王芬寺로 적고 있다.

30) 大乘論 : 大乘은 梵語 mahayana의 譯語. 摩訶衍那 또는 摩訶衍으로 音譯된다. 원래 『阿含經』에서는 佛陀의 가르침을 대승이라고 하였다. 그러다가 佛滅 후에 불타의 언행을 전승하는데 중점을 둔 원시불교에서, 그것의 註釋的 연구를 중시하는 部派佛敎가 전개되었다. 이러한 경향에 대항해서 菩薩道를 설하면서 대중 교화의 성격을 갖는 불교가 발달하였다. 이리하여 後者의 교도들이 스스로를 大乘이라고 부르자, 전자의 교도들은 부파불교의 전통을 되살리는 면에서 교리 체계를 다시 세우고 대승에 대한 小乘이라고 불렀다. 소승은 자기의 解脫을 목적으로 하는 聲聞·緣覺道에 이르나, 大乘은 自利·利他를 모두 추구하는 보살도에 이른다. 소승에는 아함경·四分律·五部律·婆娑論·俱舍論·成實論 등이 속하고, 대승에는 般若論·法華經·華嚴經·中論·攝大乘

고 또 황룡사(皇龍寺)31)에서 7일 동안 밤낮으로 보살계본(菩薩戒本)32)을 강연하게 하니, 하늘에서는 단비가 내리고 구름과 안개가 자욱하게 끼어 강당을 덮었으므로 사중(四衆)33)이 모두 그의 신기함에 탄복하였다.

조정에서 의논하여 말하기를, "불교가 우리 동방에 전해져서 비록 오랜 세월이 지났지만 그 주지(住持)를 받드는 규범이 없으니 법규로써 다스리지 않고는 바로잡을 수가 없다"고 하고, 칙명으로 자장을 대국통(大國統)34)으로 삼아 승니의 모든 규범을 승통(僧統)에게 위임하여 주관하도록 하였다.〈살펴보건대, 북제(北齊)35)의 천보(天保)36) 연간에는 전국에 10통(十統)을 두었는데, 유사가 아뢰기를, "마땅히 직위를 분별해야 할 것입

論 등이 속한다.

31) 皇龍寺 : 경상북도 경주시 구황동에 있었던 신라 眞興王 때 창건된 절. [遺] 卷3 塔像 皇龍寺丈六條 참조.

32) 菩薩戒本 :『菩薩戒本經』이라고도 한다.『梵網經』下卷의 十重大戒와 四八輕戒를 따로 뽑아 만든 책을 말한다. 원래 戒本은 Prātimokṣa의 漢譯語이며, 波羅提木叉로 音寫하기도 하는데, 出家者들의 생활을 규제하는 禁戒를 모은 문헌이다. 특히 菩薩戒는 이미 깨달음의 경지에 이른 보살이 지켜야 할 계율이므로 계본 중에서 가장 엄격한 것이다.

33) 四衆 : 4종류의 신도, 곧 出家者인 比丘・比丘尼와 在家者인 優婆塞・優婆夷를 말한다.

34) 大國統 : 신라 때 제일 높은 僧職. 善德女王 때 慈藏을 大國統으로 삼아 전국 僧尼의 규율을 통할하게 하였다. 大角干이나 太大角干처럼 國統 위에 설치된 非常職이었던 듯하다.

35) 北齊 : 중국 남북조시대에 북조에 속했던 국가(550-577). 高齊라고도 부른다. 550년에 북조 東魏의 실력자 高洋이 孝靜帝로부터 帝位를 讓位받아 등극하고, 나라 이름을 齊라고 하였으며 수도는 동위에서와 같이 河北省 磁縣의 鄴에 두었다. 北族 출신의 무력을 배경으로 정권을 획득한 北齊도 577년에는 北周에 병합되어 5主 27년만에 망하였다.

36) 天保 : [正]에는 天寶로 되어 있으나,『續高僧傳』卷8 法上傳과 正史인『北齊書』에는 天保로 기재되어 있다. 天保는 중국 北齊 高洋, 즉 文宣帝의 연호(550-558).

니다"고 하였다. 이에 문선제[宣帝][37]는 법상(法上)[38] 법사로 대통(大統)을 삼고 나머지는 통통(通統)[39]을 삼았다. 또 양(梁)[40]·진(陳)[41]의 시대에는 국통(國統)[42]·

---

37) 宣帝 : 北齊의 건국자인 高洋, 곧 文宣帝. 재위 550-558. 앞의 주석 35) 참조. 東魏의 宰相이며 사실상 최고의 권력자인 高歡이 547년에 죽자, 그의 아들 高澄이 가문을 이었다. 549년에 고징이 살해되자 그의 동생인 高洋이 권력을 계승하고 제위에 올랐다. 문선제는 梁武帝와 대응하여 크게 불교를 일으켰다. 그는 天下에 屠殺을 금하고 諸州에 禪院을 건립하도록 칙명을 내렸으며, 法上·勝稠·法常 등에게 불교를 배우고 그들을 국사로 삼았다.

38) 法上 : 495-580. 중국 남북조시대의 고승. 俗姓은 劉氏. 東魏와 北齊의 2대에 걸쳐 약 40년동안 大統으로서 불교계에 군림하여 僧徒를 통솔하였다. 특히 북제의 文宣帝는 그를 戒師로 봉하여 공경하였다. 당시에 梁의 武帝가 道敎를 금하자, 道士들이 북제에 와서 문선제에게 奏言하여 도교를 부흥시키려고 하였다. 이에 法上은 曇顯 등과 대책을 의논하고, 드디어 문선제에게 廢道敎에 관한 조직을 내리게 하였다. 법상은『涅槃經』·『楞伽經』등에 밝았으며,『佛性論』·『大乘義章』이나 그 외 經論에 대한 疏를 지었다. 北周 武帝의 破佛 때도 그가 주석했던 合水寺는 온전할 수 있었다. 그의 제자로 長安 淨影寺의 慧遠(523-592)이 유명하다.

39) 國置十統…餘爲通統 : 大統·通統은 北齊 때의 僧官職이다.『續高僧傳』卷8 法上傳에는「初天保之中 國置十統 有司聞奏 事須甄異 文宣乃手注狀云 上法師 可爲大統 余爲通統」이라고 하였다. 10統은 당시의 僧官制였다.

40) 梁 : 중국 남조에 속한 국가(502-557). 蕭梁이라고도 한다. 南齊 말에 내란이 일어나자 雍州刺史 蕭衍이 501년 建康(南京)을 공략하여 폭군 東昏侯를 퇴위시키고 和帝를 추대하여 스스로 相國이 되었으나, 502년에 화제로부터 禪讓을 받아 제위(武帝)에 오르고 국호를 梁이라고 하였다. 무제는 처음 내치에 힘쓰고 불교를 크게 일으켜 문화의 전성기를 맞았으나, 뒤에는 侯景의 반란으로 궁중에 유폐된 채 병사하였다. 후경의 난은 陳覇先 등에 의해 평정되었으나, 이후 이들에 의한 황제의 폐립이 잦았다. 진패선은 6대 황제로 옹립한 敬帝로부터 선양을 받아 557년에 陳을 세웠다.

41) 陳 : 중국 남조 최후의 왕조(557-589). 무장 陳覇先(武帝, 재위 557-559)이 梁을 멸하고 건국하였다. 宣帝(재위 568-582) 때는 北齊를 공격하여 楊子江의 북쪽 淮水에 이르는 지역까지 진출하기도 하였다. 선제의 아들인 後主(叔寶, 재위 582-589)는 측근에 신분이 얕은 사람을 중용하여 무장 세력을 억압하였다. 그 때문에 국력은 점점 더 약해져서 589년에 隋에게 멸망하였다.

42) 國統 : 중국 梁·陳 및 신라 때의 최고의 僧官職. 僧統 또는 寺主라고도 한다. 신라에서는 551년(眞興王 12년)에 고구려에서 망명해온 惠亮을 國統으로 임명함으로써 처음 설치되었다. 국통 밑에는 大都維那·大書省 등의 승관이 있었고, 지방의 각 州나 郡에는 州統과 郡統 등이 있었다. 국통은 憲德王이나 定

주통(州統)·국도(國都)·주도(州都)·승도(僧都)·승정(僧正)·도유내(都維乃)[43]
등의 이름이 있었는데, 모두 소현조(昭玄曹)[44]에 소속되었다. 소현조는 승니를 거느
리는 관명이다. 당나라 초기에는 또 10대덕(十大德)[45]을 번성하게 두었다. 신라 진흥
왕(眞興王)[46] 11년 경오(庚午, 550)[47]에 안장(安藏) 법사로 대서성(大書省) 1인으
로 삼았고,[48] 또 소서성(小書省) 2인이 있었다.[49] 그 이듬해 신미(辛未, 551)에는 고
려의 혜량(惠亮)[50] 법사를 국통으로 삼았으니 또한 사주(寺主)라고도 한다. 보량(寶

康王 때도 임명되어 있었기 때문에 신라 말까지 존속하였던 것으로 추정된다.

43) 州統 國都 州都 僧都 僧正 都維乃 : 중국 남북조시대의 僧官. 州統이나 都維
乃는 신라에서도 설치되어 있었다. 州統와 都維乃에 대해서는 위의 주석 참조.
중국의 僧官制는 東晋시대에 설치되어 남북조시대에 완비되었다.

44) 昭玄曹 : 중국 남북조시대에 북조에 설치되었던 불교교단을 관할하는 관청. 조
정에서 행하는 불교적인 福善事業, 즉 造寺·造像·法會·度僧 등을 행한다.
그 전에는 監福曹라고 불렸으나 北魏의 孝文帝 때 昭玄曹로 개칭되었으며, 北
齊 때 그 기구가 확대되었고 隋代까지 존속되었다. 소현조의 장관은 沙門大統
이며 차관은 都維那이다.

45) 十大德 : 唐나라 때의 僧官. 당은 隋의 승관제도를 이었는데, 高祖 武德 연간
에 10大德을 두어 僧尼를 통할하였다. 唐 중기에 僧錄制로 바뀌었다.

46) 眞興王 : 신라의 제24대 왕. 재위 540-576. [遺] 卷1 紀異 眞興王條 참조.

47) 眞興王十一年庚午 : 眞興王 11년 庚午는 550년이다. 이하 신라 僧職에 대한
기사는 [史]卷4 新羅本紀 眞興王 11年條에는 나오지 않고, [史]卷40 職官志
(下)에 기재되어 있는데, 國統이 眞興王 12년에 설치된 것으로 기록되어 있다.

48) 以安藏法師 爲大書省一人 : 여기에서는 眞興王 11년에 安藏法師를 大書省으
로 삼았다고 했는데, [史]卷40 職官志(下)에는 진흥왕 11년이라고 명기되어
있지 않다. 그러나 [史]에서도 그것이 眞興王 때의 사실로 이해될 수 있기 때
문에 여기의 연대를 믿어도 좋을 듯하다. 安藏法師에 대해서는 여기의 내용 외
에 달리 행적을 알 수 없다. 大書省은 진흥왕 때의 僧職으로 당시에는 한 사람
이었으나 眞德王 때는 두 사람이 임명되었다.

49) 又有小書省二人 : 小書省은 신라 때의 僧職이다. [史]卷40 職官志(下)에서
는 '少年書省'으로 나와 있다. 元聖王 3년에 惠英·梵如 두 法師를 少年書省
으로 삼았기 때문에, 아마 소서성은 元聖王 때 설치되었을 듯하다.

50) 惠亮 : 생몰년 미상. 고구려의 승려. 뒤에 백제군과 함께 고구려를 공격해온 신
라 장군 居柒夫를 따라 신라로 귀순하여 신라 불교 최초의 僧統이 되었다.
[史]卷44 列傳 居柒夫條에 「十二年辛未 王命居柒夫⋯等 八將軍 與百濟侵高
句麗 百濟人先攻破平壤 居柒夫等乘勝 取竹嶺以外高峴以內十郡 至是 惠亮法
師領其徒出路上 居柒夫下馬 以軍禮揖拜 進曰 昔遊學之日 蒙法師之恩 得保

良) 법사가 대도유나(大都維那) 1인으로 되었고,[51] 주통 9인과 군통(郡統) 18인을[52] 두었다. 자장 때 와서 다시 대국통 1인을 두었으니 대개 상시로 두는 관직은 아니었다. 마치 부례랑(夫禮郎)을 대각간(大角干)으로 삼고,[53] 김유신(金庾信)[54]을 태대각간(太大角干)[55]으로 삼은 것과 같다. 후에 원성대왕(元聖大王)[56] 원년(785)에 이르러 또 정법전(政法典)[57]이라고 부르는 승관을 두고, 대사(大舍)[58] 1인과 사(史)[59]

性命 今邂逅相遇 不知何以爲報 對曰 今我國政亂 滅亡無日 願致之貴域 於是 居柒夫同載以歸 見之於王 王以爲僧統 始置百座講會及八關之法」이라고 하였다.

51) 寶良法師大都維那一人 : 大都維那는 眞興王 때 설치된 僧職이다. 진흥왕 때는 한 사람이 임명되었으나 眞德王 원년에는 두 사람이 임명되었다. 寶良法師는 여기의 내용 외에 달리 행적을 알 수 없다.

52) 州統九人 郡統十八人 : 신라시대 지방의 州郡에 두어진 僧職. 각각 9인과 18인이라는 숫자는 신라의 9주가 설치되는 神文王 때 이후에 완비된 모습을 기록한 듯하다. 그러나 처음에는 꼭 9인과 18인이 임명되어 있었던 것은 아니며, 통일 이전에도 州統과 郡統이 다소 임명되어 있었을 것으로 추론된다. 眞興王의 磨雲嶺碑에 나타난 法藏·慧忍 등의 沙門道人은 주통·군통과 연관하여 이해할 필요가 있다.

53) 夫禮郎爲大角干 : 夫禮郎은 신라 孝昭王 때의 國仙. 아버지는 沙湌 大玄이다. 부례랑은 무리를 이끌고 金蘭(지금의 강원도 通川)지역으로 놀이를 나갔다가 北溟(지금의 元山) 부근에서 狄人에게 붙잡혀 행방불명이 되었다. 마침 內庫에 보관 중이던 국보인 琴笛이 아울러 없어졌다. 大玄이 栢栗寺의 관음전에 빌었더니, 부례랑이 관음보살의 도움으로 琴笛을 구하여 돌아왔다. 이를 조정에 바쳤더니 효소왕은 부례랑을 대각간으로 그의 아버지 대현을 태대각간으로 봉하였다고 한다. 본문은 [遺] 卷3 塔像 栢栗寺條의 「大赦國內 賜人爵三級 復民租三年 主寺僧移住奉聖 封郞爲大角干〈羅之家宰爵名〉父大玄阿喰爲太大角干 母龍寶夫人爲沙梁部鏡井宮主 安常師爲大統」한 사실을 가리킨다.

54) 金庾信 : 삼국통일을 이룩하는데 주도적인 역할을 한 신라의 장군. [史] 卷 41-43 列傳 金庾信條, [遺] 卷1 紀異 金庾信條 참조.

55) 太大角干 : 신라 17관등 위에 설치된 비상 관등.

56) 元聖大王 : 신라의 제38대 왕. 재위 785-798. [遺] 卷2 紀異 元聖大王條 참조.

57) 政法典 : 신라 元聖王 때 설치된 僧官. 政官이라고도 한다. [史] 卷40 職官志(下)에 「政官〈或云政法典〉 始以大舍一人 史二人爲司 至元聖王元年 初置僧官 簡僧中有才行者充之 有故則遞 無定年限」이라고 하였다.

58) 大舍 : 신라 17관등 중의 제12관등. 여기서의 大舍는 중앙 관청의 장관과 차관의 다음에 해당되는 官職이며, 舍知(제13관등)에서 奈麻(제11관등)의 관위를 가진 자가 임명되었다. 이들은 행정 사무를 담당했는데, 景德王 때는 소속된

2인을 두어 맡겼으며, 승려들 중에서 재행이 있는 이를 가려서 뽑았다. 유고 시에는 바꿨는데 그 연한은 일정하지 않았다.60) 그러므로 지금 자의(紫衣)의 무리들은 역시 율종과 구별된다. 향전(鄕傳)에는 자장이 당나라에 갔더니 태종(太宗)61)이 무건전(武乾殿)에 맞아들여 『화엄경[華嚴]』62)의 강의를 청하니 하늘이 단 이슬을 내려 비로소 그를 국사(國師)로 삼았다고 했으나 잘못이다. 『당전(唐傳)』63)이나 『국사(國史)』64)에 모두 그런 글은 없다.)65)

관청에 따라 郎中·主簿·判官·錄事·主事 등으로 고쳐졌다가 惠恭王 때는 다시 대사로 불렸다.

59) 史 : 신라의 중앙 관청에 속한 말단 관직. 주로 기록을 담당하였으며, 先沮知 (제17관등)에서 大舍(제12관등)에 해당하는 관위를 가진 자가 임명되었다. 景德王 때는 郎·典 등으로 바뀌었다가 惠恭王 때 다시 史로 불렸다.

60) 明年辛未…無定年限 : 辛未年은 眞興王 12년(551)이다. 본문의 내용은 [史] 卷40 職官志(下)에 「國統一人〈一云寺主〉 眞興王十二年 以高句麗惠亮法師 爲 寺主 都維那娘一人 阿尼大都唯那一人 眞興王始以寶良法師爲之 眞德王元年 加一人 大書省一人 眞興王以安藏法師爲之 眞德王元年加一人 少年書省二人 元聖王三年惠英·梵如二法師爲之」이라고 하였다.

61) 太宗 : 唐 太宗(李世民)을 가리킨다.

62) 華嚴 : 華嚴經.『大方廣佛華嚴經』의 약칭. 한국 불교전문강원의 교과로 학습해온 경전이기도 하다. 梵語 완본은 아직 발견되지 않고 있다. 대승불교 초기의 중요한 경전으로 漢譯本은 佛陀跋陀羅 역 60권본, 實叉難陀 역 80권본, 般若 역 40권본이 있으며, 티베트어 역은 80권본과 유사한 완본이 있다. 이 경은 60권본이 34장, 80권본이 39장, 티베트어역본이 45장이나, 실은 처음부터 현재의 형태로 성립된 것이 아니고 각 장이 독립된 경전으로 유통되다가 후에 『華嚴經』으로 4세기경 집대성된 것으로 추측된다. 본경은 불타의 깨달음의 내용을 그대로 표명한 경전이며, 毘盧遮那佛을 교주로 한다. 이 『華嚴經』을 전거로 하여 후에 중국에서는 華嚴宗이 성립되었으며, 그 주석서로는 60권본에 대한 賢首의 『探玄記』, 80권본에 대한 澄觀의 『大疏鈔』이 가장 유명하다.(望月信亭, 望月信亭,『望月佛敎大辭典』, 京都 世界聖典刊行協會, 1954)

63) 唐傳 : 『續高僧傳』을 가리킨다.

64) 國史 : 신라 居柒夫가 편찬한 歷史書이나, 여기서는 [史]를 가리킨다.

65) 鄕傳云 藏入唐…無文 : 鄕傳이 어떠한 책이었을지는 알 수 없다. 그러나 위에서 慈藏이 大乘論을 講하고 또 皇龍寺에서 菩薩戒本을 강의하였다고 말한 부분과 함께 본문의 내용이 鄕傳에 전하였을 것으로 짐작된다. 여기에서 든 神異한 행적은 비슷한 불교 연기설화로 종종 전해지고 있다. 한 예를 들면 雲法師가 『法華經』을 강의할 때 하늘이 감동하여 공중에서 꽃을 비오듯 내렸다는 感

자장이 이와 같은 좋은 기회를 만나 용기를 분발하여 [불교를] 널리 퍼뜨렸다. 승니의 5부에 각각 구학(舊學)을 더 증가시키고 15일마다 계율을 풀이하였으며, 겨울과 봄에는 모두 시험을 치게 해서 지계와 범계[持犯]66)를 알게 하고 관원을 두어서 이를 관리·유지해 나가게 하였다. 또 순행하는 사자를 보내 지방의 절들을 돌아다니면서 검열하여 승려들의 과실을 징계하고 불경과 불상을 엄격하게 꾸밀 것을 일정한 법식으로 삼으니 한 시대에 불법을 보호하는 것이 이때 가장 성하였다. 마치 공자[夫子]67)가 위(衛)68)나라에서 노(魯)69)나라로 돌아와 음악을 바로잡으니 아(雅)와 송(頌)70)이 각각 그 마땅함을 얻

天雨花의 고사가 그것이다. 또한 남경시의 남쪽 聚寶山 위에는 雨花臺가 있는데, 梁武帝 때 雲光法師가 이곳에서 경전을 강의하니 하늘이 감동하여 天花를 내렸다고 한다. 여기서의 雲法師는 智者의 제자인 灌頂으로서 字가 法雲이기 때문에 光宅寺의 法雲을 말한다.

66) 持犯 : 持戒와 犯戒를 말한다. 持戒는 戒律을 지니는 것을 말하고 犯戒는 계율을 犯하는 것을 말한다.

67) 夫子 : 덕행이 높은 선생이나 長者에 대한 敬稱. 여기서는 孔子를 가리킨다.

68) 衛 : 중국 周 武王의 동생인 康叔을 시조로 하는 諸侯國. 무왕이 죽은 뒤 周公은 반란을 일으킨 殷의 유민을 정벌하고, 강숙을 은의 舊都인 朝歌(河南省 湯陰縣)에 봉하여 나라 이름을 衛라고 하였다. 제8대 頃侯 때 최전성기를 맞았고, 주의 幽王이 犬戎에게 살해되었을 때는 제11대 武公이 왕실을 도와 큰 공을 세웠다. 春秋시대에 이르러 齊·晋·宋·魯 등으로부터 압박을 받아 점차 쇠약해졌고, 戰國時代에는 秦·魏 사이에 끼어 命脈을 유지하다가 BC 209년 제46대 君角 때 秦에게 멸망당하였다.

69) 魯 : 중국 周나라 때의 제후국(BC 1055-249). 山東省 曲阜에 도읍하였다. 주 왕조를 창건한 武王의 동생인 周公 旦을 시조로 하며, 그의 아들 伯禽이 魯侯로 봉해져 曲阜에 부임하였다. 제14대 隱公부터 25대 哀公까지의 역사는 孔子가 편집한 『春秋』에 상세히 기록되어 있다. 춘추시대에 桓公의 자손 중에 孟孫·叔孫·季孫의 3家, 즉 三桓氏가 권력을 독점하여 魯의 정국을 주도하고 魯侯의 폐립을 자행하였다. 이러한 때에 공자도 三桓氏의 세력을 꺾고 君侯의 권력을 회복하려고 노력하였으나 실패하였다. 전국시대에는 더욱 쇠약하여 齊·晋·楚 등의 나라에 압도되었으며, 제34대 頃公 때 楚의 考烈王에게 멸망당하였다.

음과 같았다.

이러한 때를 당하여 나라 안 사람으로서 계를 받고 불법을 받드는 이가 열 집에 여덟, 아홉은 되었다. 머리를 깎고 도를 구하는 이가 세월이 갈수록 더욱 많아지니 이에 통도사(通度寺)71)를 창건하여 계단(戒壇)을 쌓고 사방에서 오는 사람들을 제도하였다.〈계단에 대한 일은 이미 위에 나와 있다.〉

또 [자기가] 태어난 마을의 집을 원령사(元寧寺)로 고쳐 꾸리고 낙성회(落成會)를 베풀어 『잡화경[雜花]』72) 만 게를 강의하니, 52녀73)

---

70) 雅頌 : 『詩經』 속의 雅와 頌을 말한다. 『詩經』은 3부로 되어 있다. 제1부는 國風, 제2부는 雅인데 大雅와 小雅로 되어 있고, 제3부는 頌이다. 雅는 正樂인 宮廷의 음악이고, 頌은 조상의 공덕을 찬미하는 노래로서 宗廟의 祭祀에 사용되었다. 衛와 鄭나라에서는 音樂을 중시하여 歌曲이 유행했는데, 공자는 그것을 옳지 않다고 배척하는 한편 君子의 교양으로서 詩(詩經)를 중시하였다. 그리하여 門人들에게 詩의 學習을 열심히 권하여 풍속을 교화하였다.

71) 通度寺 : 경상남도 梁山郡 下北面 芝山里 靈鷲山에 있는 절. 우리 나라 三寶寺刹 중의 하나인 佛寶寺刹이며, 대한 불교 曹溪宗 제15교구 본사이다. 646년(善德王 15)에 慈藏 율사에 의해 창건되었다. 자장은 643년 唐으로부터 귀국할 때 가지고 들어온 佛舍利·袈裟 등을 이 절에 봉안하였으며, 아울러 戒壇을 쌓고 사방에서 오는 사람을 제도하였다. 현재의 이 계단이 그때의 모습은 아닐지라도 절 내에서 가장 중요한 경배의 대상이 되고 있다. 현존하는 목조 건물인 大雄殿은 임진왜란 때 불탄 것을 1645년(仁祖 25년)에 友雲이 중건하여 오늘에 이른다. 대웅전 뒤에 금강계단이 축조되어 있는데, 이 둘은 합하여 국보로 지정되어 있다. 금강계단 불사리탑에는 眞身舍利가 봉안되어 있기 때문에, 대웅전 내부에는 불상을 모시지 않고 거대하고 화려한 佛壇이 조각되어 있다. 통도사 경내에는 보물급의 많은 건물과 유물이 남아 있다. 그 중 極樂殿·大光明殿·萬歲樓·冥府殿·藥師殿·靈山殿·應眞殿·國長生石標·大光明殿三身佛圖·奉鉢塔·三層石塔·石燈·藥師佛會圖·靈山殿八相圖·銀入絲銅製香爐·紺紙金泥華嚴經·銅板天文圖·金字法華經 등이 있다.

72) 雜花 : 『雜花經』을 말하며, 『華嚴經』의 다른 이름이다. 萬行을 꽃에 비유하고, 이 萬行이 佛果로 장엄하게 나타난 것을 華嚴이라고 하며, 이 萬行이 서로 섞인 것을 雜花라 한다.

73) 五十二女 : 이때 52녀가 감응하여 證得한 사실은 석가가 涅槃會上에서 나타

가 감응하여 몸을 드러내고 청강하였다. 문인들에게 그들의 숫자대로 나무를 심어 그 이적을 드러내게 하고, 그로 인하여 지식수(知識樹)라고 불렀다.

[그는] 일찍이 우리 나라의 복식[服章]이 중국[諸夏]과 같지 않았으므로 조정에 건의했더니 허락하여 좋다고 하였다. 이에 진덕왕(眞德王) 3년 기유(己酉, 649)에 비로소 중국의 의관을 입게 하고,74) 이 듬해인 경술(庚戌, 650)에 또 정삭(正朔)75)을 받들어 비로소 영휘(永徽)76) 연호를 썼다. 이 뒤부터는 중국에 조빙할 때마다 반열이 [외방 나라들의] 윗자리[上蕃]77)에 있었으니 [이는] 자장의 공이었다.

만년에는 서울을 하직하고 강릉군(江陵郡)〈지금의 명주(溟州)78)이다.〉에 수다사(水多寺)79)를 세우고 살았다. 다시 꿈에 북대(北臺)80)에서

나는 52類의 중생을 끌어 쓴 것으로 이해되기도 한다(辛鐘遠, 앞의 논문, p.18). 한편 華嚴偈의 證得에 등장한 52녀의 感應은 華嚴信仰과 연관시켜 해석하기도 한다. 곧 그것은 화엄신앙에서 52位의 수행단계를 상징적으로 나타낸다.

74) 以眞德王三年己酉 始服中國衣冠 : 眞德王 3년은 649년이다. [史] 卷5 新羅本紀 眞德王 3년條에 「春正月 始服中國衣冠」이라고 하였다. 중국의 복식과 연호를 사용하고 唐의 제도를 받아들이고 있음은 당시 신라의 전제적인 왕권강화책과 연관되어 있다. 진덕왕 때가 되면 정치의 실권은 이미 金春秋 등 舍輪系에게로 넘어갔다. 김춘추세력이 銅輪系 등 전통 진골귀족 세력이 신라의 토착적 전통을 고수하였기 때문에 이들을 억압하면서 왕권을 강화하기 위해 漢化政策을 추구하였다.

75) 正朔 : 正月 초하루.

76) 永徽 : 중국 唐 高宗의 연호(650-655). 庚戌年은 650년(眞德王 4년, 唐 영휘 원년)이다. 이때 신라가 正朔과 永徽 연호를 사용한 것은 漢化政策과 연관된다.

77) 上蕃 : 蕃國의 上位라는 말이다. 蕃國이란 諸侯의 나라를 가리킨다.

78) 溟州 : 지금의 江陵지역에 해당된다.

79) 水多寺 : 신라 때 慈藏이 江陵지역에 창건한 절. [遺] 卷3 塔像 臺山五萬眞身 條에 「後有頭陀信義 乃梵日之門人也 來尋藏師憩息之地 創庵而居 信義旣卒 庵亦久廢 有水多寺長老有緣 重創而居 今月精寺是也」라고 하였다. 신라 말 水

보았던 한 이상한 모양의 중81)이 나타나서 고하기를, "내일 대송정 (大松汀)에서 그대를 만나겠다"고 하였다. [자장이] 놀라 일어나서 일찍 송정(松汀)82)에 가니 과연 문수보살이 감응하여 온지라,83) 불법 의 요지를 물었더니, 말하기를, "태백산[太伯] 갈반지(葛蟠地)에서 다 시 만나자"고 하고 드디어 자취를 숨기고 나타나지 않았다.〈송정에는 지 금까지도 가시나무가 나지 않고 매와 새매 같은 짐승도 와서 깃들지 않는다고 한다.〉

多寺의 長老인 有緣이 信義가 창건한 암자를 다시 중창하였는데, 그것이 月精 寺가 되었다. 이로써 보면 나말에 수다사와 월정사는 서로 연관되었을 듯하다.
80) 北臺 : 중국 五臺山의 北臺를 가리킨다. 본문의 앞부분에서 慈藏은 중국 오대 산에서 文殊로부터 聖莂을 받고는 북대에서 내려와 太和池를 거쳐 唐의 서울 로 들어간다고 기록되어 있다. 그러나 자장이 반드시 중국 오대산의 북대에서 문수보살의 감응을 받은 것은 아니다. [遺] 卷3 塔像 臺山五萬眞身條에「黑地 北臺南面 置羅漢堂 安圓像釋迦 及黑地畫釋迦如來爲首五百羅漢 福田五員 晝 讀佛報恩經 涅槃經 夜念涅槃禮懺 稱白蓮社」라고 하였다. 신라 오대산의 북대 에는 석가가 상주한다고 신앙되었다. 이로써 보면 자장이 북대를 내세움은 석 가불신앙을 크게 내세운 것과 연관된다.
81) 異僧 : [遺] 卷3 塔像 臺山五萬眞身條에「忽夢大聖授四句偈 覺而記憶 然皆 梵語 罔然不解 明旦忽有一僧 將緋羅金點袈裟一領 佛鉢一具 佛頭骨一片 到 于師邊 問何以無聊 師答以夢所受四句偈 梵音不解 爲辭 僧譯之云 呵囉婆佐 曩 是日了知一切法 達嚇哆佉嘢 云自性無所有 曩伽呬伽曩 云如是解法性 達 嚇盧舍那 云卽見盧舍那 仍以所將袈裟等 付而囑云 此是本師釋伽尊之道具也 汝善護持 又曰 汝本國艮方溟州界有五臺山 一萬文殊常住在彼 汝往見之 言已 不現」라고 하였다. 중국 五臺山에서 文殊大聖이 내린 偈를 해석해준 승려와 연관된다. 그는 자장에게 석가의 진신사리와 가사 등을 전해주었다. 또한 신라 오대산의 北臺는 釋迦眞身의 常住處이기 때문에 異僧은 釋迦佛의 진신으로 파악된다.
82) 松汀 : 江陵市와 五臺山지역 사이에 있었던 지명. 정확한 위치는 알려져 있지 않다.
83) 果感文殊來格 : 慈藏의 文殊信仰 또는 五臺山信仰은『華嚴經』(60권본)과 관 련이 있다. 이 경의 菩薩住處品에 의하면 문수보살은 동북방에 상주하며 설법 한다고 하였다. 자장은 중국 오대산에서의 신앙적 경험과 자신의 기원을 담아 신라 동북지역에 문수보살이 상주하는 곳을 설정하고자 했던 것으로 이해된다 (金英美,「慈藏의 佛國土思想」,『韓國史市民講座』10, 1992, p.12).

자장이 태백산에 가서 찾다가84) 큰 구렁이가 나무 밑에 서리고 있는 것을 보고 시자에게 말하기를, "여기가 이른바 갈반지이다"고 하였다. 이에 석남원(石南院)〈지금의 정암사(淨岩寺)85)이다.〉을 세우고 문수대성이 내려오시기를 기다렸다.

이때 어떤 늙은 거사가 남루한 방포(方袍)86)를 입고 칡으로 만든 삼태기에 죽은 강아지를 담아 메고 와서 시자에게 말하기를, "자장을 보려고 왔다"고 하였다. 문인이 말하기를, "[내가] 좌우에서 시종[巾篲]87)한 이래 우리 스승님의 이름을 함부로 부르는 자를 보지 못했는데, 너는 어떤 사람이기에 이런 미친 말을 하느냐?"고 하였다. 거사가 말하기를, "다만 너의 스승에게 아뢰기만 하라"고 하였다. [시자가] 드디어 들어가서 고하자, 자장도 깨닫지 못하고 말하기를, "아마도 미친 사람이겠지"라고 하였다. 문인이 나가서 그를 꾸짖어 쫓으니, 거사가 말하기를, "돌아가리라, 돌아가리라. 아상(我相)을 가진 자가 어찌 나를 볼 수 있겠는가?"라고 하였다. 그리고는 삼태기를 거꾸로 들고 터니 강아지가 변해서 사자보좌(獅子寶座)가 되고, 그 위에 올라앉아

---

84) 藏往太伯山尋之 : 慈藏은 五臺山에서 文殊를 親見하지 못하고 太伯山에서 다시 문수를 친견하려 하고 있다. 자장이 태백산을 문수보살의 상주처로 설정한 것은 신라 영토로서 보다 안정적인 곳이었기 때문일 것으로 추측하기도 한다(金英美, 앞의 논문, p.13). 또한 신라시대에 문수보살이 거주하던 영산은 태백산이라고 주장된다(李基白,「太伯山과 五臺山」,『韓國古代史論』, 一潮閣, 1995, p.112).

85) 淨岩寺 : 강원도 정선군 고한읍 고한리 太伯山 기슭에 있는 절. 대한 불교 조계종 제4교구 본사인 月精寺의 말사이며, 우리 나라 5대 寂滅寶宮의 하나이다. 신라시대에는 石南院이라고 불렸고, 葛來寺라고도 한다. 신라 慈藏 율사가 창건하였다. 경내에 있는 水瑪瑙塔가 유명하다.

86) 方袍 : 袈裟, 특히 長衫을 말한다.

87) 巾篲 : 巾은 수건을 말하고 篲는 빗자루를 말한다. 巾篲를 받든다는 것은 어른을 모신다는 뜻이다.

빛을 발하면서 가버렸다. 자장이 이 말을 듣고 그제야 위의를 갖추고
빛을 찾아 남쪽 고개로 달려 올라갔으나 이미 아득해서 따라가지 못
하고 드디어 쓰러져 세상을 떠났다. 화장하여 유골을 석혈(石穴) 속에
모셨다.[88]

　무릇 자장이 세운 절과 탑이 10여 곳이나 되는데, 매번 세울 때마다
반드시 이상한 상서가 있었기 때문에 불공하는 자들[蒲塞][89]이 거리
를 메울 만큼 모여들어 며칠이 안되어 완성하였다. 자장이 쓰던 도
구·옷·버선과 태화지의 용[太和龍][90]이 바친 오리형상의 목침과
석가의 가사[田衣][91] 등은 모두 통도사에 있다. 또 헌양현(巇陽縣)[92]

---

88) 奧有老居士…茶毗安骨於石穴中 : 慈藏이 文殊菩薩로부터 따돌림을 당하고 난
　후, 운명하는 과정에 대해서 본문과는 다른 분위기를 전해주는 기록이 있다.
　『江原道旌善郡 太白山淨岩寺事蹟』에 「師追之不及 舍身而去曰 我身在室中三
　月 則還來矣 應有外道來欲燒之 不從留待 未週一月 有異僧大責 燒之 三月後
　空請曰 無身何托己矣 奈何 吾之遺骨 藏置嵒穴…」이라고 하였다. 그런데 본문
　은 신라 불교계 내부의 대립과정으로 파악되기도 한다. 곧 그것은 義湘系 화엄
　종의 등장과 연관된 듯하다. 자장이 문수보살을 만나지 못한 그 太伯山에 의상
　이 浮石寺를 세우고 신라에 화엄종을 전파하였다(李基白, 앞의 논문, p.112).
89) 蒲塞 : 優蒲塞를 말한다. 優婆塞는 善男子를 가리킨다. 善男子는 俗家에 있으
　면서 불교를 믿는 남자이다.
90) 太和龍 : 중국 太和池에 있던 용. 이에 대해서는 [遺] 卷3 塔像 皇龍寺九層塔
　條에 「經由中國太和池邊 忽有神人出問 胡爲至此 藏答曰 求菩提故 神人禮拜
　又問 汝國有何留難 藏曰我國北連靺鞨 南接倭人 麗濟二國 迭犯封陲 隣寇縱
　横 是爲民梗 神人云 今汝國以女爲王 有德而無威 故隣國謀之 宜速歸本國 藏
　問歸鄉將何爲利益乎 神曰 皇龍寺護法龍 是吾長子 受梵王之命 來護是寺 歸
　本國 成九層塔於寺中 隣國降伏 九韓來貢 王祚永安矣 建塔之後 設八關會 赦
　罪人 則外賊不能爲害 更爲我於京畿南岸 置一精廬 共資予福 予亦報之德矣
　言已 遂奉玉而獻之 忽隱不現」라고 하였다. 太和池에 대해서는 [遺] 卷3 塔像
　皇龍寺九層塔條·臺山五萬眞身條 참조.
91) 田衣 : 袈裟의 다른 이름.
92) 巇陽縣 : 경상남도 울주군 彦陽邑 지역에 해당한다. [勝覽] 卷23 彦陽縣 建置
　沿革條에 「本新羅居知火縣 景德王改巇陽 爲良州領縣 高麗顯宗屬蔚州 仁宗
　置監務 後改今名 本朝因之爲縣監」이라고 하였다. 본래는 居知火縣이었는데

〈지금의 언양(彦陽)이다.〉에 압유사(鴨遊寺)93)가 있는데, 목침의 오리가 일찍이 이곳에서 놀면서 이상한 일을 나타냈기 때문에 이름한 것이다.

또 석(釋) 원승(圓勝)94)이가 있었는데, 자장보다 먼저 중국에 유학 갔다가 함께 고향[桑梓]95)으로 돌아와서 [자장이] 율부(律部)를 널리 펴는 것을 도왔다고 한다.

찬한다.

일찍이 청량산[淸凉]에 가서 꿈 깨고 돌아오니

7편3취(七篇三聚)96)가 한꺼번에 열렸네

승속[緇素]97)의 옷을 부끄럽게 여겨

우리 나라[東國] 의관을 중국과 같이 만들었네

신라 景德王 때 巘陽縣으로 불렸고, 彦陽縣으로 고쳐진 것은 고려 仁宗 이후 이다.

93) 鴨遊寺 : 고려 때 彦陽지역에 있던 절. 여기 외에 달리 나타나지 않아 자세한 내용은 알 수 없다.

94) 圓勝 : 신라 때의 고승. 그는 慈藏보다 먼저 중국에 들어가 三學(戒·定·慧)에 통달하고 귀국 후에는 律部를 펴는데 공헌하였다. 『續高僧傳』 慈藏傳에 付傳되어 있는데, 『梵網經記』를 저술하였다.

95) 桑梓 : 뽕나무와 가래나무. 옛날에는 집의 담장 밑에 뽕나무와 가래나무를 심었으므로 의미가 변화되어 鄕里의 주택 또는 고향을 가리키는 말이 되었다.

96) 七篇三聚 : 七篇은 戒를 波羅夷·僧殘·波逸提·波羅提舍尼·偸蘭遮·突吉羅·惡說의 7부분으로 나눈 것이다. 三聚는 3종의 淨戒로 三聚淨戒 또는 三聚戒라고 한다. 즉 大乘菩薩의 戒法을 말한다.

97) 緇素 : 僧侶와 俗人을 말한다. 緇는 물들인 옷으로 승려가 입는 옷이고, 素는 흰 옷으로 俗人이 입는 옷을 가리킨다.

104. 元曉不羈[1]

聖師元曉 俗姓薛氏 祖仍皮公 亦云赤大公 今赤大淵側有仍皮公廟 父談㮈[2]乃末 初示生于押梁郡南〈今章山郡〉 佛地村北 栗谷娑[3]羅樹下 村名佛地 或作發智村〈俚云弗等乙村〉

娑[4]羅樹者 諺云 師之家 本住此谷西南 母旣娠而月滿 適過此谷栗樹下 忽分産 而倉皇不能歸家 且以夫衣掛樹 而寢處其中 因號樹曰娑[5]羅樹 其樹之實亦異於常 至今稱娑[6]羅栗

古傳 昔有主寺者 給寺奴一人 一夕饌栗二枚 奴訟于官 官吏怪之 取栗檢[7]之 一枚盈一鉢 乃反自[8]判給一枚 故因名栗谷

師旣出家 捨其宅爲寺 名初開 樹之旁置寺曰娑[9]羅 師之行狀云 是京師人 從祖考也 唐僧傳云 本下湘州之人 按麟德二年間 文武王割上州下州之地 置歃良州 則下州乃今之昌寧郡也 押梁郡本下州之屬縣 上州則今尙州 亦作湘州也 佛地村今屬慈仁縣 則乃押梁

1) 羈：[正][品][斗][六] 羈(羈의 속자). [浩] 羈.
2) 㮈：[六] 捺.
3) 娑：[品][斗][浩][六] 娑.
4) 娑：주 3)과 같음.
5) 娑：주 3)과 같음.
6) 娑：주 3)과 같음.
7) 檢：[正] 撿(檢과 동자). [品][斗][浩][六] 檢.
8) 反自：[正][晚][順][鶴] 飯. [品][斗] 飯. [浩][六][民] 反自.
9) 娑：주 3)과 같음.

之所分開也

師生小名誓幢 第名新幢〈幢者 俗云毛也〉初母夢流星入懷 因而有
娠 及將産 有五色雲覆地 眞平王三十九年 大業十三[10]年丁丑歲也
生而穎異 學不從師 其遊方始末 弘通茂跡 具載唐傳與行狀 不可
具載 唯鄕傳所記有一二段異事

師嘗一日 風顚唱街云 誰許沒柯斧 我斫支天柱 人皆未喩 時太
宗聞之曰 此師殆欲得貴婦 産賢子之謂爾[11] 國有大賢 利莫大焉
時瑤石宮〈今學院是也〉有寡公主 勅宮吏覓曉引入 宮吏奉勅將求之 已
自南山來過蚊川橋〈沙川 俗云年[12]川 又蚊川 又橋名楡橋也〉遇之 佯墮水
中濕衣袴 吏引師於宮 褫[13]衣曬眼 因留宿焉 公主果有娠 生薛聰
聰生而睿敏 博通經史 新羅十賢中一也 以方音通會華夷方俗物名
訓解六經文學 至今海東業明經者 傳受不絶

曉旣失戒生聰 已後易俗服 自號小姓[14]居士 偶得[15]優人舞弄大
瓠 其狀瑰奇 因其形製爲道具 以華嚴經一切無㝵[16]人 一道出生死
命名曰無㝵[17] 仍作歌流于世 嘗持此 千村萬落且歌且舞 化詠而歸
使桑樞瓮牖玃猴之輩 皆識佛陁之號 咸作南無之稱 曉之化大矣哉
其生緣之村名佛地 寺名初開 自稱元曉者 蓋初輝佛日之意爾[18] 元

---

10) 三：[品] 八.
11) 爾：[浩][六] 也.
12) 年：[品][浩][民] 牟. [勝覽] 卷21 慶州府 山川條에는 ‘牟’.
13) 褫：[正] 褫. [品][斗][浩][六][民] 褫.
14) 姓：[會] 性.
15) 得：[正][晩] 판독미상. [順] 得(가필). [鶴][品][斗][浩][六][民] 得.
16) 㝵：[品] 碍(礙의 속자).
17) 㝵：주 16)과 같음.
18) 爾：[浩][六] 也.

曉亦是方言也 當時人 皆以鄉言稱之始旦[19]也

　曾住芬皇寺 纂華嚴疏[20] 至第四十廻向品 終乃絶筆 又嘗因訟 分軀於百松 故皆謂位階初地矣 亦因海龍之誘 承詔於路上 撰三昧經疏[21] 置筆硯於牛之兩角上[22] 因謂之角乘 亦表本始二覺之微旨也 大安法師排來而粘紙 亦知音唱和也

　旣入寂 聰碎遺骸塑眞容 安芬皇寺 以表敬慕終天之志 聰時旁禮像忽廻顧 至今猶顧矣 曉嘗所居穴寺旁 有聰家之墟云

　讚曰 角乘初開三昧軸 舞壺終掛萬街風 月明瑤石春眠去 門掩芬皇顧影空[23]

---

19) 旦：[正] 且. [品][斗][浩][六][民] 旦.
20) 疏：[正][品][斗][六] 踈. [浩] 疏.
21) 疏：주 20)과 같음.
22) 上：[正][晚][順] 工. [鶴][品][斗][浩][六][民] 上.
23) 空：이 뒤에 [正][斗][浩][六]은 '廻顧至', [品]은 '廻顧至□□□□'가 더 있으나, 衍文으로 보고 삭제함.

원효가 굴레에 메이지 않다

성사(聖師) 원효(元曉)1)의 속성은 설(薛)씨이다. 할아버지는 잉피공(仍皮公)으로 또는 적대공(赤大公)2)이라고도 한다. 지금 적대연(赤大淵) 옆에 잉피공의 사당3)이 있다. 아버지는 담내(談㮈) 내말(乃末)4)이다.

처음에 압량군(押梁郡) 남쪽〈지금의 장산군(章山郡)〉5) 불지촌(佛地村) 북쪽의 율곡(栗谷) 사라수(娑羅樹) 아래에서 태어났다.6) 마을 이름은 불지(佛地)로 또는 발지촌(發智村)이라고도 한다.〈속어로 불등을촌

---

1) 元曉 : 617-686. 신라 통일기인 7세기의 고승. 속성은 薛씨이고, 元曉는 법명이며, 아명은 誓幢 또는 新幢이다. 押梁(지금의 경상북도 慶山郡) 佛地村 출신이고, 仍皮公의 손자이며, 談捺奈麻의 아들이다. 교학연구와 대중교화에 큰 역할을 하였다. 100부 240여 권의 저술을 남겼다. 『金剛三昧經論』, 『大乘起信論疏』 등은 지금도 전하고 있다. 원효사상의 특징은 和諍思想에 있다.

2) 仍皮公 亦云赤大公 : 元曉의 조부로 기록되어 있으나 여기 외에는 그에 대한 기록을 찾을 수 없다.

3) 廟 : 赤大淵과 仍皮公의 사당은 [史]나 [勝覽]에는 나오지 않는다. 이들의 사당이 고려시대까지 있었던 점으로 보아 후인들의 많은 추앙을 받은 것으로 보인다.

4) 乃末 : 신라 京位 관등 제11위인 奈麻.

5) 押梁郡南〈今章山郡〉 : 지금의 경상북도 慶山. 이곳은 본래 押梁小國 또는 押督國의 영역이었으나 신라의 祗摩尼師今이 취해서 郡을 두었고 景德王이 獐山으로 고쳤다. 고려 초에 章山으로 고쳤고, 顯宗이 慶州에 소속시켰으며, 忠肅王 때 피휘하여 慶山으로 고쳤고, 조선 宣祖 34년에 大邱에 합하였다.([勝覽] 卷27 慶山縣)

6) 示生 : '示顯受生'의 약칭. 뛰어난 菩薩의 탄생을 가리킬 때 사용된다.

(弗等乙村)이라고 한다.7)〉

사라수에 관해서는 민간에 이런 이야기가 있다. 성사의 집은 본래
이 골짜기의 서남쪽에 있었는데, 어머니가 아이를 가져 만삭이 되어
마침 이 골짜기 밤나무 밑을 지나다가 갑자기 해산하고 창황하여 집
으로 돌아가지 못하고, 우선 남편의 옷을 나무에 걸고 그 안에 누워
있었으므로 [그] 나무를 사라수라고 하였다. 그 나무의 열매도 보통
나무와는 달랐으므로 지금도 사라밤[裟羅栗]이라고 한다.8)

옛부터 전하기를, [사라사의] 주지가 절의 종 한 사람에게 하루 저
녁의 끼니로 밤 두 개씩을 주었다. 종은 관가에 소송을 제기하였다.
이를 이상하게 생각한 관리가 [그] 밤을 가져다가 조사해보았더니 한
개가 바루 하나에 가득 찼다. 이에 도리어 한 개씩만 주라는 결정을
내렸다. 이 때문에 이름을 율곡이라고 하였다.

성사는 출가하고 나서 그의 집을 희사하여 절을 삼아 이름을 초개
(初開)9)라고 하고, 밤나무 옆에도 절을 지어 사라(裟羅)10)라고 하였

---

7) 初示生…弗等乙村 : 이곳의 정확한 위치는 아직 확실히 알 수는 없으나 현재
   의 행정구역상 경상북도 慶山郡 押梁面 新月洞의 부근으로 추정하는 견해가
   있다. 이러한 견해의 근거로는 新月洞이 佛地村의 토속어인 弗等乙村과 음운
   학적으로 가깝고, 이웃 마을인 幽谷洞에 薛聰의 生家가 있었던 곳이며, 그곳
   에서 멀지 않은 唐音洞이 元曉의 탄생지라는 전설이 남아 있는 것을 들고 있
   다.(李焚弘, 「元曉行狀新考-存疑數則의 試論-」, 『論文集』 4, 馬山大學, 1982,
   p.293)

8) 初示生于押梁郡南…至今稱裟羅栗 : 元曉의 출생은 부처가 사라쌍수 아래에
   서 출생한 것에 비견되고 있다. 또한 佛等乙村이 佛地村으로 불리고, 그 밤나
   무를 裟羅樹라고 했던 것도 주목된다. 佛地村이라는 지명처럼 裟羅樹도 元曉
   의 탄생을 釋尊의 탄생과 같이 승화시키고자 했던 후대인들의 뜻이 투영되어
   붙여진 이름으로 보여지기 때문이다.

9) 初開 : 初開寺. 지금의 정확한 위치는 알 수 없으나, 경상북도 경산시 자인면
   에 있었던 절로 보인다.

다. 성사의 행장(行狀)에는 서울 사람이라고 했으나 [이것은] 할아버지를 따른 것이고, 『당승전(唐僧傳)』11)에서는 본래 하상주(下湘州) 사람12)이라고 하였다.

살펴보면 다음과 같다. 인덕(麟德)13) 2년(665) 중에 문무왕(文武王)이 상주(上州)14)와 하주(下州)15)의 땅을 나누어 삽량주(歃良州)16)를 두었는데, 즉 하주는 바로 지금의 창녕군(昌寧郡)17)이고, 압

---

10) 裟羅 : 裟羅寺. 元曉가 자신이 태어난 곳에 지었다고 전해지는 절이나, 여기 외에 다른 기록에는 보이지 않는다.

11) 唐僧傳 : 贊寧(919-1002)의 『宋高僧傳』을 말한다. 이 책의 卷4에 元曉傳이 수록되어 있다.

12) 下湘州之人 : 원래는 下州의 押梁郡 출신이나 『宋高僧傳』 唐新羅國黃龍寺元曉傳에서 元曉를 湘州人이라고 한 것은 아마도 下州에 속해 있던 押梁郡을 上州의 治所 尙州(湘州)로 잘못 알았기 때문에 생긴 문제로 보는 견해가 있다.(金相鉉, 「『金剛三昧經論』의 緣起說話考」, 『伽山李智冠스님華甲紀念論叢』 卷上, 1992, p.374)

13) 麟德 : 중국 唐 高宗의 연호(664-665). 그 2년은 文武王 5년(665)에 해당된다.

14) 上州 : 신라 지방행정조직의 하나. [史] 卷34 地理志 尙州條에 의하면, 처음으로 525년(法興王 12년)에 軍主를 두고 上州가 설치되었다. 반면, [史] 卷4 新羅本紀에는 525년 2월에 大阿湌 伊登을 沙伐州 軍主로 삼았다고 한다. 따라서 上州는 지금의 경상북도 尙州를 주치로 한 경상북도 일원에 대한 지방통치조직이었던 것으로 보인다. 그리고 上州의 州治는 557년(眞興王 18년) 甘文州(금릉 개령)로, 614년(眞平王 36년)에는 一善州로 이동되었다.

15) 下州 : 眞興王 16년(555)에 比斯伐(昌寧)에 설치되었으며, 565년에 治所를 大耶(陜川)로 옮겼고, 다시 善德女王 11년(642)에 押梁(慶山)으로 옮겼다. 文武王 5년(665)에 歃良州가 설치되면서 영역이 축소되었으며, 神文王 5년(685)에 完山州와 菁州가 신설됨으로써 폐된 것으로 보인다.

16) 歃良州 : 삼국통일 직후에 완성된 9州의 하나. 文武王 5년(665) 下州의 동쪽 지역인 梁山을 중심으로 歃良州를 설치하였는데, 景德王 16년(757)에 9州의 이름을 고칠 때 良州로 되었다. 歃良州는 하나의 小京, 12개의 郡, 34개의 縣을 관장했으며, 州治는 지금의 梁山이다.

17) 昌寧郡 : 본래 신라의 比自火郡 또는 比斯伐이었고, 眞興王 16년에 下州를 두었다가 21년에 혁파하였다. 景德王이 火王郡으로 고쳤다가, 고려 太祖가 昌寧으로 바꾸었으며, 顯宗이 密城郡에 소속시켰고, 조선시대에는 昌寧縣이 되었다.([勝覽] 27卷 昌寧縣條)

량군18)은 본래 하주의 속현이다. 상주는 곧 지금의 상주(尙州)19)로
혹은 상주(湘州)라고도 한다. 불지촌은 지금의 자인현(慈仁縣)20)에
속해 있으니, 곧 압량군에서 나뉜 곳이다.21)

　　성사가 나서 아명은 서당(誓幢)22)이고, 제명(第名)23)은 신당(新

---

18) 押梁郡 : 본래는 三韓의 소국이었던 押督國이었으나, [勝覽]의 慶山縣條에
　　의하면, 「신라 祗味王이 정복하여 郡을 설치하고 景德王代 獐山으로 개칭하
　　였다」고 한다. 한편 [史]에는 「婆娑尼師今 23년(102)에 신라에 투항하였다」고
　　기록되어 있다.

19) 尙州 : 본래는 沙伐國인데, 신라 沾解王이 빼앗아서 州로 만들었다. 法興王이
　　上州로 고쳐 軍主를 두었고, 眞興王이 上落郡으로 고쳤고, 惠恭王이 다시 沙
　　伐州로 하였다. 고려 초에 다시 尙州로 고치고, 뒤에 安東都督府로 고쳤고, 成
　　宗 2년에 尙州牧으로 하였다가, 뒤에 歸德軍이라고 하여 嶺南道에 예속시켰
　　다. 顯宗 때 다시 安東大都護府로 되었다가, 뒤에 尙州安撫使로 고쳤고, 조선
　　시대에는 尙州牧으로 되었다.([勝覽] 卷28 尙州牧條)

20) 慈仁縣 : 본래는 신라의 奴斯火縣(또는 其火縣)이었는데, 757년(景德王 16년)
　　에 慈仁縣으로 고쳐 良州 소관 獐山郡(慶山)의 영현이 되었다가, 고려 顯宗
　　때 와서 慶州府에 예속되었다.([勝覽] 卷21 慶州府條)

21) 按麟德二年間…則乃分押梁之所分開也 : 元曉의 출생지에 대해서는 『宋高僧傳』
　　과 [遺]의 기록이 다소 차이를 보인다. 이에 대해 一然은 본조를 통해 『宋高僧
　　傳』의 오류를 지적하여 잘못된 부분은 세밀하게 고증한 뒤 분명히 밝히고, 또
　　所傳이 다른 경우에는 분명히 병기하는 등 매우 신중히 다루었다. 이에 대하여
　　원효의 行狀에 그가 京師人(王京人)이라고 나온 것은 祖考의 本居를 따른 것
　　이었다고 하며, 한편으로 唐僧傳에서 본래 下湘州人(押梁郡人)이었다고 한 것
　　은 '祖考'를 '먼 조상'으로 해석할 경우에 원효의 선조는 王京人이었다는 것이
　　며 그의 속성이 薛氏인 것으로 보아 그 중에서도 習比部 출신이었을 것으로
　　보는 견해가 있다. 이러한 견해에 따르면, 원효의 遠祖가 어떤 임무를 수행하
　　기 위해 押梁郡에 파견된 후 그곳에 정착했거나 국가시책에 따라 그곳으로 徙
　　民되었을 가능성이 있을 것으로 추정하고 있다.(田美姬, 「元曉의 身分과 그의
　　活動」, 『韓國史硏究』 63, 1988, pp.72-74)

22) 誓幢 : 元曉의 兒名. 元曉가 誓幢으로도 불린 것은 高仙寺 誓幢和上碑를 통
　　해서도 알 수 있다. 誓幢은 그의 집안이 軍隊와 관련하여 僧軍이었다는 견해
　　와 새로운(誓·新) 틸(幢), 곧 '새틸'이라는 의미를 가진다는 견해가 있다.

23) 第名 : 이에 대한 해석은 다음과 같은 다양한 견해가 있다. ① '第'를 字典 그
　　대로 해석하여 '차례 第'로 보아 誓幢은 兒名이고 第名은 성장해서 부른 이름,
　　즉 後名으로 본 견해.(李焚弘, 앞의 논문, p.298) ② 誓幢이라는 이름 외의 別

幢〈당(幢)은 속어로 털이다.〉이다. 처음에 어머니가 유성(流星)이 품속으로 들어오는 꿈을 꾸고 태기가 있었는데, 해산하려고 할 때는 오색구름이 땅을 덮었다. [곧] 진평왕(眞平王) 39년 대업(大業) 13년[24] 정축년[丁丑歲, 617]이었다.

태어날 때부터 총명이 남달라 스승을 따라서 배우지 않았다. 그가 사방으로 다니며 수행한 시말(始末)과 널리 교화를 펼쳤던 크나큰 업적은 『당전(唐傳)』과 행장에 자세히 실려 있다. 여기서는 자세히 기록할 수 없고, 다만 향전(鄕傳)에 실린 한 두 가지 특이한 사적만을 쓴다.

성사는 일찍이 어느 날 상례에서 벗어나 거리에서 노래를 부르기를, "누가 자루빠진 도끼를 허락하려는가? 나는 하늘을 받칠 기둥을 다듬고자 한다"고 하였다. 사람들이 모두 [그] 뜻을 알지 못했는데, 이때 태종(太宗)이 그것을 듣고서 말하기를, "이 스님께서 아마도 귀부인을 얻어 훌륭한 아들을 낳고싶어하는구나. 나라에 큰 현인이 있으면 그보다 더한 이로움이 없을 것이다"고 하였다.

그때 요석궁(瑤石宮)[25]〈지금의 학원(學院)이 이곳이다.〉에 홀로 사는 공주[26]가 있었다. 궁중의 관리를 시켜 원효를 찾아서 [궁중으로] 맞아

名으로 보는 견해.(金思燁, 「元曉大師と願往生歌」, 『朝鮮學報』27, 1963, p.25)
③ 第名을 해석하지 않고 그대로 '第名'으로 쓰고 있는 경우.([浩], p.248) ④
'第宅名', 즉 '宅號'로 보는 견해.(李梵弘, 위의 논문, p.299)

24) 大業 : 중국 隋 煬帝의 연호(605-617). 大業 13년은 617년이며 隋 恭帝의 義寧 1년이기도 하다.

25) 瑤石宮 : [勝覽]에 의하면, 「당시의 瑤石宮 터는 당시 慶州府의 남쪽 3리에 있었던 향교의 남쪽에 있다.(卷21 慶州府 古蹟條)고 하였다.

26) 寡公主 : 瑤石公主를 말한다. 생몰년 미상. 신라 왕실 출신의 여인이며 薛聰의 어머니이다. 단순히 太宗武烈王의 딸이라고도 하고, 구체적으로 太宗武烈王의

들이게 하였다. 궁중의 관리가 칙명을 받들어 그를 찾으려고 하는데,
벌써 [그는] 남산(南山)에서 내려와 문천교(蚊川橋)27)〈사천(沙川)이나,
세간에서는 연천(年川) 또는 문천(蚊川)이라고 하고, 또 다리 이름을 유교(楡橋)라
고 한다.〉를 지나고 있어 만나게 되었다. [그는] 일부러 물에 떨어져 옷
을 적셨다. 관리는 스님을 궁으로 인도하여 옷을 벗어 말리게 하니,
이 때문에 [그곳에서] 묵게 되었다. 공주가 과연 태기가 있어 설총(薛
聰)28)을 낳았다.

설총은 나면서부터 명민하여 경서와 역사서에 두루 통달하니 신라
10현(十賢)29) 중의 한 분이다. 우리말로써 중국과 외이의 각 지방 풍
속과 물건이름에 통달하고 6경(六經)30) 문학을 훈해하였으니, 지금까
지 우리 나라에서 경학을 공부하는 이들이 전수하여 끊이지 않는다.

원효가 이미 실계(失戒)하여 설총을 낳은 이후로는 속인의 옷으로
바꾸어 입고 스스로 소성거사(小姓居士)라고 하였다. 우연히 광대들
이 놀리는 큰 박을 얻었는데 그 모양이 괴이하였다. 그 모양대로 도구

둘째 딸이라고도 하나 정확하지 않다. 그녀에 대해 자세히 전하는 기록은 없으
나, 다만 太宗武烈王과는 가까운 친척으로 추정된다.

27) 蚊川橋 : [勝覽]에 「蚊川은 府의 남쪽 5리에 있으며, 史等伊川의 下流이다」
(卷21 慶州府 山川條)고 하였다. 그리고 「史等伊川은 荒川이라고도 하며, 府
의 동쪽 24리에 있고 吐含山에서 西川으로 들어간다」고 하였다.

28) 薛聰 : 생몰년 미상. 신라 景德王 때의 대학자. 자는 聰智이며 元曉의 아들이
다. 관직은 翰林에 이르렀으며 慶州 薛氏의 시조로 불린다. 新羅10賢의 한 사
람이다. [史]에서는 薛聰이 「以方言讀九經 訓導後生」한 것으로 서술하였다.
그는 곧 鄕札의 집대성자로 한문을 국어화하여 유학 또는 한학의 발전에 많은
역할을 하였다. 한편 [史] 卷46 列傳 薛聰條에는 그의 작품인 「花王戒」가 실
려 있다.

29) 新羅十賢 : [史]의 薛聰傳에 나오는 崔承祐, 崔彦撝, 金大問, 朴仁範, 元傑,
巨仁, 金雲卿, 金垂訓, 崔致遠, 薛聰 등을 말한다.

30) 六經 : 중국 고전의 여섯 경전, 곧 『詩經』·『書經』·『易經』·『禮記』·『春秋』·
『樂記』 등을 말한다.

를 만들어 『화엄경(華嚴經)』31)의 「일체 무애인(無㝵人)32)은 한 길로 생사를 벗어난다」는 [문귀에서 따서] 이름을 무애(無㝵)라고 하고 이에 노래를 지어 세상에 퍼뜨렸다. 일찍이 이것을 가지고 천촌만락(千村萬落)에서 노래하고 춤추며 교화하고 음영하여 돌아오니 가난하고33) 무지몽매한 무리들34)까지도 모두 부처의 호를 알게 되었고, 모두 나무[南無]를 칭하게 되었으니 원효의 법화가 컸던 것이다.

그가 태어난 마을 이름을 불지(佛地)라고 하고, 절 이름을 초개(初開)라고 하며, 스스로 원효라고 부른 것은 대개 부처를 처음으로 빛나게 하였다[初輝佛日]는 뜻이다. 원효도 방언이니 당시 사람들은 모두 향언(鄕言)으로 그를 첫새벽[始旦]35)이라고 불렀다.

일찍이 분황사(芬皇寺)36)에 살면서 화엄소(華嚴疏)를 짓다가 제4 십회향(十廻向)37)품에 이르자 마침내 붓을 놓았다. 또 일찍이 소송으로 인해서 몸을 백 그루의 소나무로 나누었으므로 모두 [그의] 위계

---

31) 華嚴經 :『大方廣佛華嚴經』의 약칭. 華嚴宗의 근본경전. [遺] 卷4 義解 慈藏 定律條 참조.

32) 無㝵人 : 無㝵는 곧 無礙로 장애가 없다는 말이다. 곧 無㝵人은 모든 바깥 경지에 장애를 받지 않고 자유로운 이다.

33) 桑樞瓮牖 : 뽕나무로 대문을 만들고 옹기로 창문을 만든다는 뜻으로 집이 매우 가난하다는 것을 의미한다.

34) 玃猴之輩 : 산골에 사는 無知蒙昧한 무리를 말한다.

35) 始旦 : '첫새벽', '한 해의 첫새벽' 등의 의미이다. '元曉'라는 표기에는 한자의 의미나 신라 방언의 의미로 모두 '첫새벽'의 뜻을 내포하고 있고, '曉'에는 '깨닫다'라는 불교적 의미까지도 포함하고 있다.

36) 芬皇寺 : 지금의 경상북도 경주시 동쪽 九黃洞에 있는 절. [遺] 卷3 興法 阿道基羅條의 주석 39) 참조.

37) 十廻向 : 梵語로 Dasá-parināmanā라고 한다. 菩薩이 수행하는 단계인 52위 중에서 31위에서 40위까지의 10행위를 말한다. 다시 지금까지 닦은 自利, 利他의 여러 가지 행실을 일체 중생을 위해 돌려주는 동시에 이 공덕으로 佛果를 향해 나가서 悟境에 도달하는 지위를 뜻한다.

(位階)를 초지(初地)[38]라고 하였다.

또 해룡(海龍)의 권유에 따라 길에서 조서를 받아 삼매경소(三昧經疏)[39]를 지으면서 붓과 벼루를 소의 두 뿔 위에 놓아 두었으므로 이를 각승(角乘)이라고 했는데, 또한 본각과 시각 두 각[本始二覺][40]의 숨은 뜻을 나타낸 것이다. 대안(大安)[41] 법사가 배열하여 종이를 붙인 것은 음을 알고 화창한 것이다.[42]

[성사께서] 입적하자 설총이 유해를 부수어 [그의] 진용(眞容)을 빚어 분황사에 봉안하고, 공경·사모하여 지극한 슬픔의 뜻을 표하였다. 설총이 그때 옆에서 예배를 하니 소상이 갑자기 돌아보았는데, 지금도 여전히 돌아본 채로 있다. 원효가 일찍이 살던 혈사(穴寺)[43] 옆

---

38) 初地 : 보살이 수행하는 위계인 52位 가운데 10地位의 첫단계를 뜻한다.

39) 三昧經疏 : 元曉의 『金剛三昧經』에 대한 주석서. 이에 관한 연기설화는 『宋高僧傳』 중의 唐新羅國黃龍寺元曉傳에 자세히 전한다. 중국의 번경삼장이 疏를 論으로 개칭해서 『金剛三昧經論』이라고 했다고 한다.

40) 本始二覺 : 本覺은 온갖 有情·無情에 통한 自性의 본체로서 갖추어 있는 如來藏 眞如이고, 始覺은 그 本覺이 수행의 功을 빌려 覺證한 것이다. 그러므로 本覺과 始覺이 覺體는 다르지 않으나, 다만 지위가 같지 않으므로 本覺·始覺의 이름을 붙인 것이다.

41) 大安 : 생몰년 미상. 『宋高僧傳』 元曉傳에 附記되어 있을 정도로 名僧이었다. 기록에 의하면, 大安이란 사람은 헤아리기 어려운 사람으로 모습이나 옷이 특이하였다. 언제나 저자거리에서 구리로 만든 바라를 치면서 大安大安하고 소리치며 노래했으므로 號가 붙었다. 왕이 大安에게 命을 내리자 "經을 가지고 오십시오. 나는 王宮 안에는 발을 들여놓지 않습니다"고 하였다. 여기에서 大安은 서민사회와 밀착성을 가진 거리의 승려였음을 보여주고 있다.

42) 置筆硯於牛之兩角…知音唱和也 : 소의 양 뿔 사이에 벼루를 두었다는 것은 本覺과 始覺 2覺을 상징한다. 大安이 經의 순서를 바로잡았다는 것은 元曉와 뜻이 서로 통했음을 의미하는 것으로 보인다.

43) 穴寺 : 구체적인 위치는 알려지지 않았으나, 그 옆에 薛聰의 집터가 있었다고 한 것으로 미루어 경주 근교에 있었을 가능성이 많다. 誓幢和尙碑에서는 元曉가 입적한 곳이라고 하였다.

에 설총의 집터가 있다고 한다.

찬한다.

　　　각승(角乘)은 비로소 삼매경을 열고

　　　표주박 가지고 춤추며 온갖 거리 교화했네

　　　달 밝은 요석궁에 봄잠 깊더니

　　　문닫힌 분황사엔 돌아보는 모습만 허허롭구나

105. 義湘傳教

法師義湘 考曰韓信 金氏 年二十九依京師皇福寺落髮 未幾西
圖[1]觀化 遂與元曉道出遼東 邊戌邏之爲諜者 囚閉者累旬 僅免而
還〈事在崔侯本傳 及曉師行狀等〉永徽初 會唐使船有西還者 寓載入中國
初止揚州 州將劉至仁請留衙內 供養豊贍 尋往終南山至相寺 謁智
儼 儼前夕夢一大樹生海東 枝葉溥布 來蔭神州 上有鳳巢 登視之
有一摩尼寶珠 光明屬遠 覺而驚異 洒[2]掃而待 湘乃至 殊禮迎際
從容謂曰 吾昨者之夢 子來投我之兆 許爲入室 雜花妙旨 剖析[3]
幽微 儼喜逢郢質 克發新致 可謂鉤深索隱 藍茜沮本色

既而本國承[4]相金欽純〈一作仁問〉[5] 良圖[6]等[7] 往囚於唐 高宗將
大擧東征 欽純等密遣湘誘而先之 以咸亨[8]元年庚午還國 聞事於
朝 命神印大德明朗 假設密壇法禳[9]之 國乃免 儀鳳元年 湘歸太[10]

---

1) 圖：[正][晚][鶴] 昌(昌와 동자, 圖의 속자). [品][斗][浩][六] 圖.
2) 洒：[浩] 灑.
3) 析：[正][晚][順][鶴] 杤. [品][斗][浩][六] 析.
4) 承：[民] 丞.
5) 一作仁問：[正][斗][六]에는 본문으로 기재되어 있으나, [品][浩][東]은 세
   주로 보았다. 세주로 보는 것이 옳다.
6) 圖：주 1)과 같음.
7) 良圖等：[正][品][斗][浩][六]에는 본문으로 기재하였으나, [東]은 세주로
   기재함.
8) 亨：[正][斗][六] 享. [品][浩] 亨. 享은 亨의 오기이다.

伯山 奉朝旨創浮石寺 敷敞大乘 靈感頗著

　終南門人賢首撰搜玄疏[11] 送副本於湘處 幷奉書慇懃 曰 西[12]京
崇福寺僧法藏 致書於海東新羅華[13]嚴法師侍者 一從分別二十餘年
傾望之誠 豈離心首 加以烟雲萬里 海陸千重 恨[14]此一身[15]不復
再面 抱懷[16]戀[17]戀 夫何可言 故[18]由夙[19]世同因 今生同業 得於
此報 俱沐大經 特蒙先師授玆奧[20]典 仰承上人歸鄉之後 開演[21]
華嚴 宣揚法界無盡[22]緣起 重重帝網 新新佛國 利益弘廣 喜躍增
深 是知如來滅後 光輝佛日 再轉法輪 令法久住者[23] 其唯法師矣
藏[24]進趣無成 周旋寡況 仰念玆典 愧荷先師 隨分受持 不能捨離
希憑此業 用結來因 但以和尙章疏[25] 義豊文簡 致令後人多難趣入
是以錄[26]和尙微言妙旨 勒成義記 近[27]因勝詮法師 抄寫還鄉 傳

---

9) 禳 : [正][晚][鶴]禳. [東]禳. [品][斗][浩][六]禳.

10) 太 : [正][晚]大. [順]太(가필). [鶴][品][斗][浩][六]太.

11) 疏 : [正]疏.

12) 西 : 『圓宗文類』에 전하는 書簡 및 現傳하는 墨簡에는 '唐西'.

13) 華 : 『圓宗文類』에 전하는 書簡 및 現傳하는 墨簡에는 '大華'.

14) 恨 : 『圓宗文類』에 전하는 書簡 및 現傳하는 墨簡에는 '限'.

15) 身 : 『圓宗文類』에 전하는 書簡 및 現傳하는 墨簡에는 '生'.

16) 懷 : [正][品]怺. [斗][浩][六]懷.

17) 戀 : 『圓宗文類』에 전하는 書簡 및 現傳하는 墨簡에는 '懷'.

18) 故 : 『圓宗文類』에 전하는 書簡 및 現傳하는 墨簡에는 '盖'.

19) 夙 : 『圓宗文類』에 전하는 書簡 및 現傳하는 墨簡에는 '宿'.

20) 奧 : [正][品][斗]粤. [浩][六][民]奧. 『圓宗文類』에 전하는 書簡 및 現傳
　　하는 墨簡에는 '奧'.

21) 演 : 『圓宗文類』에 전하는 書簡 및 現傳하는 墨簡에는 '闡'.

22) 盡 : [正][斗]昺. [品]碍(礙의 속자). [浩][六]盡.

23) 者 : 『圓宗文類』에 전하는 書簡 및 現傳하는 墨簡에는 없음.

24) 藏 : 『圓宗文類』에 전하는 書簡 및 現傳하는 墨簡에는 '法藏'.

25) 疏 : 주 11)과 같음.

26) 錄 : 『圓宗文類』에 전하는 書簡 및 現傳하는 墨簡에는 '具錄'.

27) 近 : [品]謹.『圓宗文類』에 전하는 書簡 및 現傳하는 墨簡에는 '謹'.

之彼土 請上人詳檢[28]臧否 幸示箴誨 伏願當當來世 捨身受身 相
與[29]同於盧[30]舍那[31] 聽受如此無盡妙法 修行如此無量[32]普賢願行
儻餘惡業 一朝顚墜 伏希上人不遺宿[33]昔 在諸趣中 示以正道 人
信之次 時訪存沒 不具[34]〈文載大文類〉

　湘乃令十刹傳敎 太伯山浮石寺 原州毗摩羅 伽耶之海印 毗瑟之
玉泉 金井之梵魚 南嶽華嚴寺等是也 又著法界圖[35]書印幷略疏[36]
括盡一乘樞要 千載龜鏡 競所珍佩 餘無撰述 嘗鼎味一臠足矣 圖[37]
成總章元年戊辰 是年儼亦歸寂 如孔氏之絶筆於獲麟矣 世傳湘乃
金山寶蓋之幻有也

　徒弟悟眞 智通 表訓 眞定 眞藏 道融 良圓 相源 能仁 義寂等十
大德爲領首 皆亞聖也 各有傳 眞嘗處下柯山鶻嵓寺 每夜伸臂點浮
石室燈 通著錐洞記 蓋承親訓 故辭多詣妙 訓曾住佛國寺 常往來
天宮 湘住皇福寺時 與徒衆繞塔 每步虛而上[38] 不以階升 故其塔
不設梯磴 其徒離階三尺 履空而旋 湘乃顧謂曰 世人見此 必以爲
怪 不可以訓世 餘如崔侯所撰本傳

　讚曰 披榛跨海冒[39]烟塵 至相門開接瑞珍 采采[40]雜花栽[41]故國

---

28) 檢：[正][晚][順][鶴] 撿(檢과 동자). [品][斗][浩][六] 檢.
29) 相與：『圓宗文類』에 전하는 書簡 및 現傳하는 墨簡에는 없음.
30) 盧：[斗][六] 廬.
31) 那：[正] 郍.[品][斗][浩][六] 那.
32) 量：『圓宗文類』에 전하는 書簡 및 現傳하는 墨簡에는 ‘盡’.
33) 宿：『圓宗文類』에 전하는 書簡 및 現傳하는 墨簡에는 ‘宿世’.
34) 具：『圓宗文類』에 전하는 書簡 및 現傳하는 墨簡에는 ‘具法藏和尙 正月卄八
　　日’.
35) 圖：주 1)과 같음.
36) 疏：주 11)과 같음.
37) 圖：주 1)과 같음.
38) 上：[正][晚][順] 工. [鶴][品][斗][浩][六][民] 上.

終南太伯一般春

39) 冒：[正][斗] 冐. [品][浩][六] 冒.
40) 采采：[品] 采朵.
41) 栽：[正][晩][順][斗] 我. [鶴][品][浩][六][民] 栽.

의상이 불교를 전하다

법사(法師) 의상(義湘)1)은 아버지가 한신(韓信)2)으로 김(金)씨3)
인데, 나이 29세에 서울의 황복사(皇福寺)4)에서 머리를 깎고 중이 되

---

1) 義湘 : 625-702. 신라 때의 고승. 우리 나라 華嚴宗의 開祖. 성은 김씨, 韓信의
   아들이다. 慶州 皇福寺에 출가하였으며, 661년(文武王 1년)에 중국에 들어가
   終南山 至相寺 智儼의 문하에서 화엄을 수학하였다. 그곳에서 10년을 수학하
   고 唐의 신라 침공사실을 알리기 위해 귀국하였다. 귀국하여 洛山寺・浮石寺
   등의 화엄도량을 세웠으며, 문무왕 때는 城을 쌓으려는 役事를 諫하여 중지하
   게 하였다. 그는 당나라에 있을 당시 南山 律宗의 개조 道宣律師와 교류하였
   으며, 義淨의 洗穢法을 좇아 실행하였다. 또한 그는 황복사의 탑을 돌면서 虛
   空을 밟고 올라가는 이적을 보이기도 하였다. 그의 제자로 悟眞・智通 등의
   10大德과 이 외에 道身・神琳 등이 유명하다. 저술로는 「華嚴一乘法界圖記」
   1권・「白花道場發願文」・「一乘發願文」이 현전하며, 그 외에 「十門看法觀」1
   권・「入法界品鈔記」1권・「小阿彌陀義記」1권이 있었다. 義湘의 法諱는 義
   相・義想・義湘의 3가지로 나타나 있으나, 그 중 義相이 옳고 나머지 義湘과
   義想이 사용된 것은 신라 宣德王의 이름인 亮相을 避諱한 때문이라고 하였다
   (金知見, 「義湘의 法諱考」, 『趙明基博士追慕 佛教史學論文集』, 1988). 그러나
   '亮相'이라는 두 字로 된 왕명에 대해 피휘한 실질적인 사례가 아직은 발견되
   지 않으며, [遺]나 『宋高僧傳』 등 僧傳類에서는 義湘으로 전해지고 있다.
2) 韓信 : 義湘의 부친. [史] 등 다른 역사서에 특별히 나타나 있지 않다.
3) 金氏 : 이와는 달리 『宋高僧傳』에서는 朴氏로 鷄林人이라고 하였다. 義湘의
   출신에 대한 이러한 두 가지 설은 母系姓이 반영된 신라 귀족의 Double
   Descent 관념을 나타내주는 것으로 이해되기도 한다(皮英姬, 「Double Descent
   理論適用을 통해본 新羅王의 身分觀念」, 『韓國史論』 5, 서울대국사학과, 1979,
   p.95). 또는 의상은 김씨이며, 『宋高僧傳』의 기록은 믿을 수 없는 것으로 파악
   하기도 한다(高翊晉, 「義湘 華嚴學의 實踐的 性格」, 『韓國古代佛教思想史』,
   동국대출판부, 1989, p.275).
4) 皇福寺 : 경상북도 경주시 구황동에 있던 신라 때의 절. 현재 절터에는 3층석

었다.5) 얼마 있지 않아 서방으로 가서 불교의 교화를 보고자 하였다. 드디어 원효(元曉)와 함께 요동(遼東)으로 갔다가 변방의 순라군6)에 게 첩자로 오인받아 수십 일 동안 갇혔다가 간신히 면하여 돌아왔 다.〈이 사실은 최후(崔侯)가 지은 본전(本傳)7)과 원효의 행장(行狀) 등에 실려 있

탑과 9기의 십이지상 및 石井·당간지주·碑片 등 완전하지 않은 석조 유물이 전한다. 그 명칭으로 보아 왕실의 願刹이었겠으나 창건자 및 그 연대는 미상이 다. 652년(眞德女王 6년)에 의상이 출가하였을 뿐만 아니라 오랫동안 주석하 였으며, 景文王도 이 절에서 화장하였다고 한다. 皇龍寺가 銅輪系에 의해 장 악되었다면 皇福寺는 金春秋 일파와 연관된 舍輪系에서 경영하던 절로 이해 된다(鎌田茂雄,『新羅佛敎史序說』, 東京大東洋文化硏究所, 1988, pp.211-212). 706년에 聖德王은 황복사의 석탑 속에 金銅舍利函을 안치하면서 부모인 神文 王과 神睦王后 및 형인 孝昭王을 위한 資糧으로 삼고 있다. 1942년 이 탑을 해체 복원할 때 제2층 옥개석에서 장문의 명문이 조각된 금동사리함과 함께 금제 불상 2구를 비롯해서 많은 장엄구가 발견되었다.

5) 年二十九…落髮 : 義湘의 출가시기에 대해서 29세라 한 것은 잘못이다. 浮石 本碑에는 '卅歲'에 출가한 것으로 되어 있는데, 그것은 늦어도 20세 전, 곧 19 세가 되던 해인 善德王 12년(643)을 전후한 시기라고 추정된다(金杜珍,『義湘 -그의 생애와 화엄사상』, 민음사, 1995, p.52). 또한 29세 출가설은 의상이 20세 에 梵網戒를 받았으나 환속하였으며, 29세에 정식의 승려가 되었음을 의미하 는 것이라고 하면서, 의상이 29세로 출가한 해는 武烈王系의 등장과 표리관계 에 있어서 의도적으로 조작되었다고 주장한다(鎌田茂雄, 위의 책, pp.206-208). 다만 의상이 태어난 해는 620년이 아니라 625년이 분명하다.『海東高僧傳』에 서는 崔致遠이 찬한 義湘傳을 인용하여 眞平 建福 42년(620)이라고 하였는데, 건복은 진평왕 6년(584)에 시작되었으므로 浮石本碑에 적혀 있는 진평왕 47년 (625)과 일치된다. 또한 사망시기는 702년(聖德王 1년)이다.

6) 邊戌邏 : 변방을 지키는 나졸. 여기서는 고구려의 군사를 가리키는 듯하다.

7) 崔侯本傳 : 崔致遠이 지은『義湘傳』을 가리킨다. 지금은 전하지 않는다. 현전 하는 義湘에 관한 비교적 자세한 기록은 다음과 같다.
① [遺] 卷4 義解 義湘傳敎條
② 贊寧,『宋高僧傳』卷4 義湘傳
이 외에 간략하지만 義湘의 생애를 알려주는 기록은 다음과 같다.
① [遺] 卷3 塔像 前後所將舍利條
② [遺] 卷3 塔像 洛山二大聖 觀音正趣調信條
③ [遺] 卷4 義解 勝詮觸髏條
④ [遺] 卷5 孝善 眞定師孝善雙美條

다.〉 영휘(永徽)[8] 초에 마침 당(唐)나라 사신의 배가 서방으로 돌아가려고 하자 편승하여 중국(中國)으로 들어갔다.[9] 처음 양주(揚州)[10]에 머물렀더니, 주장(州將) 유지인(劉至仁)[11]이 청하여 관아 안에 머무르게 했는데 공양이 지극하였다. 얼마 있지 않아 종남산(終南山)[12]

---

⑤ 覺訓, 『海東高僧傳』 卷2 釋安含條
⑥ 義天, 『圓宗文類』 卷22 海東華嚴初祖 忌晨願文條
⑦ 澄觀, 『華嚴法界玄鏡』 卷下
⑧ 曇曇, 『六學僧傳』 卷4 義湘傳
⑨ 徐昌治, 『高僧摘要』 卷4 義湘傳

8) 永徽 : 중국 唐 高宗의 연호(650-655).

9) 永徽初…入唐시기는 자료에 따라서 다소 달리 기록되어 있다. 중국 僧傳類에는 모두 699년(文武王 9년)으로, [遺] 본문에는 永徽(650-655) 초로, 浮石本碑에는 661년(문무왕 1년)으로, 義天의 海東華嚴初祖忌晨願文에는 龍朔 2년, 즉 662년(문무왕 2년)으로 기록하였다. 이같은 자료의 혼동으로 인해 연구자들에 따라 의견의 차이를 보인다. 중국 고승전에 나타난 669년설은 이미 기록 자체가 믿을 수 없는 것으로 알려져 있으며, 永徽 초라는 설 또한 출가 이후 연륜에 비해 입당시기가 너무 빠르기 때문에 타당하지 않다. 따라서 그의 입당시기에 대해서는 浮石本碑의 내용이 진실에 가깝다. 위의 여러 설을 종합하여 의상은 元曉와 함께 650년(眞德王 4년)에 입당하려다가 실패하였고, 661년에 당 사신의 귀국선을 타고 입당한 것으로 정리된다(趙明基, 『新羅佛敎의 理念과 歷史』, 1962, 新太陽社, pp.138-139).

10) 揚州 : 중국 江蘇省의 中部, 長江의 北岸에 있었던 지명. 戰國시대에는 楚의 廣陵邑이었는데, 거기에는 秦漢시대 이후에 廣陵縣의 治所가 있었다. 삼국시대에는 魏와 吳의 爭奪 지역이어서 황폐해졌고, 東晉에서 南朝에 이르기까지에는 광릉군 또는 東廣州의 치소가 두어졌다. 隋代에 揚州의 치소가 되었고, 運河 제일의 요충이어서 그곳에 장엄한 離宮을 조성하였다. 唐代에는 揚州都督府가 설치되었으며, 水陸 교통의 중심지로 북방에서 江南 物産의 大集散地였을 뿐만 아니라, 아라비아 상인이 많이 왕래하는 등 외국무역항으로 발전하였다. 당 말에 黃巢의 난으로 일시 황폐해지나 五代에는 吳國의 수도로 되었다. 宋代에 揚州府, 元代에 揚州路, 明淸代에 양주부의 치소가 두어졌다. 1945년에 江都縣에서 분리되어 양주시로 되었는데, 상업과 각종 공업이 발달하였다.

11) 劉至仁 : 唐 高宗 연간에 揚州의 州將이었으나, 정확한 행적은 알려져 있지 않다.

12) 終南山 : 중국 陝西省 西安市의 남쪽에 있는 산. 太一山·地肺山·中南山·周南山으로도 불렀다.

지상사(至相寺)13)로 찾아가서 지엄(智儼)14)을 배알하였다.15) 지엄의
전 날 밤 꿈에 큰 나무 하나가 해동(海東)에서 나서 [그] 가지와 잎이
널리 퍼져 중국[神州]16)에까지 와서 덮고, [그] 위에는 봉황의 둥지
가 있는데, 올라가서 보니 마니보주(摩尼寶珠)17)가 하나 있어 광명이
멀리까지 비쳤다. [꿈을] 깨고는 놀랍고 이상히 여겨 청소를 하고 기다
렸더니 의상이 바로 왔다. 특별한 예의로 맞아 조용히 말하기를, "나의
어제 꿈은 그대가 나에게 올 징조였다"고 하고 제자가 됨[入室]18)을
허락하니, [의상은]『잡화경[雜花]』19)의 미묘한 뜻을 구석구석 분석
하였다. 지엄이 학문을 상의할 영특한 자질을 만나20) 새 이치를 능히

---

13) 至相寺 : 중국 陝西城 西安市 終南山에 있는 절. 隋 초에 彰淵에 의해 창건.
彰淵은 611년(大業 7년, 신라 眞平王 33) 4월에 入寂하자, 제자 法琳이 이 절
에 그의 舍利塔를 건립하였다. 그뒤 智儼이 법림에게서 화엄을 배워 이 절에
주석하였다. 중국 화엄종의 제2조인 지엄으로 인해 이 절이 유명해졌다. 그후
의 연혁은 자세하게 알려져 있지 않다.

14) 智儼 : 唐의 고승. 중국 화엄종의 第2祖(602-668). 甘肅省 天水 사람. 속성은
趙氏. 12세에 杜順(法順)의 문하에 나아가 14세에 出家하였다. 終南山 至相寺
에 있으면서 화엄종을 드날렸으므로 지상 대사로 불렸다. 27세 때『華嚴經搜
玄記』5권을 지었으며, 이어『華嚴孔目章』·『華嚴五十要問答』등을 저술하였
다. 그 외에도 많은 저술이 있고, 義湘·法藏 등 유명한 제자가 많다.『續高僧
傳』卷25 法順傳에 그의 전기가 부기되어 있다.

15) 尋往終南山至相寺謁智儼 : 같은 내용을 [遺] 卷3 塔像 前後所將舍利條에「相
傳云 昔義湘法師入唐 到終南山至相寺智儼尊者處」라고 하였고,『宋高僧傳』
卷4 義湘傳에는「湘乃徑趨長安終南山智儼三藏所 綜習華嚴經」이라고 하였다.
의상은 662년에 智儼을 찾아갔다. 한편 의상은 지엄 문하에 있으면서도 光統
律師 慧光의 孫弟子이며 南山 律宗의 初祖인 道宣律師에게서 大乘戒法을 접
했고, 역시 율학에 힘썼던 義淨에게서 物慾을 떠난 깨끗한 실천수행법으로서
洗濊法을 전수받았다.

16) 神州 : 중국을 가리킨다. 정확하게는 赤縣神州이다.

17) 摩尼寶珠 : 摩尼는 梵語로 mani의 音寫이고, 寶珠는 그것의 漢譯이다. 摩尼珠
라고도 한다. 佛典에서 不可思議한 功德을 갖춘 보주를 如意寶珠라고 한다.

18) 入室 : 불교에서 제자가 스승의 방에 들어가서 법을 잇는 일을 말한다.

19) 雜花 :『雜花經』,『華嚴經』을 가리킨다. [遺] 卷4 義解 慈藏定律條 참조.

발견해내어 가히 깊은 것을 파고 숨은 것을 찾아내니,[21) [저] 쪽과 꼭
두서니가 본색을 잃은 것과 같았다.[22)

　이미 본국의 승상(承相) 김흠순(金欽純)[23)〈혹은 인문(仁間)이라고도 한
다.〉[24)과 양도(良圖)[25) 등이 당나라에 가서 구금되었고,[26) 고종(高宗)

---

20) 郢質 : 학문과 문자를 서로 질의할 만한 상대자를 말한다.
21) 鉤深索隱 : 심오하고 은밀한 사물의 이치를 찾아낸다는 뜻이다.『易經』繫辭
　　에「探蹟索隱鉤 深致遠」이라고 한 데에서 나온 말이다.
22) 藍茜沮本色 : 藍은 푸른 물감이 나오는 풀이고, 茜은 붉은 물감이 나오는 풀이
　　다. 남초와 천초가 그 본색을 잃었다고 하는 것은『荀子』勸學篇에「學不加已
　　青取之於藍 而青於藍 氷水爲之 而寒於水」라는 문구와 같은 뜻으로 제자 義
　　湘이 스승 智儼보다 낫다는 의미이다.
23) 金欽純 : 생몰년 미상. 신라통일기의 장군. 舒玄의 아들이며 庾信의 동생이다.
　　일명 欽春이라고도 한다. 660년(太宗武烈王 7년) 6월에 나당연합군이 백제를
　　정벌할 때 그는 品日 등과 함께 김유신을 도와 階伯의 백제군을 黃山에서 격
　　파하였다. 당시 그의 아들 盤屈과 품일의 아들 官昌이 전사함으로써 신라군의
　　사기가 크게 올라 백제의 결사대를 물리칠 수 있었다. 668년 고구려 원정 때도
　　그는 김유신을 따라 출정하여 항상 형을 도왔다. 나당간에 긴장이 고조되었던
　　669년에 그는 良圖와 더불어 당에 사신으로 갔다. 670년에 당에서 귀국하였으
　　나 이후 그의 행적은 알려져 있지 않다.
24) 仁間 : 金仁問. 629-694. 신라 삼국통일기의 장군 겸 외교관. 자는 仁壽. 武烈
　　王의 둘째 아들이며, 文武王의 친동생이다. 金春秋와 金庾信을 도와 백제와
　　고구려 정벌에 힘썼고, 여생을 唐에서 보내면서 두 나라 사이의 정치적 분규의
　　해결과 중재에 많은 공을 쌓았다. 648년(眞德女王 2년)에 그는 아들 金文王을
　　데리고 당에 들어가, 군사 원조의 약속을 얻어내고 문왕을 宿衛로 머물게 하였
　　다. 651년에는 문왕과 교대로 자신이 숙위로 당 조정에 머물면서, 양국간의 현
　　안 문제를 조절하였다. 660년 백제 정벌 때 당측 부사령관인 神丘道行軍副大
　　摠管으로 임명되고, 그뒤 고구려 침공 계획을 수립하는 등 통일 전쟁에 참가하
　　였다. 674년 신라가 고구려 반란민을 받아들이고 백제의 故土를 잠식하면서 노
　　골적인 대당 항쟁을 계속하자, 당은 문무왕의 관작을 삭탈하고 그를 신라왕으
　　로 세우기도 하였다. 그뒤 그는 臨海君으로 봉해졌으나 당나라에서 관작을 제
　　수받았으며, 694년 4월에 당나라의 수도에서 죽었다. 당나라는 그의 유해를 본
　　국으로 호송하였고, 孝昭王은 그에게 太大角干을 추증하고 西岳에 장사하였다.
25) 良圖 : 金良圖. ?-670. 신라통일기의 장군 겸 문장가. 金庾信·金仁問 등을 도
　　와 백제와 고구려 정벌 전쟁에 참가하여 많은 공을 세웠다. 660년에 羅唐聯合
　　軍의 출정 때 김유신의 부장으로 欽春·品日 등과 함께 출정하여 泗沘城을 함

이 군사를 크게 일으켜 신라를 치려고 하였다. 흠순 등이 비밀리에 의상에게 일러 앞질러 [신라로] 가게 하였다. 함형(咸亨) 원년 경오(庚午, 670)에 귀국하여[27] [그] 사정을 조정에 알렸다. [조정에서는] 신인(神印)[28] 대덕(大德) 명랑(明朗)[29]에게 명하여 임시로 밀단법(密

락하는 등 큰 공을 세웠다. 그뒤 고구려 정벌을 위해 떠난 김유신과 당의 군대에게 군량미를 공급해주고, 平壤城 가까이 진격하였던 신라군 선발대를 철수시켰다. 나당간에 긴장이 고조되던 669년에 그는 흠순 등과 같이 당에 사신으로 가서 옥에 갇히게 되었다. 670년에 당은 흠순을 돌려보냈으나 그만은 계속 억류시켜 그곳에서 옥사하였다. 또한 그는 신라 대표적인 문장가 6인 속에 들어 있다. 그러나 그의 시나 문장이 알려져 전하지는 않는다.

26) 旣而本國承相金欽純…往囚於唐 : [史] 卷6 新羅本紀 文武王 9年 6月條에 「又遣欽純角干·良圖波珍湌 入唐謝罪」라고 하였으며, [史] 卷6 新羅本紀 文武王 10年 正月條에 「高宗許欽純還國 留囚良圖 終死于圓獄 以王擅取百濟土地遺民 皇帝責怒 再留使者」라고 하였다. 신라가 당과 협조하여 고구려와 백제를 멸망시키고 삼국을 통일하였는데, 당이 고구려와 백제의 고토에 안동도호부와 웅진도독부를 두어 다스리는 한편 신라에까지 계림도독부를 두어 간섭하려고 하였다. 이에 신라가 반발하자 당은 사신으로 간 金欽純·金良圖 등을 감옥에 가두고 신라를 침공하려고 하였다.

27) 以咸亨元年庚午還國 : [正]의 咸享은 咸亨의 오기이다. 咸亨은 중국 唐 高宗의 연호(670-673). 함형 원년은 670년(文武王 10년)이다. 義湘의 귀국시기에 대해서 [遺]에는 670년(문무왕 10년), 浮石本碑에는 671년(함형 2년)으로 되어 있다. 古代版에서 一·二·元 등의 글자는 선명하지 않을 때가 많기 때문에, 의상의 귀국연대를 함형 2년(671)이라고 한 것은 現代版의 誤植이라고 하였다(高翊晉, 『韓國古代佛教思想史』, 동국대출판부, 1989, p.276). 한편 의상은 이미 668년 스승 지엄이 입적하였을 때 귀국을 계획하였으며, 당의 침공소식을 전하기 위해 귀국이 좀더 빨라졌다고 추측하기도 한다(金相鉉, 『新羅華嚴思想史研究』, 民族社, 1991, pp.280-282). 의상의 행적에 대한 연대는 본조 외에 부석본비에도 나타나 있는데, 두 기록 사이에는 약간의 출입이 있다. 浮石本碑에는 의상의 생몰년 및 출가·입당·귀국 연대가 나와 있다. 본조에는 귀국연대, 浮石寺 창건 및 一乘法界圖의 작성연대가 나타나 있다. 본조의 부석사 창건연대는 [史]의 기록과 일치하며, 법계도의 작성연대도 『一乘法界圖記』의 내용과 일치한다. 다만 귀국연대는 浮石本碑와 달리 기록되었으나, 본조의 기록은 咸亨元年과 아울러 庚午年이라는 간지를 명기하고 있다. 이런 점으로 미루어 의상의 귀국 연대는 본조의 기록인 670년이 옳다.

28) 神印 : 神印宗. 密教 계통의 불교 종파의 하나. 신라 文武王 때의 明朗을 宗祖

壇法)을 설치하고 기도하여 이를 물리치게 하니 이에 국난을 면하였
다. 의봉(儀鳳)30) 원년(676)에 의상이 태백산(太伯山)31)에 돌아와
조정의 뜻을 받들어 부석사(浮石寺)32)를 창건하고33) 대승(大乘)을
널리 펴니 영감이 많이 나타났다.

　　종남산34) [지엄의] 문인 현수(賢首)35)가 수현소(搜玄疏)36)를 찬

　　로 하며, 고려 초에 종파로 성립되었다. [遺] 卷4 義解 二惠同塵條 참조.
29) 明朗 : 생몰년 미상. 신라 文武王 때의 고승. 神印宗의 開祖. [遺] 卷2 紀異
　　文虎王法敏條, 卷4 義解 二惠同塵條, 卷5 神呪 明郞神印條 참조.
30) 儀鳳 : 중국 唐 高宗의 연호(676-678). 儀鳳 원년은 676년(文武王 16년).
31) 太伯山 : 신라 5岳의 하나. 北岳이라고도 한다.
32) 浮石寺 : 경상북도 영풍군 부석면 북지리 鳳凰山에 있는 절. 676년(文武王 16
　　년) 2월에 義湘이 창건하고 40일 법회를 열었다. 화엄종의 중심 도량이 되었
　　다. 고려 定宗 때 決凝은 이 절에 머무르면서 大藏經을 印寫하였다. 1372년(恭
　　愍王 2년)에 圓應국사가 중창하였고, 1580년(宣祖 13년)에 泗溟堂이 다시 중
　　창하였다. 현존하는 당우로는 無量壽殿·祖師堂·梵鐘樓·圓覺殿·安養樓·
　　善妙閣·應眞殿·慈忍堂·左右寮舍·醉玄庵 등이 있다. 중요 문화재로 무량
　　수전앞 석등과 소조여래좌상·조사당벽화·3층석탑·당간지주·고려각판·圓
　　應國師碑 등이 있다. 이 외에도 石龍을 비롯하여 善妙井·禪扉花·石槽·맷
　　돌·綠釉塼·大石壇 등이 있다.
33) 奉朝旨創浮石寺 : 같은 기사를 [史] 卷7 新羅本紀 文武王 16年(676)條에는 「春
　　二月 高僧義湘 奉旨創浮石寺」라고 하였다. 義湘은 676년(文武王 16년)에 왕
　　명을 받아 異敎의 무리를 쫓아내고 阿彌陀 淨土信仰을 강조하면서 浮石寺를
　　창건하였다. 의상과 관련된 절은 부석사 외에도 洛山寺, 皇福寺, 그리고 10刹
　　이 있다. 그는 귀국하자마자 낙산사를 창건하여 觀音信仰을 弘布하였으며, 入
　　唐하기 전에 주석하였던 舍輪系의 願刹이었던 황복사에서 674년(문무왕 14)에
　　제자 表訓·眞定에게 華嚴一乘法界圖를 가르쳤다.
34) 終南 : 終南山인데, 여기서는 智儼을 가리킨다.
35) 賢首 : 法藏. 643-712. 중국 唐나라 때의 승려. 賢首는 그의 호이며 또한 國一
　　이라고도 한다. 그의 선조는 서역의 康居(사마르칸트) 사람이었으며, 조부 때
　　長安으로 왔다. 17세 때 智儼의 제자가 되었으며, 25세 때 보살계를 받고 670
　　년 大原寺에서 출가하였다. 680년 三藏이 梵文 장경을 가져오자, 그와 협력하
　　여『晋譯 華嚴經』의 脫文을 보완하였고, 695년 實叉難陀와 함께『80卷 華嚴
　　經』을 번역하면서 綴文을 맡았다. 700년에는 實叉難陀와 같이『入楞伽經』을
　　번역하였다. 704년 則天武后의 초청으로 長生殿에서 화엄법계에 대해 설법하

술하여 의상에게 부본(副本)을 보내면서, 아울러 편지를 보내 은근하
고 간절하게 다음과 같이 말하였다.

「서경(西京) 숭복사(崇福寺)37)의 중 법장(法藏)은 해동 신라 화엄
(華嚴) 법사의 시자(侍者)38)에게 글을 드립니다. 한번 작별한 지 20
여 년에 사모하는 정성이 어찌 마음에서 떠나리오마는, 구름이 자욱한
만 리 길에 바다와 육지가 천 겹으로 [막혀 있어서] 이 한 몸이 다시
만나 뵐 수 없음이 한스럽습니다. 그리운 회포를 어찌 가히 말로써 다
할 수 있겠습니까? 전생의 같은 인연으로 이 세상에 태어나 학업을
같이 했으므로, 이 과보를 얻어 함께 대경(大經)39)에 목욕하고 특별
히 돌아가신 스승으로부터 이 심오한 경전의 가르침을 받았습니다.

우러러 듣건대, 상인(上人)께서는 귀국 후에 화엄을 강의하고, 법계
(法界)의 무진연기(無盡緣起)40)를 선양하며 겹겹의 제망(帝網)으

고, 金獅子의 비유로서 화엄종의 무궁무진한 교리를 설법하였다. 宏觀 등 많은
제자가 있고, 그의 저서로『華嚴五敎章』·『華嚴經探玄記』·『華嚴旨歸』·『唯
心法界記』·『大乘起信論義記』·『金師子章』·『華嚴經傳記』등이 있다.

36) 搜玄疏 : 法藏이 저술한『華嚴經探玄記』를 가리킨다. 智儼이『華嚴經搜玄記』
를 지었는데, 법장이 그것에 대해 방대하게 註解하여『華嚴經探玄記』를 저술
하였다. 따라서 탐현기를 搜玄疏라고 한다.

37) 西京崇福寺 : 西京은 唐의 수도 長安이다. 崇福寺는 장안에 있던 薦福寺일 듯
하며 法藏이 주석한 절이다. 이에 대해서는 崔致遠이 撰한 唐大薦福寺故寺主
翻經大德法藏和尙傳(『崔文昌侯全集』, 성균관대학교 大東文化硏究所)이 참고
가 된다.

38) 侍者 : 長老의 곁에서 친히 모시면서 그 시중을 드는 사람. 여기서는 勝詮을
가리킨다. 승전에 대해서는 [遺] 卷4 義解 勝詮髑髏條 참조.

39) 大經 :『華嚴經』을 가리킨다.

40) 法界無盡緣起 : 重重帝網으로 표현된 화엄종의 주된 사상이다. 화엄종에서 진
리가 구현된 현실세계를 法界라고 한다. 법계가 가지는 의미에 대해 均如의
『一乘法界圖圓通抄』上 7葉右에「法者持自性義 軌則義 對意義 界者 因義 性
義 分齊義」라고 하였다. 초기 불교에서 법계는 18界로 나뉘어져 있었으며, 중
국에서 10종 법계로 체계화되었다. 10종 법계는 事法界·理法界·境法界·行

로41) 불국(佛國)을 더욱 새롭게 하여,42) 널리 세상을 이롭게 한다고
하니 기쁨이 더욱 커집니다. 이로써 석가여래가 돌아가신 후에 불일
(佛日)을 밝게 빛내고 법륜(法輪)을 다시 구르게 하여 불법을 오랫동
안 머물게 할 이는 오직 법사뿐입니다.

　법장은 매진하였으나 이룬 것이 없고, 활동하였으나 볼 만한 것이
적어 우러러 이 경전을 생각하니 돌아가신 스승에게 부끄럽습니다. 분
수에 따라 받은 것은 능히 버릴 수 없으므로 이 업에 의지하여 내세의
인연을 맺기를 희망합니다. 다만 화상(和尙)의 장소(章疏)가 뜻은 풍
부하나 문장은 간략하여 후인으로 하여금 뜻을 알게 하기에는 어려움
이 많으므로 화상의 은밀한 말과 오묘한 뜻을 적어 의기(義記)를 애
써 완성하였습니다. 근래에 승전(勝詮) 법사가 베껴서 고향에 돌아
가43) 그 땅에 전하고자 하니, 청컨대 상인께서는 옳고 그른 것44)을

法界·體法界·用法界·順法界·違法界·敎法界·義法界를 말한다. 이러한
법계의 의미는 그후 화엄종이 정립되면서 보다 더 구체적으로 갖춰졌다. 중국
화엄종사상을 체계화한 法藏은 법계를 以本從末·攝末同本·本末無碍의 3종
으로 정립시켰으며, 義湘은 여기에 다시 圓融無碍한 성격을 가진 一門을 더
포함시켜 依本開末·會末歸本·本末無碍·摠釋現本의 四種法界를 성립시켰
다. 그런데 이러한 4종법계는 事事無碍·事理無碍·理事無碍·理理無碍法界
를 가리킨다. 화엄종에서는 법계를 無盡緣起로 설명한다. 절대적인 '一'이요 진
리인 眞如가 연기에 의해 이 세상의 모든 법상이 만들어지며, 또한 諸法相은
性起에 의해 절대적인 하나로 돌아간다고 설명한다. 곧 연기와 성기에 의해 현
실의 삼라만상이 만들어진다.
41) 重重帝網 : 흔히 '帝網重重'으로 표현된다. 帝網은 帝釋網의 약어로 제석궁의
　寶網, 곧 因陀羅網을 말한다. 重重은 제망의 寶珠가 서로 비쳐 무한히 확산되
　는가 하면 또한 서로 합해지기도 하는 모습을 의미한다. 따라서 重重帝網은 화
　엄의 敎義가 相卽相入하는 것을 설명한다.
42) 新新佛國 : 佛國은 부처가 사는 國土 또는 부처가 교화하는 국토이다. 특히 盧
　遮那의 법계를 新新佛國이라고 한다. 화엄경에서 佛을 수행하는 사람의 마음
　속에 부처의 무상한 깨달음이 존재함을 말한다.
43) 勒成義記…抄寫還鄕 : 義記는 法藏이 지은 저술을 가리킨다. 勝詮은 귀국할

상세히 검토하여 가르쳐 주시면 다행이옵니다.45) 엎드려 원하옵건대,
마땅히 내세에는 이 몸을 버리고 새 몸을 받음에 서로 함께 노사나불
[盧舍那]46) 앞에서 이와 같은 무진(無盡)한 묘법(妙法)을 받고 무량
(無量)한 보현(普賢)의 원행(願行)47)을 수행한다면 나머지 악업(惡

때 법장의 저술을 베껴 가지고 왔다. 그것은『華嚴探玄記』20권(당시 두 권은
아직 완성되지 못하였음)・『一乘敎分記』3권・『玄義章雜義』1권・『華嚴梵
語』1권・『起信疏』2권・『十二門疏』1권・『法界無差別論疏』1권이다. 이러한
내용은 법장이 義湘에게 보낸 別幅 속에 들어 있는데, 별폭 자체는 현전하지
않으나, [遺] 卷4 義解 勝詮髑髏條 및 義天의『圓宗文類』卷22에 나와 있다.

44) 臧否 : 可否와 같은 말. 잘되고 못된 것이라는 뜻이다.

45) 請上人詳檢臧否 幸示箴誨 : 均如『敎分記圓通抄』卷1 8葉右에「問 有義理分
齊九 所詮差別十者 何耶 答 此是後人所治也 後人意者 以此義理 雙踏能所銓
故置於第九貫前後也 問 後人雖耶 答 相和尙耶 謂章主寄相德書云 請上人詳
檢臧否 幸重箴誨故 相德令眞定智通 勘其臧否而治定也 今釋竝章主所列也 謂
此文有草本鍊本不同 義理爲九者是草本 反此者鍊本故爾也」라고 하였다. 義湘
은 法藏이 勝詮을 통해 보내온 그의 저술을 제자인 眞定과 相元・良圓・表訓
에게 분석하도록 하였다. 이때 교정에 참가한 4명을 弟子四英으로 부른다. 그
결과 의상은 법장의 대표적 저술인『華嚴五敎章』(혹은『華嚴一乘敎分記』)의
체제를 바꾸어 놓았다. 법장이 처음 의상에게 전한 교분기는 제9문에 所詮差
別, 제10문에 義理分齊로 구조되어 있었다. 그것을 검토한 의상은 그 순서를
바꾸어 제9문에 의리문제, 제10문에 소전차별을 설정하였다. 법장이 서술한 원
본을 鍊本이라고 하고 의상의 교정본을 草本이라고 한다. 의상이 義理分齊를
제9문에 놓은 이유는 원리를 설한 의리문제를 이해한다면 제10문의 所詮差別
까지를 모두 답습할 수 있기 때문이다. 이는 융합을 강조하는 의상과 차별을
강조하는 법장의 사상적 차이를 보여주는 예이다(金杜珍, 앞의 책, pp.70-73).

46) 盧舍那 : 毘盧舍那佛을 가리킨다. 화엄경의 주존불이다. 비로사나는 梵語인
Vairocana를 音寫한 것이고, 光明遍照로 번역된다.

47) 普賢願行 : 普賢은 普賢菩薩을 가리키며, 혹은 偏吉으로도 번역된다. 梵語로
Samantabhadra인데, 三曼多跋捺羅 또는 邲輸跋陀라고 音寫된다. 文殊菩薩과
함께 釋迦如來의 一生補處의 보살로서 脇侍에 배향되었다. 白象을 타고 있으
며, 修行의 상징으로 경배되었다. 普賢願行에는 10大願이 있다. 그것은 ①禮
敬諸佛 ②稱讚如來 ③廣修供養 ④懺悔業障 ⑤隨喜功德 ⑥請轉法輪 ⑦請
佛住世 ⑧常隨佛學 ⑨恒順衆生 ⑩普皆廻向이다. 均如의 普賢十願歌는 이러
한 10大願에 대한 노래와 함께 마지막에 總結無盡歌를 붙인 모두 11편의 향가
로 이루어져 있다.

業)은 하루 아침에 굴러 떨어질 것입니다. 바라건대, 상인께서는 옛일
들48)을 잊지 마시고 어느 업의 세계에 있든지 간에49) 바른 길을 보이
시고, 인편과 서신이 있을 때마다 생사를 물어주시기 바랍니다. 이만
갖추지 못합니다.」50)〈[이] 글은 대문류(大文類)51)에 실려 있다.〉

　의상은 이에 열 곳의 절52)에 교를 전하게 하니 태백산의 부석사,

---

48) 宿昔 : 과거, 곧 지난 옛날이란 뜻이다.

49) 諸趣 : 5趣를 가리키며, 혹은 5道·5惡趣·5有라고도 한다. 5취는 ① 地獄 ②
　　鬼(餓鬼) ③ 傍生(畜生) ④ 人(人間) ⑤ 天(天上)이다. 여기에 阿修羅를 덧붙
　　여 흔히 6道라고 한다.

50) 西京崇福寺…不具 : 이 서간의 내용은 崔致遠의 法藏和尙傳에도 일부 인용되
　　어 있고, 그 전문은 [遺] 외에 義天의 『圓宗文類』에도 전한다. 法藏이 보낸 墨
　　簡 자체는 우리 나라에 전하지 않으나, 현재 일본 奈良의 天理大學 도서관에
　　소장되어 있다. 이곳의 소장본은 진본이기보다는 다른 종이에 轉寫한 초본이
　　제자들에게 전수된 것으로 추정된다(李丙燾, 「天理圖書館 所藏의 "唐法藏致
　　新羅義湘書"(墨簡)에 대하여」, 『韓國古代史研究』, 1976, pp.736-738).

51) 大文類 : 義天이 편찬한 『新集圓宗文類』를 가리킨다. 화엄종에 관한 문헌을
　　모아 총서로 만든 책이다. 『大覺國師文集』 권1에는 '신집원종문류서'가 나와
　　있는데, 본문에는 그냥 '원종문류'라고 하였다. 22권으로 된 木版本인데, 현재
　　14권과 22권의 두 책이 남아 전한다. 그 중 22권에 法藏이 신라의 義湘에게 보
　　낸 서한과 아울러 별집이 수록되어 있다.

52) 十刹 : 기록상으로 義湘이 창건했다고 하는 10개의 절. 華嚴大學의 장소로 10
　　山이 있고, 그 각 산에 건립된 10개의 화엄종 절이다. 본문에는 다섯 절만이 나
　　와 있으나, 崔致遠 撰 唐大薦福寺故寺主翻經大德法藏和尙傳(『崔文昌侯全集』,
　　p.275)에는 「海東華嚴大學之所 有十山焉 中岳公山美理寺 南岳智異山華嚴寺
　　北岳浮石寺 康州迦倻山海印寺 普光寺 熊州迦耶峽普願寺 鷄龍山岬寺 括地志
　　所云礙藍山是 朔州華山寺 良州金井山梵語寺 琵瑟山玉泉寺 全州毋岳山國神
　　寺 更有如漢州負兒山靑潭寺也 此十餘所」라고 하였다. 곧 공산·남악·북악·
　　가야산·가야협·계룡산·금정산·비슬산·무악산·부아산 등에 있는 美理寺,
　　華嚴寺, 浮石寺, 普光寺, 海印寺, 普願寺, 岬寺, 華山寺, 梵語寺, 玉泉寺, 國神
　　寺 등이다. 이로써 보면 반드시 10刹만 있었던 것은 아니며, 10여 개의 화엄종
　　절 중 인위적으로 10개를 정한 듯하다. 또한 화엄10찰이 의상에 의해 창건된
　　것은 아니며, 화엄교학이나 화엄신앙이 신라사회에 폭넓게 수용되었던 신라 하
　　대에 성립되었다(金相鉉, 「新羅 華嚴宗의 僧侶와 그 寺院」, 앞의 책, p.86). 그
　　리하여 고려 초기를 지나 신라 화엄종이 의상계로 인식되는 과정을 거치면서

원주(原州)의 비마라사[毗摩羅],53) 가야산[伽耶]의 해인사[海印],54)
비슬산[毗瑟]의 옥천사[玉泉],55) 금정산[金井]의 범어사[梵魚],56)

화엄10찰은 의상계로 파악되어왔다.

53) 原州毗摩羅 : 毗摩羅寺는 신라 때 原州지역에 있었던 절. 義湘系의 10刹에 속
해 있었다. 原州는 지금의 강원도 원주시이다. 「本高句麗平原郡 新羅文武王置
北原小京 高麗太祖二十三年改今名 顯宗九年爲知州事 高宗四十六年 以州人
逆命 降爲一新縣 元宗元年復知州事 十年以林惟茂外鄕 陞爲靖原都護府 忠烈
王十七年 以禦丹兵有功 改益興都護府 三十四年陞原州牧 忠宣王二年降爲成
安府 恭愍王二年安胎于州之雉岳山 復爲原州牧 本朝因之」([勝覽] 卷46 原州
牧 建置沿革條). 원주는 본래 고구려의 平原郡이었으며, 고려 太祖 때 원주로
고쳐졌고, 여러 번 이름이 바뀌었으나 恭愍王 이후 조선시대에 原州牧으로 불
렸다.

54) 伽耶之海印 : 伽耶山의 海印寺를 가리킨다. 가야산은 경상남도 陜川郡과 경
상북도 星州郡의 경계에 있는 산. 높이는 해발 1430m이다. 小白山脈 중의 명
산으로 꼽히며, 산중에는 해인사를 비롯한 절과 고적들이 많아 국립공원으로
지정되어 있다. 해인사는 합천군 가야면 緇仁里의 가야산 남쪽 기슭에 있는
절. 대한 불교 조계종 제12교구의 본사. 義湘의 華嚴 10刹 중의 하나이고, 高麗
大藏經板을 보관한 法寶寺刹이다. 신라 哀莊王 때 順應과 利貞이 창건하였다.
이 절은 창건 이래 여러 차례 화재를 겪었으며, 현 건물은 1817년(純祖 17년)
에 霽月과 聖岸이 건립한 것이다. 이 절의 당우로는 대적광전을 비롯하여 冥
府殿 · 삼성각 · 응진전 · 조사전 · 堆雪堂 · 응향각 · 관음전 · 窮玄堂 · 九光樓 ·
經學院 · 明月堂 · 四雲堂 · 해탈문 · 局司壇 · 鳳凰門 · 一柱門 등이 있다. 중요
문화재로는 고려대장경과 法寶殿 · 석조여래좌상 · 반야사 元景大師碑 · 願堂
庵 다층석탑 · 원당암석등 · 妙吉祥塔 · 希朗祖師像 · 世祖影幀 · 金銀字寫經 ·
해인사사적 · 水月觀音圖 · 靈山會上圖 · 海印寺鐘 등이 있으며, 이 외에도 많
은 문화재가 전한다.

55) 毗瑟之玉泉 : 毗瑟山의 玉泉寺. 「琵瑟山 在縣北三十里」([勝覽] 卷27 昌寧縣
山川條). 「玉泉寺 在火王山南 高麗辛旽母 乃此寺婢也 頓誅寺廢 後改創 未旣
以旽之故 復有論列者撤去」(同書 昌寧縣 古蹟條). 毗瑟山은 琵瑟山과 音通한
것으로 창녕군에 있다. 옥천사는 창녕군의 火王山 남쪽에 있었던 절인데, 辛旽
의 어머니가 이 절의 여종으로 있었기 때문에 신돈 사후 폐쇄되었다. 후에 창
녕현감 李侯基가 객사의 동쪽에 새 옥천사 당우를 건립하였으나, 현재 그 유지
가 정확하게 알려져 있지 않다.

56) 金井之梵魚 : 金井山의 梵魚寺. 범어사는 부산직할시 동래구 청룡동 금정산
산록에 있는 절. 신라 화엄 10찰 중의 하나이며, 대한 불교 조계종 제14교구의
本寺이다. 1700년(肅宗 20년)에 東溪가 편찬 간행한 梵魚寺創建事蹟이 현전

남악(南嶽)의 화엄사(華嚴寺)57) 등이 그것이다. 또한 법계도서인(法界圖書印)58)을 저술하고 아울러 간략한 주석을 붙여59) 일승(一乘)의 요긴한 알맹이[樞要]를 모두 포괄하였으니 천 년을 두고 볼 귀감이 되어 저마다 다투어 보배로 여겨 지니고자 하였다. 나머지는 찬술한 것이 없으나,60) 한 점의 고기로 온 솥의 국물 맛을 알 수 있다.61) 법

한다. 신라 興德王 때 창건되었다고 하며, 1613년(光海君 5년)에 妙全·法仁 등이 중창하여 오늘에 이른다. 현존하는 당우로 일주문·천왕문·不二門·보제루·鐘樓·미륵전·비로전·大雄殿·명부전·관음전·일로향각 등이 있다. 유물로는 3층석탑·석등·석조괘불대 및 毘盧舍那佛會圖 등이 전한다.

57) 南嶽華嚴寺 : 南嶽, 곧 南岳은 신라 5岳 중의 하나인 地理山. 지리산은 높이 1915m이며, 산록은 경상남도·전라남도·전라북도에 걸쳐 있다. 華嚴寺는 전라남도 구례군 馬山面 黃田里에 있는 절. 화엄사에 대해서는 [遺] 卷2 紀異 元聖大王條 참조.

58) 法界圖書印 : 義湘이 지은 華嚴一乘法界圖를 가리킨다. 그 주석인『華嚴一乘法界圖記』에「一乘法界圖 合詩一印 依華嚴經及十地論 表圓敎宗要」라고 하였다. 義湘은 華嚴經의 十地論에 의거하여 圓敎의 宗要를 나타내기 위해 法界圖를 總相印으로 작성하였다. 668년(文武王 8년) 10월에 智儼이 入寂하기 직전 의상은 淸禪寺의 般若院에서 그의 法印을 전수받았으며, 그보다 약 3개월 전인 同年 7월 15일에 法界圖를 작성하였다. 법계도는 7언 30구의 총 210자로 구성되어 있으며, '法'자로 시작해서 마지막에 '佛'자로 끝나도록 54角이 있는 圖印으로 구조되었기 때문에 法界圖印이라고 부른다. 또한 法界圖는 智儼이 지었으며, 그 註釋이 의상에 의해 행해졌다는 주장이 있었다. 그러나 崔致遠이 지은 義湘傳에서는 法界圖의 作者가 의상임을 분명히 하였으며, 고려 초의 均如도 그것을 의상의 찬술로 단정하였다.

59) 略疏 : 義湘이 지은 華嚴一乘法界圖를 주석한『華嚴一乘法界圖記』를 가리키는데, [遺]의 본문에서 의상이 저술하였다고 기록되었다.『華嚴一乘法界圖記』에는 總章 원년(668, 文武王 8년) 7월 15일에 기록한다고만 되어 있고, 그 작성자에 대한 언급이 없는데, 그 이유에 대해「問 何故不看集者名字 答 表緣生諸法無有主者故 又問 何故在年月名 答 示一切諸法依緣生故」라고 하였다. 다만『華嚴一乘法界圖記』의 끝머리에 華嚴宗 香象大師의 말엽인 題頭法師가 집필하였다고 기록되어 있다. 緣生은 主가 없어 作者의 이름을 기록하지 않는다고 했기 때문에 題頭法師는 法界圖記의 내용을 들었거나 전하는 바를 그대로 기록했을 뿐이며, 찬자가 아님이 분명하다.

60) 餘無撰述 : 法界圖書印과 그 略疏 외에 義湘의 저술은 白花道場發願文, 一乘

계도는 총장(總章)62) 원년 무진(戊辰, 668)에 이루어졌다. 이 해에 지엄도 입적하였으니 공자[孔氏]가 기린을 잡았다[獲麟]63)는 [구절]에서 붓을 놓은 것과 같다. 세상에 전하기를 의상은 금산보개(金山寶蓋)64)의 화신이라고 하였다.

그의 제자인 오진(悟眞)65)·지통(智通)66)·표훈(表訓)67)·진정(眞

發願文, 『十門看法觀』 1권, 『入法界品抄記』 1권, 『小阿彌陀義記』 1권, 『大乘章』 10권 등이 있었다. 그 중 白花道場發願文과 一乘發願文 외의 저술은 현재 전하지 않는다.

61) 嘗鼎味一臠足矣 : 이 말의 뜻은 義湘의 저술 중 華嚴一乘法界圖 및 그 略疏가 뛰어났음을 나타낸 것이나, 그 속에서 의상 화엄사상의 성격을 읽을 수 있다. 곧 한 점의 고기 맛으로 온 솥의 국물 맛을 안다고 함은 의상이 원칙적인 '一'을 중시하여 그것으로써 一切를 관조하려는 것을 비유한 셈이다.

62) 總章 : 중국 唐 高宗의 연호(668-670). 總章 원년은 668년(文武王 8년)이다.

63) 獲麟 : 孔子가 중국 춘추시대의 역사서인 『春秋』를 편찬하면서, 魯나라 哀公 14년(BC 477)에 '麒麟을 잡았다'는 구절에서 붓을 놓고 더 기술하지 않았다. 중도에서 그만 쓴다는 의미이다.

64) 金山寶蓋 : 金山은 부처의 몸을 비유한 말이고, 寶蓋는 寶玉으로 꾸민 日傘이다. 여기서는 부처라는 의미이다. 『法華經』 序品에 「身色如金山 端嚴甚深妙」라고 하였으며, 『維摩經』 佛國品에 「毘耶離城有長者子 名曰寶精 與五百長者子 持七寶蓋 來詣佛所」라고 하였다. 『金光明經』 권2 功德天品 제8에 金山寶蓋如來가 보인다.

65) 悟眞 : 생몰년 미상. 신라 때의 고승. 義湘의 10대 제자 중의 한 사람. 下柯山 鶻嵓寺에 거주하였다. 唐나라 了源과 편지 연락을 한 것으로 알려져 있으나 더 자세한 행적은 전하지 않는다.

66) 智通 : 655-?. 신라 때의 고승. 義湘의 10대 제자 중의 한 사람. 伊亮公의 家奴였으며, 7세 때(661년, 文武王 원년)에 靈鷲山의 朗智에게 출가하였다. 그는 뒷날 의상의 문하로 옮겼으며, 의상이 소백산 錐洞에서 90일 동안 3천 명의 대중에게 화엄경을 강의하였을 때 그 요지를 『錐洞記』 2권으로 저술하였다.

67) 表訓 : 생몰년 미상. 신라 때의 고승. 義湘의 10대 제자 중의 한 사람. 興輪寺 金堂10聖으로 봉해져 있다. 674년(文武王 14년)에 表訓은 皇福寺에서 의상으로부터 法界圖를 배우고 五觀釋을 제시하였다. 681년(神文王 1년)에 왕의 청으로 夢城寺에 주석하면서 문무왕의 명복을 비는 禮懺을 주관하였다. 또한 그는 금강산 萬瀑洞 어구에 表訓寺를 창건했다고 전하며, 의상에게 전한 법장 저술의 교정에 참여하였다. 金大城이 佛國寺를 창건한 이후 그는 거기에 주석

定)68) · 진장(眞藏)69) · 도융(道融)70) · 양원(良圓)71) · 상원(相源)72) ·
능인(能仁)73) · 의적(義寂)74) 등 10대덕은 영수(領首)가 되었는데,
모두 아성(亞聖)이라고 하고 각각 전기가 있다. 오진은 일찍이 하가산
(下柯山) 골암사(鶻嵒寺)75)에 거처하면서 매일 밤에 팔을 펴 부석사
방의 등을 켰다. 지통은 『추동기(錐洞記)』76)를 저술했는데, 대개 친

하였으며, 이때 景德王이 後嗣를 얻도록 天宮을 왕래한 설화가 후일 부회되어
전한다. 황복사에 있을 당시에 大正角干에게 三本定을 해석해주었으며, 이들
의 문답을 엿들어 전한 絹繪은 그의 제자로 파악된다.(金相鉉, 앞의 논문,
pp.56-57)

68) 眞定 : 생몰년 미상. 신라 때의 고승. 義湘의 10대 제자 중의 한 사람. 출가하
기 전에는 군대에 속해 있었고, 복역의 여가에 홀어머니를 봉양할 정도로 효심
이 지극하였다. 뒤에 그는 太伯山의 의상 문하로 나아갔다. [遺] 卷5 孝善 眞
定師孝善雙美條 참조.

69) 眞藏 : 신라 때의 고승. 義湘의 10대 제자 중의 한 사람. 여기 외에 더 자세한
기록이 알려져 있지 않다.

70) 道融 : 신라 때의 고승. 義湘의 10대 제자 중의 한 사람. 여기 외에 더 자세한
기록을 찾기 어렵다.

71) 良圓 : 신라 때의 고승. 義湘의 10대 제자 중의 한 사람. 그의 행적은 알려져
있지 않다. 崔致遠의 法藏和尙傳에는 '亮元'으로 표기되어 있으나, 『道身章』에
서는 여기에서처럼 '良圓'으로 나와 있다. 그의 저술로 고려 초기까지는 『良圓
和尙記』가 전해져 있었다(金相鉉, 앞의 논문, pp.61-62).

72) 相源 : 신라 때의 고승. 義湘의 10대 제자 중의 한 사람. 자세한 행적은 알려져
있지 않다. 『道身章』에는 '常元'으로 표기되어 있다. 그 외에 '相圓' 또는 '相元'
으로 기록되었는데 모두 동일 인물로 추정된다(金相鉉, 앞의 논문, p.60).

73) 能仁 : 신라 때의 고승. 義湘의 10대 제자 중의 한 사람. 여기 외에 더 자세한
기록을 찾기 어렵다.

74) 義寂 : 신라 때의 고승. 義湘의 10대 제자 중의 한 사람. 자세한 행적은 알려져
있지 않다. 혹은 入唐하여 唯識 등을 연구하여 많은 저술을 남긴 義寂과 동일
인물로 파악하기도 하나 확실하지 않다.

75) 下柯山鶻嵒寺 : 下柯山은 安東의 鶴駕山이다. 『鶴駕山 一云下柯山 在府西二
十里 又見榮川』([勝覽] 卷24 安東大都護府 山川條). 鶻嵒寺는 여기 외에 달
리 전하지 않는다.

76) 錐洞記 : 2권으로 된 智通의 저술. 현전하지는 않으나 그 내용은 소백산 추동
의 90일간의 화엄법회에서 義湘의 강의를 기록한 것이며, 그 일부가 均如 등

히 [의상의] 가르침을 받들었으므로 글이 오묘한 뜻을 많이 지녔다. 표훈은 일찍이 불국사(佛國寺)에 있으면서 항상 천궁(天宮)을 왕래하였다.[77] 의상이 황복사에 있을 때 무리들과 함께 탑을 돌았는데, 매번 허공을 밟고 올라갔으며[78] 계단으로 오르지 않았다. 그러므로 그 탑에는 사다리가 설치되지 않았고 그 무리들도 층계에서 세 자나 떨어져 허공을 밟고 돌았다. 의상이 돌아보며 말하기를, "세상 사람이 이를 보면 반드시 괴이하다고 할 것이니 세상에 가르칠 것은 못된다"고 하였다. 나머지는 최후가 지은 본전과 같다.[79]

　찬한다.

고려시대 승려들의 저술 속에 인용되어 있다. 華嚴錐洞記·錐穴記·錐穴問答·智通記·智通問答·要義問答 등으로 불리기도 하는데, 방언으로 13세기까지 流通되고 있었으며 李藏用(1201-1272)이 한문 문장으로 고쳐 썼다(金相鉉,「『錐洞記』와 그 異本『華嚴經問答』」,『韓國學報』84, 1996, p.33).

77) 訓曾住佛國寺 常往來天宮 : [遺] 卷2 紀異 景德王 忠談師 表訓大德條의「王一日詔表訓大德曰 朕無祜不獲其嗣 願大德請於上帝而有之 訓上告於天帝 還來奏云 帝有言 求女卽可 男卽不宜 王曰 願轉女成男 訓再上天請之 帝曰 可則可矣 然爲男則國殆矣 訓欲下時 帝又召曰 天與人不可亂 今師往來如隣里 漏洩天機 今後宜更不通 訓來以天語諭之 王曰 國雖殆 得男而爲嗣足矣 於是滿月王后生太子」라고 한 사실을 가리킨다.

78) 每步虛而上 :『法華經』제6 藥王菩薩本事品 제23에「自己 卽坐七寶之臺 上昇虛空 高七多羅樹 往到佛所」라고 한 것과 비슷한 모습이다. 또한 본문의 '팔을 펴 浮石寺 방안의 등을 켜는 것'은『法華經』제6 藥王菩薩本事品 제23에 나오는 '燒臂供養' 故事의 팔로써 공양한다는 면에서 비슷하다.

79) 餘如崔侯所撰本傳 : 이로 보면 一然은 본 [遺] 卷4 義解 義湘傳敎條를 찬술하면서 崔致遠이 지은 義湘傳을 참고하고, 거기에 없는 내용만을 중점적으로 다룬 것을 알 수 있다. 곧 의상의 행적에 대해서는 최치원이 지은 義湘傳과 본 義湘傳敎條를 함께 보아야 완전하게 드러날 것이다. 최치원이 지은 義湘傳은 현전하지 않는다. 浮石本碑나『宋高僧傳』에는 義湘傳敎條에 없는 내용이 다소 나타나 있는데, 그것은 최치원이 지은 義湘傳에 수록되어 있었을 것으로 추측된다.

연진(烟塵)을 무릅쓰고 덤불을 헤쳐 바다를 건너니
지상사의 문이 열려 상서로운 보배를 접했도다
화엄[雜花]을 캐와서 고국에 심으니
종남산과 태백산[80]이 같은 봄을 이루었다

---

80) 終南太伯 : 終南山과 太伯山. 여기서는 唐나라와 신라라는 의미이다.

106. 蛇¹⁾福不言

　　京師萬善北里　有寡女　不夫而孕　旣産　年至十二歲　不語亦不起　因號蛇²⁾童〈下或作蛇³⁾卜 又巴 又伏等 皆言童也〉

　　一日其母死　時元曉　住高仙寺　曉見之迎禮　福不答⁴⁾拜而曰　君我昔日駄⁵⁾經牸牛　今已亡矣　偕葬何如　曉曰　諾　遂與到家　令曉布薩授戒　臨尸祝曰　莫生兮其死也苦　莫死兮其生也苦　福曰　詞煩　更之曰　死生苦兮　二公舁歸活里山東麓　曉曰　葬智惠虎於智惠林中　不亦宜乎　福乃作偈曰　往昔釋迦牟尼佛　娑⁶⁾羅樹間入涅槃　于今亦有如彼者　欲入蓮花⁷⁾藏界寬　言訖拔茅莖　下有世界　晃朗淸虛　七寶欄楯　樓閣莊嚴　殆非人間世　福負尸共入　其地奄然而合　曉乃還

　　後人爲創寺於金剛山東南　額曰道場寺　每年三月十四日　行占察會爲恒規　福之應世　唯示此爾　俚諺多以荒唐之說托⁸⁾焉　可笑

　　讚曰　淵默龍眠豈等閑　臨行一曲沒多般　苦兮生死元非苦　華藏浮休世界寬

---

1) 蛇：[正][品][斗][六] 虵(蛇의 속자). [浩] 蛇.
2) 蛇：주 1)과 같음.
3) 蛇：주 1)과 같음.
4) 答：[正] 荅. [品][斗][浩][六] 答.
5) 駄：[正] 馱. [品][斗][浩][六] 駄.
6) 娑：[品][浩] 娑.
7) 花：[品] 華.
8) 托：[斗][浩][六] 託.

사복이 말하지 않다

서울 만선북리(萬善北里)[1]에 과부가 있었는데, 남자와 관계하지 않고, 아이를 잉태하여[2] 낳았다. 나이가 열 두 살이 되어도 말을 하지도 못하고 일어나지도 못하였다. 이로 인하여 사동(蛇童)[3]〈아래에서 사복(蛇卜) 또는 사파[巴] 또는 사복[伏]이라고 하였으니, 모두 동(童)을 말한다.〉이

---

1) 萬善北里 : 『海東高僧傳』에 인용된 安弘碑에는 「安弘年六十二終于萬善」이라는 구절이 보인다. 安弘이 돌아갔다는 萬善은 萬善寺였을 것이다. 따라서 萬善北里는 만선사 북쪽 마을이라는 의미일 것이다.

2) 不夫而孕 : 과부가 남자와 관계하지 않고 아이를 잉태했다고 하는 것은 고대인의 精靈的인 잉태관을 보여주는 것이나, 불교적으로는 蛇福이 願과 大悲와 智를 좇아 태어난 것이라는 의미를 내포하고 있다. 摩耶夫人이 慈悲心으로서 智를 일으켜 환생하여 菩薩의 어머니가 되듯이 智와 惠를 갖춘 과부가 남자와 관계하지 않고 사복을 낳았다고 하기 때문이다.(金相鉉, 『新羅華嚴思想史研究』, 민족사, 1991, p.181)

3) 蛇童 : 蛇福. 福은 童, 卜, 巴, 伏 등으로도 쓰였다. 이것은 모두 童, 즉 아이라는 뜻임은 一然이 이미 밝혔다. 童은 釋(새김)을 취한 표기이고, 福, 巴 등은 음을 취한 표기이다.(李基文, 「新羅語의 福에 대하여」, 『國語國文學』 49·50, 1970, p.201) 蛇福은 생몰년을 알 수 없으며, 신라 사람이다. 경주의 興輪寺 금당 10성 중의 한 분으로 봉안되었고, 13세기 초까지도 扶安의 來蘇寺에 그의 진영이 봉안되어 있었다. 李奎報는 神宗 3년(1200) 부안의 元曉房을 참배하고 그곳에서 들은 설화를 다음과 같이 기록해두었다. 「원효방 곁에 한 암자가 있는데, 항간의 말에 의하면, 蛇包聖人이 옛날에 머물렀던 곳이라고 한다. 원효가 와서 머물렀으므로 사포가 또한 와서 모시면서 曉公에게 차를 달여드리고자 했으나 샘물이 없어서 곤란하였다. 갑자기 바위 틈에서 이 샘물이 솟아났는데, 젖과 같이 달았다. 늘 이 물로 차를 달였다고 한다.」(『東國李相國集』 卷23 南行月日記)(金相鉉, 「蛇福說話의 佛敎的 意味」, 『史學志』 16-朴武成博士華甲記念論叢-, 1982 참조)

라고 불렀다.

하루는 그 어머니가 돌아가니, 이때 원효(元曉)⁴⁾는 고선사(高仙寺)⁵⁾에 머무르고 있었는데, 원효가 그를 보고 예를 갖춰 맞이하였다. 사복은 답배하지 않고 말하기를, "그대와 내가 옛날에 경(經)을 실었던 암소가 지금 죽었으니 함께 장사지냄이 어떻겠소?"라고 하였다. 원효가 말하기를, "좋다"고 하였다. 드디어 함께 집에 도착하였다. 원효에게 포살(布薩)⁶⁾시켜 계를 주게 하였다.

시체 앞에 이르러 고축하기를, "나지 말지니, 그 죽음이 괴롭다. 죽지 말지니, 그 남이 괴롭도다"고 하였다. 사복이 말하기를, "[그] 말이 번거롭다"고 하였다. [원효가] 이를 고쳐서 말하기를, "죽고 나는 것이 괴롭다"고 하였다.⁷⁾

---

4) 元曉 : 617-686. 신라 통일기인 7세기의 고승. 속성은 薛씨이고, 元曉는 법명이며, 아명은 誓幢 또는 新幢이다. 자세한 것은 [遺] 卷4 義解 元曉不羈條 참조.

5) 高仙寺 : 경상북도 경주시 암곡동에 있었던 절. 정확한 창건연대는 알 수 없다. 7세기에 元曉가 머물렀던 절로 유명하고, 9세기 초에 원효의 행적을 기록한 誓幢和上碑를 이 절에 세웠다. 고려 顯宗 12년(1021)에는 이 절에 있던 金羅袈裟와 佛頂骨을 內殿에 옮겨 봉안하였다. 절터에는 3층석탑(국보 제38호), 석등대석, 귀부 등이 있었는데, 덕동댐 건설로 이 절터가 수몰되기에 이르자 1975년에 이들 유물을 국립경주박물관으로 옮겼다.

6) 布薩 : 불교의식의 하나. 梵語는 Upavasatha이었으나 梵語의 원형을 잃어버리고 Posadha가 되었다. 布沙他, 布灑他, 逋沙他, 褒沙陀, 布薩陀婆의 약칭이다. 번역하여 淨住, 善宿 또는 長養이라고 한다. 출가승려가 보름마다 모여서 戒經의 독송을 듣고 자기를 반성하는데, 각각 죄과를 고백하고 참회하는 의식이다.

7) 福曰詞煩 更之曰 死生苦兮 : 일반적으로 更之曰의 주어를 元曉로 보고 원효가 다시 고쳐서 말했다고 번역한다. 權相老만은 蛇福이 고쳐서 다시 말한 것으로 번역하였다.([相], p.350) 生에서 死로, 그리고 사에서 생으로 되풀이하는 것을 輪廻라고 한다. 生死輪廻란 괴로운 것, 이를 두고 死生이 고통스럽다고 한 것이다. 「莫生兮其死也苦 莫死兮其生也苦」라고 한 것도 역시 생사윤회의 고통을 말한 것이다. 윤회의 악순환을 끊고 蓮華藏世界에 들어가는 것을 涅槃

두 분이 [시신을] 메고 활리산(活里山)8) 동쪽 기슭으로 갔다. 원효
가 말하기를, "지혜의 호랑이를 지혜의 숲속에 장사지냄이 또한 마땅
하지 않으리오?"라고 하였다. 사복이 이에 게(偈)를 지어 말하기를,
"그 옛날 석가모니불은 사라수(裟羅樹)9) 사이에서 열반에 드셨다. 지
금 역시 그와 같은 이 있어 연화장세계[蓮花藏界]10)에 들어가고자 한
다"고 하였다.

말을 마치고 띠풀을 뽑았다. [그] 아래에 있는 세계는 황랑(晃朗)
하고 청허(淸虛)하며 칠보로 장식한 난간과 누각이 장엄하여 인간세
상이 아니었다.11) 사복이 시체를 업고 함께 들어가니 그 땅이 갑자기
합쳐졌다. 원효는 이에 돌아왔다.

후세 사람들이 [그를] 위해서 금강산(金剛山)12) 동남쪽에 절을 짓

이라고 이 설화에서는 말하고 있다.

8) 活里山 : 현재 위치가 확실하지 않다. 活里는 Katharsis的 樂土를 의미하는 것
으로 풀이하는 견해가 있다. 그러나 신라 善德女王 때 있었던 活里驛이 活里
山과 관련이 있는 지명이라면 활리산은 실재한 산명이었을 것이다.(金相鉉, 앞
의 논문, 1982, p.583)

9) 裟羅樹 : 梵語로 Salavrksa라고 하며, 번역은 堅固라고 한다. 釋尊이 입적하신
곳에 번성했던 나무이다.

10) 蓮花藏界 : 蓮華藏世界. 연화로 장엄된 정토의 세계. 연화장장엄세계 또는 화
장세계라고도 한다. 이 세계는 큰 연화로 되고 그 가운데 一切國·一切物을
간직하였으므로 연화장세계라고 한다. 『華嚴經』에 의하면, 세계의 맨 밑에 風
輪이 있고, 풍륜 위에 香水海가 있으며, 그 향수해 중에 큰 연화가 있는데, 연
화장세계는 그 속에 있으며 金鋼輪山이 둘러 있다고 한다.

11) 下有世界…殆非人間世 : 지하에 전개된 세계가 장엄하여 인간의 세상이 아니
었다고 하는 것은 智慧에 의해서 慈悲心을 일으켜 행한 모든 行願에 의해 장
엄된 진리의 세계에 대한 설명이다. 지하의 세계란 곧 연화장세계로서 자비와
지혜에 의해서 장엄된 세계이다. 이 설화에서 죽은 蛇福의 어머니를 智慧虎라
고 하면서 그를 智慧林에 장사지내는 것이 마땅하다고 했는데, 여기서 智慧林
이란 蓮華藏世界의 다른 표현으로 이해할 수 있다. 智慧가 곧 悲智이고 연화
장세계도 결국은 悲智의 나타남이기 때문이다.

고 이름을 도량사(道場寺)13)라고 하여 해마다 3월 14일이면 점찰법
회[占察會]14) 여는 것을 항례로 삼았다. 사복이 세상에 나타난 것
은15) 다만 이것뿐인데, 세간에서는 많은 황당한 얘기를 덧붙여 평계
했으니 웃을 만한 일이다.

  찬한다.

    깊이 잠든 용이라고 어찌 등한하리
    떠나면서 읊은 한 곡조 간단도 하구료
    고통스러운 생사도 원래 고통 아니니
    연화장에 부휴하니 세계는 넓도다

---

12) 金剛山 : 경상북도 경주의 북쪽에 있는 산. 小金剛山이라고도 한다. 異次頓이
   순교할 때 그의 머리가 金剛山으로 날아가 떨어졌기에 그곳에 장사지내고 刺
   楸寺를 세웠다고 하며, 이 산의 남쪽에는 신라 때 창건된 栢栗寺가 지금도 전
   해오고 있다.
13) 道場寺 : 경상북도 금강산 동남쪽에 있었던 절. 여기 외에 다른 기록에서 찾아
   볼 수 없다.
14) 占察會 : 『占察善惡業報經』에 의한 占察法會. 『占察經』에는 말법시대의 중생
   을 교화하고 제도하는 방편으로서 木輪相法이라는 점찰법을 제시하고 있다.
   말법시대가 되면 불교를 신앙하는 불자들이 많은 어려움과 장애에 부딪혀 수
   행에 곤경을 겪게 되고, 산란한 마음 때문에 갈피를 잡지 못하는 경우가 많다.
   이 때문에 숙세의 善惡業報와 현재의 苦樂吉凶을 점찰하여 참회하고 반성하
   면서 自心의 안락을 얻도록 하기 위하여 점찰법을 행한다는 것이다. 우리 나라
   에서는 신라의 圓光이 최초로 이 법회를 열었고, 眞表에 의해서 정착되었다.
15) 應世 : 불·보살이 중생제도를 위하여 여러 가지 몸을 나타내어 교화하는 것.

107. 眞表傳簡

釋眞表 完山州〈今全州牧〉萬頃縣人〈或作豆乃山縣 或作都那山¹⁾縣 今萬
頃 古名豆²⁾乃山縣也 貫寧傳釋表³⁾之鄕里 云金山縣人 以寺名及縣名混之也〉父
曰眞乃末 母吉寶娘 姓井氏 年至十二歲 投金山寺崇⁴⁾濟法師講下
落彩請業 其師嘗謂曰 吾曾入唐 受業於善導⁵⁾三藏 然後入五臺 感
文殊菩薩現受五戒 表啓曰 勤修幾何得戒耶 濟曰 精至則不過一年

表聞師之言 遍遊名岳 止錫仙溪山不思議庵⁶⁾ 該鍊三業 以亡身
懺悔得戒⁷⁾ 初以七宵爲期 五輪撲石 膝腕俱碎 雨血嵓崖 若無聖
應 決志捐捨 更期七日 二七日終 見地藏菩薩現受淨戒 卽開元二
十八年庚辰三月十五日辰時也 時齡二十餘三矣

然志存慈氏 故不敢中止 乃移靈山寺〈一名邊山 又楞伽山〉又懃勇如
初 果感彌勒⁸⁾現授占察經兩卷〈此經乃陳隋間外國所譯 非今始出也 慈氏
以經授之耳〉幷證果簡子一百八十九介 謂曰 於中第八簡子喻新得妙

---

1) 都那山：[正][品][斗][浩][六][리] 那山. [民] 都那山. [遺] 卷4 義解 關東
   楓岳鉢淵藪石記條에는 '都那山'.
2) 豆：[正] 亘. [鶴][品][斗][浩][六][民] 豆.
3) 表：[正][斗][六] □. [品][浩][民] 表.
4) 崇：[民] 順. [遺] 卷4 義解 關東楓岳鉢淵藪石記條에는 '順'.
5) 導：[正][浩][六][리] 道. [品][斗][民] 導.
6) 庵：[斗][六][리] 菴.
7) 悔得戒：[正][六][리] □□□. [浩] 法得戒. [品][斗][民][東] 悔得戒.
8) 勒：[正][斗][六][리] 力. [品][浩][民] 勒.

戒 第九簡子喩增得具戒 斯二簡子是我手指骨 餘皆沈檀木造 喩諸
煩惱 汝以此傳法於世 作濟人津筏

表旣受聖莂 來住金山 每歲開壇 恢⁹⁾張法施 壇席精嚴 末季未之
有也 風化旣周 遊涉到阿瑟羅州 島嶼間魚鼈成橋 迎入水中 講法
受戒 卽天寶十一載壬辰二月望日也 或本云元和六年 誤矣 元和在
憲德王代〈去聖德幾七十年矣〉

景德王聞之 迎入宮闥 受菩薩戒 嚫租七萬七千石 椒庭列岳皆受
戒品 施絹五百端 黃金五十兩 皆容受之 分施諸山 廣興佛事 其骨
石今在鉢淵寺 卽爲海族演戒之地 得法之袖領 曰永深 寶宗 信芳
體珍 珍海 眞善 釋忠等 皆爲山門祖 深則眞傳¹⁰⁾簡子 住俗離山
爲克家子 作壇之法 與占察六輪稍異 修如山中所傳本規

按唐僧傳云 開皇十三年 廣州有僧行懺法 以皮作帖子二枚 書善
惡兩字 令人擲之 得善者吉 又行自撲懺法 以爲滅罪 而男女合匝
妄承密行 靑州接響 同行官司檢¹¹⁾察 謂是妖妄 彼云 此搭懺法依
占察經 撲懺法依諸經中 五體投地 如大山崩

時以奏聞 乃勅內史侍郎李元撰 就大興寺問諸大德 有大沙門法
經 彦琮等 對曰 占察經見有兩卷 首題菩提燈¹²⁾在外國譯文 似近
代所出 亦有寫而傳者 檢¹³⁾勘群錄 并無正名譯人時處 搭懺與衆經
復異 不可依行 因勅禁之

今試論之 靑州居士等搭懺等事 如大儒以詩書發塚 可謂畫虎不成

---

9) 恢 : [正] 판독미상. [品][斗] 恢. [浩][六][民][리] 恢.
10) 傳 : [斗][六] 表.
11) 檢 : [正][品] 撿(檢과 동자). [斗][浩][六] 檢.
12) 燈 : [正][斗][六][리] 登. [品][浩][民] 燈.
13) 檢 : 주 11)과 같음.

類狗者矣 佛所預防正爲此爾 若曰占察經無譯人時處 爲可疑也 是
亦擔麻棄金也 何則 詳彼經文 乃悉壇深密 洗滌穢瑕 激昂懶夫者
莫如玆典 故亦名大乘懺 又云 出六根聚中 開元貞元二釋敎錄中
編入正藏 雖外乎性宗 其相敎大乘殆亦優矣 豈與搭撲二懺 同日而
語哉

　如舍利佛問經 佛告長者子邠若多羅曰 汝可七日七夜 悔汝先罪
皆使清淨 多羅奉敎 日夜懇惻 至第五夕 於其室中 雨種種物 若巾
若帊若拂箒若刀錐斧等 墮其目前 多羅歡喜 問於佛 佛言是離塵之
相 割拂之物也

　據此 則與占察經擲輪得相之事 奚以異哉 乃知表公劋懺得簡 聞
法見佛 可謂不誣 況此經若僞妄 則慈氏何以親授表師 又此經如可
禁 舍利問經亦可禁乎 琮輩可謂攫14)金不見人 讀者詳焉

　讚曰 現身澆季激慵聾 靈岳仙溪感應通 莫謂劋勤傳搭懺 作橋東
海化魚龍

---

14) 攫：[正] 판독미상. [品][斗][浩][六][民] 攫.

진표가 간자를 전하다

　석(釋) 진표(眞表)[1]는 완산주(完山州)[2]〈지금의 전주목(全州牧)[3]〉 만경현(萬頃縣)[4] 사람이다.〈혹은 두내산현(豆乃山縣)[5] 혹은 도나산현(都那山縣)[6]이라고도 하니 지금의 만경(萬頃)이며, 옛이름은 두내산현이다. 관령전(貫寧傳)[7]에 석진표의 고향을 금산현(金山縣)[8] 사람이라고 한 것은 절이름과 현이름을 혼동한 것이다.〉 아버지는 진내말(眞乃末)[9]이고 어머니는 길보랑(吉寶娘)[10]으로

---

1) 眞表 : 생몰년 미상. 신라 景德王 때의 고승. 완산주 출신으로 성은 井씨, 아버지는 眞乃末, 어머니는 吉寶娘이다. 12세에 출가하여 金山寺 順濟에게 沙彌戒法을 받았다. 자세한 사항은 본조와 [遺] 卷4 義解 關東楓岳鉢淵藪石記條 참조.

2) 完山州 : 백제시대의 完山. 신라 神文王 때의 完山州. 景德王 때 개명하고, 고려 恭愍王 5년에 完山府, 조선 太祖 때 完山府, 太宗 3년 완산주로 개명하였다.([勝覽] 卷33 全州牧 建置沿革條) 1987년 完山出張所. 1989년 完山區.

3) 全州牧 : 고려 太祖 23년 全州牧. 恭愍王 4년 完山府. 太宗 3년 改今名.([勝覽] 卷33 全州府 建置沿革條)

4) 萬頃縣 : 백제 豆乃山縣. 신라 萬頃縣으로 개명.([勝覽] 卷34 萬頃縣 建置沿革條)

5) 豆乃山縣 : [勝覽] 卷33 全州牧 萬頃縣條 참조.

6) 都那山縣 : 豆乃山縣의 同名異稱. [遺] 卷4 義解 關東楓岳鉢淵藪石記條 참조.

7) 貫寧傳 : 알 수 없다.

8) 金山縣 : 전라북도 金堤市 金山面의 옛이름. 金山縣으로 개명한 시기는 알 수 없다.

9) 眞乃末 : 신라 景德王 때의 고승인 眞表의 아버지. 성은 井씨, 이름은 眞. 乃末은 신라의 관등명이다. 그의 아들 眞表는 俗名이 아니고 法名이다. 따라서 父子 이름의 眞자는 서로 관계가 없다.

10) 吉寶娘 : 신라 景德王 때의 고승인 眞表의 어머니. 성은 알 수 없고, 吉寶는 이름이다. 여기 외에는 자료가 없다.

성은 정(井)씨이다.

　나이 열 두 살에 이르러 금산사(金山寺)11) 숭제(崇濟)12) 법사의
강석 아래 몸을 던져 머리를 깎고 중이 되어 배우기를 청하니, 숭제
법사가 일찍이 이르기를, "나는 일찍이 당(唐)나라에 들어가 선도삼
장(善導三藏)13)에게 배움을 받은 후에 오대산[五臺]14)에 들어가 문
수보살(文殊菩薩)의 현신에 감응하여 5계(五戒)15)를 받았다"고 하였
다. [이에] 진표가 아뢰기를, "부지런히 수행하면 얼마만에 계를 받을
수 있습니까?"고 하니, 숭제가 말하기를, "정성이 지극하면 1년을 넘
기지 않을 것이다"고 하였다.

　진표가 법사의 말을 듣고, 명산을 두루 다니다가 선계산(仙溪山)16)

---

11) 金山寺 : 지금의 전라북도 金堤郡 母岳山에 있는 신라 惠恭王 2년(766)에 眞
　　表 律師가 개창한 절. [遺] 卷4 義解 關東楓岳鉢淵藪石記條의 주석 10) 참조.
12) 崇濟 : 신라 景德王 때 金山寺에 있던 고승. 여기 외에는 자료가 없다. [遺]
　　卷4 義解 關東楓岳鉢淵藪石記條에는 '順濟'로 나온다.
13) 善導三藏 : 善道로도 쓴다. 중국 唐나라 때의 고승. 山東省 臨淄縣 사람. 또는
　　安徽省 泗州縣 사람이라고도 한다. 성은 朱氏. 隋 煬帝 大業 9년(613)에 출생
　　하여 어려서 密州의 明勝法師에게 출가하였다. 貞觀 연간 중 20여 세 때 西河
　　玄中寺에 가서 道綽에게 『觀無量壽經』을 배우고, 西安 終南山의 悟眞寺에 주
　　석하였다. 高宗 咸亨 3년(672)에 龍門大舍那佛 건립 때 檢校職에 있었다. 그
　　후 長安의 慈恩寺에 주석하고, 淨土의 業을 닦았다. 永隆 2년(682) 3월 14일에
　　69세로 입적하였다. 長安城 城南의 神禾原에 분묘가 있다. 저서로『觀經疏』4
　　권과『法事讚』2권이 있다. 淨土敎의 高祖로 추앙받는다.(望月信亨,『望月佛
　　敎大辭典』3, 京都 世界聖典刊行協會, 1954, p.2994)
14) 五臺 : 중국 山西省 五臺縣 晋東山地에 있는 명산. 해발 3058m. 華北지방 제1
　　봉이다. 중국 5대 佛敎聖地(靈山)의 하나로 꼽히며, 문수보살 應化의 도량이
　　다. 東臺에는 많은 불탑이 있고, 南臺에는 普濟寺, 西臺에는 法雷寺, 中臺에는
　　演敎寺 등이 있다. 현존하는 고찰로는 顯通寺(東漢 明帝, 58-75), 殊像寺(唐
　　代), 碧算寺(北魏), 南禪寺(唐 德宗), 佛光寺(北魏) 등의 명찰이 있다.
15) 五戒 : 불교에 귀의하는 在家 남녀가 받을 5종의 戒律. 불교도 전체에 통하는
　　戒律로, '중생을 죽이지 말라. 훔치지 말라. 음행하지 말라. 거짓말하지 말라. 술
　　마시지 말라' 등이 있다.

불사의암(不思議庵)[17]에서 그치고 머물러 3업(三業)[18]을 연마하였으며, 망신참회(亡身懺悔)[19]로 계를 얻었다. 처음에 7일밤을 기약하여 5체[五輪][20]를 돌에 두드려서 무릎과 팔이 다 부서지고 피가 바위절벽에 비오듯 쏟아졌으나, 보살의 감응이 없는 듯하여 몸을 버리기로 결심하고, 다시 7일을 기약하여 14일에 마치자, 지장보살(地藏菩薩)[21]이 나타나 정계(淨戒)[22]를 받으니, 즉 개원(開元)[23] 28년 경진(庚辰, 740) 3월 15일 진시(辰時)이고, 이때의 나이가 23세였다.

그러나 [진표의] 뜻이 미륵보살[慈氏][24]에 있었으므로 감히 중지하지 못하고, 이어 영산사(靈山寺)[25]〈일명 변산(邊山) 또는 능가산(楞伽山)이라고도 한다.〉로 옮겨 다시 처음과 같이 부지런하고 용감하게 수행하였다. 과연 미륵보살이 감응하여 나타나 『점찰경(占察經)』[26] 2권〈이 경은 진(陳)[27]나라와 수(隋)나라 무렵에 외국에서 번역된 것으로 지금 비로소 나온

---

16) 仙溪山 : 전라북도 扶安郡의 邊山을 가리키는 듯하나, 자세히는 알 수 없다.

17) 不思議庵 : 전라북도 부안군 邊山에 있던 절. 「新羅僧眞表寓居之所」([勝覽] 卷34 扶安郡 佛宇條).

18) 三業 : 身業·口業·意業. 곧 신체의 동작, 언어, 의지의 작용으로 짓는 업을 말한다.

19) 亡身懺悔 : 몸을 버려서 이루는 참회법.

20) 五輪 : 머리와 두 무릎과 두 손. 사람의 온 몸.

21) 地藏菩薩 : [遺] 卷3 塔像 臺山五萬眞身條의 주석 34) 참조.

22) 淨戒 : 佛門의 계율. 그 예로는 5戒가 있다.

23) 開元 : 중국 唐 玄宗의 연호(713-741).

24) 慈氏 : 彌勒菩薩. [遺] 卷3 塔像 彌勒仙花 未尸郎 眞慈師條 참조.

25) 靈山寺 : 전라북도 扶安郡 邊山에 있던 절. 신라 景德王 때 眞表法師가 수도하던 곳.

26) 占察經 : 『占察善惡業報經』의 약칭. 隋 菩提燈 譯. 2卷. 地藏菩薩이 나무패(簡子)를 던져서 吉凶善惡을 점치는 법을 설하고, 겸하여 참회의 법을 보였다. 다음으로 一實(眞如)境界 二道의 觀道를 보여서 사리를 구비하였다.

27) 陳 : 중국 남조 최후의 왕조(557-589). 무장 陳覇先(武帝, 재위 557-559)이 梁을 멸하고 건국하였다. [遺] 卷4 義解 慈藏定律條의 주석 41) 참조.

것은 아니다. 미륵보살이 이 경을 그에게 주었을 뿐이다.〉과 아울러 증과(證果)28) 간자(簡子)29) 189개를 주면서 이르기를, "그 가운데서 제8간자는 새로 얻은 묘계(妙戒)30)를 말하고, 제9간자는 더 얻은 구계(具戒)31)를 말한다. 이 두 간자는 내 손가락뼈이고, 나머지는 모두 침단목(沈檀木)32)으로 만든 것으로 여러 번뇌를 이른 것이니, 너는 이것으로써 세상에 법을 전하여 사람을 구제하는 나루와 뗏목[津筏]33)을 만들어라"고 하였다.

진표가 이미 미륵보살의 기별[聖莂]34)을 받고 금산사에 와 살면서 해마다 단을 열어 법시(法施)35)를 널리 베푸니, 단석의 정성과 엄함이 말세[末季]36)에서는 아직 없었다. 풍속과 교화가 이미 두루 퍼져서 유람걸음으로 아슬라주(阿瑟羅州)37)에 이르니, 섬과 섬 사이에 물고기와 자라가 모여 다리를 만들어 물속으로 맞아들여 [진표가] 설법을 하여 [물고기와 자라가] 계를 받으니, 즉 천보(天寶)38) 11년 임진(壬辰, 752) 2월 보름이었다. 다른 책에는 원화(元和)39) 6년(811)이

---

28) 證果 : 수행한 결과로 얻는 果報. 최종의 증과는 成佛하는 것이다.
29) 簡子 : 길흉을 점치는 패쪽.
30) 妙戒 : 大乘의 戒. 이에 대해 小乘의 戒를 粗戒라고 한다.
31) 具戒 : 具足戒의 약칭. 출가자가 받아야 할 계. 승과 승니가 지켜야 할 계. 승은 250계, 승니는 348계가 있다.
32) 沈檀木 : 沈木과 檀木. 둘 모두 香木이다.
33) 津筏 : 나루와 뗏목. 물을 건너는 설비.
34) 聖莂 : 聖은 미륵보살. 莂은 장차 성인이 될 것이라는 기별. 授記.
35) 法施 : 불법을 사람에게 설하여 듣게 하는 것. 가르쳐서 베푸는 것.
36) 末季 : 마지막 때. 끝. 곧 末世.
37) 阿瑟羅州 : 강원도 江陵의 옛이름. 고구려 때의 河西良. 일명 何瑟羅州. 신라 景德王때의 小京.([勝覽] 卷44 江陵 建置沿革條)
38) 天寶 : 중국 唐 玄宗의 연호(742-756).
39) 元和 : 중국 唐 憲宗의 연호(806-820).

라고 했으나 잘못이다. 원화는 헌덕왕(憲德王)40) 때에 해당된다.〈성덕

왕[聖德]41) 때로부터 거의 70년쯤 된다.〉

　경덕왕(景德王)42)은 이 말을 듣고 궁중으로 맞아들여 보살계(菩薩

戒)43)를 받고 조(租)44) 7만 7천 섬을 내리고, 왕비와 외척들45)도 모

두 계품(戒品)46)을 받고 비단 5백 단과 황금 50냥을 시주하였다. [진

표는] 이것을 모두 받아서 여러 산사에 나누어주어 널리 불사를 일으

켰다.

　그의 사리[骨石]47)는 지금 발연사(鉢淵寺)48)에 있으니, 즉 어족[海

族]을 위하여 계를 강연했던 곳이다. 법을 얻은 [제자 중의] 수제자

[領袖]는 영심(永深)49)·보종(寶宗)50)·신방(信芳)51)·체진(體珍)52)·

---

40) 憲德王 : 신라의 제41대 왕. 재위 809-826. [遺] 卷1 王曆 憲德王條 참조.

41) 聖德 : 聖德王. 신라의 제33대 왕. 재위 702-737. [遺] 卷2 紀異 聖德王條 참조.

42) 景德王 : 신라의 제35대 왕. 재위 742-765. [遺] 卷2 紀異 景德王 忠談師 表訓
　　大德條 참조.

43) 菩薩戒 : 大乘戒·佛性戒라고도 한다. 대승의 보살이 받아 지키는 계. [遺] 卷
　　4 義解 圓光西學條 89) 참조.

44) 租 : 신라시대 租·庸·調 貢賦의 하나. 租는 세금, 庸은 부역, 調는 특산물을
　　바치는 것. 신라의 조세제도는 神文王 때 전부터 내려오던 祿邑을 폐지하고,
　　대신 官僚田과 歲租로 바꿨다. 그 결과, 예를 들면 强首가 新城租 100석, 金庾
　　信 사후 그의 부인이 南城租 1000석 등을 받았다. 세조는 녹읍과 관료전을 받
　　지 못하는 대상자에게 주었다.

45) 椒庭列岳 : 椒庭은 후비 또는 외척. 列岳은 처의 伯叔. 여기서는 왕비와 외척
　　을 가리킨다.

46) 戒品 : 戒의 품류와 종별. 예를 들면 5戒, 6戒, 10善戒가 있다.

47) 骨石 : 舍利. 사리에 관해서는 [遺] 卷3 塔像 前後所將舍利條 참조.

48) 鉢淵寺 : 강원도 高城郡 外金剛面 龍溪里에 있던 신라 惠恭王 6년(770)에 眞
　　表 律師가 개창한 절. 조선 孝宗 8년(1657)에 소실된 것을 孝宗 10년(1659)에 재
　　건하였다. 진표율사사적비가 있다. [遺] 卷4 義解 關東楓岳鉢淵藪石記條 참조.

49) 永深 : 신라 景德王 때 속리산에 있던 고승. 眞表의 제자. [遺] 卷4 義解 關東
　　楓岳鉢淵藪石記條·心地繼祖條 참조.

50) 寶宗 : 신라 景德王 때의 고승. 眞表法師의 제자. 여기 외에는 자료가 없다.

진해(珍海)53)·진선(眞善)54)·석충(釋忠)55) 등인데, 모두 산문(山門)의 개조가 되었다. 영심은 진표가 간자를 전해서 속리산(俗離山)에 주석하면서 법통의 계승자가 되었다. 단을 만드는 법이 점찰 6륜(六輪)56)과는 약간 다르나 수행하는 것은 산중에 전하는 본규(本規)와 같았다.

『당승전(唐僧傳)』57)을 살펴보면 다음과 같다.「개황(開皇)58) 13년(593)에 광주(廣州)59)에 참법(懺法)60)을 행하는 승이 있어 가죽으로 첩자(帖子) 2매를 만들어 선(善)과 악(惡) 두 자를 써서 사람을 시켜 던지게 하여 선이라는 글자를 얻는 사람은 길하다고 하였다. 또 스스로 박참법(撲懺法)61)을 행하여 죄를 멸한다고 하여 남녀가 한데 섞여 함부로 [그 법을] 받아 몰래 행하니 청주(靑州)62)에까지 그 영향이 미쳤다. 동행한 관원이 조사하고 살펴서 이를 요망하다고 하니, 그들

---

51) 信芳 : 신라 景德王 때의 고승. 眞表法師의 제자. 여기 외에는 자료가 없다.
52) 體珍 : 신라 景德王 때의 고승. 眞表法師의 제자. 여기 외에는 자료가 없다.
53) 珍海 : 신라 景德王 때의 고승. 眞表法師의 제자. 여기 외에는 자료가 없다.
54) 眞善 : 신라 景德王 때의 고승. 眞表法師의 제자. 여기 외에는 자료가 없다.
55) 釋忠 : 신라 景德王 때의 고승. 眞表法師의 제자. 일부에서는 같은 시기의 釋冲 釋聰으로 보는 견해도 있으나 확실한 것은 알 수 없다.
56) 六輪 : 『本業瓔珞經』의 뜻을 취하여 圓教의 六位를 표시하는데 사용한다. 예를 들면, 鐵輪 10信, 銅輪 10住, 銀輪 10行, 金輪 10回向, 琉璃輪 10地, 摩尼輪王 等覺 등에 배정하는 것.
57) 唐僧傳 :『唐高僧傳』,『續高僧傳』,『唐傳』이라고도 한다. 唐 道宣 撰. 총 30권. 梁 慧皎의 고승전에 이어 梁 초에서부터 唐 貞觀 19년까지 약 140여 년간의 고승의 사적을 기록하였다.
58) 開皇 : 중국 隋 文帝의 연호(581-600).
59) 廣州 : 중국 廣東省의 도시. 省都.
60) 懺法 : 경전을 읽어 罪障을 참회하는 법회.
61) 撲懺法 : 자신의 몸을 학대하여 고통을 참으면서 참회하는 법.
62) 靑州 : 중국 山東省 溜博市의 옛이름. 東漢 이후 淸代까지 사용한 이름이다. 齊國의 都城유적이 있다.

이 말하기를, "이 탑참법(搭懺法)63)은 『점찰경』에 의한 것이고, 박참법은 여러 불경에 의거한 것으로 5체를 땅에 던지는 것이 큰 산이 무너지는 것과 같다"고 하였다.

이때 이 사실을 황제에게 알리니,64) 내사시랑(內史侍郎)65) 이원찬(李元撰)66)을 시켜 대흥사(大興寺)67)에 가서 여러 고승에게 묻게 하였다. 대사문(大沙門)68) 법경(法經)69)과 언종(彦琮)70) 등이 대답하기를, "『점찰경』은 현재 2권이 있는데, 첫머리에 보리등(菩提燈)71)이 외국에서 번역한 글이라고 하였으니 근대에 나온 것 같다. 또한 베껴서 전하는 것도 있는데, 여러 기록을 조사해보아도 모두 바른 이름과 번역자와 시일·장소가 없고, 탑참은 여러 경전과도 다르니 따라 행할

---

63) 搭懺法 : 善惡 두 자를 던져 점을 치면서 하는 참회법.
64) 奏聞 : 開皇 13년 廣州司馬 郭誼가 자세한 사항을 황제에게 보고한 사실을 말한다.
65) 內史侍郎 : 중국의 관직명. 內史는 국가의 法典을 장악한 관서. 畿內지방을 內史라고도 한다. 唐에서는 中書省을 內史省이라고 하였다. 侍郎은 唐나라 때 재상에 해당하는 관직으로서, 장관의 다음가는 자리를 말한다. 여기서는 畿內지방의 최고 首長을 가리킨다.
66) 李元撰 : 『舊唐書』, 『新唐書』 등에 자료가 나오지 않는다.
67) 大興寺 : 隋 文帝가 大興城(長安城)을 축조할 때 건립한 최대의 절인 大興善寺를 가리키는 듯하다.
68) 大沙門 : 여기서는 큰 스님을 가리킨다.
69) 法經 : 중국 隋·唐 때의 고승. 『長安志』 第10에 의하면 長安의 光明寺는 법경을 위하여 건립하였다고 한다. 開皇 4년 『占察經』에 의한 참법에 관하여 감정하였다. 개황 14년(594)에 『衆經目錄』 7권 등을 찬술하였다.(望月信亨, 앞의 책 2, 光明寺 항목)
70) 彦琮 : 중국 北齊·隋 때의 고승. 北齊 天寶 8년(557)에 태어나서 隋 煬帝 大業 6년(610)에 입적하였다. 河北省 唐山人. 10세에 출가하여 洛陽의 上林園에 飜經館을 건립하고 번역에 참여하였다. 저술로는 『西域志』 10권, 『沙門名義論別集』 5권 등을 찬하였다.(望月信亨, 앞의 책 1)
71) 菩提燈 : 중국 隋나라 때의 고승. 『占察善惡業報經』 2권을 번역하였다.

수 없습니다"고 하였다. 그리하여 칙명으로 이를 금지시켰다.」

지금 시론하건대, 청주거사(靑州居士)들에 의한 탑참 등의 일은 훌륭한 학자가 시서(詩書)로 인해 무덤을 파는 것[72]과 같으니, 가히 범을 그리다가 이루지 못하고 개와 유사하게 되었다고 할 수 있다. 부처가 예방한 것이 바로 이 때문이었다.

만약 『점찰경』을 번역자, 시일, 장소가 없다고 하여 의심스럽다고한다면, 이 또한 마(麻)를 취하고 금(金)을 버리는 것[73]과 같다. 왜냐하면, 그 경문을 자세히 보면, 실단(悉壇)[74]이 깊고 조밀하여 더러운것과 흠 있는 것을 씻어 게으른 사람을 격앙하게 함이 이 경전만한 것이 없다. 그러므로 또한 대승참(大乘懺)[75]이라고도 하고, 또 6근(六根)[76]이 모인 가운데서 나왔다고도 한다. 개원(開元)과 정원(貞元)[77]간에 [나온] 두 석교록(釋敎錄)[78] 중에는 정장(正藏)으로 편입되었

---

72) 大儒以詩書發塚 : ① 莊子에 『儒以詩禮發塚』이란 말이 있는데, 이것은 末世의 유학자가 학문을 악용하여 무덤을 파는 악행까지 행한다는 것을 풍자한 것이다.([浩], p.53) ② 晋 太康 2년에 河南省 汲郡 사람들이 魏 襄王의 陵을 발굴하여 古書 75편을 얻었다는 고사를 말하는 것이다.([斗], p.141)

73) 擔麻棄金 : 『中阿含經』16에 있는 寓話. 가난한 사람 둘이 길을 가던 중, 길가에 삼(麻)이 있어 베어 갔는데, 얼마 후 다시 와보니 이번에는 銀이 있고, 다음에 또 와보니 金이 있었다. 한 사람은 은과 금을 취하였으나, 또 한 사람은 처음과 같이 삼만 취하였다는 이야기. 어리석은 자를 비유한 것이다([品] 下之二, pp.189-190).

74) 悉壇 : 梵語의 Siddhanta. 방법·성취 등의 뜻.

75) 大乘懺 : 대승보살계에 의한 참회법.

76) 六根 : 사람의 6개의 감각기관. 눈(眼)·귀(耳)·코(鼻)·혀(舌)·몸(身)·마음(意).

77) 貞元 : 중국 唐 德宗의 연호(785-804).

78) 釋敎錄 : 釋敎錄에는 『開元釋敎錄』과 『貞元釋敎錄』의 두 가지가 있다. 『開元釋敎錄』은 開元 18년(730)에 智昇이 20권을 찬하였고, 『貞元釋敎錄』은 貞元 15년(799) 圓照가 30권을 찬하였다([品] 下之二, p.190).

으니, 비록 성종(性宗)79)은 아니지만, 상교대승(相敎大乘)80)으로는
자못 낫다고 하겠다. 어찌 탑참과 박참의 두 참과 함께 말할 수 있겠
는가?

『사리불문경(舍利佛問經)』에는 부처가 장자(長者)81)의 아들 빈야
다라(邠若多羅)에게 말씀하시기를, "네가 7일 낮 7일 밤에 너의 전생
의 죄를 참회해서 모두 깨끗이 씻어라"고 하였다. 다라가 [그] 가르침
을 받들어 밤낮으로 정성껏 했더니 5일째 되는 날 저녁에 이르러 그
방 안에 여러 가지 물건이 비오듯이 내려와 수건·두건·비·칼·송
곳·도끼 같은 것들이 눈앞에 떨어졌다. 다라가 기뻐하며 부처에게 물
으니, 부처가 말씀하시기를, "이것은 세상일을 벗어날 징조이니 자르
고 털어내는 물건이다"고 하였다.

이에 의거한다면, 『점찰경』의 윤(輪)을 던져 상(相)을 얻는 일82)과
무엇이 다르겠는가? 이에 진표공이 참을 들어 간자를 얻고, 법을 듣고
부처를 본 것이 허망된 것이 아니라고 할 수 있다. 더구나 이 경이 거
짓되고 허망된 것이라면, 미륵보살이 어찌 진표 법사에게 친히 전수하
였겠는가? 또 이 경을 금할 것 같으면『사리문경』도 금해야 하지 않
은가? 언종의 무리는 금을 얻고 사람을 보지 못하였다83)고 할 수 있

---

79) 性宗 : 현상차별의 세계를 초월하여 만유 제법의 진실한 체성을 논하는 宗旨.
　　예를 들면 三論宗, 華嚴宗 등이 있다.(耘虛龍夏,『佛敎辭典』, 동국역경원, 1961,
　　p.469)
80) 相敎大乘 : 法相宗.([斗] p.141 주 4))
81) 長者 : 인도에서의 長者란 좋은 가문 출신으로 재력과 덕을 갖춘 사람을 가리
　　킨다.
82) 擲輪得相 : 善惡 두 글자를 던져 점을 치는 것.
83) 攫金不見人 : 列子에 나오는 말. 남의 金을 훔칠 때 금만 보고 사람은 보지 못
　　하였다는 뜻이다.([浩], p.537)

으니 글을 읽는 자는 [이를] 자세히 살펴야 한다.

찬한다.

  말세에 나타나서 몽매한 사람을 깨우치니
  영악(靈岳)과 선계(仙溪)가 감응하여 통하였도다
  탑참을 전하기 위하여 높은 정성을 다했다고 말하지 말라
  동해에 다리를 놓은 물고기와 자라도 교화하였도다

108. 關東楓岳鉢淵藪石記〈此記乃寺主瑩岑所撰 承[1]安[2]四年己未立石〉

　眞表律師　全州碧骨郡都那山村大井里人也　年至十二　志求出家父許之　師往金山藪順[3]濟法師處零[4]染　濟授沙彌戒法　傳敎供養次第秘法一卷　占察善惡[5]業報經二卷日　汝持此戒法　於彌勒地藏兩聖前　懇[6]求[7]懺悔　親受戒法　流傳於[8]世

　師奉敎辭退　遍歷名山　年已二十七歲[9]　於上元元年庚子　蒸二十斗米　乃乾爲粮　詣保安縣　入邊山不思議房　以五合米　爲一日費　除一合米養鼠　師勤求戒法於彌勒像前　三年而未得授記

　發憤捨身嵓下　忽有靑衣童　手捧而置石上　師更發志[10]願　約三七日　日夜勤修　扣石懺悔　至三日手臂折落　至七日夜　地藏菩薩手搖[11]金錫　來[12]爲加持　手臂如舊　菩薩遂與袈裟及鉢　師感[13]其靈應　倍

---

1) 承 : [正] 판독미상. [品][斗][浩][六][民] 承.
2) 安 : [正] 판독미상. [品][斗][浩][六][民] 安.
3) 順 : [遺] 卷4 義解 眞表傳簡條에는 '崇'.
4) 零 : [正] 판독미상. [品][斗] 容.[浩][六][民] 零.
5) 惡 : [正] 판독미상. [品][斗][浩][六][民] 惡.
6) 懇 : [正] 판독미상. [品][斗][浩][六][民] 懇.
7) 求 : [正] 판독미상. [品][斗][浩][六][民] 求.
8) 於 : [正] 판독미상. [品][斗][浩][六] 於.
9) 歲 : [正][晚][順] 판독미상. [品][斗][浩][六] 歲.
10) 志 : [正] 판독미상. [品][斗][浩][六][民] 志.
11) 搖 : [正] 판독미상. [品][斗][浩][六][民] 搖.

加精進 滿三七日 卽得14)天眼 見兜率天衆來儀之相15) 於是地藏慈
氏現前16) 慈氏17)摩18)師頂曰 善哉大丈夫 求戒如是19) 不惜身命
懇求懺悔

地藏授與戒本 慈氏復與二栍 一題曰九者 一題八者 告師曰 此
二簡子者 是吾手指骨 此喩始本二覺 又九者法爾 八者新熏成佛種
子 以此當知果報 汝捨此身 受大國王身 後生於兜率 如是語已 兩
聖卽隱 時壬寅四月二十七日也

師受教法已 欲創金山寺 下山而來至大淵津 忽有龍王 出獻玉袈
裟 將八萬眷屬 侍往金山藪 四方子來 不日成之 復感慈氏從兜率
駕雲而下 與師受戒法 師勸檀緣 鑄成彌勒丈六像 復畫下降受戒威
儀之相於金堂南壁 像20)於甲辰六月九日鑄成 丙午五月一21)日 安
置金堂 是歲大曆元年也

師出金山向俗離山 路逢駕牛乘車者 其牛等向師前 跪膝而泣 乘
車人下問22) 何故此牛等見和尙泣耶 和尙從何而來 師曰 我是金山
藪眞表僧 予曾入邊山不思議房 於彌勒地藏兩聖前 親受戒法眞栍
欲覓創寺鎭長修道之處 故來爾 此牛等外愚內明 知我受戒法 爲重

---

12) 來 : [正] 판독미상. [順][品][斗][浩][六][民] 來.
13) 感 : [正][晩][順] 판독미상. [品][斗][浩][六] 感.
14) 得 : [正][順] 판독미상. [品][斗][浩][六] 得.
15) 相 : [正] 판독미상. [品][斗][浩][六] 相.
16) 現前 : [浩][六] 없음.
17) 慈氏 : [浩][六] 없음.
18) 摩 : [正][品][斗] 磨. [浩][六][民] 摩.
19) 戒如是 : [六] 如是戒.
20) 像 : [正][品][斗][六] □. [浩][民] 像.
21) 一 : [正] 판독미상. [晩][順][品][斗][浩][六][民] 一.
22) 問 : [正] 판독미상. [晩][順][品][斗][浩][六][民] 問.

法故 跪膝而泣

　其人聞已 乃曰 畜生尚有如是信心 況我爲人 豈無心乎 卽以手
執鎌 自斷頭髮 師以悲心 更爲祝髮受戒 行至俗離山洞裏 見吉祥
草所生處而識之 還向溟州海邊 徐行次 有魚鼈黿鼉等類 出海向師
前 綴身如陸 師踏23)而入海 唱念戒法還出

　行至高城郡 入皆骨山 始創鉢淵藪 開占察法會 住七年 時溟州
界年穀不登 人民飢饉 師爲說戒法 人人奉持 致敬三寶 俄於高城
海邊 有無數魚類 自死而出 人民賣此爲食 得免死

　師出鉢淵 復到不思議房 然後往詣家邑謁父 或到眞門大德房居
住 時俗離山大德永深 與大德融宗 佛陁等 同詣律師所 伸請曰 我
等不遠千里 來求戒法 願授法門

　師默然不答24) 三人者乘桃樹上 倒墮於地 勇猛懺悔 師乃傳教灌
頂 遂與袈裟及鉢 供養次第秘法一卷 占25)察善惡業報經二卷 一百
八十九栍 復與彌勒眞栍九者八者 誡曰 九者法爾 八者新熏成佛種
子 我已付囑汝等 持此還歸俗離山 山有吉祥草生處 於此創立精舍
依此教法 廣度人天 流布後世 永深等奉教 直往俗離 尋吉祥草生
處 創寺名曰吉祥 永深於此始設占察法會

　律師與父復到鉢淵 同修道業而終孝之 師遷化時 登於寺東大巖
上示滅 弟子等不動眞體而供養 至于骸骨散落 於是以土覆藏 乃爲
幽宮 有靑松卽出 歲月久遠而枯 復生一樹 後更生一樹 其根一也
至今雙樹存焉 凡有致敬者 松下覔骨 或得或不得 予26)恐聖骨堙滅

---

23) 踏：[正][品] 踄. [斗][浩][六] 踏.
24) 答：[正] 荅. [品][斗][浩][六] 答.
25) 占：[正][斗][六] 日. [品][浩][民] 占.
26) 予：[正] 子. [鶴][品][斗][浩][六][民] 予.

丁巳九月　特詣松下　拾骨盛筒　有三合許　於大崑上雙樹下　立石安骨焉云云

　此錄所載眞表事跡與鉢淵石記　互有不同　故刪取瑩岑所記而載之後賢宜考之　無極記

관동[1] 풍악[2] 발연수의 돌에 새긴 글[3] 〈이 기록은 바로 절 주지인 영잠(瑩岑)[4]이 지은 것이며, 승안(承安)[5] 4년 기미(己未, 1199)에 비석을 세웠다.〉

진표(眞表)[6] 율사(律師)[7]는 전주(全州) 벽골군(碧骨郡)[8] 도나산촌(都那山村) 대정리(大井里)[9] 사람이다. 나이 열 두 살이 되어 출가에 뜻을 두니, 아버지가 이를 허락하였다. 율사는 금산수(金山藪)[10] 순제(順濟)[11] 법사에게 가서 중이 되었다. 순제는 사미계법(沙彌戒

---

1) 關東 : 대관령의 동쪽지방.
2) 楓岳 : 楓岳山. 가을 금강산의 별칭.
3) 石記 : 鉢淵寺址에 남아 있는 鉢淵寺眞表律師藏骨塔碑를 가리킨다. 瑩岑이 글을 짓고, 李子琳이 썼다.
4) 瑩岑 : 고려 神宗 2년(1199) 때의 鉢淵寺의 比丘. 眞表律師藏骨塔碑의 碑文을 지었다.
5) 承安 : 중국 金 章宗의 연호(1196-1200).
6) 眞表 : 신라 景德王 때의 고승. [遺] 卷4 義解 眞表傳簡條 참조.
7) 律師 : 十法을 갖추고, 戒律을 잘 지키며, 師範인 고승. 僧官의 하나로 正律師와 權律師가 있다.
8) 碧骨郡 : 지금의 전라북도 金堤郡. 「本百濟碧骨郡 新羅改今名 高麗初爲全州屬縣 仁宗 二十一年置縣令」([勝覽] 卷33 金堤郡 建置沿革條).
9) 都那山村大井里 : 지금의 전라북도 金堤郡 내에 있는 지명으로 생각되나 자세한 것은 알 수 없다.
10) 金山藪 : 지금의 전라북도 金堤郡 母岳山에 있는 金山寺. 신라 惠恭王 2년(766)에 眞表律師가 개창하였고, 그뒤 후백제의 神劍이 그의 아버지인 甄萱을 유폐한 적도 있다. 임진왜란 때 소실된 것을 1626년에 수문이 재건하였다. 절 내에는 露柱·石蓮臺·惠德王師眞應塔碑·5층석탑·石鐘·6각다층석탑·당간지주·彌勒殿·心源庵北崗3층석탑 등 신라와 고려시대의 많은 문화재가 있다.
11) 順濟 : 여기 외에는 자료가 없어 더 이상 자세히 알 수 없다. [遺] 卷4 義解

法)12)을 주고, 『공양차제비법(供養次第秘法)』13) 1권과 『점찰선악업
보경(占察善惡業報經)』14) 2권을 전하며 가르쳐 말하기를, "너는 이
계법을 가지고 미륵(彌勒)15)과 지장(地藏)16) 두 보살 앞에서 간절히
구하고 참회해서 친히 계법을 받아 세상에 널리 전하라"고 하였다.

율사는 가르침을 받들고, 작별하고 물러 나와 명산을 두루 돌아다
니더니, 나이가 이미 스물 일곱 살이 되었다. 상원(上元) 원년 경자
(庚子, 760)에 쌀 20말을 쪄서 말려 양식으로 삼아 보안현(保安縣)17)
으로 가서 변산(邊山)18) 불사의방(不思議房)19)에 들어갔다. 5홉의 쌀
로 하루동안 먹고, 1홉의 쌀은 덜어서 쥐를 먹였다. 율사는 미륵보살
상 앞에서 부지런히 계법을 구했으나 3년이 되어도 수기(授記)20)를
얻지 못하였다.

眞表傳簡條의 崇濟法師와 동일인으로 생각된다.

12) 沙彌戒法 : 沙彌가 지켜야 할 계법. 沙彌는 십계를 받고 불도를 닦는 7세 이상
   20세 미만의 견습스님.
13) 供養次第秘法 : 『大毗盧遮那成佛神變加持經』으로 줄여서 『大日經』이라고도
   하며, 제7권에 공양법을 설명하였다.
14) 占察善惡業報經 : 『占察經』으로 약칭하기도 한다. [遺] 卷4 義解 眞表傳簡條
   의 주석 26) 참조.
15) 彌勒 : 彌勒慈存이라고도 하며, 인도 波羅那國의 바라문 집안에서 태어나 석
   가모니의 化導를 받고 미래(석가모니 열반 후 56억 년 뒤)에 부처가 될 보살.
16) 地藏 : 석가모니의 열반 후, 미륵불의 出世까지 중생을 교화한다는 보살.
17) 保安縣 : 지금의 전라북도 扶安郡의 일부이다. 「本百濟欣良買縣 新羅改喜安
   屬古阜 高麗改保安仍屬…本朝太宗十四年保安復合于扶寧」([勝覽] 卷34 扶安
   縣 建置沿革條)
18) 邊山 : 지금의 전라북도 扶安郡의 邊山半島. 『在保安縣 一名楞伽山 一名瀛州
   山 或云卞山語轉而爲邊』([勝覽] 卷34 扶安 山川條).
19) 不思議房 : 전라북도 부안군 邊山에 있던 절. 「新羅僧眞表寓居之所」([勝覽]
   卷34 扶安郡 佛宇條)
20) 授記 : 석가모니가 제자들에게 미래의 證果에 대하여 미리 예언한 敎說. 미래
   에 성불하리라는 예언.

발분하여 바위 아래로 몸을 던졌더니 갑자기 청의동자[靑衣童][21]가 손으로 받아 돌 위에 놓았다. 율사는 다시 지원(志願)을 발하여 21일을 기약하고 밤낮으로 부지런히 수행하여 돌을 두드리며 참회하니, 3일째 되던 날에 손과 팔이 부러져 떨어졌다. 7일째 되던 날 밤이 되자 지장보살이 손으로 금지팡이[金錫][22]를 흔들며 와서 그를 쓰다듬으니, 손과 팔이 예전처럼 되었다.

[지장]보살이 드디어 가사와 바리를 주니, 율사는 그 영험스런 감응에 감동하여 더욱 정진하였다. 21일을 채우자 하늘의 눈[天眼][23]을 얻어 도솔천중(兜率天衆)이 오는 모습을 보았다. 이때 지장보살과 미륵보살[慈氏]이 [율사] 앞에 나타나고, 미륵보살이 율사의 머리를 만지며 말하기를, "잘하는구나, 대장부여! 이처럼 계법을 구하기에 신명(身命)을 아끼지 않고 참회를 간절히 구하는구나!"고 하였다.

지장보살이 계본(戒本)[24]을 주고, 미륵보살은 다시 간자[栍] 2개를 주니, 하나는 9간자라고 하고, 다른 하나는 8간자라고 하였다. 율사에게 고하여 말하기를, "이 두 간자는 내 손가락뼈로서 이것은 시각과 본각의 두 각[始本二覺][25]을 말하는 것이다. 또 9간자는 법이(法爾)이고, 8간자는 신훈성불종자(新熏成佛種子)[26]이니, 이것으로써 과보

---

21) 靑衣童 : 불교의식에서 항상 먼저 나와 인도하는 동자. 靑衣 또는 碧衣를 입고 있다.
22) 金錫 : 금으로 된 錫杖. 錫杖은 보살이 불도를 닦을 때 짚는 지팡이.
23) 天眼 : 五眼의 하나. 遠近·前後·內外·晝夜·上下를 자유자재로 볼 수 있는 눈.
24) 戒本 : 비구와 비구니가 지켜야 할 계율의 조목을 뽑아 모은 책.
25) 始本二覺 : 始覺과 本覺. 시각은 불법을 듣고 비로소 無明에서 깨달음을 얻는 일. 본각은 본래부터 가지고 있는 맑고 깨끗한 覺性(素質).
26) 新熏成佛種子 : 唯識宗에서는 만유의 物心現象을 阿賴耶識에서 나온다고 하

(果報)[27]를 마땅히 알아야 할 것이다. 너는 [현세의] 이 몸을 버리고 대국왕(大國王)의 몸을 받아 후세에 도솔천에 태어날 것이다"고 하였다. 이와 같이 말을 마치자 두 보살은 곧 숨어버리니, 이때가 임인(壬寅, 762) 4월 27일이었다.

율사는 교법(敎法)[28]을 이미 받고, 금산사(金山寺)를 창건하려고 산에서 내려와 대연진(大淵津)[29]에 이르니, 갑자기 용왕이 나타나 옥가사를 바치고 8만 권속[八萬眷屬][30]을 거느리며 금산수로 모시고 갔다. 사방에서 사람들이 모여들어[31] 며칠 안되어 이를 완성하였다.

다시 미륵보살이 감응하여 도솔천에서 구름을 타고 내려와 율사에게 계법을 주니, 율사는 시주[檀緣][32]를 권하여 미륵장륙상(彌勒丈六像)[33]을 주성하고, 다시 금당 남벽에 [미륵보살이] 하강하여 계를 주는 위엄 있는 모습을 그렸다. 불상을 갑진(甲辰, 764) 6월 9일에 주성하여 병오(丙午, 766) 5월 1일에 금당에 안치하니, 이 해가 대력(大

고, 그것을 種子라고 한다. 종자에는 本有種子와 新熏種子 두 가지가 있다. 본유종자는 선천적으로 생긴 것이며, 신훈종자는 후천적으로 생긴 것이다.

27) 果報 : 인과관계에서 원인이 그 결과와 同類(同類因)로 생기는 결과를 果, 善惡을 나게 하는 원인은 선악의 煩惱(異熟因)로 생기는 결과를 報라고 한다.

28) 敎法 : 한 종파의 교리를 언어와 문자로 설명하는 교설.

29) 大淵津 : 전라북도 扶安郡의 어느 해변으로 짐작되나 자세한 것은 알 수 없다.

30) 八萬眷屬 : 八萬은 인도에서 많은 수를 나타낼 때 쓰는 말. 眷屬은 친히 隸屬한 것을 말한다. 妻子・徒弟・奴僕, 또는 불보살을 모시고 隨從하는 諸尊 등을 말한다.

31) 子來 : 아들이 부모의 일에 급히 달려오듯이 백성이 公事에 자진하여 모여드는 것. 「經始勿亟 庶民子來」(『孟子』 梁惠王 上). 「子來如子來趨父事也」(『集注』).

32) 檀緣 : 檀越과 같다. 檀은 물건을 남에게 거저 주는 일이고, 緣은 물건이 생김에 따라서 서로 친하게 되는 원인이 되거나 멀리서 도와주는 것이다. 따라서 檀緣은 施主・布施를 행하는 사람을 말한다.

33) 彌勒丈六像 : 길이가 1丈 6尺되는 불상.

曆)34) 원년이다.

율사가 금산을 나와 속리산(俗離山)을 향해 가는 길에서 소달구지를 탄 사람을 만났다. [그런데] 그 소들이 율사 앞을 향해 무릎을 꿇고 울었다. 달구지를 탄 사람이 내려서 묻기를, "어째서 이 소들이 스님을 보고 우는 것입니까? 스님은 어디서 오십니까?"라고 하였다.

율사가 말하기를, "나는 금산수의 진표라고 하는 중입니다. 내 일찍이 변산의 불사의방에 들어가 미륵과 지장 두 보살 앞에서 친히 계법과 진생(眞栍)35)을 받았으므로 오랫동안 차분하게36) 수도를 할 수 있는 곳을 찾아 절을 지으려고 오는 길입니다. 이 소들은 겉은 어리석은 듯하나 속은 현명하여, 내가 계법을 받은 것을 알고, 법을 중하게 여기기 때문에 무릎을 꿇고 우는 겁니다"고 하였다.

그 사람이 다 듣고 말하기를, "짐승도 오히려 이 같은 신심(信心)이 있는데, 하물며 사람인 내가 어찌 신심이 없겠습니까?"고 하고, 곧 손으로 낫을 잡고 스스로 머리털을 잘라버렸다. 율사는 자비스러운 마음으로 다시 머리를 깎아주고 계를 받게 하였다. 가다가 속리산 골짜기 안까지 이르러 길상초37)가 난 곳을 보고 그곳을 표시해두었다. 명주(溟州) 해변으로 돌아 향하여 천천히 가는 중에 물고기와 자라 등이 바다에서 나와 율사 앞을 향해 몸을 엮어 육지처럼 만드니, 율사가

---

34) 大曆 : 중국 唐 代宗의 연호(766-779). 대력 원년은 766년으로 신라 景德王 2년에 해당된다.
35) 眞栍 : 수행한 결과로 얻는 果報의 簡子.
36) 鎭長 : 길게 눌러 앉다.
37) 吉祥草 : 吉祥이란 이름은 석가모니가 이 풀을 깔고 보리수 아래에서 成道한 일에서 연유하였다고 하기도 하고, 또 이 풀을 석가모니에게 바친 사람이 吉祥童子라는 데서 나왔다고도 한다. 습기가 있는 땅에서 자라며 띠나 薄荷와 비슷한 풀이다.

[그들을] 밟고 바다로 들어가 계법을 소리내어 암송하고 돌아나왔다.

고성군(高城郡)38)까지 가서 금강산[皆骨山]으로 들어가 비로소 발연수(鉢淵藪)39)를 창건하고, 점찰법회(占察法會)40)를 열고, [그곳에] 7년을 거주하였다. 그때 명주의 경계지방에 흉년이 들어 사람들이 굶주렸다. 율사가 이를 위해 계법을 설하고, 사람마다 [이를] 받들어 3보(三寶)41)를 지극히 공경하니, 갑자기 고성 해변에 무수한 물고기가 저절로 죽어 나와 사람들이 이것들을 팔아서 식량을 마련하여 죽음을 면할 수 있었다.

율사가 발연을 나와 다시 불사의방에 이르렀다. 그후 고향에 가서 아버지를 뵙고, 혹은 진문(眞門)42) 대덕의 방에 가서 거주하기도 하였다. 그때 속리산에 있던 대덕 영심(永深)43)이 대덕 융종(融宗)44)·불타(佛陁)45) 등과 함께 율사가 있는 곳에 와서 청하기를, "우리들은 천리를 멀다 않고 와서 계법을 구하고자 하오니, 원컨대 법문(法門)46)

---

38) 高城郡 : 지금의 강원도 高城郡. 「本高句麗達忽 新羅眞興王二十九年爲達忽州置軍主景德王改今名爲郡」([勝覽] 卷45 高城郡 建置沿革條)
39) 鉢淵藪 : 강원도 高城郡 外金剛面 龍溪里에 있던 鉢淵寺. 신라 惠恭王 6년(770)에 眞表律師가 개창하였다. 조선 孝宗 8년(1657)에 소실된 것을 孝宗 10년(1659)에 재건하였다. 진표율사사적비가 있다. 藪는 수풀·큰 연못·많은 무리·處士가 隱居하는 곳 등의 뜻이 있으며, 寺자와 같은 뜻으로 사용한다.
40) 占察法會 : 『占察經』에 의한 법회. 신라의 圓光法師가 占察寶를 만들고 이 법회를 처음 열었다.
41) 三寶 : 佛寶·法寶·僧寶를 가리킨다.
42) 眞門 : 여기 외에 자료가 없어 자세히 알 수 없다.
43) 永深 : 신라 景德王 때 속리산에 있던 고승. 眞表의 제자.
44) 融宗 : 신라 景德王 때의 고승. 眞表의 제자.
45) 佛陁 : 신라 景德王 때의 고승. 眞表의 제자.
46) 法門 : 부처님의 敎法은 중생으로 하여금 나고 죽는 고통의 세계를 벗어나 理想境인 열반에 들게 하는 문이므로 이렇게 부른다.

을 주십시오"라고 하였다.

율사가 잠자코 대답하지 않으니, 세 사람은 복숭아나무 위에 올라
가 땅에 거꾸로 떨어지면서 용맹스럽게 참회를 하였다. 율사가 이에
교를 전하며 관정(灌頂)[47]을 시키고, 마침내 가사·바리때·『공양차
제비법(供養次第秘法)』 1권·『점찰선악업보경(占察善惡業報經)』 2권·
간자 189매를 주고, 다시 미륵진생 9간자와 8간자를 주면서 경계하여
말하기를, "9간자는 법이(法爾)이고, 8간자는 신훈성불종자(新熏成佛
種子)인데, 내가 이미 너희들에게 주었으니, 이것을 가지고 속리산으
로 돌아가거라. 산에는 길상초가 나는 곳이 있으니 거기에 절[精舍]을
짓고, 이 교법에 의해 널리 인간계와 천상계의 중생을 제도하고, 후세
에 널리 펴도록 하라"고 하였다.

영심 등은 교법을 받들고 곧 속리산으로 가서, 길상초가 나는 곳을
찾아 절을 짓고 이름을 길상(吉祥)이라고 하였다. 영심은 여기에서 비
로소 점찰법회를 열었다.

율사는 아버지와 함께 다시 발연에 가서 함께 도업(道業)을 닦고
효도를 다하다가 세상을 마쳤다. 율사가 입적[48]할 때, 절 동쪽 큰 바
위 위에 올라가 죽으니, 제자들이 시체를 옮기지 않고 공양하다가 해
골이 흩어져 떨어지게 되자 흙으로 덮어 감추어 무덤[幽宮]을 만들었
다. [그곳에] 푸른 소나무가 곧바로 났는데, 세월이 오래되어 말라죽

---

47) 灌頂 : 물을 정수리에 붓는다는 뜻. 본래 인도에서 왕의 즉위식 등에서 물을
정수리에 붓는 의식이 있었다. 여기에서 유래하여 여러 부처가 授記하는 의식
으로서 물을 정수리에 붓는다.(『楞嚴經』 참조)
48) 遷化 : 遷移化滅. 큰 스님의 죽음. 이승세계의 중생을 교화할 인연이 끝나서
다른 곳으로 중생을 교화하러 가는 일. 歸寂. 入寂.

었으나, 다시 나무 한 그루가 났고, 후에 다시 나무 한 그루가 났으니, 그 뿌리는 하나였다. 지금도 두 그루의 나무가 있다. 무릇 공경을 다하는 사람이 소나무 아래에서 뼈를 찾으니, 혹은 얻기도 하고 혹은 얻지 못하기도 하였다.

나는 율사의 성스러운 뼈가 없어질까 염려되어 정사(丁巳, 1197) 9월에 특별히 소나무 아래로 가서 뼈를 수습하여 통에 담았더니 세 홉 남짓 되었다. 큰 바위 위에 있는 두 그루의 나무 아래에 비를 세우고 뼈를 안장하였다고 하였다.

이 기록에 실린 진표의 사적은 발연의 비석기록과 서로 같지 않으므로 영잠이 기록한 것만을 간추려서 이에 실으니, 후에 현명한 이는 마땅히 이것을 참고하라. 무극(無極)49)은 기록한다.

---

49) 無極 : 1250-1322. 고려 寶鑑國師 混丘의 호. [遺] 卷3 塔像 前後所將舍利條
    의 주석 129) 참조.

109. 勝詮髑髏

　釋勝詮 未詳其所自也 常附舶指中國 詣賢首國師講下 領受玄言
研微積慮 惠鑒超穎 探賾索隱 妙盡隅奧[1] 思欲赴感有緣 當還國里
　始賢首與義湘同學 俱稟儼和尙慈訓 首就於師說 演述義科 因詮
法師還鄕寄示 湘仍寄[2]書〈云云〉別幅云 探[3]玄記二十卷 兩卷未成
敎[4]分記三卷 玄義章等雜義一卷 華[5]嚴[6]梵語一卷 起信疏[7]兩卷
十二門疏[8]一卷 法[9]界無差別論疏[10]一卷 幷[11]因勝詮法師抄寫還
鄕[12] 頃[13]新羅僧孝忠[14]遺金九分云 是上人所寄 雖不得書 頂荷
無盡 今附西國軍持[15]澡罐[16]一口 用表微誠 幸願[17]檢[18]領 謹宣

---

1) 奧 : [正] 粤. [品][斗][浩][六][民] 奧.
2) 寄 : [正][品] 寓. [斗][浩][六] 寄.
3) 探 : 『圓宗文類』에 인용된 글에는 '華嚴探'.
4) 敎 : 『圓宗文類』에 인용된 글에는 '一乘敎'.
5) 華 : 『圓宗文類』에 인용된 글에는 '別翻華'.
6) 嚴 : 『圓宗文類』에 인용된 글에는 '嚴經中'.
7) 疏 : [正] 疏.
8) 疏 : 주 7)과 같음. 『圓宗文類』에 인용된 글에는 '論疏'.
9) 法 : 『圓宗文類』에 인용된 글에는 '新翻法'.
10) 疏 : 주 7)과 같음.
11) 幷 : 『圓宗文類』에 인용된 글에는 '已上幷'.
12) 還鄕 : 『圓宗文類』에 인용된 글에는 '將歸'.
13) 頃 : 『圓宗文類』에 인용된 글에는 '今月二十三日'.
14) 忠 : 『圓宗文類』에 인용된 글에는 '忠師'.
15) 軍持 : [正][斗] 軍特. [品][浩][六][民] 軍持. 『圓宗文類』에 인용된 글에는

師旣還 寄信于義湘 湘乃目閱藏文 如耳聆儼訓 探討數旬 而授門弟子 廣演斯文 語在湘傳

按此圓融之敎誨 遍洽于靑丘者 寔師之功也 厥後有僧梵修 遠適彼國 求得新譯後分華嚴經 觀師19)義疏20) 言還流21)演 時當貞元己卯 斯亦求法洪揚之流乎

詮乃於尙州領內開寧郡境 開創精廬 以石髑髏爲官屬 開講華嚴 新羅沙門可歸 頗聰明識道理 有傳燈之續 乃撰心源章 其略云 勝詮法師領石徒衆 論議講演 今葛項22)寺也 其髑髏八十餘枚 至今爲綱23)司所傳 頗有靈異 其他事迹具載碑文24) 如大覺國師實錄中

'君持'.
16) 罐 : [正][斗][浩][六] 灌. [品][民] 罐.
17) 願 : 『圓宗文類』에 인용된 글에는 '請'.
18) 檢 : [正][品] 撿(檢과 동자). [斗][浩][六] 檢.
19) 師 : [浩][民] 解.
20) 疏 : 주 7)과 같음.
21) 流 : [六] 疏.
22) 項 : [正] 頃. [品][斗][浩][六][民] 項.
23) 綱 : [正] 網. [品][斗][浩][六][民] 綱.
24) 文 : [正] 판독미상. [品][斗][浩][六][民] 文.

승전의 해골

　석(釋) 승전(勝詮)[1]은 그 출자가 자세하지 않다. 일찍이 배를 타고 중국(中國)으로 가서 현수(賢首)[2] 국사의 문하에 나아가 현묘한 법어를 받아 정미한 것을 연구하여 사색을 쌓고,[3] 보는 것[4]이 뛰어나 이치와 깊은 사색[賾隱]을 찾고, 묘함이 깊고 오묘한 데까지 다하였다. [그는] 인연이 있는 곳으로 가고자 하여 고국의 고향으로 돌아오게 되었다.

　처음에 현수는 의상(義湘)[5]과 같이 공부하게 되어 함께 지엄[儼][6]

---

1) 勝詮 : 여기 외에는 자료가 없어 자세한 것은 알 수 없다.
2) 賢首 : 643-712. 중국 唐의 고승. 華嚴宗의 제3대 教祖. 號는 香象, 이름은 法藏, 속성은 康씨이다. 洛陽에서 智儼에게서『華嚴經』을 배우고,『八十華嚴經』을 번역하였다. 則天武后에게서 사랑과 후원을 받았으며, 699년에 賢首라는 호를 받았다.『華嚴經探玄記』20권과『華嚴五教章』3권 등 저서가 많다.
3) 研微積慮 : 微는 精密·精微한 것을 말하고, 慮는 思索을 가리킨다.
4) 惠鑒 : 남이 보는 것을 높여 부르는 말.
5) 義湘 : 신라 때의 고승. 우리 나라 華嚴宗의 開祖. [遺] 卷4 義解 義湘傳教條 참조.
6) 儼 : 智儼. 602-668. 唐의 고승. 중국 西凉 땅이었던 甘肅省 天水에서 출생하였다. 속성은 趙씨이다. 終南山 至相寺에 주석하였으며, 華嚴宗의 第2祖로 불린다. 신라의 義湘과 당의 賢首에게『華嚴經』을 가르쳤다. 인도에 공부하러 갔다가 돌아오는 길에 佛馱跋陀羅를 모시고 와서 長安에 머물게 하였다. 저술로는 27세 때 지은『華嚴經搜玄記』5권이 있고, 그 외에『華嚴孔目章』4권·『華嚴五十要問答』2권 등과『廣博嚴淨經』·『四天王經』등 14부 36권을 번역하였다.

화상에게서 자애로운 가르침을 받았다. 현수는 스승의 교설에 대하여
글의 뜻과 규범을 연술(演述)한 연유로 승전 법사가 고향으로 돌아오
는 편에 [이를] 전하여 보이니, 의상도 이에 서신을 보냈다〈고 한다.〉.
별지는 다음과 같다.

「『탐현기(探玄記)』[7] 20권에 [그 중] 2권은 미완성이고, 『교분기
(敎分記)』[8] 3권·『현의장(玄義章)』등 잡의(雜義) 1권[9]·『화엄범어
(華嚴梵語)』[10] 1권·『기신소(起信疏)』[11] 2권·『십이문소(十二門疏)』
1권[12]·『법계무차별론소(法界無差別論疏)』[13] 1권은 모두 승전 법사
가 추려 베껴서 고향으로 돌아갔습니다. 전일에 신라의 승 효충(孝
忠)[14]이 금 9푼을 보내면서 이는 스님[上人]이 보낸 것이라고 하였는
데, 비록 서신은 받지 못했으나 감사하기가 이를 데 없습니다. 지금
서국[西國]의 물병과 주전자[15] 한 개를 보내 작은 정성을 표하니, 받

----

 7) 探玄記 : 『華嚴經探玄記』의 준말. 唐의 法藏이 지었다. 東晉의 佛馱跋陀羅가
    번역한 60권의 『華嚴經』을 해석한 것.
 8) 敎分記 : 『華嚴一乘敎分記』의 준말. 『華嚴經』에 근거하여 불교교상을 해석한
    책, 또는 화엄종의 입장에서 본 간단한 佛敎槪論이라고도 할 수 있다.(『佛敎大
    事典』)
 9) 玄義章等雜義一卷 : 玄義章은 智儼의 저서 중의 한 장이다. 玄義章等雜義一
    卷은 현의장과 같이 智儼이 지은 여러 책의 일부분을 합하여 엮은 책이다.
10) 華嚴梵語 : 智儼이 지은 책으로 梵本華嚴을 말한다.
11) 起信疏 : 智儼이 지은 책으로 『起信論議記』를 가리킨다.
12) 十二門疏 : 十二門論에 관한 法藏의 註釋書. 十二門論은 인도의 龍樹가 짓고,
    鳩摩羅什이 번역하였다. 12장단을 베풀어 온갖 것이 다 空하다는 사상을 말한
    책이다.
13) 法界無差別論疏 : 法藏이 주석한 法界無差別論이다. 이것의 번역에 관해서는
    高麗國新雕大藏校正別錄 제14에 守其 등의 기록이 있는데, 丹本을 기본으로
    하면서 段段에 주석을 넣었으며, 賢首의 新釋이라고 하였다. 법계무차별론소
    는 보리심의 義을 밝히고, 법계의 무차별 평등이 되도록 논술한 것을 말한다.
14) 孝忠 : 신라 때의 고승. 여기 외에는 자료가 없어 자세한 것은 알 수 없다.
15) 軍持澡罐 : 軍持는 스님이 갖고 다니는 물병 또는 정병, 澡罐은 대야 또는 주

아주시기를 바라며 삼가 아룁니다.」

　[승전] 법사가 이미 돌아와서 [현수의] 서신을 의상에게 전하였다. 의상이 곧 글을 열람하니 마치 지엄의 가르침을 귀로 듣는 것과 같았다. 수 십 일간 탐구하고 토론하여 문하생에게 주어 이 글을 널리 강연하니, [이] 말은 의상전[湘傳]에 있다.

　살피건대, 이 원융(圓融)16)의 교훈이 우리 나라[靑丘]에 보급된 것은 바로 [승전] 법사의 공이다. 그후 승 범수(梵修)17)가 멀리 저 나라에 가서 새로 번역한『후분화엄경(後分華嚴經)』18)과『관사의소(觀師義疏)』19)를 구해 돌아와 강연하였다고 하니, 때는 정원(貞元) 기묘(己卯, 799)20)에 해당한다. 이 역시 불법을 구하여 널리 나타낸 일이라고 하겠다.

　승전은 곧 상주(尙州)21) 영내의 개령군(開寧郡)22) 경계에 사원을

전자를 가리키는 말이다.

16)　圓融 : 불교에서 여러 법의 事理가 구별없이 널리 融通하여 하나가 되는 이치를 가리키는 말이다.

17)　梵修 : 신라 대의 고승. 여기 외에는 자료가 없어 자세한 것은 알 수 없다.

18)　後分華嚴經 :『華嚴經』의 세 차례의 번역 중 마지막인 貞元 연간(唐 德宗 때)에 번역된『四十華嚴經』을 가리킨다.

19)　觀師義疏 : 澄觀이 지은『華嚴經』의 해석서. 澄觀은 중국 唐의 고승. 속성은 夏侯씨이다. 그는 開元 26년(737)에 浙江省 蘇興에서 출생하여 開成 3년(838) 102세로 입적하였는데, 貞元 연간 終南山 草堂寺에서『貞元新譯華嚴經疏』을 지었다. 이 외에『大方廣佛華嚴經疏』60권 외 많은 저술을 남겼다.

20)　貞元己卯 : 貞元은 중국 唐 德宗의 연호(785-805). 정원 기묘년은 799년으로 신라 昭聖王 원년에 해당한다.

21)　尙州 : 지금의 경상북도 북부지방에 있는 시. 본래 沙伐國이었으며, 신라 景德王 때 처음으로 尙州라는 이름으로 개명한 후 고려와 조선시대를 거쳐 현재에 이른다.([勝覽] 卷28 尙州牧 建置沿革條)

22)　開寧郡 : 지금의 경상북도 金陵郡 開寧面의 옛 지명. 본래 甘文小國이었으며, 신라 文武王 때 甘文郡으로 하였다가, 景德王 때 開寧으로 개명하여 고려와 조선시대를 거쳐 1914년 행정구역 개편 때까지 開寧으로 불렸다.([勝覽] 卷29

개창하고, 돌해골을 관속(官屬)으로 삼아 『화엄경(華嚴經)』을 개강하
였다. 신라의 사문(沙門) 가귀(可歸)23)가 자못 총명하고 도리를 알아
법등[燈]을 전하여 잇고, 이에 『심원장(心源章)』24)을 찬술하였다. 그
대략을 말하면, 「승전 법사가 돌무리를 거느리고 [불경을] 논의하고
강의하였으니 지금의 갈항사(葛項寺)25)이다. 그 돌해골 80여 매가 지
금까지 주지[綱司]26)에게 전하고 있으니, 자못 영험하고 기이함이 있
다」고 하였다. 그 외의 다른 사적은 비문에 자세히 실려 있어 『대각국
사(大覺國師)27)실록(實錄)』에 있는 것과 같다.

建置沿革條)
23) 可歸 : 신라 때의 고승. 여기 외에 자료가 없어 자세한 것은 알 수 없다.
24) 心源章 : 心源은 신라 때의 고승. 心源章은 可歸가 지은 저술 중의 일부로 勝
    詮法師의 葛項寺에서의 髑髏강의에 관한 것이 포함되어 있는 듯하다.
25) 葛項寺 : 경상북도 金陵郡 南面 梧鳳里 金烏山에 있던 신라의 절. 692년에 신
    라승 勝詮이 창건하고, 『華嚴經』을 강의하였다. 그가 돌해골 80매를 대상으로
    강의하였으며, 돌덩이는 그후에도 영험스러운 이적을 보였다는 이야기는 유명
    한 전설이 되었다. 758년에 言寂·文聖太后·敬信太王 등은 서로 형제자매로
    3층석탑 2기를 건립하였다고 한다. 이것으로 미루어 보면 당시에는 왕실의 願
    刹이었음을 알 수 있다. 창건 때의 석조석가여래좌상 1구가 남아 있고, 석탑 2
    기는 1916년에 일본인들이 경복궁으로 이전하였다. 석탑에서는 사리장엄구가
    발견되었다.
26) 綱司 : 주지. 剛司로 쓰기도 한다.
27) 大覺國師 : 1055-1101. 고려 天台宗을 창시하였으며, 文宗의 넷째 아들로 이름
    은 義天이며 大覺國師는 그의 시호이다. 1067년에 僧統이 되었고, 宋에 유학하
    여 汴京 啓聖寺에 머물었으며, 뒤에 杭州 大中祥符寺에 가서 淨源法師와 교
    유하며 토론하였다. 정원 법사는 뒤에 이 절을 高麗寺로 개명하였다. 그는 이
    미 宋에는 없어진 『華嚴經探玄記』·『法界無差別論疏』·『十二門論疏』 등을
    갖고 가서 宋의 불교계에 큰 영향을 끼쳤다고 한다. 귀국 후 開京의 興王寺에
    주지로 머물면서 敎藏都監을 설치하고 『高麗續藏經』 등 많은 불경을 간행하
    였다. 그의 사적비는 靈通寺·國淸寺·僊鳳寺 등 세 절에 건립되었다고 한다.

110. 心地繼祖

釋心地　辰韓第¹⁾四十一主憲德大王金氏之子也　生而孝悌　天性
冲睿　志學之年　落采從師　拳懃于道　寓止中岳〈今公山〉適聞俗離山
深公傳表律師佛骨簡子　設果證²⁾法會　決意披尋　旣至後期　不許參
例　乃席地扣庭　隨衆禮懺

經七日　天大雨雪　所立地方十尺許　雪飄³⁾不下　衆見其神異　許引
入堂地　撝謙稱恙　退處房中　向堂潛禮　肘顙俱血　類表公之仙溪山
也

地藏菩薩日來問慰　泊⁴⁾席罷還山　途中見二簡子貼在衣褶間　持廻
告於深　深曰　簡在函中　那得至此　檢⁵⁾之封題依舊　開視亡矣　深深
異之　重襲而藏之

又行如初　再廻告之　深曰　佛意在子　子其奉行　乃授簡子　地頂戴
歸⁶⁾山　岳神率二⁷⁾仙子　迎至山椒　引地坐於嵓上　歸⁸⁾伏嵓下　謹受

---

1) 第：[正][晚][鶴] 弟. [品][斗][浩][六] 第.
2) 證：[正][晚][順][鶴][斗][六][曉] 訂. [品] 証. [浩][民][리][相] 證.
3) 飄：[品][會] 飃(飄와 통용).
4) 泊：[浩] 泊.
5) 檢：[正][晚][順][鶴] 撿(檢과 동자). [品][斗][浩][六] 檢.
6) 歸：[正][晚][鶴][東] 敀. [品] 皈(歸와 동자). [斗][浩][六][會] 歸.
7) 二：[正] 二(가필). [晚][順][斗][會] 一. [鶴][品][浩][六][東] 二.
8) 歸：주 6)과 같음.

正戒

　地曰 今將擇地奉安聖簡 非吾輩所能指定 請與三君 憑高擲簡以卜之 乃與神等陟峰巓 向西擲之 簡乃風颺9)而飛 時神作歌曰 礙嵓遠退砥10)平兮 落葉飛散生明兮 覓得佛骨簡子兮 邀於淨處投誠兮

　旣唱而得簡於林泉中 卽其地構堂安之 今桐華寺籤堂北有小井是也 本朝睿王嘗取迎聖簡 致內瞻敬 忽失九者一簡 以牙代之 送還本寺 今則漸變同一色 難卞新古 其質乃非牙非玉

　按占察經上卷 敍11)一百八十九簡之名 一者求上乘得不退 二者所求果現當證 第12)三第13)四求中下乘得不退 五者求神通得成就 六者修四梵得成就 七者修世禪得成就 八者所欲受得妙戒 九者所曾受得戒具〈以此文訂 知慈氏所言 新得戒者 謂今生始得戒也 舊得戒者 謂過去曾受 今生又增受也 非謂修生本有之新舊也〉十者求上14)乘未住信 次求中乘未住信 如是乃至一百七十二 皆過現世中 或善或惡 得失事也 第15)一百七十三者 捨身已入地獄〈已上皆未來之果也〉一百七十四16)者 死已作畜生 如是乃至餓鬼 修羅 人 人王 天 天王 聞法 出家 値聖僧 生兜率 生淨土 尋見佛 住下乘 住中乘 住上乘 得解脫 第17)一百八十九等是也〈上言住下乘至上乘得不退 今言上乘得解脫等 以此

---

9) 颺：[正][晚] 颱. [鶴][品][斗][浩][六] 颺.
10) 砥：[正][晚][鶴] 砥. [品][斗][浩][六][東][會] 砥.
11) 敍：[正][品][斗][六] 叙. [浩] 敍.
12) 第：[正][晚][鶴] 弟. [順] 第(가필). [品][斗][浩][六][民] 第.
13) 第：주 12)와 같음.
14) 上：[正][晚][順][品][斗][浩][六][리][相][曉] 下.『占察善惡業報經』卷上에는 '上'.
15) 第：주 12)와 같음.
16) 四：『占察善惡業報經』卷上에는 '三'.
17) 第：주 12)와 같음.

爲別爾〉皆三世善惡果報 差別之相 以此占看 得與心所行事相當則
爲感應 否則爲不至心 名爲虛謬 則此八九二簡 但從百八十九中而
來者也 而宋傳但云百八籤子 何也 恐認彼百八煩惱[18]之名而稱之
不揆尋經文爾

又按本朝文士金寬毅所撰王代宗錄二卷云 羅末 新羅大德釋冲 獻
太祖以表律師袈裟一領 戒簡百八十九枚 今與桐華寺所傳簡子 未
詳同異

讚曰 生長金閨早脫籠 儉懃聰惠自天鍾 滿庭積雪偸神簡 來放桐
華最上峰

---

18) 惱 : [東][會] 腦.

심지가 진표조사의 뒤를 잇다

　석(釋) 심지(心地)[1]는 신라[辰韓] 제41대 왕 헌덕대왕(憲德大王)[2] 김(金)씨의 아들이다. 나면서부터 효도하고 우애가 깊었으며,[3] 천성이 밝고 지혜로웠다.[4] 열 다섯 살이 되는 해[5]에 머리를 깎고[6] 스승을 따라 불도를 부지런히 닦았다.[7] 중악(中岳)〈지금의 공산(公山)〉[8]에

---

　1) 心地 : 신라 때의 고승. 속성은 金씨. 신라 41대 憲德王의 아들. 30세에 중이
　　되어 公山(대구 八公山)에 있다가 마침 俗離山의 永深이 眞表에게 戒法을 전
　　해받고 占察法會를 열어 찾아갔으나, 때가 늦었다고 하여 참예시키지 않아 뜰
　　에 엎드려 禮懺하더니, 그에게 雪異가 있어 入堂이 허락되었다. 永深이 그의
　　수행에 감동하여 簡子를 그에게 주니 心地는 간자를 받아가지고 公山에 돌아
　　와 桐華寺를 짓고, 開山祖가 되었다.
　2) 憲德大王 : 신라의 제41대 왕. 재위 809-825. 諱는 彦昇. 昭聖王의 親弟. 805년
　　唐에 다녀와 兵部令이 되더니, 哀莊王이 즉위하자 攝政하다가 809년 난을 일
　　으켜 왕을 죽이고 자립하였다. 810년에 제방을 수리하고, 왕자 金憲章을 시켜
　　金 · 銀으로 된 佛像 · 佛經을 보내 唐 順帝의 冥福을 빌었다. 822년 金憲昌의
　　反亂을 평정하고, 823년 憲昌의 아들 梵文의 모반을 진압하고, 823년 浿江(大
　　同江)에 300리나 되는 長城을 쌓게 하였다.([史] 卷10 新羅本紀 哀莊王 · 憲
　　德王條 참조)
　3) 孝悌 : 부모와 형을 잘 섬김.
　4) 冲睿 : 事理에 통하여 깊고 밝음. '冲' 깊을 충. '睿' 슬기로울 예. 밝을 예.
　5) 志學之年 : 15세를 가리킨다. 孔子가 15세에 학문에 뜻을 두었다고 하는 것에
　　서 유래한다. 「吾十有五而志于學 三十而立 四十而不惑 五十而知天命 六十而
　　耳順 七十而從心所欲 不踰矩」(『論語』 爲政).
　6) 落采 : 落彩, 落飾, 落髮. 머리를 깎고 중이 됨. 「落彩請業」([遺] 卷4 義解 眞
　　表傳簡條).
　7) 拳懃于道 : 佛道를 부지런히 정성을 다하여 닦음. '拳' 충근할 권. '懃' 은근할 근.

머물러 있더니, 때마침 속리산(俗離山)의 영심[深][9] 공이 진표[表][10] 율사의 불골간자(佛骨簡子)를 이어받아 과증법회(果證法會)를 개설한다[11]는 말을 듣고 결심하고 찾아갔으나 이미 기일이 늦어 참례를 허락하지 않았다. 이에 땅에 앉아 마당을 치면서 무리를 따라 예배하고 참회하였다.

7일이 지나자 하늘에서 큰 비와 눈이 내렸는데, [심지가] 서 있는 땅의 사방 열 자 가량은 눈이 날리면서도 쌓이지 않았다. 무리들은 그 신이함을 보고 당(堂)에 들어오는 것을 허락하였다. [그러나 심지는] 사양하되[12] 병을 핑계하고 방 안으로 물러가 있으며 당을 향해 가만히 예배했더니, 팔꿈치와 이마에서 피가 흘러내려 마치 진표공이 선계

---

8) 中岳〈今公山〉: 신라 5岳의 하나. 大邱 達城郡에 있는 八公山. 父岳으로 불렀고, 5岳 중 中岳으로 中祀를 지냈다. 「公山 或稱八公山 在解顔縣北十七里 新羅時 稱父岳 擬中岳 爲中祀 環而居者 府及河陽·新寧·岳溪·仁同·八莒等邑也」([勝覽] 卷26 大丘都護府 山川條).

9) 深: 眞表律師의 제자 永深. 眞表가 不思議房 혹은 眞門大德房에 있을 때 俗離山의 永深이 融宗·佛陀와 함께 진표에게 와서 '우리들이 不遠千里하고 와서 戒法을 구하오니 法門을 주시옵소서'라고 원하였으나, 진표는 대답하지 않았다. 세 사람이 복숭아 나무에 올라가 땅에 떨어지며 참회하니, 진표가 敎를 전하고 灌頂하고, 袈裟·鉢盂·『供養次第秘法』 1卷·『占察善惡業報經』 2卷·189개의 簡子를 주면서 속리산에 가서 吉祥草가 돋아난 곳에 절을 짓고 敎法을 廣布하라고 하였다. 영심 등은 그 말대로 속리산에 절을 짓고 吉祥寺라 하고, 占察法會를 베풀어 교법을 펴더니 心地王子가 와서 배우고 간자를 전해 받았다.([遺] 卷4 義解 眞表傳簡條·關東楓岳鉢淵藪石記條 참조)

10) 表: 眞表. [遺] 卷4 義解 眞表傳簡條·關東楓岳鉢淵藪石記條 참조.

11) 俗離山深公傳表律師佛骨簡子 設果證法會: 「永深等奉敎 直往俗離 尋吉祥草生處 創寺命曰吉祥 永深於此始設占察法會」([遺] 卷4 義解 關東楓岳鉢淵藪石記條) [正]에는 '果訂'으로 되어 있으나 이는 '果證'의 誤記이다. '果證'은 부처가 되려고 몸을 닦아 그 수행으로 도를 열 경지에 이르러 진리를 깨달음을 말한다.(권상로 번역·한정섭 주해, 『주해 신역 삼국유사』, 삼원사, 1995, p.373 주) 2 참조) 「示之以因修 明之以果證」(慈恩寺傳序).

12) 撝謙(휘겸): 謙讓함. '撝' 도울 휘(위).

산(仙溪山)13)에서 [피 흘리던 일과] 같았다.14)

지장보살(地藏菩薩)이 날마다 와서 문안하고 위로하였다. 법회가
파하고 산으로 돌아갈 때 도중에서 옷섶 사이에 두 간자(簡子)가 붙
어 있는 것을 보고, [그것을] 가지고 돌아와 영심에게 아뢰었다. 영심
이 말하기를, "간자가 함 속에 있는데, 어찌 그럴 수가 있겠는가?"라
고 하고 살펴보니, [함을] 봉한 것은 그 전대로인데 열어보니 [간자
가] 없었다. 영심이 매우 이상하게 여겨 간자를 겹겹이 싸서 간직하였
다.

[심지가] 또 가다가 [보니] 먼저와 같았으므로 다시 돌아가서 아뢰
니, 영심이 말하기를, "부처의 뜻이 그대에게 있으니 그대는 그 뜻을
받들어 행하라"고 하였다. 이에 간자를 내주었다. 심지는 [간자를] 머
리에 이고 산으로 돌아오니, 산신이 두 선자(仙子)를 거느리고 나와
맞아 산 정수리15)로 가는 것이었다. [산신은] 심지를 인도하여 바위
위에 앉히고, [그들은] 바위 아래 돌아가 엎드려 삼가 정계(正戒)를
받았다.

심지가 말하기를, "이제 바야흐로 땅을 가려서 불타의 간자[聖簡]16)

---

13) 仙溪山 : 眞表의 不思議庵이 위치한 산. 전라북도 扶安縣 邊山에 있으며 賢戒
山이라고도 한다.([遺] 卷4 義解 眞表傳簡條·關東楓岳鉢淵藪石記條, [勝覽]
卷34 扶安縣 佛宇 不思議方丈條,『東國李相國集』卷23 南行月日記 참조)

14) 類表公之仙溪山也 :「(表)止錫仙溪山不思議庵 該鍊三業 以亡身懺□□□ 初
以七宵爲期 五輪撲石 膝腕俱碎 雨血嵒崖 若無聖應 決志捐捨 更期七日 二七
日終 見地藏菩薩 現受淨戒」([遺] 卷4 義解 眞表傳簡條).

15) 山椒 : 山頂.「菊散芳于山椒 雁流哀於江瀨」(謝莊, 月賦).「善曰 山椒 山頂也」
(注).

16) 聖簡 : 佛簡子. 당초 眞表가 不思議房 彌勒像 앞에서 戒法을 구하여 3년을 정
진하였으나, 授記를 얻지 못함에 發憤하여, 21일을 기약하고 정진한 끝에 地藏
菩薩과 彌勒菩薩이 나타나 戒本을 주고 簡子를 주었는데, 이때 彌勒이 第8·

를 봉안하려고 하는데, 우리들이 정할 일이 아니니 청컨대 3군(三君)[17]과 함께 높은 곳으로 올라가 간자를 던져 자리를 점쳐봅시다"고 하였다. 이에 신들과 함께 산정에 올라가 서쪽을 향해 던지니 간자는 곧 바람에 날려 날아갔다. 이때 신이 노래를 지어 불렀다.

막혔던 바위가 멀리 물러나니 숫돌인양 평평해지고
낙엽이 날아 흩어지니 앞이 밝아지도다
불골간자 찾아내어
정결한 곳에 맞아 정성을 다하리라

노래 부르기를 마치고, 숲 속 샘 안에서 간자를 찾았다. 곧 그 자리에 당을 짓고 이를 봉안하였다. 지금의 동화사(桐華寺)[18] 첨당(籤堂) 북쪽에 있는 작은 우물이 이것이다. 본조(本朝)[19] 예종[睿王][20]이 일찍이 불타의 간자를 취해와 [대궐] 안으로 맞아 예하다가 문득 9간자

第9, 두 개의 佛骨簡子를 주었다. 이들 간자는 그뒤 진표로부터 永深을 거쳐 心地에게 전해졌다. 여기 '聖簡'은 바로 이 두 佛骨簡子를 가리킨다.

17) 三君 : 산신과 두 선자를 가리킨다.

18) 桐華寺 : 경상북도 大邱市 東區 道鶴洞 35번지에 있는 절. 大邱 도심에서 동북쪽으로 22km 떨어진 八公山(1,192m) 남쪽 기슭에 있다. 桐華寺事蹟記에 「신라 제21대 炤知王 15년(493) 極達和尙이 창건하여 瑜伽寺라고 부르다가 신라 제42대 興德王 7년(832) 心地王師가 재창하고 桐華寺로 고쳐 불렀다」고 한다. 그뒤 여러 차례 중창되어 오늘에 이르고 있다. 心地가 佛簡子를 던져 터를 점쳤다고 한 籤堂 북쪽의 小井(가로 2m, 세로 3m의 直四角形)은 현재 옛모습을 잃은 채 남아 있다. 籤堂은 현존하지 않으며, 간자도 없어져 알 수 없다.(이하석,『삼국유사의 현장기행』, 문예산책, 1995, pp.230-231 참조)

19) 本朝 : 고려조를 가리킨다.

20) 睿王 : 睿宗. 고려 제16대 왕. 재위 1105-1122. 학문을 좋아하여 학교를 세우고, 6經을 강론하여 학자와 문신이 배출되어 유학이 크게 융성하였다.

하나를 잃어버리고,21) 상아[간자]를 대신 본사(本寺)로 보내왔다. 지금은 점점 변하여 같은 빛이 되어 옛 것과 새 것을 분별하기 어려우며, 그 바탕은 곧 상아도 옥도 아니다.22)

『점찰경(占察經)』23) 상권을 살펴보면 189간자의 이름을 서술하였는데,24) [곧] 1자는 상승(上乘)25)을 구하여 불퇴(不退)26)를 얻음이요, 2자는 구하는 과(果)가 응당한 깨침을 나타냄이요, 제3과 제4는 중하승(中下乘)27)을 구하여 불퇴를 얻음이요,28) 5자는 신통29)을 구

---

21) 忽失九者一簡 : 第8·第9의 두 簡子 중 제9간자를 잃었다. 두 간자에 관하여 彌勒이 眞表에게 다음과 같이 고하고 있다. 「慈氏…告師曰 此二簡子者 是吾手指骨 此喩始本二覺 又九者法爾 八者新熏成佛種子 以此當知果報」([遺] 卷 4 義解 關東楓岳鉢淵藪石記條).

22) 其質乃非牙非玉 : 「慈氏…於膝下 出二物 非牙非玉 乃籤檢之制也 一題曰 九者 一題曰 八者 各二字 付度表云…」(『占察經』 卷上).

23) 占察經 : 『占察善惡業報經』의 약칭. 隋 菩提燈 譯. 2卷. 地藏菩薩이 나무패(簡子)를 던져서 吉凶善惡을 점치는 법을 설하고, 겸하여 참회의 법을 보였다. 다음으로 一實(眞如)境界 二道의 觀道를 보여서 사리를 구비하였다.

24) 敍一百八十九簡之名 : 「若未來世佛諸弟子 於三世中所受果報 欲使決疑意者 應當三擲此第三輪 相占計合數 依數觀之以定善惡 如是所觀三世果報善惡之相 有一百八十九種 何等爲一百八十九種…」(『占察經』 卷上).

25) 上乘 : 梵語 Uttarayāna. 大乘을 말한다. 또 '上衍'이라고도 쓰는데, 上은 漢字, 衍은 梵語 yāna를 음역한 것이다. 理想境에 이르게 하는 敎法 가운데, 敎理·敎說 및 理想境에 도달하려는 수행과 그 이상·목적이 모두 크고 깊고, 이를 받는 根機 또한 큰 그릇임을 말한 것이다.

26) 不退 : 梵語 Avinivartaniya. 阿鞞跋致·阿惟越致로 음역된다. 不退轉이라고도 한다. 退는 退步·退廢의 뜻이다. 한 번 도달한 수양의 계단으로부터 뒤로 물러나거나 수행을 퇴폐하는 일이 없는 것을 말한다. 그 지위를 不退位라고 한다. 지위상의 不退, 수행상의 不退, 向上心의 不退, 住處上의 不退 등이 있다.

27) 中下乘 : 中乘과 下乘.

28) 第三第四求中下乘得不退 : 「三者求中乘得不退 四者求下乘得不退」(『占察經』 卷上). 中乘은 緣覺乘의 異名으로 三乘의 中位에 있다. 下乘은 小乘으로 聲聞乘의 異名이다. 緣覺乘은 佛陀의 교화에 의하지 않고, 홀로 自由境에 도달하는 교법이요, 聲聞乘은 聲聞의 지위에 있는 이가 證果에 이르기 위해 닦는 교법이다.

하여 성취함이요, 6자는 네 가지 범행[四梵]30)을 닦아 성취함이요, 7
자는 세간선[世禪]31)을 닦아 성취함이요, 8자는 받고자 하는 묘계(妙
戒)32)를 얻음이요, 9자는 일찍이 받은 구족계[戒具]33)를 [다시] 얻
음이요, 〈이 글로써 [8과 9를] 교정하면 [진표의 대목에서] 미륵보살(慈氏)이 말한
'새로 얻은 계'는 금세에서 비로소 얻은 계를 이름이요,34) '옛날에 얻은 계'는 과거세
에 일찍이 받았다가 금세에 또 더 받음을 이름이라,35) 수생(修生)·본유(本有)36)의
신구(新舊)를 이름이 아님을 알겠다.〉 10자는 상승을 구하되 아직 신심에 살
지 않음이요,37) 다음은 중승을 구하되 아직 신심에 살지 않음이다.38)

---

29) 神通 : 헤아리기 어렵고 생각할 수 없는 無碍自在한 通力.

30) 四梵 : 四梵行. 四梵住라고도 한다. 慈·悲·喜·捨의 四無量心으로, 이 四心
　　은 梵天에 나는 行業이므로 梵行이라고 한다.

31) 世禪 : 世間禪. 이는 出世禪·出世間上上禪과 함께 三種禪定의 하나. 世間禪
　　은 凡夫들이 닦는 禪定으로, 色界·無色界의 禪定을 가리킨다.(『法華玄義』4
　　참조) 世間禪에 根本味禪, 根本淨禪의 2종이 있다.

32) 妙戒 : 小乘의 麤戒에 대하여 菩薩의 大戒를 妙戒라고 한다.

33) 戒具 : 具足戒의 약칭. '具戒'를 倒置하여 쓴 듯하다. 比丘·比丘尼가 받아 지
　　킬 戒法으로, 비구 250, 비구니 348의 戒가 주어진다. 이 계를 받으려는 사람은
　　젊은이로서 이를 감당할 만하고, 몸이 튼튼하여 병이 없고, 죄과가 없고, 이미
　　沙彌戒를 받은 이에 한한다. 나이는 만 20세 이상(沙彌戒를 받은 지 3년 이상)
　　70세 미만임이 근본제도로 되고 있다. 이로써 일체의 경계에서 죄를 떠나게 한
　　다는 의미를 담고 具足戒라고 말한다. 따라서 이를 數로써는 無量이라고 하지
　　않을 수 없다고 한다.

34) 慈氏所言 新得戒者 謂今生新得戒也 :「於中第八簡子 喩新得妙戒」,([遺] 卷4
　　義解 眞表傳簡條)를 풀이한 내용이다.

35) 舊得戒者 謂過去曾受 今生又增受也 :「第九簡子 喩增得具戒([遺] 卷4 義解
　　眞表傳簡條)를 풀이한 내용이다.

36) 修生本有 : 修行한 공력에 의하여 생김을 修生이라고 한다. 眞言宗에서 凡夫
　　와 聖人을 통하여 선천적으로 萬德을 갖춘 것을 本有라고 하고, 修行者가 후
　　천적으로 觀·行의 공에 의하여 자기에게 本有한 性德을 연마하고 발현하여
　　드러낸 것을 修生이라고 한다.

37) 十者求上乘未住信 : [正]에서는「十者求下乘未住信」으로 썼으나,「十者求上
　　乘未住信」으로 쓴『占察經』卷上의 記文을 따랐다.

38) 次九中乘未住信 :「十一者求中乘未住信」,(『占察經』卷上).

이와 같이 172까지는 모두 과거세와 현세 동안에 혹은 선하고 혹은
악하고, [혹은] 얻고 [혹은] 잃은 일들이요, 제173자는 몸을 버려 이미
지옥에 들어감이요,[39] 〈이상은 모두 미래의 과(果)이다.〉 174자는 죽어서 이
미 축생(畜生)이 됨이다.[40] 이같이 하여 곧 아귀(餓鬼),[41] 아수라[修
羅],[42] 인(人),[43] 인왕(人王),[44] 천(天),[45] 천왕(天王),[46] 문법(聞
法),[47] 출가(出家), 치성승(値聖僧),[48] 생도솔(生兜率),[49] 생정토(生
淨土),[50] 심견불(尋見佛),[51] 주하승(住下乘),[52] 주중승(住中乘),[53]
주상승(住上乘),[54] 득해탈(得解脫)[55]에 이르기까지 제189 등[56]이 이

---

39) 第一百七十三者 捨身已入地獄 :『占察經』卷上에는「一百七十二者 捨身已
入地獄」으로 되어 있다.

40) 一百七十四者 死已作畜生 :『占察經』卷上에는「一百七十三者 捨身已作畜
生」으로 되어 있다. 그리고「一百七十四者 捨身已作餓鬼」로 이어지고 있다.

41) 餓鬼 : 위의 주석 참조. 지옥, 아귀, 축생, 아수라, 인, 천의 6도 중의 하나.

42) 修羅 : 阿修羅(Asura). 싸우기를 좋아하는 귀신. 인도에서 가장 오랜 신의 하
나. 리그베다(Rig-Veda)에서는 가장 우승한 性靈이란 뜻으로 사용되었고, 中
古 이후 무서운 귀신으로 인식되었다.『占察經』卷上에는「一百七十五者 捨
身已作阿修羅」로 기록되었다.

43) 人 : 人道에 태어남.『占察經』卷上에는「一百七十六者 捨身已生人道」로 기
록되었다.

44) 人王 :「一百七十七者 捨身已爲人王」(『占察經』卷上).

45) 天 :「一百七十八者 捨身已生天道」(『占察經』卷上).

46) 天王 :「一百七十九者 捨身已爲天王」(『占察經』卷上).

47) 聞法 :「一百八十者 捨身已聞深法」(『占察經』卷上).

48) 値聖僧 :「一百八十二者 捨身已値聖僧」(『占察經』卷上).

49) 生兜率 :「一百八十三者 已生兜率天」(『占察經』卷上).

50) 生淨土 :「一百八十四者 捨身已生淨佛國」(『占察經』卷上).

51) 尋見佛 :「一百八十五者 捨身已尋見佛」(『占察經』卷上).

52) 住下乘 :「一百八十六者 捨身已住下乘」(『占察經』卷上).

53) 住中乘 :「一百八十七者 捨身已住中乘」(『占察經』卷上).

54) 住上乘 :「一百八十九者 捨身已住上乘」(『占察經』卷上). [遺]에서는 위의 글
을「得解脫」로 맺었다.

55) 得解脫 : 위의 주석 참조.

것이다.〈위에서는 하승에 살다가 상승에 이르러 불퇴를 얻음을 말했고, 지금은 상승이 해탈을 얻음 등을 말하여 이로써 구별되게 하였다.〉 모두 3세(三世)의 선악과보의 차별의 상이다. 이로써 점쳐 보건대, 마음과 소행이 서로 합당하면 감응하고, 아니면 곧 지극한 마음이 아니므로 거짓이라고 하는 것이다.57) 곧 이 8과 9의 두 간자는 다만 189 가운데서 온 것인데,『송전(宋傳)』58)에는 다만 108첨자(百八籤子)라고만 하였으니59) 무슨 까닭인가? 아마도 저 108번뇌(百八煩惱)60)의 이름으로 알고 일컬은 것 같은데,61) 경문(經文)62)을 찾아보지 않은 듯하다.

또 본조의 문사(文士) 김관의(金寬毅)63)가 지은 왕대종록(王代宗錄)64) 2권에 신라 말의 대덕(大德) 석충(釋冲)65)이 태조(太祖)66)에

---

56) 第一百八十九等 :『占察經』에 의하여 숫자를 적은 簡子를 3번 던져서 얻은 수를 모두 합하여 三世果報善惡의 相을 점치는데, 그 善惡果報差別의 相은 모두 189종이다.(『占察經』卷上 참조)

57) 以此占看 得與心所行事相當 則爲感應 否則爲不至心 名爲虛謬 :「如此占法隨心所觀主念之事 若數合與意相當者 無有乖錯 若其所擲所合之數 與心所觀主念之事不相當者謂不至心 名爲虛謬」(『占察經』卷上).

58) 宋傳 : 宋 贊寧 撰의『宋高僧傳』을 말한다.

59) 但云百八籤子 :「更加一百八籤 籤上署百八煩惱名目」(『宋高僧傳』卷14 唐百濟國金山寺眞表傳)

60) 百八煩惱 : 百八結이라고도 한다. 중생의 번뇌의 수효가 108이라고 하여 붙인 이름으로 이에는 두 가지가 있다. 첫째, 6根으로 6塵을 대할 때 저마다 好·惡·平等의 3가지가 서로 같지 않아 18번뇌를 일으키고, 또 苦·樂·捨의 3受가 있어, 18번뇌를 내니, 모두 합하여 36종, 또 이를 3世에 配하여 108의 번뇌가 된다. 둘째, 3界의 見惑 88使에 3界의 修惑 10惑과 無慚·無愧·昏沈·惡作·惱·嫉·掉悔·睡眠·忿·覆의 10을 더한 것 등이 있다.

61) 恐認彼百八煩惱之名而稱之 : 앞의 주석 59) 참조.

62) 經文 :『占察善惡業報經』의 본문「如是所觀三世果報善惡之相 有一百八十九種 何等爲一百八十九種…是名一百八十九種善惡果報差別之相」을 가리킨다.

63) 金寬毅 : 고려의 학자. 毅宗 때『編年通錄』을 찬술하였다. 현전하지 않으나, 고려 개국의 전설기사가 [麗史] 高麗世系에 인용되어 있다. 檢校軍器監을 지냈다.([麗史] 참조)

게 진표 율사의 가사 한 벌과 계간자[戒簡] 189개를 바쳤다고 하였으
나, 지금 동화사에 전하는 간자와 같은 것인지 다른 것인지는 알 수
없다.

찬한다.

궁궐[金闕]67)에서 자라 일찍이 속망을 벗었고68)
근검・총혜를 하늘이 주셨도다
뜰 가득히 쌓인 눈에서 신이한 간자를 얻어
동화사 최상봉에 가져다 놓았도다

---

64) 王代宗錄 : [遺]에 의하여 金寬毅의 撰書로 2권임을 알 수 있으나, 현전하지
   않아 자세한 것은 알 수 없다.
65) 釋冲 : 신라의 大德. 고려 太祖에게 眞表의 袈裟와 戒簡을 바쳤다고 하나, 자
   세한 사실은 알 수 없다.
66) 太祖 : 고려 太祖 王建.
67) 金闕 : 金門宮闕. 王族이나 貴族 출신임을 은유하고 있다.
68) 脫籠 : 새장을 벗어난다는 것이니 속연을 벗어나 출가하는 것을 뜻한다.

111. 賢瑜珈¹⁾ 海華嚴

瑜珈²⁾祖大德大賢 住南山茸長寺 寺有慈氏石丈六 賢常旋繞 像亦隨賢轉面 賢惠辯精敏 決擇了然 大抵相宗詮³⁾量 旨理幽深 難爲剖析⁴⁾ 中國名士白居易 嘗⁵⁾窮之未能 乃曰 唯識幽難破 因明擘不開 是以學者 難承稟者尙矣 賢獨刊⁶⁾定邪謬 劈⁷⁾開幽奧 恢恢⁸⁾游刃 東國後進 咸遵其訓 中華學士 往往得此爲眼目

景德王天寶十二年癸巳 夏大旱 詔入內殿 講金光經 以祈甘霖 一日齋⁹⁾次 展鉢良久 而淨水獻遲 監吏詰之 供者曰 宮井枯涸 汲遠故遲爾 賢聞之曰 何不早云 及晝講時 捧爐默然 斯須井水湧出 高七丈許 與剎幢齊 闔宮驚駭 因名其井曰金光井 賢嘗自號靑丘沙門

讚曰 遶佛南山像逐旋 靑丘佛日再中懸 解敎宮井淸波湧 誰識金爐一炷烟

---

1) 珈 : [浩] 伽.
2) 珈 : 주 1)과 같음.
3) 詮 : [正][品][斗][六] 銓. [浩] 詮.
4) 析 : [正] 折. [品][斗][浩][六][民] 析.
5) 嘗 : [六] 當.
6) 刊 : [品] 刌.
7) 劈 : [正][品][斗][六] 暫. [浩][民] 劈.
8) 恢恢 : [正][斗] 恢恢. [品][浩][六][民] 恢恢.
9) 齋 : [正][晚][順][鶴] 齊. [品][斗][浩][六][民] 齋.

　明年甲午夏 王又請大德法海於皇龍寺 講華嚴經 駕幸行香 從容
謂曰 前夏大賢法師 講金光經 井水湧七丈 此公法道如何 海曰 特
爲細事 何足稱乎 直使傾滄海 襄東岳 流京師 亦非所難 王未之信
謂戱言爾 至午講 引爐沈寂 須臾內禁 忽有哭泣聲 宮吏走報曰 東
池已溢 漂流內殿五十餘間 王罔然自失 海笑謂之曰 東海欲傾 水
脈10)先漲爾 王不覺興拜 翌日感恩寺奏 昨日午時 海水漲溢 至佛
殿階前 晡時而還 王益信敬之

　讚曰 法海波瀾法界寬 四海盈縮未爲難 莫言百億須彌大 都在吾
師一指端〈右11)海云〉

三國遺事 卷第四

---

10) 脈 : [正] 脉(脈의 속자).
11) 右 : [正][品][斗][浩][六] 石. 그러나 石은 右의 잘못이다.

유가종의 대현과 화엄종의 법해

유가종[瑜珈]1)의 조사[祖]인 대덕(大德) 대현(大賢)2)은 남산(南山)3) 용장사(茸長寺)4)에 살고 있었다. [그] 절에는 미륵[慈氏]5)장

---

1) 瑜珈 : 瑜伽宗. 곧 法相宗을 말한다. 唯識思想과 彌勒信仰을 기반으로 하여 성립된 것으로, 법상종의 教義가 되는 유식사상은 中觀派와 함께 인도 대승불교의 2대 학파를 이루는 瑜伽行派의 教學으로 중국에서는 玄奘(602-664)이 소개하고 그의 제자 窺基(632-682)가 하나의 종파로 성립시켰다. 이 종파는 우주 만유의 본체보다 현상을 세밀히 분류했으므로 법상종이라고 하였는데, 규기가 慈恩寺를 중심으로 활동했기 때문에 慈恩宗이라고도 한다. 한국에서도 역시 현장의 제자였던 圓測을 중심으로 연구되어 그 제자들에 의해 유식학 연구가 시작되었다가 順憬・大賢 등에 의해 종파로 성립된 것으로 보인다. 고려시대에도 법상종은 華嚴宗과 함께 教宗의 2대 종파가 되었는데,『大覺國師墓誌』에는 불교 6학파의 하나로 기록되어 있다. 그러나 고려시대의 법상종은 보수적인 귀족세력과 연결되어 교리면에서 관념화되고 불교의식 등의 형식적인 면을 강조하였다. 이후 慈恩宗으로 통칭되어 조선 초까지 이어졌으나 교세는 매우 위축되었다.(望月信亭,『望月佛教大辭典』, 京都 世界聖典刊行協會, 1954) 신라 법상종 관련 논문은 다음과 같다. 文明大,「新羅 法相宗의 성립과 그 美術」上・下,『歷史學報』62・63, 1974a. 金杜珍,「'性相融會'思想 成立의 思想的 背景」,『均如華嚴思想研究』, 1981. 金南允,「新羅中代 法相宗의 成立과 信仰」,『韓國史論』11, 1981.

2) 大賢 : 太賢으로 표기된 기록도 있다. 신라 景德王 때의 고승. 圓測의 門弟인 道證의 제자. 일본의 凝然(1240-1321)이「太賢法師行狀錄」을 지었다고 하나 전하지 않는다. 스스로 靑丘沙門이라고 했고, 南山의 茸長寺에서 살았다. 처음에는 華嚴을 익히고, 후에 法相을 익혔다. 항상 자취를 숨기는 생활을 하였고 거문고 타기를 즐겼다. 52부의 저서를 남겼다. 중국 唐나라 薦福寺 道峰은 大賢法師義記序에서 大賢을 5백 년에 응해서 傑起한 인물로 찬양하였다.

3) 南山 : 경상북도 경주시 仁旺洞을 비롯한 4개 동과 경주군 內南面 茸長里 등에 걸쳐 있는 산. 크게 완만한 東南山과 골이 깊고 가파른 西南山으로 나누어

륙상[石丈六]이 있어서 대현은 항상 [그] 주위를 돌았는데, [그] 불
상도 역시 대현을 따라서 얼굴을 돌렸다.6) 대현은 지혜롭고 분명하고
정밀하고 민첩해서 판단하고 분별함이 명백하였다. 대개 법상종[相
宗]의 전량(詮量)7)은 [그] 뜻과 이치가 그윽하고 깊어서 해석이 매
우 어렵다. 중국의 명사(名士) 백거이(白居易)8)도 일찍이 이것을 궁
구하다가 능히 통하지 못하고 말하기를, "유식(唯識)9)은 오묘하여 알
기 어렵고, 인명(因明)10)은 분석해도 열리지 않는다"고 하였다. 이 때

진다. 신라에 불교가 전파되면서 崇山信仰·巖石信仰과 연관된 불교문화가 이
산에 집중적으로 표현되어 이 산은 신라시대의 불교유적지로 널리 알려져 있
다. 현재까지 절터 112곳, 석불 80체, 석탑 61기, 석등 22기 등의 유물·유적이
발굴되었다. 중요한 유물·유적으로는 眞平王 때 쌓은 南山新城과 眞德女王
때 쌓은 것을 文武王 때 보수한 南山城과 그 외 磨崖佛·왕릉 등이 많이 남아
있다.(尹京烈, 『慶州南山古蹟』, 慶州市, 1980)

4) 茸長寺 : 경상북도 경주 남산 서쪽의 산 중턱에 있던 절. 이 절에 신라 때는 大
賢이 살았고, 조선 초기에는 金時習이 金鰲神話를 지었다. 현재 이 절터에는
석불좌상(보물 제187호), 3층석탑(보물 제186호), 마애여래좌상 등이 있다. 모
두 통일신라시대의 작품이다. 이 茸長寺를 大賢에 의해 창건된 法相宗刹로 보
는 견해가 있다.(文明大, 「太賢과 茸長寺의 佛敎彫刻」, 『白山學報』17, 1974b)

5) 慈氏 : 彌勒佛을 말한다. 자세한 사항은 [遺] 卷3 塔像 彌勒仙花 未尸郎 眞
慈師條의 주석 32) 참조.

6) 寺有慈氏石丈六…像亦隨賢轉面 : 大賢이 돌았다는 이 彌勒佛을 지금의 경상
북도 경주 南山 茸長寺址에 현존하는 彌勒菩薩像과 阿彌陀像으로 생각하는
견해가 있다.(文明大, 앞의 논문, 1974b)

7) 詮量 : [正]의 '銓'은 '詮'의 오기인 듯하다. 詮은 논술, 量은 표준되는 원리를
말한다.

8) 白居易 : 중국 唐代의 시인. 자는 樂天, 호는 香山. 작품으로 長恨歌, 琵琶行
등이 있고, 시문집으로 『白氏長慶集』이 있다.

9) 唯識 : 唯識宗. 곧 瑜珈宗·法相宗을 말한다. 앞의 주석 1) 참조.

10) 因明 : 인도의 논리학을 말한다. 인도의 논리학은 니아야학파와 불교에 의해
체계화되었다고 할 수 있으나 중국 등지에서 특히 불교논리학을 因明이라고
불렀다. 또한 이를 집대성한 디그나가(400-480?) 이전의 불교논리학을 古因明,
그 이후를 新因明이라고 한다. 고인명에서는 宗·因·喩·合·結의 五分作法
을, 신인명에서는 宗·因·喩의 三支作法을 쓴다. 이러한 인명은 瑜珈行唯識

문에 학자들이 배우기 어려운 것은 당연하였다.

대현은 홀로 그릇된 것을 바로 잡고 잠시 사이에 그윽하고 깊은 뜻
을 터득하여 능란하게 분석함[11]에 동국(東國)의 후진들은 모두 그의
가르침을 준수하고, 중국의 학사들도 왕왕 이를 얻어 안목(眼目)으로
삼았다.

경덕왕(景德王)[12] 천보(天寶)[13] 12년 계사(癸巳, 753) 여름에 가뭄
이 심하였다. [이에 왕은 대현을] 내전으로 불러들여 『금광명경[金光
經]』[14]을 강하여 단비를 빌도록 하였다. 하루는 재를 올리는데, 바루
를 펼쳐놓고 한참동안 있었으나 정수(淨水)를 올리는 것이 늦었다.
[이에] 감독하는 관원이 힐책하자, 공양하는 이가 말하기를, "대궐 안
의 우물이 말라버려 멀리서 길어 오느라고 늦었습니다"고 하였다. 대
현이 그 말을 듣고 말하기를, "왜 진작 말하지 않았는가?"라고 하였

學의 인식론이 기반이 되었으며, 중국에서는 玄奘에 의해 소개되어 한 때 연구
가 성하였으나 후대까지 계속되지는 못하였다.

11) 恢恢游刃 : 자유롭게 칼을 잘 놀린다는 말. 즉 모든 사리에 통달하여 이치를
쉽게 분석하는 모습을 뜻한다.

12) 景德王 : 신라의 제35대 왕. 재위 742-764. [遺] 卷2 紀異 景德王 忠談師 表訓
大德條 참조.

13) 天寶 : 중국 唐 玄宗의 연호(742-755). 그 12년은 신라 景德王 12년(753)에 해
당한다.

14) 金光經 : 『金光明經』을 말한다. 『金鼓經』이라고도 한다. 漢譯으로는 曇無讖
역 『金光明經』 4권, 寶貴等 역 『合部金光明經』 8권, 義淨 역 『金光明 最勝王
經』 10권 등 3종이 있다. 大乘佛教가 전파된 지역에 가장 많은 영향을 끼친 중
요한 경전이다. 대승경전 중 후기에 성립하였는데, 그 소박한 敎義는 般若·法
華·華嚴 등의 대승경전에 의거하고 있다. 이 경전은 懺悔滅罪라는 내성적·
종교적 인간으로서의 행동을 가르치는 한편 護國安民·王道·자기희생·利他
등을 강조하여 전체적으로는 密敎의 색채가 농후하다. 예로부터 『仁王經』·
『法華經』과 함께 護國3部經으로 불렸으며, 신라나 고려 때 金光明道場을 연
근거가 된 경전이기도 하다.

다. 낮에 경을 강의할 때 [대현이] 향로를 받들고 묵묵히 있었더니,
잠깐 사이[15]에 우물물이 솟아 올라 높이가 일곱 길 정도가 되어 찰당
(刹幢)[16]과 가지런해지니 궁중이 모두 놀랐다. 이로 인해 그 우물을
금광정(金光井)이라고 하였다. 대현은 일찍이 스스로 청구사문(靑丘
沙門)이라고 하였다.

　찬한다.

> 남산의 불상을 돎에 불상도 따라서 얼굴을 돌리고
> 청구의 불일(佛日)이 다시 중천에 걸렸네
> 궁중의 우물에 솟구치는 맑은 저 물결
> 누가 금향로의 한 줄기 연기인 줄 알았으랴

　이듬해 갑오(甲午, 754) 여름에 왕은 또 대덕 법해(法海)[17]를 황룡
사(皇龍寺)[18]로 초청하여 『화엄경(華嚴經)』[19]을 강하도록 하고, 친
히 가서 행향(行香)하였다. 조용히 말하기를, "지난 여름에 대현 법사
가『금광명경』을 강하여 우물물이 일곱 길이나 솟았소. 이 분의 법도
는 어떠하오?"라고 하였다. 법해가 말하기를, "[그것은] 극히 작은 일
인데, 무엇을 그렇게 칭찬하십니까? 곧바로 창해(滄海)를 기울여서
동악(東岳)[20]을 잠기게 하고 서울을 물에 떠내려가게 하는 것도 어렵

---

15) 斯須 : 須臾와 같은 말로 잠깐동안을 가리킨다.
16) 刹幢 : 刹은 나무나 쇠로 만들어 불전 앞에 세운 장대이며, 幢은 장대 끝에 단
　　 깃발이다. 刹幢은 흔히 幢竿이라고 하며 절 입구에 세운다.
17) 法海 : 여기 외에는 자세한 기록이 없다.
18) 皇龍寺 : 경상북도 경주시 구황동에 있었던 신라 眞興王 때 창건된 절. [遺]
　　 卷3 塔像 皇龍寺丈六條 참조.
19) 華嚴經 : 『大方廣佛華嚴經』의 약칭. 華嚴宗의 근본경전. [遺] 卷4 義解 慈藏
　　 定律條의 주석 62) 참조.

지 않습니다"고 하였다. 왕은 그것을 믿지 않고 농담으로만 여겼다.

낮에 강경할 때 향로를 당겨 잡고 잠잠히 있노라니, 잠시 후에 내궁에서 갑자기 우는 소리가 나고, 궁의 관리가 달려와서 보고하기를, "동쪽의 못이 이미 넘쳐서 내전 50여 칸이 떠내려갔습니다"고 하였다. 왕이 망연자실하자, 법해가 웃으면서 말하기를, "동해가 기울어지려고 수맥이 먼저 불어났을 뿐입니다"고 하였다. 왕은 자기도 모르는 사이에 일어나 절을 하였다.

다음날 감은사(感恩寺)21)에서 아뢰기를, "어제 한낮에 바닷물이 넘쳐 불전의 계단 앞에까지 찼다가 저녁 때 물러갔습니다"고 하니, 왕이 그를 더욱 믿고 공경하였다.

찬한다.

> 법해의 파도 법계에 넓으니
> 사해를 늘리고 줄이는 것도 어렵지 않네
> 백억의 수미산[須彌]22) 크다고 말하지 말라
> 모두가 우리 스님 손가락 끝에 있나니〈이상은 법해를 이른 것이다.23)〉

삼국유사 권제4

---

20) 東岳 : 吐含山. [史] 卷32 祭祀志 中祀條에 5岳의 명칭과 소재지가 나온다. 5岳에 관한 자세한 사항은 [遺] 卷2 紀異 景德王 忠談師 表訓大德條의 주석 3) 참조.

21) 感恩寺 : 경상북도 경주시 陽北面 龍堂里에 있던 신라 때의 절. 자세한 사항은 [遺] 卷2 紀異 萬波息笛條의 주석 4) 참조.

22) 須彌 : 須彌山. 불교의 우주관에 의해서 四大洲의 중앙에 우뚝 솟아 있다는 산이다. 梵語의 Sumeru의 音寫이다. 황금·白銀·瑠璃·十璃로 이루어졌고, 높이가 8만 4천 由旬이며, 꼭대기는 帝釋天, 중턱은 四天王의 住處라고 한다.

23) 右海云 : [正]의 '石'은 '右'의 잘못인 듯하다. 따라서 이것은 '右의 讚은 法海를 이른 것'이라는 의미로 이해된다.

三國遺事 卷第五

神呪 第六

三國遺事 卷第五
國尊曹溪宗迦智山下麟角寺住持圓鏡冲照大禪師一然撰

神呪 第六

112. 密本摧邪

　善德王德曼 遘疾彌留 有興輪寺僧法惕 應詔侍疾 久而無效 時有密本法師 以德行聞於國 左右請代[1]之 王詔迎入內 本在宸扶外讀藥師經 卷軸纔周 所持六環 飛入寢內 刺一老狐與法惕 倒擲庭下 王疾乃瘳 時本頂上發五色神光 覩者皆驚

　又承[2]相金良圖[3]爲阿孩時 忽口噤體硬 不言不逡 每見一大鬼率群[4]小鬼來 家中凡[5]有盤肴 皆啖嘗之 巫覡來祭 則群聚而爭侮之 圖[6]雖欲命撤[7] 而口不能言 家親請法流寺僧亡名來轉經 大鬼命小鬼 以鐵槌打僧頭仆地 嘔血而死

---

1) 代 : [鶴] 伐.
2) 承 : [品][浩][民] 丞.
3) 圖 : [正][晚][鶴] 啚(鄙와 동자, 圖의 속자). [品][斗][浩][六] 圖.
4) 群 : [浩][六] 없음.
5) 凡 : [正][晚][鶴][品][斗][會][東] 几. [浩][六] 凡.
6) 圖 : 주 3)과 같음.
7) 撤 : [斗] 撒.

隔數日 遣使邀本 使還言 本法師受我請將來矣 衆鬼聞之 皆失
色 小鬼曰 法師至將不利 避之何幸 大鬼侮慢自若曰 何害之有 俄
而有四方大力神 皆屬金甲長戟 來捉群鬼而縛去 次有無數天神 環
拱而待 須臾本至 不待開經 其疾乃治 語通身解 具說件[8]事 良
圖[9]因此篤信釋氏 一生無怠 塑成興輪[10]寺吳堂主 彌陁[11]尊像 左
右菩薩 幷滿金[12]畵[13]其堂 本嘗住金谷寺

又金庾信嘗與一老居士交厚 世人不知其何人 于時公之戚秀天 久
染惡疾 公遣居士診衛 適有秀天之舊 名因惠師者 自中岳來訪之
見居士而慢侮之曰 相汝形儀 邪佞[14]人也 何得理人之疾 居士曰
我受金公命 不獲已[15]爾 惠曰 汝見我神通 乃奉爐呪香 俄頃五色
雲旋[16]遶頂上 天花散落

士曰 和尙[17]通力不可思議 弟子亦有拙技 請試之 願師乍[18]立
於前 惠從之 士彈指一聲 惠倒迸於空 高一丈許 良久徐徐倒下 頭
卓地 屹然如植橛[19] 旁人推挽之不動 士出去 惠猶倒卓達曙 明日
秀天使扣於金公 公遣居士往救[20] 乃解 因惠不復賣技

---

8) 件：[正][晚][鶴] 忦. [品][斗][浩][六][民] 件.
9) 圖：주 3)과 같음.
10) 輪：[正] 판독미상. [晚][順][品][斗][浩][六] 輪.
11) 陁：[斗][浩][六] 勒.
12) 金：[正] 판독미상. [品][斗][浩][六] 金.
13) 畵：[正] 판독미상. [品][斗][浩][六] 畵.
14) 佞：[正][晚][鶴][品][會][東] 佞(佞의 속자). [斗][浩][六] 佞.
15) 已：[鶴] 己.
16) 旋：[品][斗][會][東] 施.
17) 尙：[品] 神. [民] 尙神.
18) 乍：[正][晚][順][鶴] 卡. [品][斗][浩][六][民] 乍.
19) 橛：[正][晚][鶴] 撅. [品][斗][浩][六] 橛.
20) 救：[鶴] 放.

讚曰 紅紫紛紛幾亂朱 堪嗟魚目誑愚夫 不因居士輕彈指 多少21)
巾箱襲碔22)砆

---

21) 少：[正][品][斗][六] 小. [浩][民] 少.
22) 碔：[正][晚][鶴] 碔. '碔'의 결획피휘.

삼국유사 권제5

국존(國尊) 조계종(曹溪宗) 가지산하(迦智山下) 인각사(麟角寺) 주지(住持) 원경충조대선사(圓鏡冲照大禪師) 일연(一然)이 찬하였다.[1]

신주 제6

밀본이 사악함을 꺽다

선덕왕(善德王)[2] 덕만(德曼)이 병이 든 지 오래되었다. 흥륜사(興輪寺)[3]의 승 법척(法惕)[4]이 왕명에 의하여 병을 돌보았으나 오랫동안 효험이 없었다. 이때 밀본(密本)[5] 법사가 덕행으로 나라 안에 알려져 있었으므로 좌우에서 그를 대신하기를 청하였다. 왕의 명령으로 [그를] 궁 안으로 맞아들이니, 밀본은 왕의 침실[宸杖][6] 밖에서 『약

---

1) 國尊曹溪宗迦智山下麟角寺住持圓鏡冲照大禪師一然撰 : [遺] 全卷에서 卷5 여기에만 저자를 明記하였다.
2) 善德王 : 신라의 제27대 왕. 재위 632-646. [遺] 卷1 紀異 善德王知幾三事條 참조.
3) 興輪寺 : 경상북도 경주시 사정동에 있던 신라 최초의 왕실 절. [遺] 卷3 興法 阿道基羅條의 주석 30) 참조.
4) 法惕 : 신라 때 興輪寺에 있던 고승. 法暢이라고도 한다. 자료가 없어 자세한 것은 알 수 없다.
5) 密本 : 신라 때 密教의 고승. 여기 외에는 자료가 없어 자세히 알 수 없다.
6) 宸杖 : 宸은 궁궐·궁성을 뜻하고, 杖도 궁성의 호위라는 뜻이 있으므로, 여기서는 '왕의 침실'로 해석하는 것이 좋을 듯하다.

사경(藥師經)』7)의 두루마리를 겨우 다 읽자, [그가] 가지고 있던 육환장[六環]8)이 침실로 날아 들어가 늙은 여우 한 마리와 법척을 찔러 뜰 아래로 거꾸러뜨리니 왕의 병이 곧 나았다. 이때 밀본의 머리 위에 오색의 신비한 빛이 발하니 보는 사람들이 모두 놀랐다.

또 승상(承相)9) 김양도(金良圖)10)가 어렸을 때 갑자기 입이 붙고 몸이 굳어져 말을 못하고 [몸을] 움직이지 못하였다. [그가] 항상 보니, 큰 귀신 하나가 작은 귀신무리를 이끌고 와서 집 안에 있는 모든 음식물을 모두 맛보고, 무당이 와서 제를 지내면 무리가 모여 그를 다투어 욕보였다. 양도는 비록 [귀신들이] 물러가도록 명령하려고 해도 입으로는 말을 할 수 없었다. [그의] 아버지가 법류사(法流寺)11)의 이름이 전하지 않는 승을 청하여 경을 돌아가며 읽게 하니, 큰 귀신이 작은 귀신에게 명하여 철몽둥이로 승의 머리를 때려 땅에 넘어지게 하여 [승은] 피를 토하고 죽었다.

며칠 뒤에 사람을 보내 밀본을 맞아오게 하니, 그가 돌아와서 말하

---

7) 藥師經 : 『藥師如來本願經』의 준말. 615년 달마급타(達磨笈多)가 번역한 경.
8) 六環 : 고리가 6개 달린 스님의 지팡이.
9) 承相 : 丞相. 여기서는 신라의 宰相級 관직을 말하는 듯하다. 본래 丞相이란 고려 후기 元에서 고려를 지배하기 위하여 開京에 세운 征東行省의 최고 관직인데, 1280년 忠烈王 이후에는 왕이 겸직하였다.
10) 金良圖 : ?-670. 신라통일기의 장군. 金庾信의 副將이 되어 泗沘城 함락에 공을 크게 세워 大阿飡이 되었다. 고구려 정벌 때도 군량미 공급과 고구려군 1만여 명을 섬멸하는 공을 세워 波珍飡에 오르기도 하였다. 670년에는 고구려와 백제의 고토에서 唐軍을 몰아내는 역할을 하고, 이를 해명하기 위하여 唐에 갔다가 돌아오지 못하고 그곳에서 옥사하였다. 문장가로도 유명하나 글은 남아 있지 않다.
11) 法流寺 : 경상북도 慶州市에 있던 절. [遺] 卷1 王曆에 「孝成王을 法流寺에서 화장하였다」는 기사가 보이며, 또 [遺] 卷1 紀異 辰韓條에 「韓岐宅法流寺南」 등의 기사가 보일 뿐 그 외 자세한 것은 알 수 없다.

기를, "밀본 법사께서 내 청을 받아들여 장차 오실 것입니다"고 하였
다. 무리귀신들이 그 말을 듣고 모두 얼굴빛을 잃었다. 작은 귀신이
말하기를, "법사가 오시면 이롭지 못하니 피하는 것이 좋습니다"고 하
였다. 큰 귀신이 거만한 태도로 말하기를, "무슨 해가 있겠느냐?"고
하였다.

조금 뒤에 사방에서 대력신(大力神)12)이 모두 쇠갑옷과 긴 창13)으
로 무장하고 와서 귀신들을 묶어 잡아가고, 다음에는 수많은 천신(天
神)14)들이 둘러서서 기다렸다. 조금 뒤에 밀본이 이르러 경을 펴기도
전에 그의 병이 치료되어 말이 통하고 몸이 풀려서 [그] 일을 자세히
말하였다.

양도는 이로 인해 부처님을 독실히 믿기를 일생동안 게을리하지 않
았다. 흥륜사 오당(吳堂)15)의 주불인 아미타존상[彌陁尊像]16)과 좌
우 협시보살17)을 빚어 만들고, 아울러 그 당을 금색 벽화로 가득 채웠
다. 밀본은 일찍이 금곡사(金谷寺)18)에 살았다.

---

12) 大力神 : 큰 힘을 가진 신. 造物主의 다른 이름인 듯하다.
13) 長戟 : 중국 고대의 긴 창. 창끝이 3枝이나 左枝는 창끝이 아래로 향하였다.
14) 天神 : ①하늘의 신. ②신의 이름. 소와 비슷하게 두 뿔이 있고, 말의 꼬리가
    달렸는데, 涇水에 산다. 이것이 나타나면 兵이 일어난다고 한다.(『山海經』·
    『西山經』) 불교의 天神. 梵天, 帝釋 등의 통칭.
15) 吳堂 : 興輪寺에 있던 법당의 이름으로 추측된다.
16) 彌陁尊像 : 阿彌陁尊像. 그러나 일반적으로 興輪寺의 주불을 彌勒菩薩로 보
    는 견해가 있다. [遺] 卷3 塔像 彌勒仙花 未尸郎 眞慈師條에 있는 「有興輪寺
    僧眞慈 每就堂主彌勒像前」의 기록을 들어서, 여기의 '彌陁'를 '彌勒'으로 고쳐
    보기도 한다. 그러나 堂主의 堂이 여기의 '吳堂'을 의미하는 것인지 분명하지
    않으며, 더욱이 본문에서는 좌우보살이 있는 것으로 보아 아미타여래삼존상으
    로 보이기 때문에 미타상으로 보는 것이 옳다. 【美仁求】
17) 左右菩薩 : 脇侍菩薩. 좌우에서 主尊佛을 모시고 있는 보살. 主尊佛과 함께
    보통 3尊佛이라고 한다.

또 김유신(金庾信)19)이 일찍이 한 늙은 거사와 교분이 두터웠는데,
세상 사람들은 그가 누구인지 알지 못하였다. 그때 공의 친척인 수천
(秀天)20)이 오랫동안 악질에 걸려 있었으므로 공이 거사를 보내 병을
진찰하게 하였다. 때마침 수천의 친구로 이름이 인혜(因惠)21)라는 스
님이 중악(中岳)22)으로부터 찾아와 거사를 보고 모욕하여 말하기를,
"그대의 형상과 의표를 보니 사악하고 아첨하는 사람인데, 어떻게 사
람의 병을 다스리겠소?"라고 하니, 거사가 말하기를, "나는 김공의 명
을 받고 마지못해 왔을 뿐입니다"고 하였다. [이에] 인혜가 말하기를,
"그대는 내 신통력을 보라!"고 하고는 이내 향로를 받들고 향을 피우
며 주문을 외우니, 조금 뒤에 오색구름이 머리 위에 서리고 천화(天
花)23)가 흩어져 떨어졌다.

거사가 말하기를, "스님의 신통력은 불가사의합니다. 제자 또한 변
변치 않은 재주가 있어 시험해보기를 청하니, 스님은 잠깐 앞에 서 주

---

18) 金谷寺 : 경상북도 경주시 강서면 두류리 三岐山에 있던 절. 절터에는 근래에
   건립한 절이 있다. [遺] 卷4 義解 圓光西學條에 의하면, 이 절은 圓光法師가
   臂長神을 만났던 곳이며, 원광이 80세에 이 절에서 입적하여 그의 부도가 있는
   것으로 전한다. 현재 법당 앞의 3층석탑이 원광 법사의 부도로 전하고 있으나
   확실하지 않다.
19) 金庾信 : 삼국통일을 이룩하는데 주도적인 역할을 한 신라의 장군. [史] 卷
   41-43 列傳 金庾信條, [遺] 卷1 紀異 金庾信條 참조.
20) 秀天 : 신라 때 金庾信의 친척. 더 이상의 자료가 없어 자세한 것은 알 수 없다.
21) 因惠 : 신라 때의 고승. 中岳의 어느 절에 있었다고 하나, 여기 외에는 자료가
   없어 자세한 것은 알 수 없다.
22) 中岳 : 岳자는 嶽자로 많이 썼다. 신라시대 나라의 제사를 지냈던 이름난 5곳
   의 명산. 東岳은 吐含山, 西岳은 鷄龍山, 中岳(父嶽)은 八公山, 南岳은 智異
   山, 北岳은 太白山 등이다.
23) 天花 : 天上의 妙花. 『維摩經』에 「維摩詰室에 있던 天女의 몸이 천화로 되어
   菩薩弟子의 머리 위에 散落하였다」는 기사가 있다.

십시오"라고 하니, 인혜는 그 말을 따랐다. 거사가 손가락을 튕겨 한 번 소리를 내니, [그 소리에] 인혜는 공중으로 높이 한 길 가량이나 거꾸로 솟구쳤다가 한참만에 천천히 거꾸로 떨어져 머리가 땅에 박혀 나무처럼 우뚝 섰다. 옆에 있던 사람이 밀고 땡겨도 움직이지 않았다. 거사는 나갔으나 인혜는 거꾸로 박힌 채 밤을 새웠다.

이튿날 수천이 사람을 시켜 김공에게 알리자, 공이 거사를 보내 구하게 하여 곧 풀려났다. 이로 인해 인혜는 다시는 재주를 팔지 못하였다.

찬한다.

> 홍색 자색이 몇 번이나 주색에 어지럽게 섞이니
> 아, 물고기의 눈이 어리석은 사람을 속였구나
> 거사가 가볍게 손가락을 튕기지 않았다면
> 얼마나 명주상자에 무부(碔砆)[24]를 담았으리오

---

24) 碔砆 : 옥과 비슷한 돌.

113. 惠通降龍

　　釋惠通　氏族未詳　白衣之時　家在南山西麓　銀川洞之口〈今南澗寺
東里〉一日遊舍東溪上　捕一獺屠之　棄骨園中　詰旦亡其骨　跡血尋
之　骨還舊穴　抱五兒而蹲　郎[1]望見　驚異久之　感嘆躊躇　便棄俗出
家　易名惠通

　　往唐謁無畏三藏請業　藏曰　嵎夷之人豈堪法器　遂不開授　通不堪
輕謝去　服勤三載　猶不許　通乃憤悱立於庭　頭戴火盆　須臾頂裂聲
如雷　藏[2]聞來視之　撤火盆　以指按裂處　誦神呪　瘡合如平日　有瑕
如王字文　因號王和尚　深器之　傳印訣

　　時唐室有公主疾病　高宗請救於三藏　舉通自代　通受教別處　以白
豆一斗　呪銀[3]器中　變白甲神兵　逐祟[4]不克　又以黑豆一斗　呪金器
中　變黑甲神兵　令二色合逐之　忽有蛟龍走出　疾遂瘳　龍怨通之逐
已也　來本國文仍林　害命尤毒

　　是時鄭恭奉使於唐　見通而謂曰　師所逐毒龍　歸本國害甚　速去除
之　乃與恭　以麟德二年乙丑還國而[5]黜之　龍又怨恭　乃托之柳　生

---

1) 郎：[正][晚][順][鶴] 卽. [品][斗][浩][六] 郎.
2) 藏：[正] 판독미상. [晚][順][鶴][品][斗][浩][六] 藏.
3) 銀：[品] 金.
4) 祟：[正][斗] 崇. [品][浩][六][民] 祟.
5) 而：[斗] 없음.

鄭氏門外 恭不之覺 但賞其葱密 酷愛之

　及神文王崩 孝昭卽位 修山陵 除葬路 鄭氏之柳當道 有司欲伐
之 恭恚曰 寧斬我頭 莫伐此樹 有司奏聞 王大怒 命司寇6)曰 鄭恭
恃7)王和尙神術 將謀不遜 侮逆王命 言斬我頭 宜從所好 乃誅之
坑其家

　朝議 王和尙與恭甚厚 應有忌嫌 宜先圖8)之 乃徵甲尋捕 通在王
望寺 見甲徒至 登屋 携砂瓶 研朱筆而呼曰9) 見我所爲 乃於瓶項
抹一畫曰 爾輩宜各見項 視之皆朱畫 相視愕然 又呼曰 若斷瓶項
應斷爾項 如何 其徒奔走 以朱項赴王 王曰和尙神通 豈人力所能
圖10) 乃捨之

　王女忽有疾 詔通治之 疾愈 王大悅 通因言 恭被毒龍之汚 濫膺
國刑 王聞之心悔 乃免恭妻孥 拜通爲國師

　龍旣報冤於恭 往機張山爲熊神 慘毒滋甚 民多梗之 通到山中 諭
龍授不殺戒 神害乃息

　初神文王發疽11)背 請候於通 通至 呪之立活 乃曰 陛下曩昔爲
宰官身 誤決臧人信忠爲隷 信忠有怨 生生作報 今玆惡疽亦信忠所
祟12) 宜爲忠創伽藍 奉冥祐以解之 王深然之 創寺號信忠奉聖寺

　寺成 空中唱云 因王創寺 脫苦生天 怨已解矣〈或本載此事於眞表傳
中 誤〉因其唱地 置折怨堂 堂與寺今存

---

6) 寇：[正] 㓂(寇의 속자). [六] 宼. [品][斗][浩] 寇.
7) 恃：[鶴] 侍.
8) 圖：[正] 昌.(鄙와 동자, 圖의 속자). [品][斗][浩][六] 圖.
9) 曰：[浩][六] 之.
10) 圖：주 8)과 같음.
11) 疽：[品] 疽.
12) 祟：[斗] 崇.

先是密本之後　有高僧明朗　入龍宮得神印〈梵云文[13]豆婁　此云神印〉
祖創神遊林〈今天王寺〉　屢禳[14]隣國之寇[15)　今和尙傳無畏之髓　遍歷
塵寰　救人化物　兼以宿命之明　創寺雪怨　密敎之風　於是乎大振

　天磨之總[16)持崀　毋[17)岳之呪錫院等　皆其流裔也　或云　通俗名
尊勝角干　角干乃新羅之宰相峻級　未聞通歷仕之迹　或云　射得豹[18)
狼　皆未詳

　讚曰　山桃溪杏映籬斜　一經[19)春深兩岸花　賴得郞君閑捕獺　盡敎
魔外遠京華

---

13) 云文：[品][斗] 文云.
14) 禳：[正] 攘. [品][斗][浩][六][民] 禳.
15) 寇：[正] 寇(寇의 속자). [品][斗][浩][六] 寇.
16) 總：[正] 摠(總와 동자). [品][斗][浩][六] 總.
17) 毋：[品][斗][浩][六] 母.
18) 豹：[正] 狩. [品][斗] 犲. [浩][六] 豹.
19) 經：[正][品][浩] 徑. [斗][六] 經.

혜통이 용을 항복시키다

　석(釋) 혜통(惠通)[1]은 [그] 씨족이 자세하지 않다. 속인시절에는 집이 남산(南山) 서쪽 기슭 은천동(銀川洞)[2] 입구〈지금의 남간사(南澗寺)[3] 동쪽 마을〉에 있었다. 하루는 집 동쪽 계곡 상류에서 놀다가 수달 한 마리를 잡아죽이고, [그] 뼈를 동산에 버렸다. 이튿날 새벽에 그 뼈가 없어져 핏자국을 따라 찾아갔더니, 뼈가 전에 살던 구덩이로 돌아가 새끼 다섯 마리를 안고 쭈그리고 앉아 있는 것을 낭은 바라보았다. 한참동안 경이롭게 여기며 감탄하고 주저하다가 문득 속세를 버리고 출가하여 이름을 혜통으로 바꿨다.

　당(唐)나라로 가서 무외삼장(無畏三藏)[4]을 뵙고 배우기를 청하였

---

1) 惠通 : 여기 외에는 자료가 없어 자세히 알 수 없다.
2) 銀川洞 : 신라 때 慶州의 한 마을이름이라고 하나, 여기 외에는 자료가 없어 자세히 알 수 없다.
3) 南澗寺 : 경상북도 慶州市 塔洞 南山 서록에 있던 절. 창건연대 등은 알 수 없다. 현재 남간 마을에는 당간지주·8각대좌·石井·초석 등이 남아 전한다.
4) 無畏三藏 : 東印度 烏茶國人. 梵名은 Ubhakara-siṃha. 716년에 唐의 長安에 왔다. 『大日經』을 번역하였으며, 元宗의 후의로 興福寺·西明寺 등에서 주석하였고, 密教의 시조가 되었다. 735년에 나이 99세로 입적하였다. 이에 대하여 鎌田武雄은 惠通이 唐에서 신라로 귀국한 것은 665년이고, 無畏三藏이 唐에 들어온 것은 716년이므로, 여기서의 무외삼장은 다른 스님일 것이라고 주장한다([品] 下之三, pp.24-25). 그러나 오히려 惠通의 신라 귀국연대인 665년이 의심스럽다. 왜냐하면 혜통과 함께 귀국한 鄭恭의 사망연대가 神文王의 사망과 같은 해인 691년이기 때문이다.

더니 삼장이 말하기를, "동쪽 오랑캐5) 사람이 어찌 법기(法器)6)가
되겠느냐?"고 하며 끝내 가르쳐 주지 않았다.

혜통은 가벼이 물러가지 않고, 3년간이나 [삼장을] 부지런히 섬겼
으나 여전히 [배움을] 허락하지 않았다. 혜통은 [더욱] 분발하여 정원
에 서서 불이 담긴 동이를 머리에 이고 있었더니, 잠시 후 정수리가
찢어지며 우뢰와 같은 소리가 났다. 삼장이 [그 소리를] 듣고 와서 보
고 불이 담긴 동이를 치우며 손가락으로 [혜통의] 찢어진 곳을 만지
며 주문을 외우니, 상처가 아물어 예전처럼 되었다. [그러나] 흠이 생
겨 왕(王)자 무늬와 같았으므로 왕화상(王和尙)이라고 불렀으며, [그
의] 도량을 깊이 인정하여 인결(印決)7)을 전하였다.

그때 당나라 황실에서는 공주가 병이 들어 고종(高宗)8)이 삼장에
게 구제해줄 것을 청하니, [삼장은] 혜통을 자기 대신으로 천거하였
다. 혜통은 황제의 명을 받고 따로 지내며 흰 콩 한 말을 은그릇에 넣
고 주문을 외우니, [흰 콩이] 흰 갑옷을 입은 신병(神兵)으로 변하여
병마를 쫓다가 끝내 이기지 못하였다. [그러자] 또 검은 콩 한 말을
금그릇에 넣고 주문을 외우니, [검은 콩이] 검은 갑옷을 입은 신병으
로 변하였다. [희고 검은] 두 색의 [신병이] 합하여 병마를 쫓으니,
홀연히 교룡(蛟龍)이 나와 도망가고 병이 마침내 나았다. 교룡은 혜통

---

5) 嵎夷 : 중국 山東省 登州의 옛이름. 해가 돋는 동쪽. 東夷와 같은 뜻. 여기서
   는 신라를 가리킨다.
6) 法器 : 佛弟子가 될 만한 器量이 있는 사람.
7) 印訣 : 印可와 授訣의 략. 印可는 제자의 깨달음을 인정하는 것이고, 授訣은
   授記라고도 한다. 장래 반드시 보리의 결과를 얻을 수 있다는 것을 타인들에게
   믿도록 하는 것이다([品] 下之三, p.25).
8) 高宗 : 중국 唐의 제3대 황제. 재위 649-683.

이 자기를 내쫓은 것을 원망하여 본국의 문잉림(文仍林)9)에 와서 인
명을 해치는 것이 더욱 심하였다.

　그때 정공(鄭恭)10)이 사신으로 당나라에 갔다가 혜통을 보고 말하
기를, "스님이 쫓은 독룡이 본국으로 돌아가서 해가 심하니, 빨리 가
서 제거해주십시오"라고 하였다. 이에 [혜통은] 정공과 함께 인덕(麟
德) 2년11) 을축(乙丑, 665)에 고국으로 돌아와 용을 쫓아버렸다. 용은
또 정공을 원망하고 이에 버드나무에 가탁하여 정공의 집 문 밖에 나
있었다. 정공은 그것을 알아차리지 못하고, 다만 그 무성한 것만을 좋
아하여 매우 사랑하였다.

　신문왕(神文王)12)이 돌아가고 효소왕[孝昭]13)이 즉위하자, 산릉
(山陵)14)을 닦아 장례길을 만드는데, 징씨의 버드나무가 길을 막고
있어 관리가 이를 베려고 하였다. [이에] 정공이 노하여 말하기를,
"차라리 내 머리를 벨지언정 이 나무는 베지 못한다"고 하였다.

　관리가 [이 말을] 보고하니, 왕은 크게 노하여 법관[司寇]15)에게
명하여 말하기를, "정공이 왕 화상의 신술(神術)을 믿고 장차 불손한
일을 꾀하려고 하여 왕명을 무시하고 거스려 자신의 머리를 베라고

---

9) 文仍林 : [遺] 卷3 塔像 皇龍寺丈六條 참조. 지금의 위치는 알 수 없다.
10) 鄭恭 : 신라 神文王 때 遺唐使였다고 하나([遺] 卷5 神呪 惠通降龍條), 자세
　　한 것은 알 수 없다.
11) 麟德二年 : 麟德은 중국 唐 高宗의 연호(664-665). 인덕 2년은 신라 文武王 5
　　년(665) 乙丑年에 해당한다.
12) 神文王 : 신라의 제31대 왕. 재위 681-692. [遺] 卷2 紀異 萬波息笛條 참조.
13) 孝昭 : 孝昭王. 신라의 제32대 왕. 재위 692-702. [遺] 卷2 紀異 孝昭王代 竹
　　旨郞條 참조.
14) 山陵 : 帝王과 后妃의 무덤. 山陵崩(제왕의 죽음)의 준말.
15) 司寇 : 중국 周나라 때 형벌·도난 등의 일을 맡은 관직. 法官.(『周禮』)

말하였으니 마땅히 제 좋아하는 바를 따르리라"고 하고, 이에 그를 베어 죽이고 그 집을 묻어버렸다.

조정의 의논이 왕 화상이 정공과 [친분이] 매우 두터워 반드시 꺼리고 싫어함이 있을 것이니, 먼저 그를 도모함이 좋겠다고 하여, 이에 갑옷 입은 병사를 불러 [그를] 찾아 잡게 하였다.

혜통이 왕망사(王望寺)16)에 있다가 갑옷 입은 병사들이 도착한 것을 보고, 지붕에 올라가 사기병과 붉은 칠을 한 붓을 가지고 [그들에게] 외치기를, "내가 하는 것을 보라"고 하고, 병목에 한 획을 긋고 말하기를, "너희들은 마땅히 각자의 목을 보라"고 하였다. [병사들이 자신들의] 목을 보니 모두 붉은 획이 그어져 있어 서로 보며 놀랐다. [혜통이] 또 외치기를, "만약 병목을 자르면 반드시 너희 목도 잘릴 것이니, 어떻게 할 것이냐?"고 하였다.

그 무리가 도망가 붉은 획이 그어진 목으로 왕에게 갔더니, 왕이 말하기를, "화상은 신통력이 있으니, 어찌 사람의 힘으로 능히 도모할 수 있겠는가?"고 하고, 이에 그대로 내버려두었다.

왕녀가 갑자기 병이 들어 [왕이] 혜통을 불러 치료하게 하니, 병이 나아 왕이 크게 기뻐하였다. 혜통이 이로 인하여 말하기를, "정공은 독룡의 오염을 입어서 애매하게 나라의 형벌을 받았습니다"고 하니, 왕이 그 말을 듣고 뉘우쳐 이에 정공의 처자에게 죄를 면해주고 혜통을 국사(國師)17)로 삼았다.

---

16) 王望寺 : 신라시대 慶州에 있던 절로 추측되나, 여기 외에는 자료가 없어 자세한 것은 알 수 없다.
17) 國師 : 신라·고려·조선 초기에 있었던 승려의 최고 法階. 불교가 백성들의 신앙으로 일반화되어 있었으므로 민중을 도덕적으로 교화할 수 있는 고승을

용은 이미 정공에게 원수를 갚고 기장산(機張山)18)으로 가서 곰신
[熊神]19)이 되어 참혹한 해독이 더욱 심해져 백성들이 많이 괴로워하
였다. 혜통이 산중에 이르러 용을 달래 불살계(不殺戒)20)를 주니, 곰
신의 해가 이에 그쳤다.

처음에 신문왕이 등창이 나서 혜통에게 치료하여 주기를 청하므로
혜통이 이르러 주문을 외우니 나았다. 이에 [혜통] 아뢰기를, "폐하
께서는 전생에 재상의 몸이 되어 장인(臧人)21) 신충(信忠)22)을 잘못
판결하여 노예로 만들었으니, 신충이 원한을 품고 환생할 때마다23)
보복하는 것입니다. 지금 이 등창도 신충의 재앙이오니 마땅히 신충을
위하여 절을 창건하시고, 명복을 빌어 풀게 하소서"라고 하였다. 왕은
깊이 그럴 것으로 여기고, 절을 건립하고 신충봉성사(信忠奉聖寺)24)

國統・國師・王師 등으로 책봉하여, 왕의 자문에 응하고 통치에도 큰 역할을
담당하게 하였다. 眞興王 때 고구려의 惠亮을 맞이하여 최초로 國統을 삼았고,
善德王 때는 慈藏이 국통이 되었다. 國師로는 孝昭王 때 惠通이 처음이었다.
18) 機張山 : 경상남도 梁山郡 기장읍에 있는 어느 산의 옛이름으로 추측되나, 자
세한 것은 알 수 없다.
19) 熊神 : 곰신. 우리 나라에는 곰과 관계되는 민담・전설・신화가 많이 전해 내
려오고 있다. [遺]에 나오는 단군신화에서 곰은 桓雄과 결합하여 檀君을 낳아
熊女가 國母神이 되었다. 또 [遺] 卷5 孝善 大成孝二世父母條에서는 大成이
토함산에 올라 곰을 잡았는데, 꿈에 곰신이 나타나 잡아먹겠다고 위협하며, 절
을 세워 달라고 하여 그 자리에 長壽寺를 건립하였다고 한다. 이처럼 곰신은
때로 국모신, 이로운 신, 惡神 등으로 표현되어왔다.
20) 不殺戒 : 5戒의 하나. 온갖 중생의 생명을 죽이는 것을 금하는 계율.
21) 臧人 : 양인([相]). 양민([浩]). 臧은 사내 종.
22) 信忠 : [遺] 卷5 避隱 信忠掛冠條 참조. 자세한 것은 알 수 없다.
23) 生生 : '世世生生'의 준말. 여기서는 還生을 뜻한다.
24) 信忠奉聖寺 : 奉聖寺는 신라 神文王 5년(685)에 완성한 절.([史] 卷8 新羅本
紀 神文王條) [史] 職官志에는 奉聖寺成典이 있다고 하였다. 그러나 여기의
信忠奉聖寺가 [史]의 봉성사인지는 알 수 없다.([遺] 卷4 義解 寶壤梨木條・
卷5 避隱 信忠掛冠條 참조)

라고 하였다.

절이 완성되자 공중에서 외치기를, "왕이 절을 건립했으므로 고통을 벗고 하늘에 태어났으니, 원한은 이미 풀렸습니다"고 하였다.〈어떤 책에는 이에 관한 일이 진표전(眞表傳)25) 속에 실려 있으나 잘못이다.〉 따라서 그 외침이 있던 땅에 절원당(折怨堂)26)을 설치하였으니, 당은 절과 함께 지금도 남아 있다.

이에 앞서 밀본(密本)27)의 뒤에 고승 명랑(明朗)28)이 있었는데, 용궁에 들어가 신인(神印)29)〈범어[梵]로는 문두루(文豆婁)30)라고 하였는데, 여기서는 신인이라고 하였다.〉을 얻어 처음으로 신유림(神遊林)31)〈지금의 천왕사(天王寺)32)〉를 창건하고, 누차 이웃 나라의 침입을 [불력으로] 물리쳤다. 지금 화상이 무외의 정수를 전하여 속세를 두루 다니며 사람을 구제하고 만물을 감화시키며, 아울러 숙명의 밝은 지혜33)로써 절을 세워 원한을 풀어주니, 밀본의 교풍이 이때 크게 떨쳤다.

---

25) 眞表傳 : [遺] 卷4 義解 眞表傳簡條 참조.
26) 折怨堂 : 여기 외에는 자료가 없어 자세히 알 수 없다.
27) 密本 : [遺] 卷4 義解 密本摧邪條 참조.
28) 明朗 : 생몰년 미상. 신라 文武王 때의 고승. 神印宗의 開祖. [遺] 卷2 紀異 文虎王法敏條의 주석 29), 卷4 義解 二惠同塵條의 주석 42), 卷5 神呪 明郎神 印條 참조.
29) 神印 : 神印宗. 密敎 계통의 불교 종파의 하나. 신라 文武王 때의 明朗을 宗祖 로 하며, 고려 초에 종파로 성립되었다. [遺] 卷4 義解 二惠同塵條의 주석 41) 참조.
30) 文豆婁 : [遺] 卷2 紀異 文虎王法敏條의 주석 35) 참조.
31) 神遊林 : [遺] 卷3 興法 阿道基羅條의 주석 43) 참조.
32) 天王寺 : 일반적으로 四天王寺라고 한다. 경상북도 慶州市 배반동 狼山 남록 에 있던 신라 때의 절. [遺] 卷2 紀異 文虎王法敏條의 주석 32) 참조.
33) 宿命之明 : 宿住智證明과 같다. 자기와 타인의 몸의 過去世에 있어서 생사의 相을 아는 지혜. 三明·六通의 하나.

천마산[天磨]34)의 총지암(總持嵓)35)과 무악(母岳)36)의 주석원(呪錫院)37) 등이 모두 그 유파의 후예들이다. 혹 이르기를, 혜통의 속명은 존승(尊勝)38) 각간(角干)39)이라고 하는데, 각간은 신라 재상급의 높은 벼슬이나, 혜통이 벼슬하였다는 사적은 듣지 못하였다. 또 이르기를, 승냥이와 늑대를 쏘아 잡았다고 하나 모두 자세하지 않다.

찬한다.

> 산복숭아와 계곡의 살구는 울타리에 비스듬히 비쳤는데
> 한 차례 지나니 봄이 깊어 양 언덕에 꽃이 피었네
> 다행이 혜통이 수달을 잡아서
> 마귀를 모두 교화하여 서울 밖으로 멀리 내보냈네

---

34) 天磨 : 開城의 天磨山.([勝覽] 卷4 開城府(上) 山川條)

35) 總持嵓 : 경기도 개풍군 영남면 현화리 聖居山에 있던 절. 고려 肅宗 6년(1101)에 왕이 거동하여 大覺國師를 문병한 일이 있고, 毅宗 11년(1157)에 왕이 거동하였다고 한다.(耘虛龍夏, 『佛敎辭典』, 동국역경원, 1961, p.861)

36) 母岳 : 전라북도 金堤市 金山面과 完州郡에 있는 산. 해발 794m. 산의 서록에는 신라 때의 절인 金山寺가 있다.

37) 呪錫院 : 전라북도 金堤市 母岳山에 있던 신라 때의 절이라고 하나, 여기 외에는 자료가 없어 자세한 것은 알 수 없다.

38) 尊勝 : 보살의 이름도 있고, 尊勝多羅尼經도 있다. 신라 孝昭王 때의 고승인 惠通의 다른 이름이라고도 하나, 여기 외에는 자료가 없어 자세한 것은 알 수 없다.

39) 角干 : 신라의 17관등 중 최고 관등인 伊伐飡의 다른 이름. 角飡, 舒發翰, 舒弗邯, 伊伐干, 酒多라고도 하였다. 신라 中代에는 각간 위에 大角干, 太大角干 등의 관등을 신설하여 金庾信과 같이 공로가 있는 사람에게 수여하였다.

114. 明朗神印

按金光寺本記云 師挺生新羅 入唐學道 將還 因海龍之請 入龍宮傳秘法 施黃金千兩〈一云千斤〉 潛行地下 湧¹⁾出本宅井底 乃捨爲寺 以龍王所施黃金飾塔像 光曜殊特 因名金光焉〈僧傳作金羽寺誤〉

師諱明朗²⁾ 字國育 新羅沙干才良之子 母曰南澗夫人 或云法乘³⁾娘 蘇判茂⁴⁾林之子金氏 則慈藏之妹⁵⁾也 三息 長曰國教大德 次曰義安大德 師其季也 初母夢吞靑色珠而有娠

善德王元年入唐 貞觀九年乙未來歸 總章元年戊辰 唐將李勣統大兵 合新羅 滅高麗 後餘軍留百濟 將襲滅新羅 羅人覺之 發兵拒之 高宗聞之赫怒 命薛⁶⁾邦興師將討之 文武⁷⁾王聞之懼 請師開秘法禳之〈事在文武王傳中〉 因玆爲神印宗祖

及我太祖創業之時 亦有海賊來擾 乃請安惠朗融之裔 廣學大緣等二大德 作法禳鎭 皆朗之傳系也 故并師而上至龍樹爲九祖〈本寺

---

1) 湧 : [民] 踴.
2) 朗 : [正][晚][鶴] 郞. [品][斗][浩][六][民] 朗.
3) 乘 : [斗][東] 乖.
4) 茂 : 고려 惠宗의 이름 '武'의 피휘.
5) 妹 : [正][晚] 姝. [鶴][品][斗][浩][六][民] 妹.
6) 薛 : [正] 薜. [品][斗][浩][六] 薛.
7) 武 : [正][晚] 止. 고려 惠宗의 이름 '武'의 결획피휘. [順] 武(가필). [鶴][品][斗][浩][六] 武.

記三師爲律祖 未詳〉又太祖爲創現聖寺 爲一宗根柢焉

　　又新羅京城東南二十餘里 有遠源寺 諺傳 安惠等四大德 與金庾信金義元金述宗等 同願所創也 四大德之遺骨 皆藏寺之東峰 因號四靈山祖師嵓云 則四大德皆羅時高德

　　按塓白寺柱貼注脚載 慶州戶長巨川母阿之女　女母明珠女　女母積利女之子 廣學大德 大緣三重〈古名善會〉昆季二人 皆投神印宗 以長興二年辛卯 隨太祖上京 隨駕焚修 賞其勞 給二人父母忌日寶于塓白寺[8]　田畓若[9]干結云云 則廣學大緣二人 隨聖祖入京者 安師等 乃與金庾信等創遠源寺者也 廣學等[10]二人骨 亦來安于玆爾 非四德皆創遠源 皆隨聖祖也 詳之

---

8) 寺：［六］等.

9) 若：［斗］苦.

10) 廣學等 ：［六］等廣學.

명랑의 신인종

　금광사본기(金光寺本記)1)를 살펴보니, 「법사는 신라에서 태어났다. 당(唐)나라에 들어가 도를 배우고, 돌아올 때 바다용의 청으로 용궁에 들어가 비법을 전하였다. [용왕으로부터] 황금 천 냥〈혹은 천 근이라고도 한다.〉을 보시받아 지하로 잠행하여 자기 집의 우물 밑으로부터 솟아 나왔다. 이에 집을 내놓아 절로 삼고, 용왕이 보시한 황금으로 탑과 불상을 장식하니 유난히 광채가 빛났다. 이로 인하여 이름을 금광〈『승전(僧傳)』에는 금우사(金羽寺)라고 했으나 잘못이다.〉이라고 하였다」고 되어 있다.

　법사의 이름은 명랑(明朗)2)이고, 자는 국육(國育)이며, 신라 사간(沙干)3) 재량(才良)4)의 아들이다. 어머니는 남간부인(南澗夫人)5)인

---

1) 金光寺本記 : 金光寺의 사적에 대한 기록으로 현전하지 않는다. 금광사는 神印宗의 開祖인 明朗法師가 자기의 집을 喜捨하여 세운 절이며, 神印宗의 근본 도량이다. 그 절터에 대해서는 경상북도 慶州市 塔正洞 識慧谷의 北岸에 있다는 설과 그 남방의 蘿井과 南澗寺 유적의 사이에 있다는 설이 있다. 금광사에 대해서는 [遺] 卷4 義解 二惠同塵條의 주석 43) 참조.

2) 明朗 : 생몰년 미상. 신라 文武王 때의 고승. 神印宗의 開祖. [遺] 卷2 紀異 文虎王法敏條의 주석 29), 卷4 義解 二惠同塵條의 주석 42), 卷5 神呪 明郞神印條 참조.

3) 沙干 : 신라 17관등 중의 제8관등인 沙湌을 말한다. 薩湌 또는 咄干・沙咄干・沙尺干・薩喰이라고도 한다.

4) 才良 : 明朗의 부친. 여기 외에 달리 나타나 있지 않다.

5) 南澗夫人 : 明朗의 어머니. 法乘娘으로도 불렸으며 金氏이다. 慈藏의 누이동

데, 혹은 법승랑(法乘娘)이라고도 한다. 소판(蘇判)[6] 무림(茂林)[7]의 딸인 김(金)씨로서 자장(慈藏)[8]의 누이동생이다. [재량에게는] 세 아들이 있었으니, 장남은 국교(國敎)[9] 대덕(大德)[10]이고, 차남은 의안(義安)[11] 대덕이며, 법사는 막내이다.[12] 처음에 [그] 어머니가 푸른색 구슬을 삼키는 꿈을 꾸고 임신하였다.

[명랑은] 선덕왕(善德王)[13] 원년(632)에 당나라에 들어갔다가 정관(貞觀) 9년 을미(乙未, 635)에 돌아왔다.[14] 총장(總章)[15] 원년 무

생이며 아버지는 蘇判 武林이다. 여기 외에 달리 나타나 있지 않다.

6) 蘇判 : 신라 17관등에서 3위인 迊湌을 말한다. 迊判 또는 迊干·迎干이라고도 한다.

7) 茂林 : 慈藏의 아버지인 武林. 虎林으로도 기록되었다. '茂'나 '虎'는 고려 惠宗의 이름인 '武'를 避諱한 것이다. [遺] 卷4 義解 慈藏定律條 참조.

8) 慈藏 : 신라 때의 고승. [遺] 卷4 義解 慈藏定律條 참조.

9) 國敎 : 明朗의 맏형. 여기 외에 달리 나타나 있지 않다.

10) 大德 : 高僧에 대한 尊稱이면서, 신라 때 僧職으로도 사용되었다. 승직으로서의 大德에 대한 기록은 많지 않는데, 新羅迦耶山海印寺 善安住院壁記에는 50세가 되어야 대덕의 임명대상이 될 수 있으며, 그 임기는 7년이라고 하였다. 중국의 경우에도 고승에 대한 敬稱이라는 의미와 僧尼를 統領하는 僧官이라는 두 가지의 의미로 쓰였다. 중국에서 대덕은 唐 武德 초년(618)에 설치되었다 (『續高僧傳』卷11 釋吉藏傳). 신라의 경우 眞平王 때 智明이 대덕에 임명되었다([史] 卷4 新羅本紀 眞平王 24年 9月條).

11) 義安 : 明朗의 둘째 형. [史] 卷7 新羅本紀 文武王 14年(674) 9月條에 「命義安法師爲大書省」이라고 하였다. 大書省은 眞興王代(540-576)에 설치되었으며, 사원과 종교단체를 통괄하는 僧官職이다.

12) 師諱明朗…師其季也 : 이 내용을 기준으로 明朗의 家系圖를 작성해보면 다음과 같다.

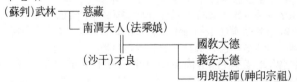

13) 善德王 : 신라의 제27대 왕. 재위 632-646. [遺] 卷1 紀異 善德王知幾三事條 참조.

진(戊辰, 668)에 당나라 장수 이적(李勣)[16]이 대군을 거느리고 신라
와 합세하여 고구려[高麗]를 멸망시킨 후에 군사를 남겨 백제에 머물
게 하고 신라를 쳐서 멸망시키려고 하였다. 신라 사람들이 이 일을 알
고 군사를 내어 이를 막았다. [당나라] 고종(高宗)[17]이 이 소식을 듣
고 크게 노하여 설방(薛邦)[18]에게 명하여 군사를 일으켜 치려고 하였
다. 문무왕(文武王)[19]이 이 말을 듣고 두려워하여 법사에게 청하여
비법으로써 이를 물리쳤다.〈[이] 사실은 문무왕전(文武王傳)에 실려 있다.〉[20]

---

14) 善德王元年入唐 貞觀九年乙未來歸 : [史] 卷5 新羅本紀 善德王 元年(632)條
에는 「十二月遺使入唐朝貢」이라고 하였고, [史] 卷5 新羅本紀 善德王 4年
(635)條에는 「唐遺使持節 冊命王爲柱國樂浪郡公新羅王 以襲父封」이라고 하
였다. 明朗은 이때 신라 사신을 따라서 入唐하였으며, 당의 사절과 함께 귀국
하였을 것으로 보인다. 명랑이 中古期에 求法하였다는 [遺]의 기록을 부정하
고, 文武王 초에 입당한 것으로 이해하는 견해(高翊晉, 「한국밀교의 사상내용
과 전개양상」, 『韓國密敎思想硏究』, 1986, p.151)도 있다. 貞觀은 중국 唐 太宗
의 연호(627-649)이며, 정관 9년은 신라 善德王 4년(635)이다.

15) 總章 : 중국 唐 高宗의 연호(668-669). 總章 원년은 신라 文武王 8년(668)이
다.

16) 李勣 : 583-669. 중국 唐나라의 太宗·高宗 때의 무장. [遺] 卷1 紀異 太宗春
秋公條 참조.

17) 高宗 : 628-683. 중국 唐의 제3대 황제. 재위 649-683. 아버지 太宗을 이어 영
토확대에 힘썼으며, 백제와 고구려를 멸망시켰다. 高宗의 황후가 則天武后이다.

18) 薛邦 : 薛仁貴를 가리킨다. 614-683. 중국 唐의 龍門人이다. 太宗의 요동 정토
의 역에 응모하여 뛰어난 공을 세우고 右領軍中郎將이 되었다. 乾封(666-668)
초년에는 고구려 침략에 참여하여 右威衛大將軍兼安東都護에 임명되었고, 高
宗 때에는 고려, 거란, 돌궐과의 전쟁에 많은 공을 세우고 平陽郡公에 봉해졌
다. 『舊唐書』卷83, 『新唐書』卷111 列傳 薛仁貴傳 참조.

19) 文武王 : 신라의 제30대 왕. 재위 661-681. [遺] 卷2 紀異 文虎王法敏條 참조.

20) 文武王聞之懼 請師開秘法禳之〈事在文武王傳中〉: [遺] 卷2 紀異 文虎王法敏條
에 「高宗使召仁問等 讓之曰 爾請我兵以滅麗 害之何耶 乃下圓扉 鍊兵五十萬
以薛邦爲帥 欲伐新羅 時義相師西學入唐 來見仁問 仁問以事諭之 相乃東還
上聞 王甚憚之 會群臣問防禦策 角干金天尊奏曰 近有明朗法師 入龍宮 傳秘
法而來 請詔問之 朗奏曰 狼山之南有神遊林 創四天王寺於其地 開設道場則
可矣 時有貞州使走報曰 唐兵無數至我境 廻漾海上 王召明朗曰 事已逼至 如

이로 인하여 [명랑은] 신인종(神印宗)21)의 시조가 되었다.

우리 태조(太祖)가 나라를 세울 때 역시 해적이 와서 소요를 일으키니, 이에 안혜(安惠)·낭융(朗融)22)의 후예인 광학(廣學)·대연(大緣)23) 등의 두 대덕에게 청하여 비법으로써 물리쳐 진압하였는데,

---

何 朗曰 以彩帛假搆 宜矣 乃以彩帛營寺 草搆五方神像 以瑜伽明僧十二貟 明朗爲上首 作文豆婁秘密之法 時唐羅兵未交接 風濤怒起 唐舡皆沒於水 後改刱寺 名四天王寺」라고 한 사실을 가리킨다. 唐에 유학 중이던 義湘이 金仁問의 부탁으로 급히 신라에 귀국하여, 당의 침략사실을 조정에 알렸다. 이에 角干 金天尊의 의견을 따라 明朗을 불러 狼山 남쪽 神遊林에 四天王寺를 세우고자 하였다. 명랑은 일이 시급하게 되자 채색비단으로 임시 절을 만들고 풀(草)로 五方의 神像을 만들었으며, 瑜伽의 明僧 12명과 더불어 文豆婁秘法으로 당나라의 침입을 막았다. 따라서 여기의 文武王傳은 [遺] 卷2 紀異의 文虎王法敏條를 가리킨다.

21) 神印宗 : 密敎 계통의 불교 종파의 하나. 신라 文武王 때의 明朗을 宗祖로 하며, 고려 초에 종파로 성립되었다. [遺] 卷4 義解 二惠同塵條 참조. 神印宗의 開宗과 전개과정에 대해서는 宗釋(전동혁) 「密敎의 受容과 그것의 韓國的 展開」(『중앙승가대학논문집』 4, 1995)가 참고된다. 신라의 밀교는 善德女王代의 密本에서부터 明朗을 거쳐 惠通에 이르러 크게 떨쳤다고 이해되었다([遺] 卷5 神呪 참조). 이러한 밀교는 명랑이 初祖인 神印宗과 惠通을 초조로 보는 摠持宗으로 대별되며, 신인종은 雜密, 총지종은 純密로 이해된다(朴太華, 「新羅時代의 密敎傳來攷」, 『趙明基博士華甲紀念 佛敎史學論叢』, 1985). 이와는 달리, 명랑과 혜통을 모두 잡밀로 보는 견해(洪潤植, 『三國遺事와 密敎』, 『東國史學』 14, 1980)와 순밀을 통밀, 잡밀을 呪密로 이해하면서 명랑의 밀교를 통밀로 이해하는 견해(鄭泰爀, 「韓國佛敎의 密敎的 性格에 대한 考察」, 『佛敎學報』 18, 1981)도 있다.

22) 安惠朗融 : 통일신라시대의 神印宗 승려인 安惠와 朗融으로 파악된다. 이들은 여기 외에 특별히 달리 알려진 것은 없다. 또는 安含·惠通·明朗·融天師로 추측하기도 한다([品] 下之三, pp.34-34). 그러나 이러한 추측은 본문의 '四大德'에 맞추려 한 것인데 무리이다. 이들은 모두 金庾信과 밀착되어 遠源寺를 창건한 인물로 보이지 않기 때문이다. 여기에서는 '安等'이라고 하지 않고 '安惠等四大德'이라고 하여, 安惠가 인명임을 분명히 하였다.

23) 廣學 大緣 : 고려 초기의 神印宗 고승. 王建의 통일사업에 참가하여 文頭婁秘法으로 海賊의 침입을 막았다. 이들에 대해서는 여기 외에 달리 나타나 있지 않다.

모두 명랑의 전통을 이어받은 계열이다. 그러므로 법사를 포함해서 위로 용수(龍樹)[24]에 이르기까지를 9조(九祖)로 삼았다.〈본사기(本寺記)에는 「세 법사로 율조(律祖)를 삼았다」고 했으나 자세하지 않다.〉 또 태조는 [이를] 위해 현성사(現聖寺)[25]를 세워 이 종파의 토대로 삼았다.

또 신라 서울 동남쪽 20여 리에 원원사(遠源寺)[26]가 있으니, 세간에 전하기를, 「안혜(安惠) 등 네 대덕이 김유신(金庾信)[27]·김의원(金義元)·김술종(金述宗)[28] 등과 함께 발원하여 세운 것이며, 네 대덕

---

24) 龍樹 : 불멸 후 600-700년경(2-3세기) 인도의 불교학자. 梵名은 나가르주나 (Nāgārjuna)로, 龍樹는 漢譯名이다. 남인도에서 태어났으며 북인도로 가서 공부하였고, 대승불교를 연구하여 그 기초를 확립하였다. 주요 저서로『中論』· 『廻諍論』·『大智度論』·『十住毘婆沙論』등이 있으며,『中論』에서 확립된 '空' 사상은 이후 모든 불교사상에 깊은 영향을 끼쳤다. 空觀은 어느 한 쪽에 치우침이 없는 중도적 입장에 서 있었기 때문에 후세에 그의 학파를 中觀派라고 불렀다.

25) 現聖寺 : 고려 太祖 4년(921, 추정)에 開城市 炭峴門 안에 세워진 神印宗 계통의 절. 고려 毅宗 때 왕의 諱가 '睍'이므로, 비슷한 字인 '現'을 辟諱하여 賢聖寺로 고쳤다. 明宗(1170-1197) 때부터 恭愍王 1년(1352)까지 역대 왕들이 행차하였다. [勝覽]에 「賢聖寺 古基在炭峴門內」(卷5 開城府(下) 古蹟條)라고 하였다. 따라서 조선 초기에는 廢寺되어 있었다.

26) 遠源寺 : 遠願寺. 경상북도 경주군 外東邑 모화리에 있던 절. 현재 옛절터의 밑에 새로 지은 소규모의 절이 있다. 통일신라시대 明朗이 창건한 金光寺와 더불어 文豆婁秘法의 중심 도량이다. 명랑의 후예인 安惠 등이 金庾信·金義元·金述宗 등과 더불어 창건하였다.『東京雜記』卷2 6葉右(『地方志』1, 亞細亞文化社刊, p.39. 下)의 佛宇條에 「遠願寺 在府東鳳棲山麓 未知其年所創 而崇禎庚午重修 丙申灾 施卽重建」이라고 하였다. 또한 같은 내용이『慶州邑誌』卷2 30葉左(『地方志』1, p.230. 下)에 나와 있는데, '今廢'를 덧붙이고 있다. 이로 보면 원원사는 1630년에 重修되어『東京雜記』가 重刊되던 1845년(憲宗 11년)까지 보존되었으며, 이후 어느 시기에 폐사되었음이 분명하다. 절터에는 浮屠 4기와 東·西 3층석탑이 남아 있다. 이 탑은 도괴되어 있었으나 1933년에 복원하여 세워놓은 것이다.

27) 金庾信 : 595-673. 신라의 무장으로 통일전쟁을 완수하였다. [遺] 卷1 紀異 金庾信條 참조.

28) 金義元 金述宗 : [遺] 卷1 紀異 眞德王條에 「王之代有閼川公 林宗公 述宗公 虎

의 유골을 모두 절의 동쪽 봉우리에 모셨으므로 이로 인해 사령산(四
靈山) 조사암(祖師嵒)29)이라고 한다」고 하였다. 그렇다면 네 대덕은
모두 신라 때의 고승이었다고 하겠다.

돌백사(塸白寺)30) 주첩주각(柱貼注脚)31)에 실려 있는 것을 살펴
보면, 「경주(慶州) 호장(戶長)32) 거천(巨川)의 어머니는 아지녀(阿之
女)이고, 아지녀의 어머니는 명주녀(明珠女)이다. 명주녀의 어머니인
적리녀(積利女)의 아들은 광학 대덕과 대연 삼중(三重)33)〈옛날의 이름
은 선회(善會)〉이다.34) [이들] 형제[昆季]35) 두 사람은 모두 신인종에

林公(慈藏之父) 廉長公 庾信公 會于南山于知嚴 議國事」라고 하였다. 金庾信·
金述宗 등이 眞德王 때 和白會議에 참가한 진골귀족이었으므로 金義元도 비슷
한 신분의 인물로 이해된다. 이들에 대한 더 자세한 기록은 찾아지지 않는다.

29) 四靈山 祖師嵒 : 四靈山에 대해서는 『東京雜記』 卷1 26葉 右(『地方志』 1, 亞
細亞文化社, 1986, p.16. 上)의 山川條에 「鳳棲山 四聖山 在府東五十里 俗傳
新羅時 四聖僧住于南峯 鳳鳥常集于北峯 故名其南曰四聖 名其北曰鳳棲」라고
한데서 추측할 수 있다. 또한 四大德이 창건한 遠願寺가 鳳棲山에 있었으므로
四聖山이 곧 四靈山이다. 祖師嵒에 대해서는 알 수 없다.

30) 塸白寺 : 고려 초 廣學·大緣 두 대덕이 神印宗의 근본도량으로 창건한 절.
여기 외에 달리 더 나타나 있지 않다.

31) 柱貼注脚 : 柱貼은 고려 때 상급 관청에 올리거나 또는 상급 관청에서 내린
왕복 公文書를 가리킨다. [遺] 卷4 義解 寶壤梨木條에 「淸道郡界里審使順英
大乃末水文等 柱貼公文」과 『晉陽府貼』 등의 공문이 보인다. 본문은 상부에서
塸白寺에 내린 공문에 세부사항을 註記한 내용을 첨가한 것이다.

32) 戶長 : 고려·조선시대 鄕吏職의 우두머리. [遺] 卷4 義解 寶壤梨木條의 주석
40) 참조.

33) 三重 : 신라 17관등의 重位를 나타낸 것인데, 여기서는 관등이 탈락되어 僧職
으로 사용되었다. 중위는 골품 신분의 한계로 더 높은 관등으로 올라갈 수 없
을 때 제수되었다. 阿飡에 重에서 4重까지, 大奈麻에 重에서 9重까지, 奈麻에
重에서 7重까지의 중위가 있었다.

34) 慶州戶長巨川母阿之女…廣學大德 大緣三重〈古名善會〉 : 廣學과 大緣 형제의
어머니는 積利女이고, 明珠女는 누이이며, 阿之女는 조카, 巨川은 아지녀의
아들이다. 이들에 대해서는 여기 외에 더 자세히 알려져 있지 않다. 廣學과
大緣 두 대덕을 중심으로 한 가계도를 그려보면 다음과 같다.

귀의하였다. 장흥(長興)36) 2년 신묘(辛卯, 931)에 태조를 수종하여
서울로 올라와서 임금의 행차를 따라다니면서 분향하고 수도하였다.
[태조는] 그 노고를 포상하여 두 사람 부모의 기일보(忌日寶)37)로 돌
백사에 전답 몇 결을 지급하였다」고 한다.

그렇다면 광학과 대연 두 사람은 성조(聖祖)38)를 따라 서울로 들어
온 이들이며, 안 법사 등은 김유신 등과 함께 원원사를 세운 사람이라
고 할 수 있다.39) 광학 등 두 사람의 뼈가 또한 이곳에 와서 안치되었

```
           ┌ 廣學 大德
積利女(母) ┼ 大緣 三重
           └ 明珠女(母) ― 阿之女(母) ― 慶州戶長 居川
```

35) 昆季 : 맏형과 막내아우. 兄弟를 말한다.

36) 長興 : 중국 後唐 明宗의 연호(930-933). 長興 2년은 신라 敬順王 5년(931, 고
    려 太祖 14년)이다.

37) 忌日寶 : 寶는 佛·法·僧를 三寶라고 한 것에서 그 어원을 찾을 수 있다. 보
    는 사원에 시주된 錢穀을 기본재산으로 하면서 이를 대부하여 얻어지는 이자
    로 각종 불교행사의 비용을 충당하고, 나아가 빈민구제나 질병구제 등 사회사
    업에도 이용하였다. 이러한 보의 종류로는 占察寶, 父母忌日寶 등이 있다. 기
    일보는 보에서 얻어진 이식으로 기일의 제사 비용을 충당하였다.

38) 聖祖 : 王建을 가리킨다.

39) 安師等 乃與金庾信等創遠源寺者也 : 여기의 安師는 安惠이다. 遠源寺의 창
    건에는 안혜와 朗融 외에 두 명의 승려가 관계하였다. 金庾信은 明朗系의 密
    敎와 관련을 맺고 있음을 알 수 있다. 또한 [遺] 卷5 神呪 密本摧邪條에 「又
    金庾信嘗與一老居士交厚 世人不知其何人 于時公之戚秀天 久染惡疾 公遣居
    士診衛 適有秀天之舊 名因惠師者 自中岳來訪 見居士而慢侮之曰 相汝形
    儀 邪佞人也 何得理人之疾 居士曰 我受金公命 不獲已爾 惠曰 汝見我神通
    乃奉爐呪香 俄頃五色雲施遶頂上 天花散落 士曰 和尙通力不可思議 弟子亦
    有拙技 請試之 願師乍立於前 惠從之 士彈指一聲 惠倒迸於空 高一丈許 良久
    徐徐倒下 頭卓地 屹然如植橛 旁人推挽之不勤 士出去 惠猶倒卓達曙 明日秀
    天使扣於金公 公遣居士往救 乃解 因惠不復賣技」라고 하였다. 김유신은 因惠
    와 법력을 겨룬 老居士와 친분을 맺고 있어 밀교와 관련을 맺고 있었다. 노거
    사는 안혜나 朗融, 아니면 원원사의 창건에 관계한 나머지 두 대덕 중의 한 사
    람이었을 것으로 추론된다. 원원사의 창건시기는 김유신이 죽는 673년 이전이
    었을 것이다. 明朗이 원원사의 창건에 관계했는지는 분명하지 않다. 명랑은 四

을 뿐이지, 네 대덕이 모두 원원사를 창건했거나 모두 성조를 따라온 것이 아니다.[40) 이를 자세히 살필 것이다.

天王寺를 창건하였다. 그러므로 명랑은 최소한 사천왕사가 창건되는 671년부터 679년까지 생존해 있었을 것이다. 그렇다면 명랑은 원원사가 세워질 때 생존해 있었음은 분명하다.

40) 非四德皆創遠源 皆隨聖祖也 : 一然은 여기서의 四德을 安惠·朗融·廣學·大緣으로 설정하여 기술하였다. 그리하여 遠源寺의 창건에는 안혜·낭융이 관계하였으며, 王建을 따라 통일사업에 공을 세운 자는 광학·대연이라고 논증하였다. 聖祖는 고려 太祖 王建을 가리킨다.

三國遺事 卷第五

感通 第七

感通 第七

115. 仙桃聖母隨喜佛事

眞平王朝 有比丘尼名智惠 多賢行 住安興寺 擬新修佛殿而力未也 夢一女仙風儀婥約 珠翠飾鬟 來慰曰 我是仙桃山神母也 喜汝欲修佛殿 願施金十斤以助之 宜取金於予座下 粧點主尊三像 壁上繪五十三佛 六類聖衆 及諸天神 五岳神君〈羅時五岳 謂東吐含山 南智異山 西雞龍 北太伯 中父岳 亦云公山也〉每春秋二季之十日 叢會善男善女 廣爲一切1)含靈 設占察法會以爲恒規〈本朝屈弗池龍 託夢於帝 請於靈鷲山長開藥師道場 □平海途 其事亦同〉

惠乃驚覺 率2)徒往神祠座下 堀得黃金一百六十兩 克就乃功 皆依神母所諭 其事唯存 而法事廢矣

神母本中國帝室之女 名娑蘇 早得神仙之術 歸止海東 久而不還 父皇寄書繫足3)云 隨鳶所止爲家 蘇得書放鳶 飛到此山而止 遂來宅爲地仙 故名西鳶山 神母久據玆山 鎭祐邦國 靈異甚多 有國已來 常爲三祀之一 秩在群望之上4)

---

1) 切 : [正][晚][鶴] 刜.
2) 率 : [正][晚][鶴] 寧.
3) 足 : [浩][民] 鳶足.
4) 上 : [正][晚][鶴][斗] 山. [品][浩][六][民] 上.

第五十四景明王好使鷹　嘗登此放鷹而失之　禱於神母曰　若得鷹
當封爵　俄而鷹飛來止机上　因封爵大王焉　其始到辰韓也　生聖子爲
東國始君　蓋赫居閼英二聖之所自也　故稱雞龍雞林白馬等　雞屬西
故也　嘗使諸天仙織羅　緋染作朝衣　贈其夫　國人因此始知神驗

又國史　史臣曰　軾政和中　嘗奉使入5)宋　詣佑神館6)　有一堂　設
女仙像　館7)伴學士王黼曰　此是貴國之神　公知之乎　遂言曰　古有
中國帝室之女　泛海抵辰韓　生子爲海東始祖　女爲地仙　長在仙桃山
此其像也　又大宋國使王襄到我朝　祭東神聖母文8)　有娠賢肇邦之句

今能施金奉佛　爲含生開香火　作津梁　豈徒學長生而囿於溟濛者
哉

讚曰　來宅西鳶幾十霜　招呼帝子織霓裳　長生未必無生異　故謁金
仙作玉皇

---

5) 入：[正] 人. [鶴][品][斗][浩][六] 入.
6) 館：[正] 舘(館의 속자).
7) 館：주 6)과 같음.
8) 文：[正][斗] 女. [品][浩][六][民] 文.

감통 제7

선도산의 성모가 불사를 좋아하다

진평왕(眞平王) 때 비구니가 있어 이름을 지혜(智惠)라고 하였으며, 어진 행실이 많았다. 안흥사(安興寺)1)에 살았는데, 불전(佛殿)을 새로 수리하려고 했으나 힘이 모자랐다. 꿈에 한 선녀가 아름다운 자태로 주옥과 비취로 장식하고 와서 위로하여 말하기를, "나는 선도산(仙桃山)2) 신모(神母)3)인데, 그대가 불전을 수리하려는 것을 기뻐해서 금 열 근을 시주하여 돕고자 한다. 내 자리 밑에서 금을 가져다가 주불3존상[主尊三像]4)을 장식하고, 벽 위에는 53불(五十三佛)5)과 6류성중(六類聖衆)6) 및 여러 천신(天神)과 5악(五岳)의 신군(神君)〈신라 때의 5악은 동은 토함산(吐含山), 남은 지리산(智異山), 서는 계룡산[雞龍], 북은

---

1) 安興寺 : 경상북도 영천군 팔공산 또는 경상북도 경산군 남천면 협석동 동학산에 있었던 절이라고 하나 정확하지 않다.
2) 仙桃山 : 경상북도 慶州의 서쪽 西岳洞에 있는 산. 西鳶山·西述山·西兄山·西岳이라고도 한다.
3) 神母 : 여기서는 山神으로 보인다.
4) 主尊三像 : 3존불상을 가리킨다.
5) 五十三佛 : 『觀藥王藥上二菩薩經』에는 53불의 이름을 부르면 나는 곳마다 十方의 여러 부처님을 만날 수 있다고 하였고, 우리 나라에는 금강산 유점사에 봉안된 신라시대의 금동 53불이 유명하다.
6) 六類聖衆 : 주존불을 脇侍하는 여섯 보살로 짐작된다.

태백산[太伯], 중앙은 부악(父岳) 또는 공산(公山)이라고도 한다.〉을 그리고 해마다 봄과 가을 두 계절에 10일간 선남선녀들을 모아 널리 일체 함령(含靈)을 위하여 점찰법회(占察法會)를 여는 것을 상례로 삼아라"고 하였다.〈본조(本朝) 굴불지(屈弗池)[7]의 용이 임금에게 현몽하여 영축산(靈鷲山)[8]에 길이 약사도량(藥師道場)을 열어서 바닷길을 편안하게 하기를 청한 것도 같은 일이다.〉

지혜는 놀라 깨어 무리를 데리고 신사(神祠)로 가서 [성모의] 자리 아래에서 황금 1백 60냥을 파내어 [그] 일을 성취하고, 모두 신모의 가르침대로 하였는데, 그 사적만은 남았으나 불법행사는 폐지되었다.

신모는 본래 중국 황실의 딸로 이름은 사소(娑蘇)였다. 일찍이 신선의 술법을 얻어 우리 나라[海東]에 와서 머물러 오랫동안 돌아가지 않았더니, 아버지 되는 황제가 서신을 [솔개의] 발에 매어 보내면서 이르기를, "솔개가 머무는 곳을 따라 집을 삼아라"고 하였다.

사소는 서신을 보고 솔개를 놓았더니 날아서 이 산에 이르러 멈췄으므로 따라와서 [이곳을] 집으로 삼고 지선(地仙)[9]이 되었다. 그러므로 이름을 서연산(西鳶山)이라고 한다.

신모가 오랫동안 이 산에 웅거하여 나라를 진호하였는데 신령스런 이적이 아주 많았다. 나라가 건립된 이래로 언제나 3사(三祀)[10]의 하

---

7) 屈弗池 : 경상남도 울산시에 있는 못.
8) 靈鷲山 : 불가에서는 영축산이라고 하며, 석가모니가 『法華經』을 설법한 곳이다. 우리 나라에서는 경상남도 울산시 靑良面에 있는 산을 가리키나, 18세기 이후에는 이웃한 梁山 通度寺의 산명이 鷲棲山에서 靈鷲山으로 바뀌고 있다.
9) 地仙 : 산악신앙과 토지신앙 등에 있어서 일종의 지역을 강조하는 신선으로 보인다.
10) 三祀 : 大祀・中祀・小祀를 가리킨다.「三山五岳已下名山大川 分爲大中小祀」([史] 卷32 雜志 祭祀條).

나로 삼았고, [그] 차례도 여러 망제[望]11)의 위에 있었다.

제54대 경명왕(景明王)은 매사냥을 즐겨 일찍이 이 산에 올라 매를 놓았다가 잃어버리고 신모에게 기도하기를, "만약에 매를 찾게 되면 봉작해드리겠습니다"고 했더니, 조금 있다가 매가 날아와서 궤 위에 앉으므로 대왕(大王)으로 봉하였다.

그가 처음 진한(辰韓)에 이르러 성자(聖子)를 낳아 동국(東國)의 처음 임금이 되었다고 하니 아마 혁거세왕[赫居]과 알영(閼英)부인 두 성인의 유래일 것이다. 그러므로 계룡(雞龍), 계림(雞林), 백마(白馬) 등으로 부르는 것은 닭이 서쪽에 속하기 때문이다. [그는] 일찍이 제천(諸天)의 선녀들에게 비단을 짜게 해서 붉은 색으로 물들여 조복을 만들어 그 남편에게 주었으므로 나라 사람들이 이로 인해 비로소 [그의] 신비한 영험을 알았다.

또 『국사(國史)』에 사신(史臣)이 다음과 같이 말하였다.

「김부식[軾]12)이 정화(政和)13) 연간에 일찍이 사신으로 송(宋)나라에 들어가 우신관(佑神館)에 나아갔는데, 한 집에 선녀의 상이 모셔져 있었다. 관반(館伴)14) 학사(學士) 왕보(王黼)가 말하기를, "이것은 귀국의 신인데 공은 아시는지요?"라고 하면서 말하기를, "옛날에 중국 황실의 딸이 바다를 건너 진한에 이르러 아들을 낳아 해동(海東)의 시조가 되었으며, [그] 여인은 지선이 되어 길이 선도산에

11) 望 : 望祭를 뜻하니 명산대천에 지내는 제사를 말한다. 「望于山川」(注) 「九州名山大川五岳四瀆之屬 皆一時望祭之」(『書經』).
12) 軾 : 고려의 金富軾을 말한다.
13) 政和 : 중국 宋 徽宗의 연호(1111-1117).
14) 館伴 : 接待官을 말한다.

있으니 이것이 그 형상입니다"고 하였다. 또 송나라 사신 왕양(王襄)
이 우리 조정에 와서 동신성모(東神聖母)에게 제사한 제문에 '어진
사람을 낳아 처음으로 나라를 세웠다15)'는 글귀가 있다.」

이제 황금을 시주하여 부처님을 받들게 하고, 중생을 위하여 향화
(香火)를 열어 진량(津梁)16)을 지었으니 어찌 다만 오래 사는 술법만
을 배워서 아득한 속에만 사로잡힐 것이랴.

찬한다.

　　　서연산에 자리잡은 지 몇십 년이 되었는고
　　　천제녀를 불러 신선의 옷17)을 짰도다
　　　장생술도 반드시 영이함이 없지 않았는데
　　　부처님[金仙]을 뵈옵고 옥황(玉皇)18)이 되었도다

---

15) 肇邦 : 肇國과 같다. 처음으로 나라를 세운다는 뜻이다.
16) 津梁 : 나루와 다리, 곧 물을 건너는 시설을 뜻한다. 여기서는 부처가 중생을
　　제도하는 일을 말한다.
17) 霓裳(예상) : 신선의 옷을 말한다. 「靑雲衣兮 白霓裳 擧長矢兮 射天狼」(『楚
　　辭』).
18) 玉皇 : 玉皇上帝를 가리킨다.

116. 郁面婢念佛西昇

　景德王代康州〈今晉州 一作剛州 則今順安〉善士數十人 志求西方 於州境創彌陁寺 約萬日爲契 時有阿干貴珍家一婢名郁面 隨其主歸寺 立中庭 隨僧念佛 主憎其不職 每給穀二碩 一夕舂之 婢一更舂畢 歸寺念佛〈俚言己事之忙 大家之舂[1]促 蓋出乎[2]此[3]〉日夕微怠

　庭之左右 竪立長橛 以繩穿貫兩掌 繫於橛上合掌 左右遊之激勵焉 時有天唱於空 郁面娘入堂念佛 寺衆聞之 勸婢入堂 隨例[4]精進 未幾天樂從西來 婢湧透屋樑而出 西行至郊外 捐骸變現眞身 坐蓮臺 放大光明 緩緩而逝 樂聲不撤[5]空中 其堂至今有透穴處云〈已上鄕傳〉

　按僧傳 棟梁八珍者觀音應現也 結徒有一千 分朋[6]爲二 一勞力一精修 彼勞力中知事者不獲戒 墮畜生道 爲浮石寺牛[7] 嘗馱[8]經而行 賴經力 轉爲阿干貴珍家婢 名郁面 因事至下柯山 感夢遂發

---

1) 舂 : [六] 春.
2) 出乎 : [斗] 此.
3) 此 : [斗] 出乎.
4) 例 : [品][斗] 倒.
5) 撤 : [正][品] 徹. [斗] 撤. [浩][六] 撤.
6) 朋 : [正] 明. [品][斗][浩][六][民] 朋.
7) 牛 : [鶴] 中.
8) 馱 : [正] 馱. [品][斗][浩][六][民] 馱.

道心 阿干家距惠宿法師所創彌陁寺不遠 阿干每至其寺念佛 婢隨
往 在庭念佛云云

如是九年 歲在乙未正月二十一日 禮佛撥屋梁而去 至小伯山 墮
一隻履 就其地爲菩提寺 至山下棄其身 卽其地爲二菩提寺 榜其殿
曰勖9)面登天之殿 屋脊穴成十許圍 雖暴雨密雪不霑濕 後有好事
者範10)金塔一座 直其穴 安承塵上 以誌其異 今榜塔尙存

勖11)面去後 貴珍亦以其家異人托生之地 捨爲寺曰法王 納田民
久後廢爲丘墟 有大師懷鏡 與承宣劉碩小卿李元長 同願重營之 鏡
躬事土木 始輸材 夢老父遺麻葛屨各一 又就古神社12) 諭以佛理 斫
出祠側材木 凡13)五載告畢 又加藏獲 蔚爲東南名藍 人以鏡爲貴珍
後身

議曰 按鄉中古傳 郁面乃景德王代事也 據徵〈徵字疑作珍 下亦同〉
本傳 則元和三年戊子14) 哀莊王時也 景德後歷惠恭 宣德 元聖 昭
聖 哀莊等五代 共六十餘年也 徵先面後 與鄉傳乖違 然兩存之闕疑

讚曰 西隣古寺佛燈明 春罷歸來夜二更 自許一聲成一佛 掌穿繩
子直忘形

---

9) 勖: [正][品][斗][浩][六] 勗(勖의 와자).
10) 範: [正][斗] 範. [鶴] 範. [品] 範. [浩][六] 範.
11) 勖: 주 9)와 같음.
12) 社: [正][品] 杜. [浩] 祠. [斗][六] 社.
13) 凡: [正] 九. [品][斗][浩][六] 凡.
14) 戊子: [浩] 없음.

여종 욱면이 염불하여 서방정토로 가다

경덕왕(景德王)1) 때 강주(康州)2)⟨지금의 진주(晉州)이다. 또는 강주(剛

州)3)라고도 했는데, 즉 지금의 순안(順安)이다.⟩의 선사(善士) 수십 명이 서

방(西方)을 구하려는 뜻으로 [그] 고을 경내에 미타사(彌陁寺)4)를

세우고 만 일을 기약하고 계(契)를 만들었다. 그때 아간(阿干)5) 귀진

---

1) 景德王 : 신라의 제35대 왕. 재위 742-765. [遺] 卷2 紀異 景德王 忠談師 表
   訓大德條 참조.
2) 康州 : 신라 9州의 하나. 지금의 경상남도 晋州市. [勝覽]에는 본래 백제의 居
   列城⟨一名 居陁⟩이라고 했고, [麗史]에 의하면, 「康州는 晋州로 신라 文武王 3
   년(663)에 이를 점령하고 州를 설치하였으며, 이후 神文王 5년(685)에 菁州로
   고치고 摠管을 두었다」고 하였다. 그리고 [史]에는 「景德王 16년(757)에 菁州
   를 다시 康州라고 하여 1州, 11郡, 27縣을 거느리게 되었다」고 했으며, 『世宗
   莊憲大王實錄』에는 「惠恭王이 다시 菁州로 고쳤다」고 하였다.
3) 剛州 : 지금의 경상도 榮州. [勝覽]에 의하면, 「剛州는 본래 고구려의 奈已郡
   이었으며, 婆娑王 때 신라의 영토가 되었고, 景德王 16년(757)에는 奈靈郡으
   로 고쳐 신라 9州의 하나인 朔州의 屬郡이 되었다」고 한다. 그리고 고려시대
   에 다시 剛州로 개명되었다. 즉 본문의 剛州는 신라 朔州 奈靈郡의 고려시대
   지명이다. 이후 다양한 변천을 거쳤으나, 조선 肅宗이 본래대로 환원하였다.
   ([麗史] 卷57 地理志 順安縣條 참조)
4) 彌陁寺 : [勝覽]에 의거하여 彌陀寺의 위치를 살펴보면 다음과 같다. 당시 康
   州와 경계를 이룬 곳은 武州, 全州, 尙州, 良州 등이었으며, 이들 지역과 경계
   를 이룬 지역에 있던 彌陀寺는 경상남도 草溪 彌陀山의 彌陀寺와 경상남도
   咸陽 沙斤城山의 彌陀寺 두 곳뿐이다. 여기에서 미타사의 위치는 浮石寺나
   下柯山이 오늘날의 小伯山 榮州 부근인 점과 晉州와의 거리 등을 고려하여
   지금의 榮州지역으로 보는 견해가 있다.(辛鍾遠,「三國遺事 郁面婢念佛西昇
   條 譯解」,『新羅文化』5, 1988, p.182)
5) 阿干 : 신라 제6관등인 阿湌 또는 阿尺干의 별칭. [史] 雜志에 보면, 제5관등

(貴珍)6)의 집에 욱면(郁面)이라는 이름의 한 여종이 있었다. 그 주인
을 따라 절에 가서7) 마당에 서서 스님을 따라 염불하였다. 주인은 그
녀가 직분에 어긋나게 행동하는 것을 미워하여 매양 곡식 두 섬씩을
주며 하루 저녁에 그것을 다 찧게 하였다. 여종은 초저녁에 다 찧고는
절에 가서 염불하기를〈속담에 '내 일 바빠서 큰 집 방아 서두른다'는 말이 여기
서 나온 듯하다.8)〉 밤낮으로 게을리 하지 않았다.

　[그는] 마당 좌우에 긴 말뚝을 세우고 두 손바닥을 뚫어 노끈으로
꿰어 말뚝 위에 매어 놓고 합장하여9) 좌우로 움직이면서 스스로 격려

────────────────

　　인 大阿干 이상의 관위는 특수한 신분으로 眞骨로 불렸으며, 그 외의 귀족은
　　阿湌까지만 임명되었고, 重位制가 적용되어 重阿湌에서 四重阿湌까지 되었다.

6) 貴珍 : 생몰년 미상. 여기 외에 다른 기록이 없어 자세히 알 수 없다.

7) 約萬日爲契…隨其主歸寺 : 이와 같은 郁面婢 왕생설화는 통일신라시대 아미
　　타신앙이 신분적으로 최하층계급인 노비에게까지 파급되어 있었으며, 念佛萬
　　日會와 같은 念佛結社를 통해 집단적 수행을 실천하고 있었음을 전해주고 있
　　다. 또한 욱면은 기록상 염불로 극락에 왕생한 유일한 여성 사례로 그 가치가
　　높다. 염불만일회에 계집종인 욱면까지도 참석할 수 있었던 이러한 사례로 보
　　아, 여성들의 아미타신앙 사례는 여기에서 볼 수 있는 것보다 훨씬 더 보편적
　　이었을 것이다. 가장 천한 신분의 욱면이 염불하는 것만으로도 같이 염불하던
　　누구보다도 먼저 극락에 왕생했다는 이 왕생담은 당시 여성과 하층민들이 극
　　락왕생을 얼마나 자신의 삶에서 의미있는 것으로 받아들였는지를 말해주고 있
　　다.(김영미, 「신라불교사에 나타난 여성의 신앙생활과 승려들의 여성관」, 『여
　　성신학논집』 1, 이화여대여성신학연구소, 1995, pp.129-142)

8) 俚言己事之忙…蓋出乎此 : '내 일 바빠서 큰 집(大家) 방아 서두른다'는 속담
　　은 후에 와전되어 '내 일 바빠 한데(野, 露) 방아'로 되었다. 이 속담을 통해 郁
　　面사건이 욱면 당시는 물론이고 고려시대까지도 얼마나 널리 회자되었는가를
　　짐작할 수 있다. 이에 관한 자세한 사항은 辛鍾遠의 앞의 논문(p.183) 참조.

9) 庭之左右…繫於橛上合掌 : 이 대목은 종래 郁面의 지극한 신앙심에서 나온
　　고행정진하는 모습을 설화적으로 표현한 것으로 보아왔다. 그러나 辛鍾遠은
　　이 부분에서 욱면의 處刑을 추정할 수 있다고 한다. 비록 백제의 일이긴 하나,
　　백제에서 손바닥을 꿰어 형벌을 주는 풍습이 있었음을 전하는 사료가 있다.
　　(『日本書紀』 天智天皇 2년 6월조) 그러므로 욱면이 주인에게 손바닥을 꿰이
　　는 등 모진 형벌을 받고 죽은 사실이 鄕傳과 같은 亡身念佛의 형태로 윤색되

하였다.10) 그때 공중에 하늘의 외침이 있어 "욱면낭자는 법당에 들어
가서 염불하라"고 하였다. 절의 대중이 이 소리를 듣고 여종에게 권하
여 법당에 들어가 예에 따라 정진하게 하였다. 얼마 안되어 하늘의 음
악이 서쪽으로부터 들려오더니 여종이 솟구쳐 집 대들보를 뚫고 나갔
다. 서쪽으로 가 교외에 이르러 형체를 버리고 진신(眞身)11)으로 변
하여 연화대[蓮臺]에 대광명을 발하면서 천천히 떠나가니 풍악소리가
공중에서 그치지 않았다. 그 법당에는 지금도 뚫어진 구멍자리가 있다
고 한다.12)〈이상은 향전(鄕傳)이다.〉

　　『승전(僧傳)』13)을 살펴보면, 「동량(棟梁)14) 팔진(八珍)15)이란 것

<hr/>

　　어 전해졌다고 한다.(辛鍾遠, 위의 논문, pp.183-184)
10) 左右遊之激勵焉 : 이 부분에 대한 다른 해석은 '좌우에 노닐던 사람들이 (그
　　녀를) 격려하였다'고 보는 견해가 있다. 이러한 해석의 주요 근거는 종래의 遊
　　搖音通說을 따르지 않는 것이다. 즉, 遊와 搖는 음은 비슷하나 서로 통용되는
　　글자가 아니라는 것이다. 따라서 이 문구는 彌陀寺에서 入堂念佛하던 사람들
　　이 욱면의 처형을 보고 구경하거나, 賤婢의 불심에 감격하여 그녀의 淨土往生
　　을 빈 것이라고 한다.(辛鍾遠, 위의 논문, p.184)
11) 眞身 : 본래 眞身이란 진리 혹은 진리의 작용이 실체로서 나타나는 것이다. 이
　　경우의 眞身은 아미타불의 협시인 觀音菩薩을 의미한다. 뒤이어 나오는 八珍
　　이 觀音의 應現이라는 기록과 조응이 될 만하다.
12) 其堂至今有透穴處云 : 郁面이 뚫고 나갔다는 지붕의 구멍을 단순한 설화가
　　아닌 이러한 형태의 건물이 있었던 것으로 보는 견해가 있다.(辛鍾遠, 앞의 논
　　문, p.185)
13) 僧傳 : 여기서는 『海東高僧傳』을 말하는 것으로 보인다. 이유로는 [遺]에 보이
　　는 順道肇麗條, 難陁闢濟條, 阿道基羅條, 原宗興法 厭髑滅身條 등이 『海東高僧
　　傳』의 順道條, 摩羅難陀條, 阿道條, 法空 및 法雲條의 내용과 거의 동일하기 때
　　문이다. 그러나 정작 현재의 『海東高僧傳』에서는 郁面에 관한 기록을 찾을 수
　　없으므로 여기의 『僧傳』이 어떤 책인지에 관해서는 논의의 여지가 있다.
14) 棟梁 : 李奎報의 「王輪寺丈六金像靈驗收拾記」에는 '化主僧'으로 기록되어 있
　　고, 醴泉 「開心寺石塔記」(1010)에 보이는 '棟梁林長富'는 郡內의 首吏인 것을
　　보면, 원래는 僧俗에 관계없이 佛事의 募金者를 가리키는 말로 보인다. 棟梁에
　　관한 보다 자세한 사항은 다음 논문을 참조. 辛鍾遠, 「橫城郡 寺址調査」,『江
　　原文化研究』3, 1983, pp.64-65.

은 관음보살의 응현(應現)16)이었다. 무리들을 모으니 1천 명이 되었
는데, 두 패로 나누어 한 패는 노력을 하고, 한 패는 정성껏 수행하였
다. 그 노력하는 무리 중에 일을 맡아보던 이가 계(戒)를 얻지 못하여
축생도(畜生道)17)에 떨어져 부석사(浮石寺)18)의 소가 되었다. [그
소가] 일찍이 경전을 싣고 갔기에 경전의 힘을 입어서 전생하여 아간
귀진의 집 여종이 되어 이름을 욱면이라고 하였다. 일이 있어서 하가
산(下柯山)19)에 갔다가 꿈에 감응을 받고 드디어 도심(道心)을 발하

---

15) 八珍 : 發徵을 말한다.『乾鳳寺事蹟』에 의하면, 棟梁은 發徵(八珍)의 法諱라
고 한다. 發徵은 念佛結社는 물론이고 郁面의 왕생을 통하여 널리 알려진 인
물임을 알 수 있다. 따라서 法諱가 棟梁, 堂號가 發徵, 즉 發徵和尙의 칭호가
전래된 것으로 보인다.

16) 應現 : 應現變化의 약칭. 부처나 菩薩이 미혹한 衆生을 구제하기 위하여 모습
을 바꾸어 출현하는 것을 말한다.

17) 畜生道 : 畜生은 불교의 輪廻에서 6道(天上・人間・阿修羅・畜生・餓鬼・地
獄)의 하나로서 기어 다니는 동물류를 말한다. 특히, 畜生 이하의 셋을 3惡道
라고 하는데, 여기에 태어나면 부처의 가르침을 들을 기회나 능력이 없다고 한
다. 그러나 소는 '外愚內明'한 것으로 생각하여 畜生의 信心에 대한 관념을 가
지고 있었다. 畜生의 信心에 대한 관념을 보여주는 다른 예는 [遺] 卷4 義解
關東楓岳鉢淵藪石記條에서 찾아 볼 수 있다.

18) 浮石寺 : 경상북도 영풍군 부석면 북지리 鳳凰山 중턱에 있는 절. [遺]에는 이
절이 文武王 16년(676) 2월에 義湘이 왕명으로 창건한 뒤 華嚴宗의 중심 절로
삼았다고 한다. 당시 의상은 이 절에서 40일간 법회를 열고『華嚴經』을 설법함
으로써 우리 나라에 華嚴宗을 정식으로 펼쳤다. 의상의 존호를 浮石尊者라고
하고, 의상의 화엄종을 浮石宗이라고도 하는 것은 모두 이 절과의 연관때문이
다. 고려시대에는 善達寺 또는 興教寺라고 했는데, 善達은 선돌의 음역으로 浮
石의 鄕音으로 보는 견해도 있다. 화재로 많은 건물이 소실되고 중건되기를 여
러 차례 반복하였으며, 현재의 건물은 조선 英祖 22년(1746)에 중건되어 오늘
에 이르고 있다. 현존하는 건물로는 무량수전(국보 제18호)과 조사당(국보 제19
호)이, 문화재로는 무량수전 앞 석등(국보 제17호), 소조여래좌상(국보 제45호),
조사당 벽화(국보 제46호), 부석사원융국사비(경상북도유형문화재 제127호) 등
이 매우 유명하다. 특히, 이곳에서 발견된 綠釉塼은 신라시대의 벽돌로『阿彌
陀經』에 극락세계의 땅이 유리로 되어 있다는 것에 근거하여 무량수전 바닥에
깔았던 것이다.

였다. 아간의 집은 혜숙(惠宿)[20] 법사가 세운 미타사와 거리가 멀지 않아 아간은 항상 그 절에 가서 염불했는데, 여종도 따라 가서 마당에서 염불하였다」고 운운하였다.

이렇게 하기를 9년, 을미(乙未)[21] 정월 21일에 예불하다가 집 대들보를 뚫고 나가 소백산(小伯山)에 이르러 신 한 짝을 떨어뜨렸으므로 그곳에 보리사(菩提寺)[22]를 짓고, 산 아래에 이르러 그 육신을 버렸

---

19) 下柯山 : 『大東輿地圖』를 보면 榮州의 남쪽 안동 예천의 경계에 위치한 산이다. [勝覽]이나 『大東地誌』에는 '鶴駕山'으로 표기되었다. 「鶴駕山 一云下柯山 在府西二十里 又見榮川條」([勝覽] 券24 安東 山川條)으로 기록되어 있으며, [遺] 卷4 義解 義湘傳教條에도 '下可山'이 보인다.

20) 惠宿 : 신라 眞平王 때의 고승. 진평왕에게까지 알려진 名僧이며, 新羅10聖의 한 사람이다. [遺] 卷4 義解 二惠同塵條에 의하면, 惠宿은 일찍이 好世郞의 郞徒였는데, 郞이 國仙을 사임하자 그도 安康縣 赤善村에서 20년간 은거하였다. 당시의 국선인 曜昆公이 사냥을 좋아하자, 그는 仁恕의 가르침으로써 그를 꾸짖는 등 명예와 권력을 멀리하고 서민대중의 교화에 힘썼다. 그가 주석했다고 하는 惠宿寺는 安康(경상북도 月城郡 安康邑)에 一然 당시까지도 있었다고 한다.

21) 乙未 : 乙未年는 郁面의 왕생년대를 말한다. 이 부분의 乙未年이 언제인지에 관해 본문은 명확히 밝히지 않았다. 연구자에 따라 서로 다른 연대를 제시하고 있다. 서로 다른 연대관은 크게 두 가지 기록에 근거한 것으로, 하나는 『鄕傳』의 '景德王代'라는 기록이고, 다른 하나는 『徵本傳』의 '元和三年戊子'라는 기록이다. 이에 따라 살펴보면, 『鄕傳』의 '景德王代' 어간의 을미년은 경덕왕 14년(755)이고, 『徵本傳』의 '元和三年戊子'(808) 어간의 을미년은 憲德王 7년(815)이다. 이 중 金英美는 욱면의 왕생을 『鄕傳』의 기록대로 景德王代의 사실로 파악하고 있다. 즉, 후대에 發徵和尙 전기와 乾鳳寺事蹟이 기록되면서 발징화상과 건봉사의 뛰어남을 강조하기 위해 비슷한 시기에 별도로 존재했던 욱면의 일을 첨부하여 기록한 것으로 보고 있다.(金英美, 「新羅社會의 變動과 阿彌陀信仰」, 『新羅佛教思想史硏究』, 民族社, 1994, pp.128-129) 또한 辛鍾遠은 八珍과 郁面의 염불을 전후 두 사건으로 파악하고, 후자의 기록을 더욱 신빙하여 815년설을 주장하고 있다.(辛鍾遠, 앞의 논문, 1988, p.188)

22) 菩提寺 : 지금의 위치는 알 수 없으나 郁面說話가 小白山을 배경으로 하는 것으로 보아 소백산 주변에 있던 사찰로 추정된다. 특히, 權相老가 海雲師의 말을 인용하면서 「且其一菩提寺也 在豊基每村 二菩提寺址 在丹陽郡月山里故也」라고 한 것도 菩提寺의 위치를 소백산으로 보게 하는 하나의 근거이다.

으므로 곧 그 자리에 제2보리사(二菩提寺)23)를 짓고 그 불전에 욱면
등천지전(勖面登天之殿)이라는 현판을 붙였다. 지붕 용마루에 뚫린
구멍은 열 아름 가량24) 되었으나 비록 폭우와 폭설이 와도 젖지 않았
다. 나중에 어떤 호사자(好事者)가 금탑(金塔) 한 좌를 본떠 만들어
그 구멍에 맞추어 소란반자[承塵] 위에 안치하고, 그 이적을 기록했는
데, 지금도 그 현판과 탑이 남아 있다.

　욱면(勖面)이 떠나간 후 귀진 역시 그 집이 이인(異人)이 의탁해서
태어난 곳이라고 하여 희사하여 절을 만들어 법왕사[法王]라고 하고
전민(田民)25)을 바쳤다. [절은] 오랜 뒤에 폐허가 되었는데, 대사 회
경(懷鏡)26)이 승선(承宣)27) 유석(劉碩)·소경(小卿)28) 이원장(李元

---

23) 二菩提寺 : 지금의 위치는 알 수 없으나 菩提寺와 같이 소백산 주변에 있던
　　사찰로 추정된다. 이처럼 郁面과의 연고를 주장하여 세운 菩提寺라는 同名의
　　절이 둘이나 있다는 것은 당시 욱면의 죽음이 상당히 큰 반향을 불러일으킨 사
　　건이었다는 의미이다.
24) 十許圍 : 圍에 대한 해석은 '아름'(1抱) 또는 '뼘'(5寸) 두 가지가 있다. 일반적
　　으로 '아름'으로 해석하고 있다. 그러나 이것이 만일 辛鍾遠의 주장대로 실제
　　지붕에 구멍이 뚫렸고 그 뚫린 크기를 말하고 있다면, 10圍는 '10뼘'으로 해석
　　하는 편이 자연스러울 것이다.(辛鍾遠, 앞의 논문, 1988, p.188)
25) 田民 : 토지와 그 토지를 경작하는 농민을 가리키는 것으로, 곧 토지를 말한다.
26) 懷鏡 : 신라 때의 고승. 여기 외에 다른 기록에는 보이지 않는다.
27) 承宣 : 고려시대 왕명의 代納을 맡았던 中樞院에 소속되어 있었던 正3品의 관
　　직. 고려 후기에 승지·대언 등으로 명칭이 바뀌었다가 다시 承宣으로 환원되
　　기도 하였다. 승선의 기본 직능은 왕명의 출납을 관장하는 일로 군왕에게 올라
　　가는 백관의 狀啓나 疏文 및 품달사항은 승선을 거쳐야 하였으며, 반대로 왕명
　　이 하달될 때도 승선을 통해 행하였다. 이렇듯 왕의 품달여부를 결정하는 권한
　　을 가지고 있었으므로 특별히 이들을 內相이라고도 하였다. 승선은 그 직임상
　　학식이 높고 언어가 분명하며 행실이 민첩, 단정한 인물로 선발하였다. 그러므
　　로 대개는 과거에 합격하고 가문이 좋은 사람이 임명되었으며, 명예롭고 또한
　　장래가 보장되는 樞要職의 하나였다.(邊太燮, 「高麗의 中樞院」, 『震檀學報』 41,
　　1976. 朴龍雲, 「高麗의 中樞院研究」, 『韓國史研究』 12, 1976)
28) 小卿 : 고려시대 太常寺·殿中省·衛尉寺·禮賓省·大府寺 등에 두었던 종4

長)과 함께 발원하여 중창하였다. 회경이 몸소 토목 일을 했는데, 처
음 재목을 운반할 때 꿈에 [어떤] 노인이 삼신과 칡신29)을 각 한 켤
레씩 주었다. 또 옛 신사(神社)30)에 가서 불교의 이치로 효유하고,
[그] 신사 곁의 나무를 베어 내어 무릇 5년만에 [공사를] 마쳤다. 또
노비들을 더 두어 융성해져 동남지방의 유명한 절이 되었는데, 사람들
은 회경을 귀진의 후신이라고 하였다.

　논의하여 말한다. 지방에 있는 고전31)을 상고하면, 욱면은 곧 경덕
왕 때의 일인데, 징(徵)〈징(徵)자는 아마도 진(珍)일 것인데, 아래에서도 같다.〉
의 본전(本傳)32)에 의하면, 곧 원화(元和) 3년 무자(戊子, 808) 애장
왕(哀莊王)33) 때의 일이라고 하였다. 경덕왕 이후 혜공(惠恭)34)·선
덕(宣德)·원성(元聖)35)·소성(昭聖)36)·애장 등 5대 모두 60여 년

품 관직. 대부분 1인으로서 종4품직이나, 소속된 관청에 따라 1인의 종4품직을
두거나 2인의 종4품직이 있는 경우도 있다. 소속된 관청에서 실질적인 책임자
인 卿의 다음가는 관직으로서 부책임자에 해당되었다.

29) 麻葛屨 : 麻屨와 葛屨. 곧 삼으로 만든 신과 칡으로 만든 신. 번민을 葛藤이라
고 하니, 혹 이와 관계있는 비유가 아닌가 한다.

30) 神社 : 거대한 숲으로 신성시되는 神聖林으로 보인다. 여기에서의 의미는 기
존의 神體를 모시고 재래식 제사를 지내되 이미 불교 영향권 안에 있어 神聖
林에 절이 들어섬으로 해서 생긴 변화라고 하겠다.

31) 鄕中古傳 : 一然이 처음 채록해놓은 鄕傳을 말한다. 그는 이것을 뒤에 다시
'鄕傳'이라고 하였다.

32) 本傳 : 註에서 '徵'은 '珍'자로 써야할 것이라고 한 것으로 보면 『僧傳』의 八珍
으로 보인다. 『乾鳳寺事蹟』에는 『僧傳』과 비슷한 내용이 실려있는데, 그 結社
者를 '發徵'이라고 하였고, 또 「三國遺事云 發徵 觀音應現也」라고 하여 八珍
을 곧 發徵으로 보고 있다. 따라서 '徵'은 發徵이며 '八珍'이라고도 썼음을 알
수 있다. 또한 『徵本傳』이란 이름으로 보아 發徵에 대한 하나의 독립된 전기를
수록한 별도의 기록이 있는 것으로 보는 것이 타당하다.

33) 哀莊王 : 신라의 제40대 왕. 재위 800-809. [遺] 卷2 紀異 早雪條 참조.

34) 惠恭 : 惠恭王. 신라의 제36대 왕. 재위 765-780. [遺] 卷2 紀異 惠恭王條 참조.

35) 元聖 : 元聖大王. 신라의 제38대 왕. 재위 785-798. [遺] 卷2 紀異 元聖大王條

이나 된다. 징은 먼저요, 욱면은 나중이 되어 향전과는 틀리다. 그러나
두 기록을 남겨서 의문을 없앤다.

찬한다.

서편 이웃 옛절에 불등이 밝은데

방아 찧고 절로 가면 어느새 밤은 2경

한 번의 염불마다 성불하기 스스로 기약하며

손바닥 뚫어서 줄로 꿰어 제 몸을 잊었다네

참조.

36) 昭聖 : 昭聖王. 신라의 제39대 왕. 재위 799-800. [遺] 卷1 王歷 昭聖王條 참조.

117. 廣德 嚴莊

文武王代 有沙門名廣德嚴莊 二人友善 日夕約曰 先歸安養者須[1]告之 德隱居芬皇西里〈或云 皇龍寺有西去房 未知孰是〉蒲鞋爲業 挾妻子而居 莊庵栖南岳 大[2]種[3]力[4]耕

一日 日影拖紅 松陰靜暮 窓外有聲 報云 某已西往矣 惟君好住速從我來 莊排闥而出顧之 雲外有天樂聲 光明屬地 明日歸訪其居 德果亡矣 於是乃與其婦收骸 同營蒿里

旣事[5] 乃謂婦曰 夫子逝矣 偕處何如 婦曰可 遂留夜宿將[6]欲通焉 婦靳之曰 師求淨土 可謂求魚緣木 莊驚怪問曰 德旣乃爾 予又何妨[7]

婦曰 夫子與我 同居十餘載 未嘗一夕同床而枕 況觸汚乎 但每夜端身正坐 一聲念阿彌陁佛號 或作十六觀 觀旣熟 明月入戶 時昇其光 加趺[8]於上 竭誠若此 雖欲勿西奚往 夫適千里者 一步可

---

1) 須：[正][晩][鶴] 須. [品][斗][浩][六] 須.
2) 大：[品][斗][浩][民] 火.
3) 種：[斗] 耩.
4) 力：[正][晩][鶴][斗][浩] 刀. [品][六] 力.
5) 事：[品][民] 畢.
6) 宿將：[六] 將宿.
7) 妨：[品] 防.
8) 趺：[斗] 跌.

規 今師之觀可云東矣 西則未可知也

莊愧赧9⁾而退 便詣元曉法師處 懇求津要 曉作錚10⁾觀法誘之 藏11⁾
於是潔己悔責 一意修觀 亦得西昇 錚12⁾觀在曉師本傳與海東僧傳
中

其婦乃芬皇寺之婢 蓋十九應身之一 德嘗有歌云 月下伊底亦 西
方念丁去賜里遣 無量壽佛前乃 惱叱古音〈鄉言云 報言也〉多可支13⁾
白遣賜立 誓音深史隱尊衣希仰支14⁾ 兩手集刀花乎白良 願往生願
往生 慕人有如白遣賜立 阿邪 此身遺也置遣 四十八大願成遣賜去

---

9) 赧 : [正][晚][鶴] 赦. [品][斗][浩][六] 赧.
10) 錚 : [正][晚][鶴] 錚. [浩][民] 淨. [六][曉] 錥. [品][斗][會][東] 錚.
11) 藏 : [品][民] 莊. 본조의 앞부분에서는 '莊'으로 표기함.
12) 錚 : [鶴][六][曉] 錥. [浩][民] 淨.
13) 支 : [正][晚][鶴][品][斗][樹] 攴. [浩][六] 支.
14) 攴 : 주 13)과 같음.

광덕과 엄장

　문무왕(文武王)[1] 때 사문(沙門)[2] 광덕(廣德)과 엄장(嚴莊)이란
이가 있었다. 두 사람은 서로 우애가 좋아 조석으로 [서로] 다짐하기
를, "먼저 서방 극락[安養][3]에 가는 이는 반드시 이를 알리기로 하
세"라고 하였다. 광덕은 분황사[芬皇] 서쪽 마을[西里][4]〈혹은 황룡사
(皇龍寺)[5]에 서거방(西去房)[6]이 있었다고 하나 어느 것이 옳은지 알 수 없다.〉에
숨어 살면서 신 삼는 것으로 생업을 삼아 처자를 데리고 살았다. 엄장
은 남악(南岳)[7]에 암자를 짓고 살면서 크게 씨 뿌려 힘들여 경작하
였다.[8]

---

1) 文武王 : 신라의 제30대 왕. 재위 661-681. [遺] 卷2 紀異 文虎王法敏條 참조.
2) 沙門 : Śramaṇa. 桑門. 부지런히 모든 좋은 일을 닦고 나쁜 일을 일으키지 않
　는 이란 뜻이다. 外道·佛敎徒를 不問하고, 妻子 眷屬을 버리고, 수도생활을
　하는 이를 총칭한다. 후세에는 오로지 佛門에서 출가한 이를 말한다. 比丘와
　같은 뜻으로 쓴다.
3) 安養 : 阿彌陀佛의 淨土. 西方極樂國의 異名. 「諸佛告菩薩令觀安養佛」(『無
　量壽經』 下). 「安心養身 故曰安養」(義寂 疏).
4) 芬皇西里 : '芬皇'은 芬皇寺를 말하는 듯하다. '芬皇西里'는 芬皇寺 서쪽 마을
　이란 뜻으로 쓴 듯하다. 분황사는 경상북도 경주시 九黃洞 313번지에 위치한
　다. 분황사에 관해서는 [遺] 卷3 塔像 芬皇寺千手大悲 盲兒得眼條·卷3 興法
　阿道基羅條의 주석 39) 참조.
5) 皇龍寺 : 경상북도 경주시 구황동에 있었던 신라 眞興王 때 창건된 절. [遺]
　卷2 紀異 元聖大王條 주석 37) 참조.
6) 西去房 : 알 수 없다.
7) 南岳 : 「含月山 在府東四十五里 新羅號南嶽」([勝覽] 卷21 慶州 山川條).

하루는 해 그림자가 붉은 빛을 끌며 소나무 그늘에 고요히 저물어 갈 무렵 창 밖에서 소리가 나면서 알리기를, "나는 서방9)으로 가노라. 그대는 좋게 지내다가 속히 나를 따라오게"라고 하였다. 엄장이 문을 열고 나가서 돌아보니, 구름 밖에서 천악(天樂)소리가 울리고 광명이 땅에 드리워 있었다.10) 다음날 [엄장이] 광덕의 거처를 찾아갔더니, 광덕은 과연 죽어 있었다. 이에 그의 아내와 함께 유해를 거둬 함께 장사를 지냈다.11)

장사를 마치고 [엄장은] 부인에게 말하기를, "부군이 죽었으니 나와 함께 사는 것이 어떻겠습니까?"라고 하였더니, 부인이 말하기를, "좋소"라고 하였다. 마침내 [그는 그 집에] 머물러 밤에 자는데, 정을 통하려고 하자 부인은 그를 아껴12) 말하기를, "스님께서 [서방]정토(淨土)를 구하는 것은 마치 물고기를 구하러 나무에 올라가는 것13)이

---

8) 大種力耕 : '火種刀耕'의 誤記로 보고, '숲의 나무를 베어 불살라 재가 된 후에 씨를 뿌린다'는 뜻으로 해석하는 견해([浩] 하, p.289)가 있다. 「沉湘多山 布種時 先伐林木火之 俟成灰布種 謂之刀耕火種」(『東齋記事』). 여기서는 原典대로 '크게 씨뿌려 힘써 경작한다'로 해석해둔다. 「悅卿載六經子史 涉關東山水 求得黍地 資耕力以活 無復還鄉之意」(『秋江集』 卷1 五言古詩).

9) 西 : 西方極樂.

10) 光明屬地 : 밝은 빛이 땅에 드리워 있다. 「屬謂相連屬 故訓爲逮 逮及也 屬猶至也 通也」(書, 疏).

11) 同營蒿里 : 함께 장사지냈다는 뜻이니, '蒿里'는 墓地를 말한다. 「蒿 蒿里 言冢間 宿草積聚 指墓門言」(正字通).

12) 斬之 : 廣德의 처가 관음보살의 應身이라는 사실을 전제로 하였을 때 '斬之'는 世俗女의 단순한 '拒絶'과는 다르다. 嚴莊을 타일러 染心을 물리치게 하려고 한 攝化로, 단순한 '拒絶' 이상의 행위, 즉 엄장의 廻向을 돕는 利他的 行化로서 '그를 아껴 충고하는 것'으로 이해하게 된다. '斬'은 아끼다(「悔不小斬 可至千萬 斬固惜之也」(『後漢書』 崔寔傳 注)), 부끄러워하다(「宋公斬之 戲而相愧曰斬」(左氏, 莊, 11 注))의 뜻을 갖는다.(黃浿江, 「願往生歌 硏究」, 『三國遺事와 문예적 가치 해명』(김열규·신동욱 편), 새문사, 1982, pp.90-91)

13) 求魚緣木 : 緣木求魚. 나무에 올라가 물고기를 구한다는 뜻이니 불가능함을

라고 할 것입니다"고 하였다. 엄장이 놀라고 의아하여 묻기를, "광덕

도 이미 그렇게 하였거늘 나 또한 어찌 [그것이] 방해가 되겠소?"라

고 하였다.

　부인이 말하기를, "남편은 나와 10여 년을 함께 살면서 일찍이 하루

저녁도 자리를 같이하고 자지 않았습니다. 하물며 몸을 더럽혔겠습니

까?14) 다만 밤마다 몸을 단정히 하고 바로 앉아 한 목소리로 아미타

불(阿彌陁佛)의 이름을 염송하고15) 혹은 16관(十六觀)16)을 지었는

　　말한다.「以若所爲　求若所欲　猶緣木而求魚也」(『孟子』梁惠王　上).「緣木求
　　魚　言必不可得」(集註).

14) 夫子與我…況觸汚乎 : 廣德은 처자를 거느리고 생업에 종사하며 梵行을 닦은
　　在家僧이다. 그는 10여 년 동안 아내와 同衾하지 않았다. 수도자에게 있어서
　　'斷欲去愛'는 無爲의 法을 깨닫는 필수적인 수행이다. 在家五戒는 邪淫만을
　　금하는데 그쳤으나, 衆苦의 근본이요, 聖人의 慧眼을 멸하는 근원이 된다는 점
　　에서 여인과의 관계는 일체 부정하였다. 심지어 부부사이에서도 성문제에 관한
　　한 부정되는 것이 바람직하다는 견해가 나타나고 있다. 畢鉢羅耶童子와 跋陀
　　羅女는 12년간 같은 방에서 지낸 부부였으나, 함께 梵行 닦기를 誓願하고는
　　성관계는 물론 손이 닿는 것조차 꺼렸다.(참조 :『佛本行集經』; 大藏一覽集
　　卷3,「夫婦一床分寢寐始終　全戒沒虧違」) 위의 畢鉢羅耶童子・跋陀羅女와 廣
　　德夫婦의 경우는 재가수도자의 '斷欲去愛'로 볼 수 있다. 妻子舍宅에 대한 애
　　욕이 수행자의 無爲의 정진을 장애한다는 점에서 경계하고 厭離한다. 求道의
　　眞諦를 마음으로부터의 出離에 두었다. 재가의 수도자일지라도 마음에 染着이
　　없으면 無爲의 佛果를 성취할 수 있다. 광덕은 이른바 '居塵不染'의 수도자였
　　던 것이다.(黃浿江, 앞의 논문, 1982, pp.87-88)

15) 一聲念阿彌陁佛號 : 阿彌陀經은 염불에 의한 淨土往生을 다음과 같이 설하고
　　있다.「若有善男子善女人　聞說阿彌陀佛　執持名號　若一日　若二日…若七日　一
　　心不亂　其人臨命終時　阿彌陀佛與諸聖衆　現在其前　是人終時　心不顚倒　卽得
　　往生阿彌陀佛極樂國土」(『佛說阿彌陀經』).

16) 十六觀 : 觀은 Vipaśyanā(毘婆舍那) 또는 Vidarśanā로 妄惑을 관찰함을 말한
　　다. 또 진리를 觀達함이니 智의 다른 이름이기도 하다.「觀者　繫念思察　說以爲
　　觀」(觀經淨影疏).「法界洞朗　咸皆大明　名之爲觀」(『止觀』5). 十六觀은 마음
　　을 통일하여 淨土를 觀想하는 16종의 방법을 말한다. 즉, 日想・水想・地想・
　　樹想・八功德水想・總觀想・華座想・像想・徧觀一切色身想・觀觀世音菩薩
　　眞實色身想・觀大勢至色身想・普觀想・雜想觀・上輩生想・中輩生想・下輩

데, [그] 관이 무르익고 밝은 달빛17)이 지게문으로 들이비치면 때때
로 그 빛을 타고 올라가 [그] 위에 가부좌[加趺]18)를 하였지요. 정성
다하기를 이와 같이 한 지라 비록 본인이 서방정토 가기를 마다 한들
[그곳 아니고] 어디로 가겠습니까? 대개 천 리를 가는 사람은 그 첫
걸음으로 알 수 있거니와, 지금 스님이 닦는 관은 동방으로 가는 것이
라고 하겠고,19) 서방으로 가질 지는 알 수 없습니다"고 하였다.

　[이 말에] 엄장은 부끄러이 얼굴을 붉히고 물러나왔다. 그 길로 원
효(元曉)20) 법사의 처소로 가서 진요(津要)21)를 간절히 구하였다. 원

　　生想을 말한다.(『佛說觀無量壽經』 참조)
17) 明月 : 佛陀 說法에서 明月은 흔히 佛과 대응되는 상징으로 나타난다.(『大般
　　涅槃經』 月喩品 참조) '부처는 明月과 같다'(「妙身顯現猶滿月」(『大般涅槃
　　經』))고 직접 비유되기도 한다. 즉, 달과 부처는 대응되는 여러 성격으로 하여
　　일체화되고 있다. 항상 있으며, 변화하지 않는 하나의 존재이되, 나타나기도 하
　　고 없어지기도 하며, 둥글게 차기도 하며, 이지러지기도 하며, 때와 장소와 사
　　람에 따라 갖가지 모양으로 나타나 보이며, 善人은 이를 즐기되, 盜心을 품은
　　자는 이를 꺼리는 등 불타와 명월은 서로 동질의 차원으로 생각되고 있다. 觀
　　想三昧境에 들어간 廣德이 명월의 빛에 올라 가부좌하는 형상은 광덕과 명월
　　의 동질화를 시사하며, 이때의 명월은 단순한 달이 아니라 覺者의 달—覺月
　　(普賢十願歌 6 請轉法輪歌 참조)이다. 이 형상을 통해 광덕의 觀想의 圓熟과
　　그로 인한 往生이 예시되었다고 하겠다.
18) 加趺 : 結跏趺坐의 준말. 佛陀의 坐. 오른발을 왼편 넓적다리의 위에 놓고, 왼
　　발을 오른편 넓적다리 위에 놓고 앉는 것. 이를 全跏坐라 하고, 좌우의 어느 한
　　발을 좌우의 어느 한 넓적다리에 놓는 坐法을 半跏坐라 한다. 全跏坐는 吉
　　祥·降魔 2종의 구별이 있다.(慧琳音義 8 참조)
19) 今師之觀可云東矣 : 東方의 佛國土는 藥師如來의 淨琉璃이나, 廣德妻가 嚴
　　莊을 두고 말한 '東'은 西方淨土往生을 願求하고 수행한 수도자로서 厭離해야
　　할 여인(광덕처)에의 染心을 비록 잠시나마 일으켰던데 대하여 광덕처는 엄장
　　이 원구하는 서방과는 정반대의 동떨어진 처지에 떨어지게 될 것임을 깨우쳐
　　'東'을 말했던 것으로 이것과 東方 淨琉璃와는 무관하다.(『藥師經』 참조)
20) 元曉 : 617-686. 신라 때의 고승. [遺] 卷4 義解 元曉不羈條, 『宋高僧傳』 卷4
　　唐新羅國皇龍寺沙門元曉傳 참조.
21) 津要 : 요충의 땅, 또는 樞要의 지위. 사물의 요점을 말한다.

효는 쟁관법(錚觀法)22)을 만들어 그를 이끌어주니, 엄장은 이에 몸을 정결하게 하고 [허물을] 뉘우쳐 책하고, 오로지 관 닦기에 힘써 역시 서방정토로 오를 수 있었다. 쟁관법은 원효 법사의 본전[曉師本傳]23)과 『해동승전(海東僧傳)』24) 안에 있다.

그 부인은 곧 분황사의 여종이니 대개 [관음보살의] 19응신(十九應身)의 하나25)였다. 광덕에게 일찍이 노래가 있었는데 다음과 같다.

---

22) 錚觀法 : 淨觀法을 잘못 쓴 것이라는 견해가 있다. 淸淨觀이라고도 하는 淨觀法은 생각의 물듦을 없애고, 깨끗한 몸으로 번뇌의 유혹을 끊는 觀法이다. 그러나 불교수행과정에서 보편적인 이 관법을 元曉가 지었다고 할 수는 없으므로, 아마도 錚觀法은 원효의 傳記에 수록될 정도로 원효가 창안한 독특한 수행법이었을 것이다. 어의로 볼 때 鉦 같은 것을 치면서 南無阿彌陀佛을 소리내어 외우는 등의 방법이었을는지 모른다. 쟁관법의 구체적인 수행법은 알 수 없어도 그 근본목적은 不淨觀에 있었을 것으로 짐작된다. 원효는 '욕심에 대해서 좋은 치료방법은 不淨觀'이라고 하였다. 不淨觀은 貪心을 다스려, 몸의 不淨을 觀하는 수행법으로, 자신의 몸뚱이가 깨끗하지 못함을 관찰하기도 하고, 다른 사람의 부정을 생각하기도 한다.(김상현, 『역사로 읽는 원효』, 고려원, 1994, p.149)

23) 曉師本傳 : 알 수 없다. 현전하는 元曉에 관한 傳에는 '錚觀法'에 대한 기술은 보이지 않는다.

24) 海東僧傳 : [遺] 卷4 義解 圓光西學條에 「鄕人金陟明 謬以街巷之說 潤文作光師傳 濫記雲門開山祖寶壤師之事迹 合爲一傳 後撰海東僧傳者 承誤而錄之」, 同 寶壤梨木條에 「又作海東僧傳者 從而潤文 使寶壤無傳而疑誤後人」의 海東僧傳과 동일한 撰書인 듯하나, 현전 2卷 零本의 『海東高僧傳』(覺訓 撰)에는 元曉傳을 볼 수 없고, 『海東僧傳』과 『海東高僧傳』이 서로 같은 책을 말하는 것인지도 확실하지 않다.

25) 十九應身之一 : 西方 觀世音菩薩은 東方의 妙音菩薩과 함께 現一切色身三昧에 의하여 娑婆世界로 다니며 33身을 나타내어 고난의 중생을 구제한다. 33應身은 佛, 辟支佛(獨覺·緣覺)·聲聞·梵王·帝釋·自在天·大自在天…(長者·居士·宰官·婆羅門의) 婦女·童男·童女·天·龍·夜叉·乾闥婆·阿修羅·迦樓羅·緊那羅·摩睺羅伽·人·非人·執金剛 등이다. 廣德妻의 '19應身'은 33應身 가운데 居士婦女身에 해당하며, 「盖十九應身之一」이라고 한 것은 『法華經』 觀世音菩薩普門品에서 觀音應身의 33身에 대한 十九說法上의 一身이라는 것으로 이해된다.(金東旭, 「新羅淨土思想의 展開와 願往生歌」, 『國文學論文選』, 국어국문학회, 民衆書館, 1977, p.257 참조) 광덕처는 廣德·嚴莊 두

달아, 이제 서방 거쳐[26] 가시리이꼬

무량수불(無量壽佛) 앞에 이 말씀 알려〈우리말의 '알려 말한다'이
다.〉 사뢰소서

다짐[27] 깊으신 존전에 우러러 두 손 모두고 꽃 드리고[28]

원왕생(願往生) 원왕생 그리는 사람 있다고 사뢰소서

아아, 이 몸을 예토에 남겨 두고

48의 큰 서원[四十八大願][29]을 이루시리이까[30]

수행자의 成道를 돕기 위해 부녀의 몸으로 應化한 觀世音菩薩이다.(黃浿江,
앞의 논문, 1982, p.91)

26) 念丁 : 흔히 '꺼정'(까지)으로 해독하나, '거쳐'로 해독함이 옳다. 淨兜寺石塔造
成形止記에 그 유일한 용례가 보인다. 「同年春秋冬念丁 今冬石練已畢爲內㘃」
(同年의 봄・가을・겨울을 거쳐 今年 겨울에 돌다듬기를 畢 云云)에서 '念丁'
은 '거쳐' 혹은 '지나' 등으로 읽혀야 한다.(黃浿江, 위의 논문 p.95)

27) 誓音 : 다짐. 盟誓나 誓願으로 해석되며, 여기서는 阿彌陀佛의 誓願을 말한다.
法藏比丘가 世自在如來의 설법을 듣고, 發心하여 일체 대중을 發起하여 悅可
케 하고자 세운 無量의 大願을 가리킨다. 法藏은 당초 국왕으로서 世自在如來
의 설법을 듣고 귀의하는 마음이 생겨 나라와 왕위를 버리고 沙門이 된 보살시
절의 阿彌陀佛이다.(『佛說大無量壽經』 卷上 참조)

28) 花乎白良 : 곶호숣아(꽃 하오시어). '꽃 하시어', 즉 花供養으로, '꽃 뿌리어(散
花)', 혹은 '꽃 드리어(獻花)'로 이해하였다. 종래 이를 '고초숣바'(곧추시어)로
해독해왔으나, '花'를 굳이 義借寫音하여 '直'의 뜻을 표기했다고 보는데 무리
가 있다.(黃浿江, 앞의 논문, 1982, pp.96-97)

29) 四十八大願 : 佛陀가 阿難에게 설한 내용으로, 第54 過去佛인 世自在王佛의
설법을 듣고 發心하여 왕위를 버리고, 沙門이 된 法藏이 佛土를 莊嚴하게 할
淸淨行을 섭취하고 나서 일체 대중을 發起하여 悅可케 하고자 發願한 48의 誓
願이다. 법장은 이미 十劫前에 大願을 성취하여 성불하고, 현재 娑婆로부터 十
萬億刹이나 떨어져 있는 西方에 있다. 그 부처가 있는 西方世界를 '安養'이라
고 부른다. 阿彌陀佛은 법장의 報身이며, 현재불의 대표로서 '今現在說法'의
구제불로 존중되고 있다. 48大願은 法藏이 세운 超世의 願이다. 스스로 반드시
無上道를 이루되 願을 달성하지 못하는 한, 맹세코 正覺을 이루지 못한다고
스스로 굳게 다짐하고, 世自在王佛 앞에서 말한 소원이다. 법장은 드디어 大願
을 具足하고 성불하여 서방세계 아미타불로 있으며, 지금도 그 願을 믿고 至心
으로 廻向하여 왕생을 願求하는 모든 중생을 無量壽國에 섭취하고 있다. 금세

에서 중생이 많은 공덕을 쌓지 못했을지라도 無上菩提心을 發하여 無量壽佛을 念한다면 命終에 無量壽佛이 化現하여 왕생하게 된다고 한다.

30) 此身遺也置遣 四十八大願成遣賜去 : 이 몸을 남겨 두고, 48大願을 이루실 수 있을까?(이루실 수 없습니다.) 나(作者)와 無量壽佛과의 거리는 '過十萬億佛土'의 엄청난 것이다. 이는 공간적 거리를 의미하는 이상으로 가치의 對極性을 시사하는 것도 된다. 달은 양극적인 두 세계 사이에 통로를 열어주는 중간자로 나타났다. 얼핏 보면 '나'는 발신자이며, 달은 이를 받아 西方에 전달하는 운반자이며, 수신자는 무량수불인 듯이 보인다. 그러나 당초의 발신자는 서방정토의 무량수불이다. 48대원은 穢土(俗世)를 향해서 보낸 阿彌陀佛의 메시지다. 그는 예토의 최후의 1인까지도 제도함이 없이는 결코 성불하지 않겠다는 悲願을 세우고, 현재도 계속 복음의 메시지를 발신하고 있는 존재다. 廣德은 그의 발신을 수신하고 이에 응신하고 있다. 本歌는 바로 그 자신의 응신이기도 하다.

118. 憬興遇聖

神文王代 大德憬興 姓水[1])氏 熊川州人也 年十八出家 遊刃三藏
望重一時 開耀元年 文武王將昇遐 顧命於神文曰 憬興法師可爲國
師 不忘朕命 神文卽位 曲[2])爲國老 住三郎寺 忽寢疾彌月

有一尼來謁候之 以華嚴經中善友原病之說 爲言曰 今師之疾 憂
勞所致 喜笑可治 乃作十一樣[3])面貌 各作俳諧之舞 巉巖成[4])削 戀
熊不可勝言 皆可脫頤 師之病不覺洒然 尼遂出門 乃入南巷寺〈寺在
三郎寺南〉而隱 所將杖子 在幀畫十一面圓通像前

一日將入王宮 從者先備於東門之外 鞍騎甚都 靴笠斯陳 行路爲
之辟易 一居士〈一云沙門〉形儀疎[5])率[6]) 手杖背筐 來憩于下馬臺上 視
筐中乾魚也 從者呵之曰 爾着緇 奚負觸物耶 僧曰 與其挾生肉於
兩股間 背負[7])三市之枯魚 有何所嫌 言訖起去

興方出門 聞其言 使人追之 至南山文殊寺之門外 抛筐而隱 杖
在文殊像前 枯魚乃松皮也 使來告 興聞之嘆曰 大聖來戒我騎畜爾

---

1) 水 : [鶴]枩. [品]木.
2) 曲 : [品][浩][民]冊.
3) 樣 : [正]㨾. [品][斗][浩][六]樣.
4) 成 : [正][浩][六]戌. [品][斗]成.
5) 疎 : [正]踈(疎의 와자).
6) 率 : [正]㡷. [品][斗][浩][六]率.
7) 負 : [正][晩][鶴]眞. [品][斗][浩][六][民]負.

終身不復騎

　興之德馨遺味　備載釋玄本所撰三郎寺碑　嘗見普賢章經　彌勒菩
薩言　我當來世　生閻浮提　先度釋迦末法弟子　唯除騎馬比丘　不得
見佛　可不警哉

　讚曰　昔賢垂範意彌多　胡乃兒孫莫切瑳[8]　背底枯魚猶可事　那堪
他日負龍華

---

8) 瑳 : [品][浩][民] 磋.

경흥이 성인을 만나다[1]

신문왕(神文王)[2] 때의 대덕(大德) 경흥(憬興)[3]의 성은 수(水)씨[4]
이며, 웅천주(熊川州)[5] 사람이다. 나이 열 여덟 살에 출가하여 삼장
(三藏)[6]을 통달하니[7] 명망이 일시에 높아졌다. 개요(開耀)[8] 원년
(681)에 문무왕(文武王)[9]이 세상을 떠나려고 하면서 신문왕에게 뒷
일을 부탁하기를, "경흥 법사는 국사(國師)[10]가 될 만하니 내 명령을

---

1) 憬興遇聖 : 憬興이 聖人인 文殊菩薩을 만나는 것을 가리킨다.
2) 神文王 : 신라의 제31대 왕. 재위 681-692. [遺] 卷2 紀異 萬波息笛條 참조.
3) 憬興 : 생몰년 미상. 신라 때의 고승. 俗姓은 水氏. 18세에 출가하여 三藏에
   통달하였다. 681년에 神文王이 즉위하여 國老로 봉했으며, 三郎寺에 거주하였
   다. 그의 행적은 玄本이 찬술한 三郎寺碑에 자세하게 기술되어 있으나, 이 비
   는 현전하지 않는다. 그의 저술로 현존하는 것은 『無量壽經連義述文贊』 3권 ·
   『三彌勒經疏』 1권 · 『金光明最勝王經略贊』 5권과 그 외 현전하지 않은 『法華
   經疏』 16권 · 『涅槃經疏』 14권 등의 많은 저술이 있다.
4) 水氏 : 『隋書』와 『新唐書』에 백제의 8大姓으로 木氏가 보이기 때문에 木氏로
   추정되기도 하나, 수씨는 8대성에 속하지 않은 백제 구귀족세력의 성씨이다.
   신라가 백제를 복속한 뒤에 백제 최고귀족 출신은 6두품으로 편입되었기 때문
   에([史] 卷5 武烈王 7年 11月 22日條) 憬興은 6두품 이하의 신분에 속해 있
   었다. 또한 8대성에 속하지 않았던 백제 귀족으로 井氏 등이 있었다.
5) 熊川州 : 신라 9州의 하나. 지금의 公州지역이다.
6) 三藏 : 불교 典籍의 총칭. 經 · 律 · 論의 3종류가 있다.
7) 遊刃 : 『莊子』 養生訓에 있는 '遊刃有餘地'의 줄임말로 고기를 저미는 칼을
   자유자재로 놀린다는 뜻이다. 이것은 일을 처리하는데 여유가 있음을 비유한
   것이다.
8) 開耀 : 중국 唐 高宗의 연호(681-682).
9) 文武王 : 신라의 제30대 왕. 재위 661-681. [遺] 卷2 紀異 文虎王法敏條 참조.

잊지 말라"고 하였다. 신문왕은 즉위하자 특히 국로(國老)[11]로 삼고 삼랑사(三郎寺)[12]에 거주하도록 하였는데, 갑자기 병이 들기를 한 달[13]이나 되었다.

한 여승이 와서 그를 문안하고 『화엄경(華嚴經)』 중에 있는 '착한 벗이 병을 고쳐준다'는 교설을 말하면서, "지금 법사의 병은 근심으로 해서 생긴 것이니 기쁘게 웃으면 나을 것입니다"고 하였다. 그리고는 11가지의 모습을 지어 각각 우스운 춤을 추게 하니, 뾰족하기도 하고 깎은 듯도 하여 그 변화하는 모습은 이루 다 말할 수 없었다. 모두가 턱이 빠질 정도로 우스워서 법사의 병은 자기도 모르게 씻은 듯이 나았다. 여승은 마침내 문을 나가 남항사(南巷寺)[14]〈[이] 절은 삼랑사의 남쪽에 있다.〉로 들어가 숨어버렸는데, 가지고 왔던 지팡이만 11면 원통상

10) 國師 : 국가의 師表가 되는 고승에게 내리는 칭호. 중국에서는 北齊의 天保 1 년(550)에 法常이 국사가 된 것이 그 시초이다. [遺] 卷4 神呪 惠通降龍條의 주석 17) 참조.

11) 國老 : 國師와 동등한 불교계의 가장 元老로서 왕의 자문에 응하거나 불교계 를 조정하는 역할을 하였다. 國師와 國老의 관계에 대해서는 여러 가지 견해가 있다. 즉 같은 것으로 이해하는 견해(金煐泰, 「新羅의 觀音信仰」, 『新羅佛教研 究』, 민족문화사, 1987), 국사보다 국로가 더 높은 것으로 보는 견해(李丙燾, 『譯註三國遺事』, 東國文化社, 1956), 국사보다 국로가 낮은 것으로 보는 견해 (金南允, 「신라중대 법상종의 성립과 신앙」, 『한국사론』 11, 1984. 韓泰植, 「憬 興의 生涯에 관한 再考察」, 『佛教學報』 28, 1991) 등이 있다.

12) 三郎寺 : 신라 眞平王 19년(597)에 창건된 절. 절터는 경상북도 慶州市 城乾 洞 西川 옆에 있다. 현재 집들이 들어선 사이에 당간지주만이 남아 있으며, 주 춧돌이나 다른 석조 유물들은 집 사이에 파묻혀 있다. [史] 卷11 新羅本紀 憲 康王 9年(883) 2月條에 왕이 三郎寺에 행차하여 문신들에게 詩 한 수씩을 짓 게 하였다고 한다. 이 절의 사적으로 朴居勿이 찬하고 姚克一이 쓴 비문이 있 었는데, 현재 그 파편이 단국대학교 박물관에 소장되어 있다.

13) 彌月 : 달이 찼다는 뜻으로 한 달을 말한다.

14) 南巷寺 : 신라 때 창건된 경주시 경주시 노서동에 있었던 절. 南花寺라고도 한 다. 三郎寺址의 남쪽에 있었다. 절터에는 현재 석불입상 1구가 남아 있다.

(十一面圓通像)15)이 그려진 탱화 앞에 있었다.16)

　어느 날 [경흥이] 왕궁에 들어가려고 하니 시종하는 사람이 동문 밖에서 먼저 채비를 차렸는데, 말이며 안장이 매우 훌륭하고 신과 갓도 제대로 갖춰져 늘어섰으므로 행인들이 그를 위하여 길을 비켜주었다. [이때] 한 거사〈또는 사문(沙門)이라고도 한다.〉가 볼 꼴 없는 모습으로 손에는 지팡이를 짚고 등에는 광주리를 메고 와서 하마대(下馬臺)17) 위에서 쉬고 있었는데, 광주리 속을 보니 마른 물고기가 있었다. 시종하는 이가 그를 꾸짖어 말하기를, "너는 중의 옷을 입고서 어찌 더러운 물건을 지고 있느냐?"고 하였다. 스님이 말하기를, "두 다리 사이에 살아 있는 고기를 끼고 있는 것보다는 차라리 등에다가 3시(三市)18)의 마른 물고기19)를 지는 것이 무슨 허물이 되겠는가?"라고 하고 말을 마치고는 일어나 가버렸다.

　경흥은 막 문을 나오려다가 그 말을 듣고는 사람을 시켜 그를 좇게

---

15) 十一面圓通像 : 11面觀音菩薩像. 관음보살에 대해서는 [遺] 卷3 南白月二聖 努肹夫得 怛怛朴朴條 주석 36) 참조. 11면 관음이기 때문에 본문에는 11가지 모습의 여승으로 등장하였으며, 그것은 밀교의 영향을 받았다(李法鎭, 「密敎와 觀音信仰」, 『法施』통권 159호, 1978, p.57).

16) 住三郎寺…在幀畵十一面圓通像前 : 같은 내용의 설화가 『法華靈驗傳』卷下 19葉左에 「新羅憬興國師 住京師三郞寺 病久不廖 有一尼請看 門人引視之 尼曰 師雖悟大法 合四大爲身 豈能無病 病有四種 從四大生 一曰身病 風黃痰熱爲主 二曰心病 顚狂昏亂爲主 三曰客病 刀杖斫傷 動作過勞爲主 四曰俱有病 飢渴寒暑 苦樂憂曺爲主 其餘品類展轉相因 一大不調 百病俱起 今師之病 非藥石所療 若觀戲謔 事則理矣 於是作卄一樣面而舞之 師視詭譎之態 頗歡悅不知病之去也 尼出 師使蹟之 入南花寺佛殿而隱 其所持竹杖 在十一面觀音像前」이라고 나와 있다.

17) 下馬臺 : 말을 타고 내릴 때 발돋움으로 쓰기 위해 대문 앞에 놓은 돌.

18) 三市 : 大市·朝市·夕市를 말한 것이니, 시장을 의미한다.

19) 枯魚 : 『莊子』外物篇의 「枯魚之肆」라는 고사에서 유래하였다.

했더니, 남산(南山) 문수사(文殊寺)20)의 문 밖에 이르러 광주리를 던져 버리고 사라졌는데, 지팡이는 문수상(文殊像) 앞에 있고 마른 물고기는 소나무 껍질이었다. 심부름한 사람이 돌아와서 알리니, 경흥은 이를 듣고 탄식하여 말하기를, "대성(大聖)이 오셔서 내가 말타는 것을 경계하였구나"고 하고 죽을 때까지 다시는 말을 타지 않았다.

경흥의 아름다운 덕행과 남긴 사적은 석(釋) 현본(玄本)이 지은 삼랑사비(三郎寺碑)21)에 자세히 실려 있다. 일찍이 『보현장경(普賢章經)』22)을 보니 미륵보살(彌勒菩薩)이 말하기를,23) "나는 내세에서는 염부제(閻浮提)24)에 태어나서 석가의 말법(末法)25)제자들을 먼저 제도할 것인데, 오직 말 탄 비구는 제외하여 부처를 보지 못하게 할 것이다"고 하였으니 경계하지 않을 수 있겠는가?

찬한다.

---

20) 文殊寺 : 경상북도 慶州市 南山에 있었던 절. 여기 외에 달리 알려져 있지 않다.
21) 釋玄本所撰三郎寺碑 : [史] 卷28 百濟本紀 義慈王條 史論에 「然而又聞 新羅人自以小昊金天氏之後 故姓金氏〈見新羅國子博士薛因宣撰金庾信碑 及朴居勿撰 姚克一書三郎寺碑文〉이라고 하였다. 본문의 三郎寺碑가 朴居勿이 찬술하고 姚克一이 글씨를 쓴 비와 같은 것인지는 알 수 없다. 같은 비라면 釋 玄本의 俗名은 朴居勿이 된다. 단국대학교박물관에 이 비의 파편이 소장되어 있다.
22) 普賢章經 : 唐의 澄觀이 찬술한 『華嚴經』의 行願品疏를 말한다.
23) 彌勒菩薩言 : 彌勒菩薩에 대해서는 [遺] 卷3 塔像 彌勒仙花 未尸郎 眞慈師條 참조. 憬興에게 騎馬比丘에 대한 깨우침을 준 것은 文殊菩薩인데, 一然은 『普賢章經』에서 미륵보살의 말을 인용하여 경계하고 있다. 在家者나 出家者를 막론한 불교의 일반적인 계율은 『梵網經』에 나와 있으나, 菩薩이 지켜가야 할 엄격한 계율은 瑜伽菩薩戒이다. 유가보살계의 說主는 彌勒이다.
24) 閻浮提 : 須彌山을 기준으로 한 四大洲 가운데 하나로 남쪽에 위치하고 있다. 원래는 히말라야산의 남쪽인 南印度를 말하는 것이나, 후에는 인간이 거주하는 전세계를 가리키는 말로 의미가 확대되었다.
25) 末法 : 부처가 세상을 떠난 뒤 오래되어 敎法이 쇠퇴한 시기를 말한다.

옛 성현의 남긴 교훈의 뜻은 더욱 많았는데

어찌하여 뒷사람들은 닦지[26] 않는가

마른 고기를 등에 지는 것은 오히려 괜찮으나

훗날에 용화(龍華)[27]를 저버릴 일은 어찌 감당하겠는가

---

26) 切瑳 : 부지런히 학문이나 도덕을 닦는다는 뜻.

27) 龍華 : 龍華樹. 그 아래에서 미륵이 3회 설법을 행한다고 한다. 彌勒菩薩은 불
   멸 후 56억 7천만 년 후에 龍華樹 아래에서 성불한 후 3회에 걸친 설법을 통해
   서 미래의 중생들을 구제한다.

119. 眞身受供

長壽元年壬辰 孝昭卽位 始創望德寺 將以奉福唐室 後景德王十四年 望德寺塔戰動 是年有安史之亂 羅人云 爲唐室立玆寺 宜其應也

六[1]年丁酉 設落成會 王親駕辦供 有一比丘 儀彩[2] 疎[3]陋 局束 立於庭 請曰 貧道亦望齋 王許赴床杪 將罷 王戲調之曰 住錫[4]何所 僧曰琵琶嵓 王曰 此去莫向人言 赴[5]國王親供之齋 僧笑答[6]曰 陛下亦莫與人言 供養眞身釋迦 言訖 湧身凌[7]空 向南而行

王驚愧 馳上東岡[8] 向方遙禮 使往尋之 到南山參星谷 或云大磧川源[9]石上 置錫鉢而隱 使來復命 遂創釋迦寺於琵琶嵓下 創佛無寺[10]於滅影處 分置錫鉢焉 二寺至今存 錫鉢亡矣

---

1) 六 : [正][品][斗][浩][六] 八. '六'이 옳다.

2) 彩 : [浩] 形.

3) 疎 : [正] 踈(疎의 와자).

4) 錫 : [正][浩][六] 錫. [品][斗] 錫.

5) 赴 : [浩][六] 受.

6) 答 : [正] 荅. [品][斗][浩][六] 答.

7) 凌 : [正] 淩. [鶴][品][斗][浩][六] 凌.

8) 岡 : [正] 罔. [品][斗][浩][六][民] 岡.

9) 或云大磧川源 : [正][品][斗][浩][六]에는 본문으로 기재되어 있으나, [民]은 세주로 보았다.

10) 寺 : [正][六] 事. [順] 寺(가필). [品][斗][浩][民] 寺.

智論第十四11)云 昔有罽賓三藏 行阿蘭若法 至一王寺 寺設大會
守門人見其衣服麤12)弊 遮門不前 如是數數 以衣弊故 每不得前 便
作方13)便 假借好衣而來 門人見之 聽前不禁 旣獲詣坐 得種種好
食 先以與衣 衆人問言何以爾乎 答14)曰 我比數來每不得入 今以
衣故得此座 得種種食 宜以與衣爾 事可同按

讚曰 燃香擇佛看新繪 辦供齋僧喚舊知 從此琵琶崑上月 時時雲
掩到潭遲

부처의 산 형체가 공양을 받다

장수(長壽)[1] 원년 임진(壬辰, 692)에 효소왕[孝昭][2]이 왕위에 올
라 처음으로 망덕사(望德寺)[3]를 창건하여 당(唐)나라 황실의 복을
받들고자 하였다. 후에 경덕왕(景德王)[4] 14년(755)에 망덕사탑이 흔
들리더니 이 해에 안사의 난[安史之亂][5]이 있었다. [이에] 신라 사람

---

1) 長壽 : 중국 周 則天武后 때의 연호(692-694).
2) 孝昭 : 孝昭王. 신라의 제32대 왕. 재위 692-702. [遺] 卷2 紀異 孝昭王代 竹
 旨郎條 참조. [史] 卷8 新羅本紀 孝昭王條 말미에 「『唐書』에는 長安 2년 壬
 寅年(702)에 사망하였다. 다른 모든 『古記』에는 임인년(702) 7월 27일에 죽었
 다고 하였는데, 『通鑑』에는 장안 3년 계묘년(703)에 죽었다고 하였다. 『通鑑』
 이 틀렸다」는 기사가 있다.
3) 望德寺 : 경상북도 경주시 배반동에 있던 절. 신라 孝昭王 원년(692)에 唐 황
 실의 복을 빌기 위하여 창건하였다. 현재 절터 7352평에 2기의 목탑지·금당
 지·강당지·회랑지·중문지·당간지주(보물 제69호) 등이 남아 있다.
4) 景德王 : 신라의 제35대 왕. 재위 742-765. [遺] 卷2 紀異 景德王 忠談師 表
 訓大德條 참조.
5) 安史之亂 : 중국 唐 玄宗 때 安祿山과 史思明이 일으킨 반란(755-763). 난의
 직접적인 원인은 변경의 節度使인 안록산과 재상인 楊國忠의 권세싸움에서
 비롯되었다. 756년 안록산이 長安을 점령하자 현종은 四川으로 피란도중 陝西
 省 興平縣 馬嵬驛에 이르렀다. 이때 군대가 책임자의 처벌을 요구하니, 현종
 은 양국충과 그의 누이 楊貴妃를 군에 인계하게 되었고 결국 그들은 살해되었
 다. 757년에 안록산이 죽자 河北지방을 점령하고 있던 사사명이 范陽을 근거
 로 자립하였으나, 사사명이 761년 그의 아들 史朝義에게 살해되고, 또 그의 아
 들은 763년 범양절도사 李懷山에게 살해되자 대란은 막을 내리게 되었다. 당
 나라는 이 반란 이후 均田制를 개혁하여 戶稅·地稅法으로 이행하게 되었다.
 이로 인해 중국의 전제정치는 양분되었다.(『アジア歷史事典』 1, 平凡社, 1959,
 p.139)

들이 말하기를, "당나라 황실을 위하여 이 절을 세웠으니 그 감응은 마땅하다"고 하였다.

6년 정유(丁酉)6)에 낙성회(落成會)를 열어 [효소]왕이 친히 가서 공양하였다. 비구승 하나가 모습이 누추하였는데, 뜰에 서서 몸을 굽혀 청하여 말하기를, "소승도 재(齋)7)에 참가하기를 바랍니다"고 하니, 왕이 허락하여 말석[床杪]에 나아갔다. [재가] 파하려 할 때 왕이 희롱하고 비웃으며 말하기를, "어디에 사는고?"라고 하니, 승이 말하기를, "비파암(琵琶嵓)8)입니다"고 하였다.

왕이 말하기를, "지금 가거든 사람들에게 국왕이 친히 공양드리는 재에 갔었다고 말하지 말라"고 하니, 승이 웃으면서 대답하기를, "폐하께서도 사람들에게 진신석가(眞身釋迦)를 공양하였다고 말씀하지 마십시오"라고 하고, 말을 마치자 몸을 솟구쳐 공중에 떠서 남쪽을 향해 갔다.

왕은 놀랍고 부끄러워 동쪽 산9)으로 달려 올라가서 [그가 간] 방향에 대고 멀리서 절을 올리고, 사람을 시켜서 그를 찾게 하니, [그는]

---

6) 六年丁酉 : [正]에는 「八年丁酉」로 되어 있으나, 孝昭王 8년은 己亥年(699)이고, 丁酉年은 효소왕 6년(697)이다. 또 景德王 8년은 己丑年이고, 丁酉年은 경덕왕 16년이다. 아마도 이 기사는 '孝昭王六年丁酉'의 잘못이 아닌가 생각된다. [品]에서는 경덕왕 16년 정유로 보고, 그 근거로 2년 전의 '塔戰動'으로 파손된 탑을 수리하고 낙성회를 가진 것으로 해석하였다([品] 下之三, p.76).

7) 齋 : Uposadha의 漢譯. 烏逋沙他로 음역한다. 본래의 뜻은 身·口·意의 3가지의 행위를 정제하여 악업을 짓지 않는 일. 또는 일정한 날에 계율을 지키는 일. 요즘은 부처님께 공양하는 것, 법회 때 음식을 대접하는 일, 성대히 불공드리는 일, 죽은 이를 위하여 천도하는 일 등을 가리킨다.

8) 琵琶嵓 : 경상북도 慶州市 內南面 茸長里 琵琶계곡의 상류에 있었다는 嵓([品] 下之三, p.77).

9) 東岡 : 동쪽의 산. 여기서는 望德寺의 동쪽산이므로 狼山을 가리킨다.

남산(南山) 삼성곡(參星谷)10) 혹은 대적천원(大磧川源)에 이르러 바위 위에 지팡이와 바리때를 놓고 숨어버렸다.

사자가 와서 복명하니 [왕은] 드디어 비파암 아래에 석가사(釋迦寺)11)를 세우고, [그의] 자취가 없어진 곳에 불무사(佛無寺)12)를 세워 지팡이와 바리때를 나누어 두었다. 두 절은 지금도 남아 있으나 지팡이와 바리때는 없어졌다.

『지론(智論)』 제14 13)에 다음과 같이 말하였다.

「옛날의 계빈(罽賓)14)나라의 삼장(三藏)15)이 아란야법(阿蘭若法)16)을 행하여 일왕사(一王寺)에 이르렀더니, 절에서는 큰 모임이 열리고 있었다. 문지기가 그의 옷이 남루함을 보고 문을 막고 앞으로 가지 못하게 하였다. 이렇게 하기를 여러 번 했으나, 누추한 옷으로 인해 매번 앞으로 갈 수 없었다. 문득 방편을 써서 좋은 옷을 빌려 입고 왔더니 문지기가 보고 앞으로 가는 것을 막지 않았다. 이미 좌석에 나아가 갖가지의 좋은 음식을 얻어 먼저 옷에게 주니, 여러 사람들이 묻기를, "어찌하여 그렇게 합니까?"라고 하였다. [이에 법사가] 대답하기를,

---

10) 南山參星谷 : 경상북도 慶州市 內南面 茸長里 琵琶溪의 다른 이름([品] 下之 三, p.77).

11) 釋迦寺 : 경상북도 慶州市 內南面 茸長里 琵琶溪에 있던 절. 孝昭王 6년에 창건되었고 석탑이 남아 있다.(耘虛龍夏,『佛敎辭典』, 동국역경원, 1961, p.447)

12) 佛無寺 : 경상북도 慶州市 南山洞 南山에 있던 절. 孝昭王 6년에 창건되었다. 지금도 근래에 지은 佛無寺가 있다.

13) 智論第十四 : 智論은『大智度論』의 준말. 100권. 龍樹菩薩 지음. 鳩摩羅什 역. [正]에는「智論第四」로 되어 있으나,『大智度論』에는 제4가 아닌 제14에 나온다. 즉, '十'자가 누락되었다.

14) 罽賓 : 고대 인도 북부지방에 있던 나라이름. 지금의 kaśimīra 지방.([斗], p.438)

15) 三藏 : 經・律・論에 정통한 스님.

16) 阿蘭若法 : 阿蘭若는 삼림, 즉 수행승이 수행하는 장소인 사원을 말한다. 阿蘭若法은 阿蘭若에서 행하는 불법 또는 의식을 의미한다.

"내가 여러 번 왔으나 매번 들어가지 못하였는데, 지금 [이] 옷으로 인해 이 자리를 얻고 갖가지 음식을 얻게 되었으니 마땅히 [이] 옷에 게 주어야 할 것이오"라고 하였다. [아마도] 가히 살필 만한 일이다.」

찬한다.

향을 태우고 부처님을 택하여 새 불화를 보았으며
공양을 올리니 승은 옛 친구를 불렀도다
이 때부터 비파암 위에 뜨는 달은
때때로 구름에 가려 연못에 이르기가 늦는구나

120. 月明師兜率¹⁾歌

景德王十九年庚子四月朔 二日幷現 挾²⁾旬不滅 日官奏 請緣僧 作散花功德 則可禳³⁾ 於是潔壇於朝元殿 駕幸靑陽樓 望緣僧

時有月明師行于阡陌 時之南路 王使召之 命開壇作啓 明奏云 臣 僧但屬於國仙之徒 只解鄕歌 不閑聲梵⁴⁾ 王曰 旣卜緣僧 雖用鄕 歌可也 明乃作兜率歌賦之 其詞曰 今日此矣散花唱良 巴寶白乎隱 花良汝隱 直等隱心音矣命叱使以惡只 彌勒座主陪立羅良 解曰 龍 樓此日散花歌 挑⁵⁾送靑雲一片花 殷重直心之所使 遠邀兜率⁶⁾大僊 家

今俗謂此爲散花歌 誤矣 宜云兜率⁷⁾歌 別有散花歌 文多不載

旣而日怪卽滅 王嘉之 賜品茶一襲 水精念珠百八箇 忽有一童子 儀形鮮潔 跪奉茶珠 從殿西小門而出 明謂是內宮之使 王謂師之從 者 及互⁸⁾徵而俱非 王甚異之 使人追之 童入內院塔中而隱 茶珠

---

1) 率 : [正][晩][鶴] 宰. [品][斗][浩][六] 率.
2) 挾 : [浩][民][東] 浹.
3) 禳 : [正][晩][順][鶴] 禳. [品][斗][浩][六][民] 禳.
4) 聲梵 : [浩] 梵聲.
5) 挑 : [品][斗][鶴][會][東] 桃.
6) 率 : 주 1)과 같음.
7) 率 : 주 1)과 같음.
8) 互 : [正][品][斗][六] 玄. [浩][民] 互.

在南壁畫慈氏像前 知明之至德與至誠 能昭假于至聖也如此 朝野莫不聞知 王益敬之 更贈絹一百疋 以表鴻誠

明又嘗爲亡妹營齋9) 作鄕歌祭之 忽有驚颷吹紙錢 飛擧向西而沒

歌曰 生死路隱 此矣有阿米次肹伊遣 吾隱去內如辭叱都 毛如云遣去內尼叱古 於內秋察早隱風未 此矣彼矣浮良落尸葉如 一等隱枝良出古 去奴隱處毛冬乎丁 阿也 彌陁刹良逢乎吾 道修良待是古如

明常居四天王寺 善吹笛 嘗月夜吹過門前大路 月馭爲之停輪 因名其路曰10)月明里 師亦以是著名 師卽能俊大師之門人也 羅人尙鄕歌者尙矣 蓋詩頌之類歟 故往往能感動天地鬼神者非一

讚曰 風送飛錢資逝妹 笛搖明月住姮娥 莫言兜率11)連天遠 萬德花迎一曲歌

---

9) 齋 : [正][晩][民][鶴] 齊. [順] 齋(가필). [品][斗][浩][六][民] 齋.
10) 曰 : [正][晩][鶴] 日. [品][斗][浩][六][民] 曰.
11) 率 : 주 1)과 같음.

월명스님의 도솔가

경덕왕(景德王)[1] 19년 경자(更子, 760) 4월 초하룻날에 두 해가 나란히 나타나 열흘 동안 사라지지 않았다.[2] 일관(日官)이 아뢰기를, "인연 있는 중을 청하여 산화공덕(散花功德)[3]을 드리면 [그 재변을] 물리칠 수 있을 것입니다"고 하였다. 이에 조원전(朝元殿)에 단(壇)

---

1) 景德王 : 신라의 제35대 왕. 재위 742-765. [遺] 卷2 紀異 景德王 忠談師 表訓大德條 참조.

2) 景德王十九年…挾旬不滅 : [史] 卷9 新羅本紀 景德王 19年 4月條에는 「侍中廉相이 물러나고, 伊飡 金邕이 侍中이 되었다」는 기사밖에 없다. 다만 景德王 20年 春正月 朔에 「무지개가 해를 꿰었고, 해에 해무리가 있었다」고 했고, 같은 해 4월에 「彗星이 나타났다」는 기록을 볼 수 있다. 혹 '해에 해무리가 있었다(日有珥)'와 같은 현상을 두고 '二日幷現'으로 말한 것이 아닌가 의심도 된다. 그러나 같은 사건의 다른 표현이라고 하더라도 여기에는 1년의 相隔이 있다. 따라서 '두 해가 나타났다'는 기록의 확증은 잡을 수 없다. [史]에는 惠恭王 2年 春正月에 '二日幷出' 하였고(卷9 新羅本紀), 文聖王 7年 12月 朔에 '三日幷出'한 사실(卷11 新羅本紀)을 기술하고 있다.

3) 散花功德 : '散花'는 '散華'라고도 하며, 四箇法要(梵唄・散花・梵音・錫杖)의 하나로, 勸請 또는 讚嘆을 위해 종이로 만든 꽃송이를 佛前에 흩뿌리며 頌하는 梵唄를 말한다. 이 散華梵唄는 앞에 「願我在道場 香花供養佛」의 2구가 오고, 끝에 「願以此功德 普及於一切 我等與衆生 皆共成佛道 香花供養佛」의 廻向句를 쓰고, 중간의 글은 本尊에 따라 서로 다르게 불렀다. 散花에는 生花를 쓰는 경우가 없지 않으나, 통상은 연꽃송이모양으로 오린 종이를 쓴다. 散花에는 次第散華와 行道散華 두 가지가 있는데, 月明師의 散花를 次第散華로 본 견해(徐首生)가 있으나, 어느 편이라는 확증은 잡을 수 없다. 월명사는 산화공덕의 자리에서 아마도 散華頭가 되어 산화가를 선창하였을 것이며, 여러 職衆이 이를 따라 부르며 散花했을 것으로 믿어진다.(黃浿江, 「兜率歌 硏究」, 『新羅文化』 6, 1989, pp.9-10 참조)

을 깨끗이 만들고,4) [왕은] 청양루(靑陽樓)에 행차하여 인연 있는 중
을 바랬다.

　그때 월명(月明)스님이 밭둑을 걷다가 마침 남쪽 길을 가고 있었
다. 왕은 사람을 시켜 그를 불러와 단을 열고 계문[啓]을 짓게 하였다.
월명이 [왕께] 아뢰기를, "신승(臣僧)은 그저 국선(國仙)의 무리에
속해 있어서 향가(鄕歌)만 알 뿐 성범(聲梵)5)에는 익숙하지 못합니
다"고 하였다. 왕이 말하기를, "이미 인연 있는 중으로 점지되었으니
비록 향가를 쓰더라도 좋소"라고 하였다. 월명은 이에 도솔가(兜率
歌)6)를 지어 읊었다. 그 가사는 다음과 같다.

　　　오늘 이에 산화가[散花] 불러7)

　　　뿌리온 꽃이여, 너는

　　　곧은 마음이 명하이시니

　　　미륵좌주(彌勒座主)8) 모시어라

---

　4) 潔壇於朝元殿 : '壇'은 梵語로 Maṇḍala, 曼茶羅라고 한다. 불상을 그리거나
　　　안치하고, 供物을 놓기도 한다. 구조와 용도에 따라 大壇·小壇·三昧耶戒
　　　壇·護摩壇·神供壇·密壇·箱壇·供壇·木壇·土壇·水壇 등이 있다. 수법
　　　의 종류에 따라 단의 형상도 다르다. 息災法은 白色圓壇, 增益法은 黃色方壇,
　　　敬愛法은 赤色蓮花壇, 調伏法은 靑黑色三角壇을 사용한다. 大壇은 보통 方
　　　壇, 圓壇이다. 단은 밀교의식에서 佛像·供物·供具 등을 놓는데 사용하였
　　　다.(『密敎大辭典』 참조)
　5) 聲梵 : 梵聲. 佛 菩薩의 음성이나 經 읽는 소리를 말한다. 여기서는 梵唄를 가
　　　리킨다.
　6) 兜率歌 : 兜率은 梵語 Tusita를 음역한 말. 欲界 6天 가운데 第4天에 해당하
　　　는 욕계로서 地上 32萬由旬의 위치에 있는 彌勒菩薩의 生處인 淨土이다.
　7) 散花唱良 : '散花'는 散花歌, '唱良'은 鄕札로, '불러'에 해당하는 新羅語를 표
　　　기한 것이다.
　8) 彌勒座主 : 彌勒菩薩. 釋尊의 제자가 되었으나, 석존에 앞서 입멸하여 天界의

이를 풀이하면 다음과 같다.

　　용루(龍樓)9)에서 오늘 산화가(散花歌)를 불러

　　청운에 한 조각 꽃을 뿌려 보낸다

　　은중한 곧은 마음이 시키는 바이니

　　멀리 도솔천의 부처님10) 맞으시라11)

　지금 세속에서는 이것을 산화가12)라고 하나 잘못이다. 마땅히 도솔
가라고 해야 할 것이다. 산화가는 따로 있는데, 글이 번다하여 싣지

　　兜率天에 났다. 도솔천은 Tusita의 音寫로 六欲天의 第四天이다. 석존도 閻浮
　　提 降生 이전에는 도솔천에 있었고, 彌勒은 補處의 菩薩로서 현재 兜率의 內
　　院에 있으면서 天人을 위해 설법하고 있다. 人壽 8만 세, 석존 멸후 56억 7천
　　만 년이 되는 때에 다시 이 세상에 하생하여 龍華樹 아래에서 성불한다. 그리
　　고 나서 3회에 걸쳐 설법하여 석존의 설법에 누락된 중생을 제도한다. 이와 같
　　이 來生에서 석존의 '자리'(處·地位)를 세워 佛位를 계승하므로 '一生 補處
　　의 菩薩'이라고도 하고, '彌勒佛'이라고 한다.(『佛說觀彌勒菩薩上生兜率天經』,
　　『佛說彌勒下生成佛經』 참조)

　9) 龍樓 : 漢代 太子의 宮門名이었는데, 太子의 宮殿을 가리키게 되었다. 여기서
　　는 宮殿을 가리킨다. 「帝爲太子…初居桂宮 上嘗急召 太子出龍樓門 不敢絶馳
　　道」(注) 「張晏曰 門樓上 有銅龍 若白鶴飛廉之爲名也」(『漢書』 成帝紀).

10) 兜率大僊家 : 兜率天에 있는 彌勒菩薩. '大僊'은 부처를 가리킨다.

11) 其詞曰…解曰 : 遠邀兜率大僊家 : 兜率歌의 내용은 신라 땅에 彌勒菩薩을 맞
　　이함으로써 일체의 災殃으로부터 자유로운 이상국가─龍華國土를 이루어, 그
　　결과로서 二日幷現이라는 日怪를 물리치게 되리라는 확신을 노래에서 읽을 수
　　있다.

12) 散花歌 : 月明의 '散花功德'의 자리에서 부른 노래는 '兜率歌'만은 아니었던
　　것 같다. 장편의 '散花歌'도 불렸다. [遺] 찬자가 '散花歌'의 가사를 싣지 않은
　　이유로 '文多'의 조건을 든 것으로 보아 이 노래는 이른바 '10구체'보다도 긴 노
　　래(長歌)였던 것으로 짐작된다. 그리고 찬자는 '文多'의 조건 외에는 '兜率歌'
　　와 별다른 구별을 세우고 있지 않는 것으로 보아 이 역시 梵唄나 漢讚류가 아
　　닌 향가-장편의 향가였던 것으로 짐작된다.(黃浿江, 앞의 논문, p.7 참조)

않는다.

　이 일이 있고 나서 해에 나타난 변괴는 곧 사라졌다.13) 왕은 이를
가상히 여겨 품다(品茶)14) 한 봉과 수정15) 염주 108개를 내려주었다.
문득 외양이 곱고 깨끗한 한 동자가 나타나 차와 염주를 공손히 받아
들고 궁전 서쪽 작은 문으로 나갔다. 월명은 이를 내궁(內宮)의 사자
로 여겼고, 왕은 스님의 종자(從者)로 여겼으나, 서로 알아보니 모두
그렇지 않았다. 왕은 매우 이상히 여겨 사람을 시켜 이를 좇게 하였더
니, 동자는 내원(內院)의 탑 안으로 들어가 숨어버리고 차와 염주는
남쪽 벽화 미륵상[慈氏像] 앞에 있었다.16) 월명의 지극한 덕과 정성
이 이와 같이 지성을 감동시킬 수 있음을 알았다. 조정과 민간에서

---

13) 旣而日怪卽滅 : 月明師가 開壇作啓함으로써 日怪가 즉시 멸하였다. [史]에는
　　「金庾信이 北漢山城에서 적에게 포위당하고 매우 어려운 처지에 있을 때 佛寺
　　에 設壇하고 祈禱함으로써 天變이 일어나 난국을 벗어났고」([史] 卷42 列傳
　　金庾信條(中) 참조)로, [遺]에는 「漢山城의 신라군이 고구려ㆍ말갈 두 나라
　　군사에게 포위되어 위태로울 때 金庾信이 星浮山에 設壇하고 神術을 행하여
　　적군을 패주케 하였다」([遺] 卷1 紀異 太宗春秋公條)로 기술되어 있다. 雜密
　　的 능력이 뛰어났던 密本과 교분이 두터웠던 김유신의 設壇祈禱도 밀교의식과
　　관련이 있을 것으로 보는 견해도 있다.(李姸淑,「兜率歌 硏究」,『국어국문학』
　　119, 1997, pp.137-138 참조)
14) 品茶 : 茶를 품평하는 것(『四庫提要』子, 譜錄類, 品茶要錄 참조)을 말하나,
　　여기서는 上品의 茶를 가리킨다.
15) 水精 : Sphatika. 塞頗胝迦로 음역하고, 水玉으로 번역된다. 水晶, 英水石을
　　가리킨다.
16) 茶珠在南壁畵慈氏像前 : 이로 미루어 茶珠를 받아서 內院으로 들어간 童子는
　　벽화 안의 彌勒像이었음을 알 수 있다. 畵像의 실체화는 이른바 주술원리의 類
　　感呪術(homoeopathic magic)로 볼 수 있다.(J. Frazer, The Golden Bough,
　　abridged edition in one volume, London, 1959, pp.12-37 참조) 四天王寺의 벽
　　화 안의 개가 울음을 울고, 또 뜰 가운데 나와 뛰어다니다가 다시 벽화 속으로
　　들어간 사례도 있다.([遺] 卷2 紀異 景明王條) 그러나 이것은 國亡의 凶兆였
　　다.

[이 일을] 모르는 이가 없었다. 왕은 더욱 그를 공경하여 다시 명주 1백 필을 선사하여 그의 큰 정성을 표창하였다.

월명은 또 일찍이 죽은 누이동생을 위하여 재를 올리고 향가를 지어 제사를 지냈더니, 문득 회오리바람이 일어나 지전(紙錢)17)이 날려 서쪽 방향으로 사라져버렸다. 노래는 다음과 같다.

> 생사의 길은
> 예 있으매 저어하고
> 나는 간다 말도 못다 이르고 갑니까
> 어느 가을 이른 바람에
> 이에 저에 떨어질 잎인양
> 한 가지에 나고 가는 곳 모르온져
> 아아, 미타찰(彌陁刹)에서 만날 나
> 도 닦아 기다리겠노라18)19)

---

17) 紙錢 : 送葬에 鬼神을 享祀하기 위해 만들던 종이 돈. 보통은 관 안에 넣는 돈 모양으로 자른 종이를 말한다. 옛날에 중국에서는 圭璧幣帛을 사용했고, 漢代에는 錢을 썼고, 일을 마치면 땅에 묻었다. 魏晋 이래로 비로소 紙錢을 쓰게 되었는데, 일이 끝나면 태워버렸다. 우리 민속에서도 종이를 돈모양으로 둥글게 오려 만든 것을 紙錢(넋전)이라고 하여, 죽은 사람을 위해 저승으로 가는 길에 노자로 쓰라는 뜻으로 관 속에 넣어 주었다.

18) 彌陁刹良逢乎吾 道修良待是古如 : '彌陁刹애 맛보올 나 道 닷가 기드리고다'로 해독된다. '彌陀刹'은 彌陀淨土로, 阿彌陀如來가 教主로 있는 西方極樂世界를 말한다. 阿彌陀如來가 과거 無數劫에 法藏比丘로 菩薩의 수행을 하고 있을 때 世自在王佛 밑에서 210억의 佛國土를 익히고, 5劫 동안을 사색하여 자국을 장엄하게 할 18願을 세우고, 수행함으로써 10劫 전에 願成就하여 阿彌陀佛이 되어 娑婆世界로부터 10만억 土를 지난 西方世界에서 지금도 설법을 하고 있다고 한다. 그가 세운 48願 가운데 第18願은 중생이 아미타불의 이름을 부르는 것으로, 곧 극락세계에 왕생하나, 다만 5逆罪를 범한 자와 誹謗正法한

월명은 항상 사천왕사(四天王寺)에 살면서[20] 피리를 잘 불었다. 일찍이 달밤에 피리를 불면서 대문 앞 큰 길을 지나가니 달이 그로 인해

자를 제외한다고 誓言하고 있다.(『佛說無量壽經』 卷上 참조) 彌陀淨土 왕생은 5역죄나 비방정법의 죄만 범하지 않았다면 '아미타불'의 名號만 불러도 가능하다고 하겠다. '道 닦아 기다리겠노라'고 한 '道 닦는 일'은 지성으로 '아미타불'의 명호를 부르는 것으로도 된다고 하겠다. 『法華經』에 설하기를, 末法에 여인이 『法華經』을 듣고, 그 가르침과 같이 수행하면 아미타불의 淨土에 왕생한다고 하였다. 이와 같은 여인의 성불은 『法華經』에 한정되어 있다. 그 이전의 불경에서는 '女人不成佛'을 설함으로써 여인의 성불을 인정하지 않았다. 法藏比丘(阿彌陀佛의 因位)의 48願 가운데 第35願에는 '설사 내가 부처가 될 수 있을지라도 十方의 無量, 不可思議의 諸佛世界에 女人이 있어 나의 名字를 듣고, 歡喜信樂하여 菩提心을 발하여 女身을 厭惡하였으되, (그가) 목숨 다한 뒤에 다시 女像으로 된다면 正覺을 취하지 않으리라'고 하였다. 彌陀淨土는 여인이 女身을 厭惡하고 女像을 벗어나 성불하는데 대한 확신을 주는 정토이다. 月明과 亡妹가 '彌陀刹에서 만날 날'을 기다리며 (월명이) 수행하겠다고 한 것은 아미타불의 서원으로 보아 희망적이라고 하겠다. 미타정토는 여인이 정법(『法華經』)을 듣고 가르침대로 수행하기만 한다면 능히 왕생할 수 있는 정토이기 때문이다. 亡妹의 信心의 정도와 수행의 내용은 밝혀져 있지 않으나, 본가의 문면으로 보아 월명 자신 망매의 미타정토 왕생을 확신하고 있었던 것은 의심의 여지가 없다. 망매는 정법을 듣고 그대로 수행했던 여인으로 보인다.

19) 生死路隱…待是古如 : 가을에 떨어지는 낙엽에 의탁하여 인간 존재의 허무를 깊이 있게 표현하였다. 그러나 허무를 노래하는 것으로 마치지 않고, 미타정토 왕생에 대한 지고한 이상을 결구에서 노래함으로써 허무를 지양하고, 높이 승화한 정신세계를 그렸다. 그럼으로써 궁극적인 인간의 운명을 희망적으로 제시하였다. 彌陀淨土는 正法을 수행한 여인이 왕생할 수 있는 정토이며, 月明이 죽은 누이동생의 미타정토 왕생을 굳게 믿고 있음으로 보아 그의 누이동생은 생전에 정법을 수행한 信心이 깊은 여인이었던 것 같다. 따라서 현세에 남은 월명만 수도를 게을리 않는다면 이들 남매의 미타정토에서의 상봉은 희망적이 아닐 수 없다고 하겠다.

20) 明常居四天寺 : 月明師가 常居한 四天王寺는 당초 明朗이 文豆婁秘密法으로 唐兵을 물리침으로써 세우게 된 神印宗의 사찰이다.([遺] 卷2 紀異 文虎王法敏條 참조) 이로써 미루어 월명사도 신인종의 여러 雜密에 능한 승려였던 것으로 보인다.(金承燦, 「'兜率歌」, 『鄕歌文學論』, pp.301-303 참조)「朗奏曰 狼山之南有神遊林 創四天王寺於其地 開設道場則可矣…後改刱寺 名四天王寺」([遺] 卷2 紀異 文虎王法敏條).「四天王寺 舊在狼山南 文武十九年己卯創建」(『慶州邑誌』 卷3 佛宇條).

걸음을 멈췄다. 이로 인해 그 길을 월명리(月明里)라고 하고, 스님도
이 때문에 유명해졌다. 스님은 능준(能俊)21) 대사의 문인이었다. 신라
사람들이 향가를 숭상한 지는 오래되었다. 대개 시송(詩頌)과 비슷한
것이었던가 한다. 그러므로 때로는 천지귀신을 감동시킨 것이 한 두
가지가 아니었다.

　　찬한다.

　　　바람은 지전을 날려 죽은 누이동생 노자에 보태고
　　　피리소리 저 달을 울려 항아(姮娥)22)의 걸음 멈추었네
　　　하늘 저쪽 도솔천을 멀다 이르지 마오
　　　만덕의 꽃[萬德花]23)으로 맞아 한 곡조 노래하네

21) 能俊 : 月明師의 師僧인 듯하나 자세한 것은 알 수 없다. 여기 외에 나타난 바
　　없다.
22) 姮娥 : 달의 異名. 또 月世界에 있다는 美人의 이름으로, 당초 羿(예)의 처였
　　던 그녀는 羿가 西王母에게 청하여 얻은 不死藥을 훔쳐 먹고 仙人이 되어 달
　　로 도망가 달의 精이 되었다고 한다.(『淮南子』 覽冥訓 참조)
23) 萬德花 : 散花儀式에서 뿌린 꽃의 그지없는 공덕을 '萬德'이라고 칭송한 것이
　　다. 「萬華會 供養一萬之華於佛之法會也」(『佛學大辭典』, p.2317).

121. 善律還生

望德寺僧善律 施錢欲成六百般若 功未周 忽被陰府所追 至冥司
問曰 汝在人間作何業

律曰 貧道暮年欲成大品經 功未就而來 司曰 汝之壽錄雖盡 勝
願未終[1] 宜復人間 畢成寶典 乃放還 途中有一女子 哭泣[2]拜前曰
我亦南閻州新羅人 坐父母陰取金剛寺水田一畝 被冥府追檢 久受
重苦 今師若還古里 告我父母 速還厥田 妾之在世 胡麻油埋於床
下 幷藏緻密布於寢[3]褥間 願師取吾油點佛燈 貨其布爲經幅 則黃
川[4]亦恩 庶幾脫我苦惱矣

律曰 汝[5]家何在 曰 沙梁部久遠寺西南里也 律聞之 方行乃蘇
時律死已十日 葬于南山東麓 在塚中呼三日 牧童聞之 來告於本寺
寺僧歸發塚出之 具說前事 又訪女家 女死隔十五年 油布宛然 律
依其諭作冥福 女來魂報云 賴師之恩 妾已離苦得脫矣

時人聞之 莫不驚感 助成寶典 其經帙[6]今在東都僧司藏中 每年

---

1) 未終：[正][晚][順] □□. [鶴] 未□. [品][民] 未就. [斗][浩][六] 未終.
2) 泣：[正][晚][順][鶴] 泣. [品][斗][浩][六][民] 泣.
3) 寢：[斗] □.
4) 川：[順] 泉(가필). [品][浩][民] 泉.
5) 汝：[斗] 池.
6) 帙：[正][斗][浩][六] 秩. [品] 帙.

春秋 披轉禳災焉

　讚曰　堪羨吾師仗[7]勝緣　魂遊却返舊林泉　爺孃若問兒安否　爲我催還一畝田

---

7) 仗：[正][晚][順][鶴] 仗. [品][斗][浩][六] 仗.

선률이 되살아나다

　망덕사(望德寺)1)의 스님 선률(善律)2)은 보시 받은 돈으로 『6백반
야경[六百般若]』3)을 이루려다가 공이 아직 끝나기 전에 갑자기 저승
[陰府]에 잡혀가서 명사(冥司)4)에게 가니, [그가] 묻기를, "너는 인
간세상에 있으면서 무슨 일을 하였느냐?"고 하였다.

　선률이 말하기를, "빈도(貧道)는 말년에 대품경(大品經)5)을 이루
려다가 공을 아직 이루지 못하고 왔습니다"고 하니, 명사가 말하기를,
"너의 수록(壽錄)6)은 비록 다 되었으나 좋은 발원을 마치지 못했으
니 마땅히 다시 인간세상으로 가 보전(寶典)7)을 마저 이루어라"고

---

1) 望德寺 : 경상북도 경주시 배반동에 있던 신라 神文王 5년(685)에 완공된 절.
　　狼山의 最南端 南川의 北岸에 위치해 있다. 현재 절터에는 당간지주와 3칸의
　　동서목탑지, 금당지, 강당지를 비롯한 초석이 남아 있다.

2) 善律 : 자세하지 않으나 望德寺에 거처했던 것으로 보아 文武王代 이후의 승
　　려로 짐작된다.

3) 六百般若 : 『六百般若經』. 600부 『般若經』을 가리키는 것으로, 곧 중국 唐나
　　라 玄奘이 번역한 『大般若經』 600권을 말한다. 大乘佛教의 實踐德目인 六波
　　羅蜜, 곧 布施, 持戒, 忍辱, 精進, 禪定, 智慧의 내용을 각 100부씩 서술한 불
　　경이다.

4) 冥司 : 冥府의 官司, 곧 冥官과 같은 말이다.

5) 大品經 : 大品般若라고도 한다. 鳩摩羅什이 번역한 『摩訶般若波羅蜜經』을 말
　　한다.

6) 壽錄 : 사람의 수명을 적은 명부.

7) 寶典 : 『般若經』을 말한다.

하고 놓아 돌려보냈다. 도중에 한 여자가 울면서 앞에 와 절하며 말하기를, "나도 또한 남염부주[南閻州][8]의 신라 사람이었는데, 우리 부모가 금강사(金剛寺)[9]의 논 한 묘를 몰래 훔친 죄에 연루되어 명부에 잡혀와서 오랫동안 심한 고통을 받고 있습니다. 지금 스님께서 고향으로 돌아가시거든 우리 부모에게 알리셔서 그 논을 빨리 돌려주도록 해주십시오. 첩이 세상에 있을 때 참기름을 상 밑에 묻어 두었고, 또 곱게 짠 베를 침구 사이에 감춰 두었으니 부디 스님께서는 제 기름을 가져다 불등에 불을 켜고, 그 베를 팔아 경폭(經幅)[10]으로 삼아주시면 황천에서도 은혜를 입어 저의 고뇌를 거의 벗어날 수 있을 것입니다"고 하였다.

선률이 말하기를, "너의 집이 어디에 있느냐?"고 하니, [그가] 말하기를, "사량부(沙梁部)[11] 구원사(久遠寺)[12]의 서남쪽 마을입니다"고 하였다. 선률이 이 말을 듣고 막 가려는데 깨어났다. 이때는 선률이 죽은 지 이미 10일이 되어 남산(南山)의 동쪽 기슭에 장사지냈으므로 무덤 속에서 3일 동안이나 외쳤다. 목동이 이 소리를 듣고 본사(本寺)에 와서 아뢰어 절의 스님들이 가서 무덤을 헤치고 그를 꺼내니 앞의 사실을 자세히 말하였다. 또 그 여자의 집을 찾아가니 여자는 죽은 지

---

8) 南閻州 : 南瞻部洲, 곧 閻浮提(Jambu-dpa)를 말한다. 불교의 우주관에 따르면 우주의 중심에 須彌山이 있고, 이를 중심으로 동서남북 4방에 四洲世界가 있는데, 남쪽에 우리가 살고 있는 세계가 있다고 한다.
9) 金剛寺 : 明朗이 창건한 신라 때의 절. [遺] 卷4 義解 二惠同塵條의 주석 43) 참조.
10) 經幅 : 사경의 자료를 뜻한다.
11) 沙梁部 : 신라 王京의 6部 가운데 하나. [遺] 卷1 紀異 新羅始祖赫居世王條 참조.
12) 久遠寺 : 지금의 위치를 알 수 없다.

15년이 지났으나 기름과 베는 그대로 완연하였다. 선률은 그 여자가 시킨대로 명복을 빌었더니, 여자의 혼이 찾아와 말하기를, "스님의 은 혜를 입어 첩은 이미 고뇌를 벗어났습니다"고 하였다.

그때 사람들이 듣고 놀라고 감탄하지 않은 이가 없어 [그] 보전을 도와 완성하였으니 그 경의 전질13)은 지금 동도(東都)14) 승사장(僧 司藏)15) 안에 있는데, 해마다 봄 가을로 펴서 전독하여 재앙을 물리 친다.

찬한다.

> 부럽다 우리 스님 좋은 인연 힘입어
> 혼이 되살아 옛 고향에 노는구나
> 우리 부모 딸의 안부 묻거든
> 나를 위해 밭 한 묘 빨리 돌려주라 하소서

---

13) 經帙 : [正]에는 經秩로 되어 있으나 經帙이 옳을 것으로 보인다.
14) 東都 : 慶州를 말한다.
15) 僧司藏 : 불교의 장경을 보관하는 서고로 보이나 자세하지 않다.

122. 金現感虎

　　新羅俗　每當仲春　初八至十五日　都人士女　競遶興輪寺之殿塔爲
福會　元聖王代有郎君金現者　夜深獨遶[1]不息　有一處女　念佛隨遶
相感而目送之　遶畢　引入屏處通焉

　　女將還　現從之　女辭拒而强隨之　行至西山之麓　入一茅店　有老
嫗問女曰　附率[2]者何人　女陳其情　嫗曰　雖好事不如無也　然遂事
不可諫也　且藏於密　恐汝弟兄之惡也　把郎而匿之奧　少選[3]有三虎
咆哮而至　作人語曰　家有腥膻之氣　療飢何幸　嫗與女叱曰　爾鼻之
爽乎　何言之狂也　時有天唱　爾輩嗜害物命尤多　宜誅一以懲[4]惡
三獸聞之　皆有憂色　女謂曰　三兄若能遠避而自懲　我能代受其罰　皆
喜俛首妥尾而遁去

　　女入謂郎曰　始吾恥[5]君子之辱臨弊族　故辭禁爾　今旣無隱　敢布
腹心　且賤妾之於郎君　雖曰非類　得陪一夕之歡　義重結褵之好　三
兄之惡　天旣厭[6]之　一家之殃　予欲當之　與其死於等閑人之手　曷

---

1) 遶 : [斗] 處.
2) 率 : [正] 宰. [品][斗][浩][六] 率.
3) 少選 : [正][品] 小遶. [斗][浩][六] 小選. [民] 少選.
4) 懲 : [正][斗][六] 徵. [品][浩] 懲.
5) 恥 : [正][品][斗][六] 耻(恥의 속자). [浩] 恥.
6) 厭 : [正] 猒(厭과 동자). [品][斗][浩][六] 厭.

若伏於郎君刃下 以報之德乎 妾以明日入市爲害劇 則國人無如我
何 大王必募以重爵而捉我矣 君其無㤼 追我乎城北林中 吾將待之
現曰 人交⁷⁾人 彝⁸⁾倫之道 異類而交 蓋非常也 旣得從容 固多天
幸 何可忍賣於伉儷之死 僥倖一世之爵祿乎 女曰 郎君無有此言
今妾之壽夭 蓋天命也 亦吾願也 郎君之慶也 予族之福也 國人之
喜也 一死而五利備 其可違乎 但爲妾創寺 講眞詮 資勝報 則郎君
之惠莫大焉 遂相泣而別

次日果有猛虎入城中 剽甚無敢當 元聖王聞之 申令曰 戡虎者爵
二級 現詣闕奏曰 小臣能之 乃先賜爵以激之 現持短兵 入林中 虎
變爲娘子 熙怡而笑曰 昨夜共郎君繾綣之事 惟君無忽 今日被爪傷
者 皆塗興輪寺醬 聆其寺之螺鉢聲則可治 乃取現所佩刀 自頸而仆
乃虎也 現出林而託曰 今玆虎易⁹⁾搏¹⁰⁾矣 匿其由不洩 但依諭而治
之 其瘡皆效 今俗亦用其方

現旣登庸 創寺於西川邊 號虎願寺 常講梵網經 以導虎之冥遊
亦報其殺身成己之恩 現臨卒 深感前事之異 乃筆成傳 俗始¹¹⁾聞知
因名論虎林 稱于今

貞元九年 申屠澄自黃冠 調補漢州什邡¹²⁾縣之尉 至眞符縣之東
十里許 遇風雪大寒 馬不能前 路傍¹³⁾有茅舍 中有煙火甚溫 照燈
下就之 有老父嫗及處子 環火而坐 其女年方十四五 雖蓬髮垢衣

---

7) 交 : [正][晚][鶴] 友. [順] 交(가필). [品][斗][浩][六][民] 交.

8) 彝 : [正][品] 彞(彝의 속자). [斗][浩][六] 彝.

9) 易 : [正] 易. [品][斗][浩][六] 易.

10) 搏 : [品] 搏.

11) 始 : [正][晚][鶴] 姑. [順] 始(가필). [品][斗][浩][六][民] 始.

12) 邡 : [順] 方(가필). [品][斗] 方.

13) 傍 : [正][晚][順][鶴][品] 旁. [斗][浩][六] 傍.

雪膚花臉 擧止妍媚 父媼見澄來 遽起曰 客甚衝寒雪 請前就火

澄坐良久 天色已暝 風雪不止 澄曰 西去縣尙遠 請宿丁此 父媼

曰 苟不以蓬蓽爲陋 敢承命 澄遂解鞍施衾幬 其女見客方止 修容

艷粧 自帷14)箔間出 有閑雅之態 猶過初時 澄曰 小娘子明惠過人

甚 幸未婚 敢請自媒如何 翁曰 不期貴客欲採拾 豈15)定分也

澄遂修子壻16)之禮 澄乃以所乘馬 載之而行 旣至官 俸祿甚薄

妻力以成家 無不歡心 後秩滿將歸 已生一男一女 亦甚明惠 澄尤

加敬愛 嘗作贈內詩云 一宦17)慚梅福 三年愧孟光 此情何所喻 川

上有鴛18)鴦

其妻終日吟諷 似默有和者 未嘗出口 澄罷官 罄室歸本家 妻忽

悵然謂澄曰 見贈一篇 尋卽有和 乃吟曰 琴瑟情雖重 山林志自深

常憂時節變 辜負百年心

遂與訪其家 不復有人矣 妻思慕之甚 盡日涕泣 忽壁角見一虎皮

妻大笑曰 不知此物尙在耶 遂取披之 卽變爲虎 哮吼拏攫19) 突門

而出 澄驚避之 携二子 尋其路 望山林 大哭數日 竟不知所之

噫 澄現二公之接異物也 變爲人妾則同矣 而贈背20)人詩 然後哮

吼拏攫21)而走 與現之虎異矣 現之虎不得已而傷人 然善誘良方以

救人 獸有爲仁如彼者 今有人而不如獸者 何哉

---

14) 帷 : [順] 簁(가필). [品][斗] 簁.
15) 豈 : [浩][民] 豈非.
16) 壻 : [正][品][斗][浩][六] 婿(壻와 동자).
17) 宦 : [正] 窟(宦의 속자). [品][斗] 官. [浩][六][民] 宦.
18) 鴛 : [正] 鴦. [品][斗][浩][六][民] 鴛.
19) 攫 : [正][晚][順][鶴] 欔. [品][斗][浩][六] 攫.
20) 背 : [順] 皆(가필). [斗] 皆.
21) 攫 : 주 19)와 같음.

詳觀事之終始 感人於旋遶佛寺中 天唱懲[22]惡 以自代之 傳神方以救人 置精廬講佛戒 非徒獸之性仁者也 蓋大聖應物之多方 感現公之能致精[23]於旋遶 欲報冥益耳 宜其當時能受禧佑乎

讚曰 山家不耐三兄惡 蘭吐那堪一諾芳 義重數條輕萬死 許身林下落花忙

---

22) 懲：[正][斗][浩][六] 徵. [品] 懲.
23) 精：[正][品] 情. [斗][浩][六] 精.

김현이 범을 감동시키다[1]

신라 풍속에 매년 2월이 되면 초여드렛날부터 보름날까지 서울의
남녀들이 서로 다투어 흥륜사(興輪寺)[2]의 전탑(殿塔)을 도는 것으로
복회(福會)[3]를 삼았다. 원성왕(元聖王)[4] 때 낭군(郎君)[5] 김현(金
現)[6]이란 사람이 밤이 깊도록 홀로 돌면서 쉬지 않았다. 한 처녀가

1) 金現感虎 : 이 설화는 호랑이의 化人 모티브와 불교적 報恩설화가 융합되어
   虎願寺의 창건연기설화로 형성되었다. 『大東韻府群玉』 卷15에는 『殊異傳』으
   로부터 인용한 虎願이 전하는데 다음과 같다. 「新羅俗 每當仲春初八至十五日
   都人士女 競遶興輪寺塔 爲福會 元聖王時 有郎金現者 夜深獨遶不息 有一女
   隨遶 現遂通而隨去 女曰 妾明日入市爲害 郎王必募以重爵而捕我矣 君其無
   㤼 追我于北林中 吾將待之 但爲我創資報勝 則郎君之惠也 遂相泣別 翌日果
   有猛虎入城中 無敢當者 王令曰 有能捕虎者 爵二級 現詣闕奏曰 小臣能之 現
   持短兵入北林中 虎變爲娘子笑曰 昨日繾綣之事 惟君無忽 乃取現所佩刀 自
   頸而仆 乃虎也 現旣登庸 創寺於西川邊 號曰虎願」. 崔滋의 『補閑集』 卷下에
   전하는 邊山老僧傳의 이야기 또한 참조된다.
2) 興輪寺 : 경상북도 경주시 사정동에 있던 신라 최초의 왕실 절. [遺] 卷3 興法
   阿道基羅條의 주석 30) 참조.
3) 福會 : 복을 빌기 위한 모임. 신라에서 福會가 시작된 확실한 연대는 밝혀져
   있지 않으나, 본조의 기록에 의하면 元聖王代에는 이미 복회가 행해지고 있음
   을 알 수 있다. 한편 복회에 대한 것은 아니나, 탑돌이에 관한 것으로는 [遺]
   卷4 義解 義湘傳敎條에 「義湘法師가 黃福寺에 있을 때 여러 스님들과 탑을
   돌았다」는 기록과 [遺] 卷4 義解 賢瑜珈 海華嚴條에서 「大賢이 항상 부처님
   의 주위를 돌자 불상도 대현을 따라 얼굴을 돌렸다」는 기록이 있다.
4) 元聖王 : 신라의 제38대 왕. 재위 785-798. [遺] 卷2 紀異 元聖大王條 참조.
5) 郎君 : 젊은 귀공자의 호칭.
6) 金現 : 신라 元聖王 때의 인물. 여기 외에 다른 기록은 보이지 않아 자세히 알
   수 없다.

염불하면서 따라 돌다가 서로 감정이 통하여 눈길을 주었다. 탑돌이를 끝내자 으슥한 곳으로 이끌고 가서 정을 통하였다.

처녀가 돌아가려고 하자 김현이 그를 따라가니, 처녀는 사양하고 거절했지만 억지로 따라갔다. 가다가 서산(西山)7) 기슭에 이르러 한 초막으로 들어가니, 늙은 할미가 그녀에게 묻기를, "함께 온 이는 누구냐?"고 하였다. 처녀가 그 사정을 말하니, 늙은 할미는 말하기를, "비록 좋은 일이지만 없는 것만 못하다. 그러나 이미 저지른 일이기에 나무랄 수도 없다. 은밀한 곳에 숨겨 두어라. 네 형제들이 나쁜 짓을 할까 두렵다"고 하였다.

[처녀는] 낭을 데려다 구석진 곳8)에 숨겨 두었다. 조금 뒤에 세 마리의 범이 으르렁거리면서9) 와서 사람의 말로 말하기를, "집 안에 비린내가 나니 요기하기 좋겠구나"고 하였다. 늙은 할미는 처녀와 함께 꾸짖어 말하기를, "너희들의 코가 어떻게 되었구나. 무슨 미친 소리냐?"고 하였다.

이때 하늘에서 외치는 소리가 있어 "너희들이 즐겨 생명을 해침이 너무도 많으니, 마땅히 한 놈을 죽여서 악행을 징계하겠다"고 하였다. 세 짐승이 그것을 듣고 모두 근심하는 기색이었다. 처녀가 말하기를, "세 오빠가 만일 멀리 피해 가서 스스로 징계하겠다면 제가 대신해서 그 벌을 받겠습니다"고 하였다. [이에] 모두 기뻐하며 머리를 숙이고 꼬리를 떨어뜨리고 달아나버렸다.

---

7) 西山 : 지금의 경주시 서쪽 교외에 있는 仙桃山(서악동), 王女峰(충효동) 등을 가리킨다. 관련된 사항은 [遺] 卷5 感通 仙桃聖母隨喜佛事條 참조.
8) 屛處 : 구석진 곳 또는 가리워진 곳으로 사람이 잘 볼 수 없는 곳.
9) 咆哮 : 사나운 짐승이 소리를 지르는 것.

처녀가 들어와 낭에게 말하기를, "처음에 저는 당신10)이 우리 집에 오는 것이 부끄러워서 사양하고 거절했습니다. [그러나] 이제는 감출 것이 없으니 감히 내심을 말하겠습니다. 또한 저는 낭군과는 비록 유가 다르지만, 하루 저녁의 즐거움을 얻어 중한 부부의 의를 맺었습니다.11) 세 오빠의 죄악을 하늘이 이미 미워하시니, 집안의 재앙을 제가 당하고자 합니다. 알지 못하는12) 사람의 손에 죽는 것이 낭군의 칼날에 죽어서 은덕을 갚는 것과 어떻게 같겠습니까? 제가 내일 시가[市]에 들어가서 사람들을 심하게 해치면 나라 사람들이 저를 어떻게 할 수 없으므로 대왕은 반드시 높은 벼슬을 걸고 나를 잡을 사람을 찾을 것입니다. 당신은 겁내지 말고 나를 쫓아서 성 북쪽의 숲 속까지 오면 제가 기다리고 있겠습니다"고 하였다.

김현이 말하기를, "사람과 사람과의 사귐은 인륜의 도리지만 다른 유13)와 사귀는 것은 대개 정상이 아닙니다. 이미 조용히 만난 것은 진실로 천행이라고 할 것인데, 어찌 차마 배필의 죽음을 팔아서 일생의 벼슬을 요행으로 바랄14) 수 있겠소?"라고 하였다. 처녀가 말하기를, "낭군은 그런 말 마십시오. 지금 제가 일찍 죽는 것15)은 대개 천명(天命)이며, 또한 저의 소원이요, 낭군의 경사요, 우리 일족의 복이요, 나

---

10) 君子 : 아내가 자기의 남편을 가리키는 말.
11) 結褵(결리) : 결혼과 같은 말. 褵는 香囊 또는 帨巾이라고 해석되니 結褵는 여자가 시집갈 때 그 어머니가 褵를 맺어준다는 뜻이다. 「親結其褵 九十其儀」(『詩經』).
12) 等閑 : 예사로움. 또는 보통, 관계없다는 뜻이 있다.
13) 異類 : 짐승을 가리킨다.
14) 儌倖 : 分外의 것을 희망한다는 말.
15) 壽夭 : 오래 삶과 일찍 죽음을 가리키는 말인데, 여기서는 단지 夭死라는 의미만 나타내고 있다.

라 사람들의 기쁨입니다. 한 번 죽어서 다섯 가지 이로움이 갖춰지니 어떻게 그것을 어기겠습니까? 다만 저를 위하여 절을 짓고 불경[眞 詮]을 강하여 좋은 과보[勝報]를 얻도록 도와주시면 낭군의 은혜는 더 없이 클 것입니다"고 하였다. 드디어 [그들은] 서로 울면서 헤어 졌다.

다음 날 과연 사나운 범이 성 안으로 들어왔는데, 매우 사나워 감당 할 수가 없었다. 원성왕이 이 소식을 듣고 명령하기를, "범을 잡는 자 에게는 벼슬 2급을 주겠다"고 하였다. 김현이 대궐로 들어가서 아뢰기 를, "소신이 잡을 수 있습니다"고 하였다. 이에 먼저 벼슬을 주어 그 를 격려하였다. 김현이 단도를 지니고 숲 속으로 들어갔다. 범이 처녀 로 변하여 반갑게16) 웃으면서 말하기를, "간밤에 낭군과 함께 마음 속 깊이 정을 맺던17) 일을 낭군은 잊지 마십시오. 오늘 [내] 발톱에 상처를 입은 사람들은 모두 홍륜사의 간장을 바르고 그 절의 나발소 리를 들으면 나을 것입니다"고 하였다.

이에 김현이 찼던 칼을 뽑아 스스로 목을 찔러 쓰러지니 곧 범이었 다. 김현이 숲에서 나와 소리쳐 말하기를, "지금 이 범을 쉽게 잡았다" 고 하였다. 그 사정은 누설하지 않고 다만 그의 말대로 상한 사람들을 치료하니 그 상처가 모두 낳았다. 지금도 세간에서는 그 방법을 쓰고 있다.

김현은 등용된 뒤 서천(西川) 가에 절을 세워 호원사(虎願寺)18)라

---

16) 熙怡 : 좋아서 기뻐하는 것.
17) 繾綣 : 인정이 서로 굳게 결합된다는 뜻.
18) 虎願寺 : 경상북도 경주시 황성동에 있던 절. 虎願寺로 추정되는 곳에 현재 쌍 탑지가 남아 있고 초석이 산재해 있다. 金現이 등용된 元聖王(785-798) 때 창

고 하고 항상 『범망경(梵網經)』19)을 강설하여 범의 저승길을 인도하고, 또한 범이 제 몸을 죽여서 자기를 성공시켜준20) 은혜에 보답하였다.

김현은 죽음을 앞두고 지나간 일의 기이함에 깊이 감동하여 이에 기록하여 전기를 만드니 세상에서는 처음으로 들어 알게 되었고, 이로 인하여 [그] 이름을 논호림(論虎林)21)이라고 하여 지금까지도 일컬어온다.

정원(貞元)22) 9년(793)에 신도징(申屠澄)23)이 야인[黃冠]24)으로서 한주십방현(漢州什邡縣)25)의 위(尉)에 임명되었다. 진부현(眞符

건된 것으로 추정된다. 폐사에 대해서는 閔周冕의 『東京雜記』 卷2 古蹟篇에 「虎願寺가 경주부 서천가에 있었는데, 신라시대의 김현이 창건한 것이다」고 기록하고 있어, 최소한 『東京雜記』가 편찬된 1669년까지는 고적으로 남아 있었음을 알 수 있다.

19) 梵網經 : 『梵網菩薩戒經』의 약칭. 흔히 『菩薩戒本』이라고도 한다. 2권이며 鳩摩羅什이 번역하였다. 大乘菩薩戒의 근본성전으로 중시되고 있다. 梵網은 대범천왕의 因陀羅網을 의미한다. 상권에는 보살의 心地가 전개되어가는 양상을, 하권에는 大乘戒에 대해서 각각 서술하였다.

20) 殺身成己 : 범이 제 몸을 죽여서 자기, 곧 金現의 공을 이루어 주었다는 뜻.

21) 論虎林 : 이와 관련된 기록으로는 [勝覽]에 虎願寺緣起說話인 「論虎藪」, 閔周冕이 편찬한 『東京雜記』 卷3 異聞에 「論虎藪」, 崔滋의 『補閑集』 卷下 辺山老僧傳에도 비슷한 유형의 설화가 실려 있다. 한편, 閔周冕의 『東京雜記』에 실린 「論虎藪」의 내용은 본 기록과 동일하며, 一然의 讚詩까지 실려 있는 것으로 보아 본 기록을 근거로 하여 기록한 것임을 알 수 있다.(尹渼景, 「虎願寺緣起說話研究」, 동국대석사학위논문, 1992, p.5)

22) 貞元 : 중국 唐 德宗의 연호(785-804). 그 9년은 신라 元聖王 9年 癸酉(793)에 해당한다.

23) 申屠澄 : 중국 唐나라 때 사람. 그 사적은 자세히 알 수 없다. 자세한 내용은 『太平廣記』 卷429 虎4의 申屠澄條 참조. 이와 관련된 설화는 崔滋, 『補閑集』 下 辺山老僧傳條 참조.

24) 黃冠 : 田夫, 野人의 관복. 즉 布衣와 같은 뜻.

25) 漢州什邡縣 : 중국 四川省 成都府 부근.

縣)26)의 동쪽 10리쯤에 이르러 눈보라와 큰 추위를 만나 말이 앞으로
나가지 못하였다. 길가에 한 초가집이 있어 [그] 안에는 불이 피워져
있어서 무척 따뜻하였다. 등불이 비치는 곳으로 가보니 늙은 부부와
처녀가 불을 둘러싸고 앉아 있었다. 처녀는 열너댓 살쯤 되었는데, 비
록 머리는 헝클어져 있고 때묻은 옷을 입었으나 눈처럼 [흰] 살결과
꽃같은 얼굴에 몸가짐이 어여쁘고 고왔다. 늙은 부부가 신도징이 오는
것을 보고 급히 일어나면서 말하기를, "손님께서는 찬 눈을 많이 맞고
왔으니 불 앞으로 오십시오"라고 하였다.

신도징이 한동안 앉아 있었으나 날은 이미 저물었는데 눈보라는 그
치지 않았다. 신도징이 말하기를, "서쪽으로 현까지 가자면 아직도 머
니, 부디 이곳에서 묵어갈 수 있도록 해주십시오"라고 하니, 늙은 부
부가 말하기를, "이 오막살이27)를 누추하게 여기지 않는다면 명령대
로 하겠습니다"고 하였다.

신도징이 마침내 말안장을 풀고 침구를 폈다. 그 처녀는 손님이 유
숙하려는 것을 보고 얼굴을 매만지고 곱게 단장하고서 휘장 사이로
나오는데, 한아(閑雅)한 자태가 처음 보았을 때보다 더 나았다.

신도징이 말하기를, "소낭자(小娘子)의 총명함이 보통이 아닌데, 다
행히 아직 미혼이라면 감히 혼인하기를 청하니 어떠합니까?"라고 하
였다. 노인이 말하기를, "기약도 없던 귀한 손님께서 거둬주신다면 어
찌 정한 연분이 아니겠습니까?"라고 하였다.

신도징은 드디어 사위로서의 예를 치르고 자신이 타고 왔던 말에

---

26) 眞符縣 : 중국 四川省 경내로 추정되나 정확한 위치는 알 수 없다.
27) 蓬蓽 : 蓽門 蓬戶이니 가난한 사람의 집을 가리킨다.

그녀를 태우고 갔다. 부임한 뒤에 봉록이 매우 박했으나 아내는 힘써 집안 살림살이를 돌보았으므로 마음에 즐겁지 않은 것이 없었다.

그후 임기가 만료되어[28] 돌아가려 할 때는 아들 하나와 딸 하나를 두었는데, 역시 매우 총명함에 신도징이 더욱더 [아내를] 공경하고 사랑하였다. [그는] 일찍이 아내에게 주는 시를 지었는데, 다음과 같다.

> 한 번 벼슬함이 매복(梅福)[29]에게 부끄럽고
> 3년 세월이 맹광(孟光)[30]에게 부끄럽다
> 이 정을 어디에 비유하랴
> 시냇물엔 한 쌍의 원앙새가 다정하구나

그의 아내는 [이 시를] 종일 읊으면서 속으로 화답하는 것 같았으나 입 밖에 내지는 않았다. 신도징이 벼슬을 그만 두고 가족을 데리고 본가로 돌아가려고 하자 아내는 문득 슬퍼하며 신도징에게 말하기를, "전에 주신 시 한 편에 대하여 이어서 화답하겠습니다"고 하고서 다음과 같이 읊었다.

> 부부[31]의 정도 소중하지만

---

28) 秩滿 : 관직의 임기가 찼다는 뜻이다.
29) 梅福 : 중국 前漢의 학자. 자는 子眞.『尙書』,『春秋』에 통하였다. 南昌尉가 되어 成帝와 哀帝 때 자주 상서하여 時事를 말하였다. 후에는 관직을 버리고 독서를 즐겼다. 王莽이 專政하자 처자를 버리고 九江으로 가서 신선이 되었다고 한다.
30) 孟光 : 중국 東漢시대 사람. 平陵 사람 梁鴻의 아내. 가난한 어진 선비 梁鴻의 뜻을 잘 받들어 함께 覇陵山으로 들어가서 농사짓고 천을 짜며 평생의 고락을 같이 하여 어진 아내로 불렸다.『後漢書』列傳83 梁鴻傳 참조.

산림(山林)으로 향한 뜻 저절로 깊고

시절의 변함을 언제나 근심하며

백년가약 저버릴까 마음조렸다오

드디어 함께 그 [아내의] 집을 찾아갔으나 사람이라고는 없었다. 아내는 몹시도 그리운 생각에 종일토록 울었다. 문득 벽모퉁이에 범의 가죽 하나가 있는 것을 보자 아내는 크게 웃으면서 말하기를, "이 물건이 아직도 있는 것을 몰랐구나!"라고 하였다.

마침내 그것을 집어서 덮어 쓰니 곧 범으로 변하여 으르렁거리며 할퀴더니 문을 박차고 나가버렸다. 도징이 놀라 피했다가 두 아이를 데리고 그 길을 찾아가서 산림을 바라보며 며칠을 통곡했으나 끝내 간 곳을 몰랐다.

아아! 신도징과 김현 두 사람이 이물(異物)과 접촉함에 있어서 변하여 사람의 아내로 된 것은 같으나, 사람을 배반하는 시를 준 후에 으르렁거리며 할퀴고 달아난 것은 김현의 범과 다르다. 김현의 범은 부득이 해서 사람을 상하게 했으나 좋은 처방을 잘 가르쳐주어 사람을 구하였다. 짐승으로서도 어질기가 그와 같은데, 지금은 사람으로서도 짐승만 못한 자가 있으니 어찌될 일인가?

사적의 시말을 자세히 살펴보면, 절을 돌 때 사람을 감동시켰고, 하늘이 악을 징계하려고 외치자 스스로 이를 대신하였으며, 신효한 처방을 권해서 사람을 구하고, 절을 지어 불계(佛戒)를 강하게 했던 것이다. [이는] 다만 짐승의 본성이 어질기 때문만으로 [그런 것은] 아니

---

31) 琴瑟 : 부부 또는 和합함을 가리킨 말.

고, 대개 대성(大聖)이 사물에 감응하는 방편이 많은 까닭에 김현공이
탑돌이에 정성을 다함에 감응하여 음덕[冥益][32]을 갚으려 했을 뿐이
니 당시에 복을 받았음은 당연한 일이 아니겠는가?

　　찬한다.

　　　산가(山家)가 세 오빠의 악행 견디기 어려울 때
　　　고운 입에 한 마디 승낙 어찌하리까
　　　몇 가지 중한 의리 만 번 죽음도 가벼워
　　　숲 속에 맡긴 몸은 떨어지는 꽃잎이어라

---

32) 冥益 : 부처나 보살이 몰래 주는 이익.

123. 融天師彗星歌 眞平王代[1]

　　第五居烈郎 第六實處郎〈一作突處郎〉 第七寶同郎等 三花之徒 欲
遊楓岳 有彗星犯心大星 郎徒疑之 欲罷其行 時天師作歌歌之 星
怪卽滅 日本兵還國 反成福慶 大王歡喜 遣郎遊岳焉 歌曰 舊理東
尸汀叱 乾達婆矣遊烏隱城叱肹良望良古 倭理叱軍置來叱多烽燒邪
隱邊也藪耶 三花矣岳音見賜烏尸聞古 月置八切爾數於將來尸波衣
道尸掃尸星利望良古 彗星也白反也人是有叱多 後句 達阿羅浮去
伊叱等邪 此也友物叱[2]所音叱彗叱只有叱故

---

1) 眞平王代：[正][品][斗][六]에는 본문으로 기재하였으나, [浩]는 세주로 기
재함.
2) 叱：[正][晚][鶴] 比. [品] 北. [斗][浩][六] 比.

융천스님의 혜성가 - 진평왕대[1]

제5 거열랑(居烈郎)·제6 실처랑(實處郎)〈또는 돌처랑(突處郎)이라고도
쓴다.〉·제7 보동랑(寶同郎)[2] 등 세 화랑[3]의 무리가 풍악(楓岳)[4]에
놀러 가려고 하는데,[5] 혜성(慧星)이 심대성(心大星)을 범하였으므로[6]

---

1) 眞平王代 : 眞平王은 신라의 제26대 왕. 재위 579-631. [遺] 卷1 天賜玉帶條
　 참조.

2) 第五居烈郎…第七寶同郎等 : 신라 제24대 眞興王 37년(576) 우여곡절 끝에
　 시작된 花郎制가 眞平王代에 와서 어지간히 정착되었던 듯 이때 花郎徒 사이
　 에 어떤 서열이 정해져 있었음이 알려진다. 이름 앞에 붙은 '第五', '第六', '第
　 七' 등은 某種의 서열을 나타내고 있음은 확실하나, 무엇을 기준으로 한 서열
　 매김인지는 알 수 없다.

3) 三花 : 여기서는 앞에 든 居烈郎, 實處郎, 寶同郎 등 세 花郎을 가리킨다. 신
　 라에는 '三花'와 관련하여 '三花嶺'의 地名, '三郎寺'의 寺名을 볼 수 있다. 三
　 花嶺은 忠談이 重三重九의 날에 이곳 彌勒佛에 茶供養을 했던 南山의 산마
　 루 이름이요, 三郎寺는 眞平王 19년(597)에 세워진 절이다. 이들은 혹 어떤 세
　 화랑과의 인연을 시사한 명명이 아닌가 한다(黃壽永,「新羅南山三花嶺彌勒世
　 尊」,『韓國佛像의 硏究』, 三和出版社, 1973, pp.231-265. 黃浿江,「彗星歌硏究」,
　『中齋張忠植博士華甲紀念論叢』, 同刊行委員會, 1992, p.54 참조).

4) 楓岳 : 金剛山.「金剛山 在長楊縣東三十里 距府一百六十七里 山名有五 一曰
　 金剛 二曰皆骨 三曰涅槃 四曰楓嶽 五曰怾怛 白頭山南條也」([勝覽] 卷47 淮
　 陽都護府 山川條).

5) 欲遊楓岳 : 花郎徒의 이른바 '遊岳'은 단순한 '遊山行脚'이나 '산놀이'는 아니
　 다. 花郎의 고유한 활동 가운데 山水에 遊娛하여 道義로써 서로 연마하는 한
　 편 먼 곳일지라도 이르지 않는 곳이 없이 다녀, 이로써 사람의 邪正을 알아,
　 그 착한 이를 택하여 조정에 천거함으로써 왕정을 보좌하는데 뜻을 둔 遊娛였
　 다. [史] 卷4 新羅本紀 眞興王 37年條에「或相磨以道義…遊娛山水 無遠不至
　 因此知其人邪正 擇其善者 薦之於朝」라고 하였다.

낭도들은 이를 의아하게 여겨 그곳에 가는 것을 그만두려고 하였다.[7]
그때 융천[天][8] 스님이 노래를 지어 불렀더니 별의 괴변이 곧 멸하고
일본 군병이 제 나라로 돌아가 도리어 복된 경사가 되었다.[9] 대왕은

---

6) 有彗星犯心大星 : 心大星은 星座 28宿 가운데 東方七宿(蒼龍)의 하나인 心
宿에 속한 별이다. 心宿는 별 셋이 솥발모양으로 자리잡고 있다. 가운데 큰 별
을 天王, 앞의 작은 별을 太子, 뒤의 작은 별을 庶子라고 하는데, 이들 3星은
전갈자리의 중앙 부근에 있다. 심대성은 心宿 3星 가운데 큰 별 天王을 가리
킨다. 여기서 彗星은 心宿의 가운데 큰 별 天王을 범한 것이다. 여러 가지 기
록에서 나타나듯 혜성은 星怪로서, 心宿 침범 아니더라도 이의 출현은 국가의
危亂이나 전쟁의 豫徵으로 간주되어 상서롭지 못한 것으로 인식되어왔다. 하
물며 心大星―天王은 우주 중심의 王의 별로, 곧 신라 국토의 중심에 군림하
는 왕권의 상징으로 인식되었을 것이며, 따라서 혜성이 이를 범한 현상은 외적
의 침략이거나 賊臣의 반역을 예징하는 것으로 받아들여졌을 법하다. 그렇지
않아도 日本兵의 내침과 적신의 모반이 현실화되었음을 볼 수 있다(伊湌 柒
宿과 伊[혹은 阿]湌 石品이 眞平王 53년 5월에 謀叛罪로 滅族의 禍를 당하였
다. [史] 卷4 新羅本紀 眞平王條 참조).

7) 郎徒疑之 欲罷其行 : 세 花郎이 '彗星犯心大星'으로 하여 楓岳遊行을 抛棄하
려 한 것은 '出則忠於國'하고, '賢佐忠臣從此而秀 良將猛卒由是而生'의 花郎
의, 王政輔佐의 본의로 보아 왕권의 위기를 암시하는 前兆를 보면서 安閑하게
'相磨以道義'를 위한 '遊娛山水'의 길에 오를 수는 없었다고 하겠다.

8) 天 : 融天. 여기 외에는 보이지 않는 인물이다. 그 이름이 그의 역할이나 기능
을 시사했다고 볼 때 실존인물의 실명인가 하는 회의가 없지도 않다. 후대의
인사 중에는 이를 '融天下之大師'로 부른 예도 있다(魚允迪, 『東史年表』,
p.296. 崔永年, 『海東竹枝』上篇, 新羅 참조). 花郎徒와의 관련으로 미루어 國
仙之徒에 속한 郎徒僧으로 보는 견해도 있다(金烆泰, 「僧侶郎徒考」, 『佛敎學
報』 7, 東國大學敎, 1970, pp.262-268. 黃浿江, 『新羅佛敎說話硏究』, 一志社,
1975, pp.262-275 참조). 한편 그를 '呪師郎'으로 지목한 논의도 있다(林基中,
『新羅歌謠와 記述物의 硏究―呪力觀念을 中心으로―』, 二友出版社, 1981,
pp.188-191 참조).

9) 天師作歌歌之 星怪卽滅 日本兵還國 反成福慶 : 一然이 쓰기를, 「신라 사람
이 鄕歌를 숭상한지 오래되었고,…왕왕 天地鬼神을 감동케 하는 것이 하나가
아니었다」([遺] 卷5 感通 月明師兜率歌條)고 했듯이 融天師의 作歌(鄕歌)도
星怪를 멸하고 일본병을 물러가게 한 신이한 영력을 발휘하였다. 종교적인 차
원에서 神靈과 교제하는 언어는 일상어와는 다른 가락, 다른 서법으로 발성한
다. 융천사의 本歌도 이 계열의 언어―歌謠로 보인다. 「日本兵還國」으로 보아
이에 대응하는 '日本兵의 來侵'을 말하는 記文이 앞 부분에 있었을 법하나, 현

기뻐하여 낭도들을 풍악에 보내 놀게 하였다. 노래는 다음과 같다.

옛날 동쪽 물가의[10)

건달바(乾達婆)의 놀았던 성[11)을 바라고[12)

'왜군도 왔다' 홰를 사룬 변방의 숲이라[13)

세 화랑의 산행 감을 듣고[14)

달도 밝게 불 켜는 터에[15)

길 쓸 별 바라고[16)

존본에는 없다.

10) 舊理東尸汀叱 : '네 싯 믓ㄱ'으로 해독하고, '옛날 동쪽 물가의'로 해석하였다 (黃浿江, 앞의 논문, pp.149-150 참조).

11) 乾達婆矣遊烏隱城 : 乾達婆의 놀던 城. 乾達婆는 梵語 gandharva의 音寫로, 食香, 尋香 등으로 漢譯되었다. 天界의 樂神으로 술과 고기를 먹지 않으며, 오로지 香만을 먹는다. 緊那羅와 함께 帝釋天 앞에서 音樂을 演奏한다고 한다. 四天王에 딸린 八部衆의 하나이다. 乾達婆城에 관하여 『智度論』(卷6)에 「犍闥婆는 해가 처음 나올 때 城門, 樓櫓, 宮殿, 行人의 출입 등이 보이나 해가 점차 높이 떠오름에 따라 점차로 없어진다. 이 城은 다만 눈으로 볼 수 있을 뿐 실은 있지 않다. 이를 犍闥婆城이라고 한다」고 하였다. 乾達婆城은 蜃氣가 日光에 비쳐 바다 위에 궁전의 모양이 나타나 보이는 이른바 蜃氣樓를 말한다. 乾達婆城을 바라고 온 倭軍은 눈에 보이되 아무런 실이 없는 '無性生'의 虛像 (乾達婆城)에 집착한 존재로, 이들의 침입 자체 어리석은 허상에의 집착임을 은유화했다고 하겠다.

12) 乾達婆矣遊烏隱城叱肹良望良古 : '乾達婆의 노론 잣흘란 ㅂ라고'로 해독하고, '乾達婆의 놀았던 城을 바라고'로 해석하였다(黃浿江, 앞의 논문, pp.58-59 참조).

13) 倭理叱軍置來叱多烽燒邪隱邊也藪耶 : '옛 軍두 왓다 홰 ㅅ란 ㄱ새 수뱌'로 해독하고, '倭軍도 왔다 홰를 사룬 邊方의 숲이라'로 해석하였다(黃浿江, 위의 논문, pp.58-59 참조).

14) 三花矣岳音見賜烏尸聞古 : '三花의 오롬 보샤올 듣고'로 해독하고, '세 花郎의 산행 감을 듣고'로 해석하였다(黃浿江, 위의 논문, pp.58-59 참조).

15) 月置八切爾數於將來尸波衣 : '둘두 불기 혀렬 바애'로 해독하고, '달도 밝게 불 켜는 터에'로 해석하였다(黃浿江, 위의 논문, pp.58-59 참조).

16) 道尸掃尸星利望良古 : '길 쓸 벼리 ㅂ라고'로 해독하고, '길 쓸 별 바라고'로

혜성이여, 사뢰는 사람이 있다[17)

[후구[18)]

달아라 [왜군은 바다에] 떠가고 있더라[19)

어와,[20) 그 무슨[21) 혜[성]쎄이꼬[22)

해석하였다(金完鎭,『鄕歌解讀法硏究』, 서울大出版部, 1980, pp.132-133 참조).

17) 彗星也白反也人是有叱多 : '彗星이여 술봉녀 사르미 잇다'로 解讀하고, '彗星이여, 사뢰는 사람이 있다'로 解釋하였다.(黃浿江, 앞의 논문, pp.58-60 참조)

18) 後句 : 대부분의 연구자들이 嗟辭(아야)로 해독하고 있으나, 이는 앞 구의 흐름을 일단 끊고, 다시 시작하는 모종의 후속구임을 나타내는 지시어다. 따라서 해독이 불필요한 어구이다(黃浿江, 앞의 논문, p.60 참조).

19) 達阿羅浮去伊叱等邪 : '達阿羅'를 '돌 아래'(梁柱東,『古歌硏究』, 博文出版社, 1957, pp.596-599), '드르르', '드르르'(홍기문,『향가해석』, 驪江出版社, 1990, p.310), '달아라'(黃浿江, 앞의 논문, p.60) 등으로 해독하였는데, 이를 '浮去伊叱等邪'와 아울러서 梁柱東은 '돌이 (혜성) 아래로 떠갔더라'(양주동, 앞의 책, pp.598-599), 홍기문은 '(길을 쓸 별이) 드르르 떠갔더라'로(홍기문, 앞의 책, pp.298-299, pp.310-311), 黃浿江은 '달아라 (倭軍이 바다에) 떠가고 있더라'로 해석하였다(黃浿江, 위의 논문, p.58). '達阿羅'를 홍기문은 彗星의 의태어로, 黃浿江은 浮去하는 倭軍의 의태어로 해석하였다.

20) 此也友 : '이어우'로 해독하고, 감탄사 '어와'로 해석하였다(梁柱東, 앞의 책, pp.600-601 참조).

21) 物叱所音叱 : '므슴'으로 해독하고, '무슨'으로 해석하였다(梁柱東, 위의 책, pp.601-604 참조).

22) 彗叱只有叱故 : '彗쎄잇고'로 해독하고, '그 무슨 彗(星)쎄이꼬'로 해석하였다. 星怪를 두고 길 쓸 별이지 결코 彗星이 아니라고 강하게 부정하고 있다(梁柱東, 앞의 책, pp.604-607 참조). 彗星歌의 구성은 세 단락으로 구성되어 있다. (원 안의 숫자는 구의 서수) 즉, (1) 邊方에서 횃불을 사루어 倭軍의 侵犯을 알려 왔다. ①②…倭軍 犯境(문제1 발생) (2) 세 花郞이 山行 떠나려 할 때 彗星이 나타났다. ③④⑤⑥…彗星 出現(문제2 발생) (3) [後句] (倭軍은) 돌아가고, 彗星은 아니다. ⑦⑧⑨…倭軍 浮去. 彗星 否定(문제1,2 해결) 彗星歌의 呪術的 轉移融天師는 엄연한 彗星을 '길 쓸 별(掃道星)'로, 국경을 침범한 倭軍을 乾達婆城을 바라고 온 倭軍으로 轉移하는 수법으로 현실 타개의 주술 효과를 거두었다. '노래된 事實', 곧 '現實化되는 것'으로 믿었던 신라인의 鄕歌意識이 일련의 향가작품(薯童謠·怨歌·禱千手大悲歌·海歌 등등)에서 드러나듯 融天師의 彗星歌에서도 확인되고 있다. 한편, [史] 卷27 百濟本紀 威德王 41年(新羅 眞平王 16年)의 記文「冬十一月癸未 星孛于角亢」에서의 '角·亢'

과 [遺] 本條의 '彗星犯心大星'의 心大星이 한 가지로 28星宿 가운데 東方의
별이라는데 근거를 두고, 위의 두 記文이 彗星 출현에 관한 같은 사실을 말했
다고 보아 彗星歌의 제작연대를 眞平王 16년(594) 11월로 논증한 바 있다(조
동일, 「혜성가의 창작 연대」, 『국문학연구의 방향과 과제』, 새문사, 1983,
pp.170-174 참조).

124. 正秀師救氷女

第四十哀莊王[1]代 有沙門正秀 寓止皇龍寺 冬日雪深 旣暮 自三
郎寺還 經由天嚴寺門外 有一乞女産兒 凍臥濱死 師見而憫之 就
抱良久 氣蘇 乃脫衣以覆之 裸走本寺 苫草覆身過夜 夜半有天唱
於王庭曰 皇龍寺沙門正秀 宜封王師 急使人檢[2]之 具事升聞 上[3]
備威儀 迎入大內 冊爲國師

정수스님이 추위에 언 여인을 구원하다

　제40대 애장왕(哀莊王)1) 때 중 정수(正秀)2)가 황룡사(皇龍寺)3)에 머물고 있었다. 겨울날 눈이 깊이 쌓이고 날은 이미 저물었는데, 삼랑사(三郎寺)4)에서 돌아오면서 천엄사(天嚴寺)5) 대문 밖을 지나니 한 거지 여인이 아이를 낳고는 추위에 얼어서 누워 거의 죽게 되었다. 스님이 보고 불쌍히 여겨 달려가 안고 있으니 한참 후에 깨어났다. 이에 옷을 벗어 그들을 덮어주고 맨몸으로 본사(本寺)로 달려와서 거적풀로 몸을 덮고 밤을 지냈더니, 한밤중에 하늘로부터 대궐 뜰에 소리쳐 말하기를, "황룡사 중 정수를 마땅히 왕사(王師)로 봉하라"고 하였다. 급히 사람을 시켜 조사하게 하여 자세한 사실을 아뢰었다. 왕이 위의를 갖추고 [그를] 대궐로 맞아 들여 국사(國師)로 책봉하였다.

---

　1) 哀莊王 : 신라의 제40대 왕. 재위 800-809. [遺] 卷1 王曆 哀莊王條・卷2 紀異 早雪條 참조. 伽倻山 海印寺는 동왕 3년(802)에 창건되었다.
　2) 正秀 : 신라 哀莊王 때의 고승. 國師로 봉해졌으나, 여기 외에 그에 관한 다른 기록이 전하지 않는다.
　3) 皇龍寺 : 경상북도 경주시 구황동에 있었던 신라 眞興王 때 창건된 절. [遺] 卷3 塔像 皇龍寺丈六條 참조.
　4) 三郎寺 : 신라 眞平王 19년(597)에 창건된 절. [史] 卷4 新羅本紀 眞平王 19年條에 「三郎寺成」이라 하였다. 절터는 경상북도 慶州市 城乾洞에 있고, 당간지주가 남아 있다. 朴居勿이 찬하고 姚克一이 글씨를 쓴 비가 있었는데, 그 파편이 단국대학교 박물관에 보관되어 있다.
　5) 天嚴寺 : 신라 때 창건된 절. 여기 외에 다른 기록이 전하지 않는다.

三國遺事 卷第五

避隱 第八

避隱 第八

125. 朗智乘雲 普賢樹

歃良州阿曲縣之靈鷲山〈歃良今梁州 阿曲[1]一作西 又云求佛 又屈弗 今蔚州置屈弗驛[2] 今存其名〉有異僧 庵居累紀 而鄕邑皆不識 師亦不言名氏[3] 常講法華 仍有通力

龍朔初 有沙彌智通 伊亮公之家奴也 出家年七歲時 有烏來鳴云 靈鷲去投朗智爲弟子 通聞之 尋訪此山 來憩於洞中樹下 忽見異人出 曰我是普[4]大士 欲授汝戒品 故來爾 因宣戒訖乃隱 通神心豁爾 智證頓圓

遂前行路 逢一僧 乃問朗智師何所住 僧曰 奚問朗智乎 通具陳神烏之事 僧莞[5]爾而笑曰 我是朗智 今玆堂前亦有烏來報 有聖兒投師將至矣 宜出迎 故來迎爾 乃執手而嘆曰 靈烏驚爾投吾 報予迎汝 是何祥也 殆山靈之陰助也 傳云 山主乃辯[6]才天女 通聞之 泣謝 投禮於師

---

1) 曲：[斗] 谷
2) 驛：[正] 馹. [斗] 駬. [品][浩][六][民] 驛.
3) 名氏：[浩][六] 氏名.
4) 普：[浩][民] 普賢. [正]에는 賢이 없으나 빠진 것으로 짐작됨.
5) 莞：[正][晚][鶴] 宛. [順] 莞(가필). [品][斗][浩][六] 莞.
6) 辯：[正][晚][鶴][品] 辨. [斗][浩][六] 辯.

　　旣而將與授戒 通日 予於洞口樹下 已蒙 普賢大士乃授正戒 智
嘆日 善哉汝已親稟大士滿分之戒 我自生年來 夕惕慇懃 念遇至聖
而猶未能昭格 今汝已受 吾不及汝遠矣 反禮智通 因名其樹日普賢
通日 法師住此其已久 智[7]日法興王丁未之歲 始寓足焉 不知今幾[8]
通到山之時 乃文武王卽位元年辛酉歲也 計已一百三十五年矣

　　通後詣義湘之室 升堂覩奧 頗資玄化 寔爲錐洞記主也

　　元曉住磻高寺時 常往謁智 令[9]著初章觀文及安身事心論 曉撰
訖 使隱士文善奉書馳達 其篇尾述偈云 西谷沙彌稽首禮 東岳上德
高巖[10]前〈磻高在靈鷲之西北故 西谷沙彌乃自謂也〉吹以細塵補鷲岳 飛
以微滴投龍淵〈云云〉山之東有太[11]和江 乃爲中國太[12]和池龍 植福
所創 故云龍淵 通與曉皆大聖也 二聖而摳[13]衣師之 道邁可知

　　師嘗乘雲往中國之[14]淸涼山 隨衆聽講 俄頃[15]卽還 彼中僧謂是
隣居者 然罔知攸止[16] 一日令於衆日 除常住外 別院來僧 各持所
居名花異植 來獻道場 智明日折山中異木一枝歸呈之 彼僧見之 乃
日 此木梵號怛[17]提伽 此云赫 唯西竺海東二靈鷲山有之 彼二山皆
第十法雲地菩薩所居 斯必聖者也 遂[18]察其行色 乃知住海東靈鷲

---

　7)　智：[正][品][六] 如. [斗][浩] 智. [六]은 '如'를 앞에 붙여 '法師住此其已
　　　久如'라 하였으나, [斗]는 '如'를 '智'의 誤字로 추정하여 '智日'로 보았다.
　8)　幾：[浩] 幾何. [民] 幾何 혹은 幾許.
　9)　令：[鶴] 今.
　10)　巖：[浩] 嶽.
　11)　太：[正][品][斗][六] 大. [浩][民] 太.
　12)　太：주 11)과 같음.
　13)　摳：[正][斗] 樞. [品][浩][六] 摳.
　14)　之：[浩][六] 없음.
　15)　頃：[正] 項. [品][斗][浩][六][民] 頃.
　16)　止：[鶴] 正.
　17)　怛：[正][晩] 恒. [順] 怛. [鶴][品][斗][浩][六] 怛.

也　因此改觀　名著中外　鄉人乃號其庵曰赫木　今赫木寺之北崗有古
基　乃其遺趾

　靈鷲寺記云　朗智嘗云　此庵址[19)]乃迦葉佛時寺基也　堀地得燈缸
二　隔　元聖王代　有大德緣會　來居山中　撰師之傳　行于世　按華嚴
經　第十名法雲地　今師之馭雲　蓋佛陁屈三指　元曉分百身之類也歟

　讚曰　想料嵓藏百歲間　高名[20)]曾未落人寰　不禁山鳥閑饒舌　雲馭
無端洩往還

---

18)　逐：[浩] 逐.
19)　址：[六] 趾.
20)　名：[正] 各. [品][斗][浩][六] 名.

피은[1] 제8

구름을 탄 낭지와 보현수

삽량주(歃良州) 아곡현(阿曲縣)의 영축산(靈鷲山)[2]〈삽량(歃良)은 지금의 양주(梁州)이며, 아곡(阿曲)의 [곡(曲)은] 서(西)라고도 한다. 또는 구불(求佛), 굴불(屈弗)이라고도 한다. 지금의 울주(蔚州)에 굴불역(屈弗驛)을 두었으므로 지금도 그 이름이 남아 있다.〉에 이상한 스님이 있었다. 암자에 수십 년을 살았으나 고을에서 모두 알지 못하였고 스님도 또한 [자기] 성명을 말하지 않았다. 늘 『법화경[法華]』을 외웠으므로 신통력이 있었다.

용삭(龍朔)[3] 초에 지통(智通)[4]이란 사미(沙彌)[5]가 있었는데 이 량공(伊亮公)[6]의 집 종이었다. 출가한 해에 나이가 일곱 살이었는데, 까마귀가 와서 울면서 말하기를, "영축산에 가서 낭지(朗智)[7]의 제자

---

1) 避隱 : 世俗의 名利를 피하여 深山幽谷에 은거하는 것.
2) 靈鷲山 : 불가에서는 영축산이라고 하며, 석가모니가 『法華經』을 설법한 곳이다. 우리 나라에서는 경상남도 울산시 靑良面에 있는 산을 가리키나, 18세기 이후에는 이웃한 梁山 通度寺의 산명이 鷲棲山에서 靈鷲山으로 바뀌고 있다.
3) 龍朔 : 중국 唐 高宗의 연호(661-663). 그 원년은 신라 文武王 원년(661)에 해당된다.
4) 智通 : 신라 때의 고승. 義湘의 10대 제자 중의 한 사람. [遺] 卷4 義解 義湘 傳敎條의 주석 66) 참조.
5) 沙彌 : 출가하여 10계를 받아 지니는 19세 전의 어린 승려. Śrāmaṇera의 音寫.
6) 伊亮公 : 알 수 없다.
7) 朗智 : 신라 文武王 때의 고승으로 자취를 감추고 산 異僧. 그의 출신과 행적

가 되어라"고 하였다. 지통은 그것을 듣고 이 산을 찾아가서 골짜기
안의 나무 아래서 쉬다가 문득 이상한 사람이 나오는 것을 보았는데,
[그 사람이] 말하기를, "나는 보현보살[普大士][8)인데, 너에게 계품
(戒品)[9)을 주려고 왔다"고 하고는 이에 계를 베풀고는 숨어버렸다.
지통은 마음이 훤히 트여 지증(智證)[10)이 문득 원만해졌다.

마침내 길을 가다가 한 스님을 만나 묻기를, "낭지스님이 어디에 계
시냐?"고 하니, 스님이 말하기를, "어찌하여 낭지를 묻느냐?"고 하였
다. 지통은 신기한 까마귀가 말한 사실을 자세히 말하였더니, 스님은
빙그레 웃으면서 말하기를, "내가 바로 낭지인데, 지금 당(堂) 앞에서
도 까마귀가 와서 알리기를 '거룩한 아이가 스님에게로 오고 있으니
나가 영접하라'고 했으므로 와서 맞이하는 것이다"고 하였다. 이에 손
을 잡고 감탄하여 말하기를, "신령스런 까마귀가 너를 깨우쳐 내게로
오게 하였고, 내게 알려서 그대를 맞이하게 하였으니 이 무슨 상서인
가? 아마 산령(山靈)이 몰래 도우심인 듯하다"고 하였다. 전하는 말에
산의 주인은 곧 변재천녀(辯才天女)[11)라고 한다. 지통이 그 말을 듣
고 울며 사례하여 낭지에게 예배하였다.

에 대하여는 자세하지 않으나 양산의 靈鷲山에 있으면서 『法華經』을 외우며,
신통을 행사하였다. 구름을 타고 중국 청량산에 가서 강설을 듣고 돌아오곤 하
였으며, 『錐洞記』를 지은 智通은 그의 제자가 되고, 元曉도 그의 가르침을 받
을 정도였다.

8) 普大士 : 普賢菩薩을 말한다. 梵語 Samantabhdra(三曼多跋陀羅)를 번역하여
普賢이라고 하며, 문수보살과 함께 석가여래의 脇侍菩薩이다.

9) 戒品 : 戒의 여러 종류. 5戒를 비롯하여 사미 10戒, 보살 10重大戒와 48輕戒,
비구 250戒, 비구니 348戒 등이 있다.

10) 智證 : 지혜로써 깨침을 증득하는 것.

11) 辯才天女 : 梵語 Sarasvatī(薩羅薩伐底). 음악을 맡은 여신으로 걸림 없는 변
재를 가져 불법을 유포하고, 財福과 수명과 지혜를 주는 신으로 알려져 있다.

얼마 후 계(戒)를 주려고 하니 지통이 말하기를, "저는 동구(洞口)
의 나무 아래에서 이미 보현보살[普賢大士]이 와서 정계(正戒) 주는
것을 받았습니다"고 하니, 낭지가 감탄하여 말하기를, "잘했구나, 너
는 이미 보현보살의 만분계[滿分之戒]12)를 친히 받았구나. 나는 한평
생 하루 종일 조신하고13) 은근히 지성(至聖)14) 만나기를 염원했으나
오히려 이루지15) 못했지만, 이제 너는 이미 [계를] 받았으니 내가 너
에게 미치지 못함이 멀구나"고 하고 오히려 지통에게 경례하였다. 이
로 인해 그 나무를 보현(普賢)이라고 하였다. 지통이 말하기를, "법사
께서 여기 계신 지 이미 오래된 듯합니다"고 하니, 낭지가 말하기
를,16) "법흥왕(法興王)17) 정미년(丁未之歲, 527)18)에 비로소 [불법
의] 발을 붙였으니 지금 얼마나 되었는지 모르겠다"고 하였다. 지통이
이 산에 온 것이 문무왕(文武王)19) 즉위 원년 신유년(辛酉歲, 661)이
니 계산하면 벌써 135년이 된다.

지통은 후에 의상(義湘)20)의 처소로 가서 당에 들어 이치를 깨달

---

12) 滿分之戒 : 在家 신자가 三歸依戒를 받은 뒤에 1계를 받는 것을 一分戒, 2계
  를 받는 것을 小分戒, 3계·4계를 받는 것을 多分戒라 하는데 대하여 5계를 모
  두 받는 것을 滿分戒라고 한다. 또 재가 신자와 사미의 5계·10계에 비하여 비
  구의 具足戒를 滿分戒라고도 한다. 여기서는 후자에 해당될 것으로 보인다.
13) 夕惕 : 저녁 때까지 삼가함, 곧 하루 종일 조신하는 것을 말한다.
14) 至聖 : 普賢菩薩.
15) 昭格 : 정성을 이룬다는 뜻이다.
16) 智曰 : [正]에는 '如曰'로 되어 있으나 문맥으로 봐서는 朗智가 분명다.
17) 法興王 : 신라의 제23대 왕. 재위 514-540. [遺] 卷3 興法 原宗興法 厭髑滅身
  條 참조.
18) 法興王丁未之歲 : 法興王 14년(527). [遺] 卷3 興法 原宗興法 厭髑滅身條에
  도 「法興大王卽位十四年…是年朗智法師 亦始住靈鷲山開法…」이라는 내용이
  있어 이와 일치한다.
19) 文武王 : 신라의 제30대 왕. 재위 661-681. [遺] 卷2 紀異 文虎王法敏條 참조.

고[21] 자못 현화(玄化)를 도왔으니 이가 『추동기(錐洞記)』[22]를 저술한 주인이다.

원효(元曉)가 반고사(磻高寺)[23]에 있을 때 늘 낭지를 가서 뵈니 [낭지가 원효에게] 초장관문(初章觀文)[24]과 안신사심론(安身事心論)[25]을 짓게 하였다. 원효가 저술을 마치자 은사(隱士) 문선(文善)을 시켜 글을 받들어 보내면서 그 편 끝에 게송을 지었는데 다음과 같다.

서쪽 골짜기의 사미는 머리를 조아려 예하오니

동쪽 봉우리 상덕(上德) 고암(高巖) 전에〈반고사는 영축산의 서북쪽에 있으므로 서쪽 골짜기의 사미는 [원효] 자신을 말한다.〉

가는 티끌을 불어 영축산에 보태고

가는 물방울을 날려 용연(龍淵)에 던집니다〈운운〉

산의 동쪽에 태화강(太和江)이 있는데, 이는 중국 태화지(太和池) 용의 복을 빌기 위해 만든 것이므로 용연이라고 하였다. 지통과 원효

---

20) 義湘 : 신라 때의 고승. 우리 나라 華嚴宗의 開祖. [遺] 卷4 義解 義湘傳教條 참조.

21) 升堂覩奧 : 학문이 고명하여 오묘하고 精微한 경지에 이르는 것을 뜻한다.

22) 錐洞記 : 智通이 소백산 錐洞에서의 90일 華嚴法會에서 義湘의 講解를 기록한 2권의 책. [遺] 卷4 義解 義湘傳教條의 주석 76) 참조.

23) 磻高寺 : 경상남도 울산군 靈鷲山 서북쪽에 있던 절.

24) 初章觀文 : 元曉의 저서로서 『新編諸宗教藏總錄』에 보이나 현전하지 않아 내용은 알 수 없다.

25) 安身事心論 : 元曉의 저서로서 『新編諸宗教藏總錄』에 보이나 현전하지 않아 내용은 알 수 없다.

는 모두 큰 성인이었는데, 두 성인으로서 그를 공경하여26) 스승으로
섬겼으니 [낭지스님의] 도가 고매함을 알 수 있다.

스님은 일찍이 구름을 타고 중국의 청량산(淸凉山)27)에 가서 대중
을 따라 강의를 듣고는 잠시 후에 돌아왔는데, 그곳의 승려들은 이웃
에 사는 이로 여겼으나 사는 곳을 아는 이는 없었다. 하루는 [절의]
대중에게 말하기를, "이 절에 상주하는 이를 제외하고 다른 절에서 온
스님은 각기 사는 곳의 이름난 꽃과 진귀한 식물을 가져와서 도량에
바쳐라"고 하였다.

낭지는 이튿날 산 속의 이상한 나무 한 가지를 꺾어다 바쳤다. 그곳
의 중이 그것을 보고 말하기를, "이 나무는 범어[梵]로 달제가(怛提
伽)라고 하고, 여기 말로는 혁(赫)이라고 하는데, 오직 서천축[西쪽]
과 해동(海東)의 두 영축산에만 있다. 이 두 산은 모두 제10 법운지
(法雲地)28)의 보살이 사는 곳이니 이 사람은 반드시 성자일 것이다"
고 하였다.

드디어 그 행색을 살펴보고서 해동의 영축산에 사는 것을 알게 되
었다. 이로 인해 [낭지를] 다시 알게 되니, [그] 이름이 [나라] 안팎에
나타났다. 나라 사람들이 이에 그 암자를 혁목(赫木)이라고 불렀다.
지금 혁목사(赫木寺)29)의 북쪽 언덕에 옛 절터가 있는데, 이것이 그

---

26) 摳衣 : 옷을 걷고 공손히 함을 말한다.
27) 淸凉山 : 중국 山西省 五臺縣에 있는 五臺山의 다른 이름.『華嚴經』菩薩住
    處品은 문수보살이 청량산에 머물면서 설법하는 것으로 되어 있으므로 일찍부
    터 문수보살 住處신앙으로 자리잡았다.
28) 法雲地 : 보살이 수행하여 증득하는 階位인 52위 가운데 제50위. 곧 十信, 十
    住, 十行, 十廻向, 十地, 等覺, 妙覺 가운데 第十地에 속하는 보살을 가리킨다.
    法雲地의 보살은 修惑을 끊고 한없는 공덕을 갖추어 진리의 비를 내려 사람을
    이익되게 함이 마치 大慈雲과 같은 지위이다.

유적이다.

영축사기(靈鷲寺記)에 이르기를, 「낭지가 일찍이 말하기를, "이 암자 터는 바로 가섭불(迦葉佛) 당시의 절터라"고 하고, 땅을 파서 등항(燈缸)30) 2개를 얻었다. 원성왕(元聖王)31) 때 대덕(大德) 연회(緣會)가 [이] 산 속에 와서 살면서 낭지의 전기를 지으니 세상에 유행했다」고 하였다.

『화엄경(華嚴經)』을 살펴보면, 제10지를 법운지(法雲地)라고 했으니 지금 스님이 구름을 탄 것은 대개 부처가 3지(三指)를 구부리고, 원효가 몸을 백 개로 나누는32) 유와 같다고 하겠다.

찬한다.

　　　생각컨대 바위틈에 수도한 지 백 년 동안에
　　　높은 이름 세상에 드러나지 않더니
　　　한가한 산새의 입놀림 금할 수 없어
　　　무단히 구름 타고 왕래하다 알려졌구나

---

29) 赫木寺 : 경상남도 울산의 靈鷲山에 있던 절. 지금의 위치는 알 수 없다.
30) 燈缸 : 등에 기름을 넣는 항아리라고 할 수 있으나, 일종의 등잔으로 짐작된다.
31) 元聖王 : 신라의 제38대 왕. 재위 785-798. [遺] 卷2 紀異 元聖大王條 참조.
32) 元曉分百身 : 元曉의 몸이 100개의 소나무에 나뉘었던 일에 비유된 말이다. 「曾住芬皇寺 纂華嚴疏 至第四十廻向品 終乃絶筆 又嘗因訟 分軀於百松 故皆謂位階初地矣」([遺] 卷4 義解 元曉不羈條).

126. 緣會逃名 文殊岾

　　高僧緣會　嘗隱居靈鷲　每讀蓮經　修普賢觀行　庭池常有蓮數朵
四時不萎〈今靈鷲寺龍藏殿　是緣會舊居〉　國主元聖王　聞其瑞異　欲徵拜
爲國師　師聞之　乃棄庵而遁　行跨西嶺嵓間　有一老叟今爾耕　問[1]
師奚適　曰　吾聞邦家濫聽　縻我以爵　故避之爾　叟聽曰　於此可賈　何
勞遠售　師之謂賣名無厭[2]乎　會謂其慢已　不聽　遂行數里許　溪邊
遇一嫗　問師何往　答如初　嫗曰　前遇人乎　曰　有一老叟侮予之甚
悒且來矣　嫗曰　文殊大聖也　夫言之不聽何　會聞卽驚悚　遽還翁所
扣顙陳悔曰　聖者之言　敢不聞命乎　今且還矣　溪邊嫗彼何人斯　叟
曰　辯才天女也　言訖遂隱

　　乃還庵中　俄有天使賚[3]詔徵之　會知業已當受　乃應詔赴闕　封爲
國師〈僧傳云　憲安王封爲二朝王師　號照[4]　咸通四年卒[5]　與元聖年代相左[6]　未知
孰是〉　師之感老叟處　因名文殊岾　見女處曰阿尼岾

　　讚曰　倚市難藏久陸沈[7]　囊錐旣露括難禁　自緣庭下靑蓮誤　不是
雲山固未深

---

1) 問：[品] 間.
2) 厭：[正] 猒(厭과 동자). [品][斗][浩][六] 厭.
3) 賚：[浩] 齎.
4) 照：[民]은 이 앞 또는 뒤에 글자가 빠진 듯하다고 함.
5) 卒：[正] 판독미상. [晚][順][鶴][品][斗][浩][六] 卒.
6) 左：[正][晚][順][鶴] 木. [品] 差. [斗][浩][六] 左.
7) 沈：[正][晚][順] 況. [鶴][品][斗][浩][六] 沈.

명예를 피하던 연회와 문수점

고승 연회(緣會)1)는 일찍이 영축산[靈鷲]2)에 숨어 살면서 언제나 『법화경[蓮經]』3)을 읽고 보현(普賢)4)관행을 닦았는데, 뜰의 연못에 는 항상 연꽃 몇 떨기가 있어 사철 시들지 않았다.〈지금의 영축사(靈鷲 寺)5) 용장전(龍藏殿)6)이 연회의 옛 거처이다.〉

국왕 원성왕(元聖王)7)이 그 상서로운 이적을 듣고 [그를] 불러 벼 슬을 주어 국사(國師)8)로 삼고자 하였다. 스님이 이 소식을 듣고 그

---

1) 緣會 : 신라 元聖王 때의 고승. 靈鷲山에 은거하면서 『法華經』을 독송하고 普 賢觀行을 닦았다고 하나 자세한 전기기록은 없다. 朗智傳을 지은 바 있다.

2) 靈鷲 : 靈鷲山. 불가에서는 영축산이라고 하며, 석가모니가 『法華經』을 설법 한 곳이다. 우리 나라에서는 경상남도 울산시 靑良面에 있는 산을 가리키나, 18세기 이후에는 이웃한 梁山 通度寺의 산명이 鷲棲山에서 靈鷲山으로 바뀌 고 있다.

3) 蓮經 : 『妙法蓮華經』의 약칭. 흔히 『法華經』이라고 한다. 대표적인 대승경전 중의 하나로 鳩摩羅什이 번역한 8권본이 유명하다.

4) 普賢 : 普賢菩薩을 말한다. 法花의 結經인 『觀普賢菩薩行法經』에 의하여 普 賢菩薩을 본존으로 삼고 法花三昧를 닦는 것.

5) 靈鷲寺 : 이 절이름은 [遺] 券3 塔像 靈鷲寺條에 보인다. 이에 의하면, 이 절 은 신라 神文王 3년(683)에 宰相 忠元公이 屈井縣의 縣廳을 다른 곳으로 옮 기고 창건한 절이라고 한다. 이 외에는 기록이 없어 자세한 사항은 알 수 없다.

6) 龍藏殿 : 여기 외에 다른 기록이 없어 자세한 것은 알 수 없다.

7) 元聖王 : 신라의 제38대 왕. 재위 785-798. [遺] 卷2 紀異 元聖大王條 참조.

8) 國師 : 후술되는 註에는 '王師'로 되어 있다. 신라와 고려에 있었던 승려의 최 고 법계로 국가나 왕의 師表가 되는 고승에게 왕이 내리던 칭호이다. 중국 北 齊에서는 550년에 法常이 제왕의 국사가 된 것이 시초이며, 우리 나라에서는

만 암자를 버리고 도망하였다. 서쪽 고개 바위 사이를 넘어갈 때 한 노인이 이제 막 밭을 갈다가 묻기를, "스님은 어디로 가십니까?"라고 하였다. [스님이] 말하기를, "내가 듣자니, 나라에서 잘못 듣고 나를 관작으로 얽어매려고 하므로 피해서 갑니다"고 하였다. 노인이 듣고서 말하기를, "여기서도 팔 수 있을 것인데, 어찌해서 수고로이 멀리서 팔려고 합니까? 스님이야말로 이름 팔기를 싫어하지 않는다고 하겠습니다"고 하였다. 연회는 그가 자기를 업신여긴다고 생각하고 [그 말을] 듣지 않았다. 마침내 몇 리를 더 가다가 시냇가에서 한 노파를 만났는데 묻기를, "스님은 어디로 가십니까?"라고 하였다. [연회는] 처음과 같이 대답하였다. 노파가 말하기를, "앞에서 사람을 만났습니까?"라고 하였다. [그는] 말하기를, "한 노인이 나를 업신여기는 것이 심하여 불쾌해서 또 오는 것입니다"고 하였다. 노파가 말하기를, "[그분은] 문수대성(文殊大聖)9)인데, 그 말씀을 듣지 않았으니 어찌하겠습니까?"라고 하였다.

연회는 [그 말을] 듣고 놀라고 송구스러워 급히 노인이 있는 곳으로 되돌아가 머리를 숙이고 사과하기를, "성자(聖者)의 말씀을 감히 듣지 않을 수 있겠습니까? 이제 다시 돌아왔습니다. 시냇가의 그 노파는 어떤 사람입니까?"라고 하였다. 노인이 말하기를, "변재천녀(辯才天女)10)입니다"고 하고 말을 마치자 그만 숨어버렸다.

孝昭王 때에 惠通이 국사로 책봉되어 최고의 승관인 國統과 분리되어 존재하였다. 그뒤 국사의 책봉제도는 조선 초까지 지속되었다.(許興植, 「高麗時代의 國師·王師制度와 그 機能」, 『歷史學報』 67, 1975)

9) 文殊大聖 : 文殊菩薩. 普賢菩薩과 一對가 되어 왼편에서 항상 釋迦如來를 모시고 지혜를 맡아본 보살이다. [遺] 卷4 義解 慈藏定律條 참조.

10) 辯才天女 : 梵語 Sarasvatī(薩羅薩伐底). 음악을 맡은 여신으로 걸림 없는 변

이에 암자로 돌아갔더니 조금 뒤에 왕의 사자가 조서를 받들고 와
서 그를 불렀다. 연회가 마땅히 받아야 할 것임을 알고 이에 조서에
응하여 대궐로 가니 국사로 봉해졌다.〈『승전(僧傳)』에는 「헌안왕(憲安王)11)
이 [그를] 두 왕대의 왕사(王師)12)로 삼아 조(照)라고 호하고 함통(咸通)13) 4년에
죽었다」고 하여 원성왕의 연대와 서로 다르니14) 어느 것이 옳은지 모르겠다.〉

스님이 노인에게 감응받은 곳을 문수점(文殊帖)이라고 하고, 여인
을 만난 곳을 아니점(阿尼帖)이라고 하였다.

찬한다.

저자에서는 오래 숨기15) 어렵고
주머니 속 송곳16)은 감추기가 어렵구나
뜰 아래 푸른 연꽃으로 세상에 나갔지
운산(雲山)이 깊지 않은 탓은 아니라네

재를 가져 불법을 유포하고, 財福과 수명과 지혜를 주는 신으로 알려져 있다.
11) 憲安王 : 신라의 제47대 왕. 재위 857-860. 성은 金氏이고 이름은 誼靖・祐靖
   이다. 神武王의 이복동생이며, 어머니는 照明夫人 金氏이다. 후사가 없어 왕족
   膺廉(景文王)을 맏사위로 삼아 왕위를 물려주었다. 능은 경주 孔雀趾이다.
   [史] 卷11 新羅本紀 憲安王條 참조.
12) 王師 : 임금의 스승이 되었던 승려.
13) 咸通 : 중국 唐 懿宗의 연호(860-873).
14) 與元聖年代相左 : 咸通 4년은 863년으로 元聖王代(785-789)와는 70여 년 정
   도 차이가 난다.
15) 陸沈 : 어진 이가 세속에 숨는 것을 비유한 말.
16) 囊錐 : '囊中之錐'를 가리키는 말. 주머니 속의 송곳은 끝이 뾰족하여 밖으로
   나오는 것과 같이 재능이 뛰어난 사람은 많은 사람 중에 함께 있어도 곧 드러
   나고 만다는 뜻이다.

127. 惠現求靜

釋惠現 百濟人 少1)出家 苦心專志 誦蓮經爲業 祈禳2)請福 靈應良稠 兼攻三論 染指通神 初住北部修德寺 有衆則講 無則持誦 四遠欽風 戶外之履滿矣 稍厭3)煩擁 遂往江南達拏山居焉 山極嵓險來往艱稀

現靜坐求忘 終于山中 同學舁尸置石4)室中 虎啖盡遺骸 唯髑舌存焉 三周寒暑 舌猶紅軟 過後方變 紫硬如石 道俗敬之 藏于石塔俗齡五十八 卽貞觀之初 現不西學 靜退以終 而乃名流諸夏 立傳在唐聲著矣夫

又高麗釋波若 入中國天台山 受智者敎觀 以神異聞5)山中而滅唐僧傳亦有章 頗多靈範

讚曰 鹿6)尾傳經倦一場 去年淸誦倚雲藏 風前靑史名流遠 火後紅7)蓮舌帶芳

---

1) 少：[正][斗][六] 小. [品][浩][民] 少.
2) 禳：[正] 欀. [品][斗][浩][六][民] 禳.
3) 厭：[正] 猒(厭과 동자). [品][斗][浩][六] 厭.
4) 石：[正] 右. [品][斗][浩][六][民] 石.
5) 聞：[正][斗][六] 間. [品][浩][民] 聞.
6) 鹿：[品] 塵. [斗] 麕. [浩] 塵.
7) 紅：[斗] 江.

혜현이 고요함을 구하다

　석(釋) 혜현(惠現)[1]은 백제 사람이다. 어려서 출가하여 애써 뜻을 모아 『법화경[蓮經]』[2]을 독송하는 것으로 업을 삼았으며, 기도하여 복을 빌면 영험한 감응이 실로 많았다. 겸하여 3론(三論)[3]을 전공하여 수도를 시작하니[4] 신명에 통하였다.

　처음에는 북부(北部) 수덕사(修德寺)[5]에 살면서 대중이 있으면

---

1) 惠現 : 570-627. 어려서 출가하였고 『蓮經』을 염송하면서 액을 물리치고 복을 비는 한편, 三論을 공부하여 神通의 경지에 이르렀다. 처음에 북부 修德寺에 있다가, 그후 수덕사를 떠나 강남의 達拏山으로 가서 깊이 숨었다. 그가 숨은 이유는 많은 사람들이 찾아오는 것을 번거롭게 여겼기 때문이다. 중국으로 유학을 가지 않았으나 중국의 『續高僧傳』에 입전되었고, 唐나라에도 그 명성을 드날렸다고 한다. 그의 수행과 실천적 신앙은 당시 불교계에 큰 영향을 끼쳤고 많은 신도들이 그의 문하로 몰려들었다. 이는 法華신앙이 확산되어간 것과 불교계에서의 惠現의 비중과 영향력이 증대한 것을 보여준다.(盧重國, 「百濟 武王과 知命法師」, 『韓國史研究』107, 1999, pp.3-32 참조)

2) 蓮經 : 『妙法蓮華經』, 흔히 『法華經』을 말한다. 7권 28품으로 구성되어 있다. 『華嚴經』과 함께 한국불교사상의 확립에 가장 크게 영향을 미친 경전이다.

3) 三論 : 龍樹의 『中觀論』(4권)과 『十二門論』(1권), 용수의 제자인 提波의 『百論』(2권)을 말한다. 모두 鳩摩羅什이 번역하였다. 후에 이 삼론을 소의로 삼는 삼론종이 일어나 鳩摩羅什을 종조로 삼았다. 隋의 嘉祥 大師 吉藏에 의해 크게 발전하였다.

4) 染指 : 맛본다는 뜻인데, 여기서는 수도를 시작한다는 의미로 쓰였다.

5) 修德寺 : 충청남도 禮山郡 德山面 斜川里 덕숭산에 있는 절. 백제 法王 원년(599)에 智明法師가 창건하였다고 전한다. 창건 이후의 역사는 자세히 전하는 것이 없다. 한말에 鏡虛가 이곳에 살면서 선풍을 크게 진작시켰고, 또한 그의 제자 滿空이 많은 후학들을 배출하였다. 지금은 대한불교조계종 제7교구본사

[경을] 강하고, 없으면 지송(持誦)했으므로 사방의 먼 곳에서 [그의] 교화를 흠모하여 문 밖에는 [항상] 신발이 가득하였다. 차차 번잡한 것이 싫어 마침내 강남의 달라산(達拏山)6)으로 가서 살았다. 산이 매우 험준하여 내왕이 어렵고 드물었다.

혜현이 고요히 앉아서 [번뇌를] 잊고 산중에서 세상을 마쳤다. 같이 공부하던 이가 시체를 옮겨 석실(石室) 속에 안치했는데, 범이 [그] 유해를 다 먹고 오직 해골과 혀만 남겨두었다. 추위와 더위가 세번 돌아와도 혀는 오히려 붉고 연하였다. 그후 변해서 자줏빛이 나고 돌처럼 단단하게 되었는데, 승려나 속인이 [모두] 그것을 공경하여 석탑에 간직하였다. 세속의 나이 58세였는데, 즉 정관(貞觀)7)의 초년이었다. 혜현은 서방에 유학하지 않고 조용히 물러나 일생을 마쳤으나, 그의 명성은 중국에까지 알려져 전기가 쓰여지고 당(唐)나라에서도 명성이 드러났다.

또 고구려[高麗]의 석(釋) 파약(波若)8)은 중국의 천태산(天台山)9)에 들어가서 지자(智者)10)의 교관(敎觀)11)을 받아 신이로 산중

이다. 현존하는 修德寺 대웅전은 1308년(忠烈王 34년)에 건립한 것으로 국보 제49호이다.

6) 達拏山 : 위치에 대해 전라북도 高山 또는 珍山 부근에 있는 산으로 보거나 ([斗], p.452), 濟州道의 達羅山으로 추정하는 견해(洪思俊,「修德寺와 白石寺」,『百濟研究』4, 1973, p.38)가 있다.

7) 貞觀 : 중국 唐 太宗의 연호(627-649).

8) 波若 : 561-613. 고구려의 승려. 우리 나라 최초로 天台敎觀을 익혔으며, 중국 天台宗의 개산조 天台智者의 법제자이다. 596년에 중국 佛龍山寺에서 천태교관을 배우고, 593년에 천태산에 올라가서 16년간 天台止觀法에 따라 坐禪하였다. 613년에 불룡산사로 돌아오는데 흰 옷을 입은 3명이 衣鉢을 지고 따라오다가 잠시 후 보이지 않았다. 그뒤 國淸寺로 가 머물다가 52세의 나이로 입적하였다.

9) 天台山 : 중국 浙江省 台州府 天台縣에 있는 산. 陳의 太建 7년(573)에 智顗

에 알려졌다가 죽었다. 『당승전(唐僧傳)』에도 실려 있는데 자못 영험
한 가르침이 많았다.

  찬한다.

    불자들과 강경함도 권태로워
    지난해 독경소리 구름 속에 숨겼다
    명성은 역사에 오래도록 전하고
    불 속의 연꽃인양 향기로운 혀라네

    가 修善寺를 창건하여 天台宗의 근본도량으로 삼았다. 전성기에는 70여 절이
    있었다. 지금은 國淸寺 등의 대찰이 있다.
10) 智者 : 538-597. 天台大師 智顗를 말한다. 隋의 開皇 11년(591)에 煬帝가 菩
    薩戒를 받고 智者의 호를 줌으로써 智者大師로 불리게 되었다.
11) 敎觀 : 敎相과 觀心을 말한다. 敎相은 釋迦一代의 敎法을 自己의 宗義에 따
    라 분별판단하는 것이고, 觀心은 自己宗義에서 내세운 眞理를 觀念하는 것을
    말한다.(『韓國佛敎大辭典』 1, p.284)

128. 信忠掛冠

　　孝成王潛邸時 與賢士信忠 圍碁於宮庭栢樹下 嘗謂曰 他日若忘卿 有如栢樹 信忠興拜 隔數月 王卽位賞功臣 忘忠而不第之 忠怨而作歌 帖於栢樹 樹忽黃悴 王怪使審之 得歌獻之 大驚曰 萬機鞅掌 幾忘乎角弓 乃召之賜爵祿 栢樹乃蘇 歌曰 物叱好支栢史 秋察尸不冬爾屋支¹⁾墮米 汝於多支行齊教因隱 仰頓隱面矣改衣賜乎隱冬矣也 月羅理影支古理因淵之叱 行尸浪 阿叱沙矣以支如支 貌²⁾史沙叱望阿乃 世理都 之叱逸烏隱第³⁾也

　　後句亡 由是寵⁴⁾現於兩朝 景德王〈王卽孝成之弟也〉二十二年癸卯 忠與二友相約 掛冠入南岳 再徵不就 落髮爲沙門 爲王創斷俗寺居焉 願終身丘⁵⁾壑 以奉福大王 王許之 留眞在金堂後壁是也 南有村名俗休 今訛云小花里〈按三和尙傳 有信忠奉聖寺 與此相混 然計其神文之世 距景德已百餘年 況神文與信忠乃宿世之事 則非此信忠明矣 宜詳之〉

　　又別記云 景德王代 有直長李俊〈高僧傳作李純〉早曾發願 年至知命 須⁶⁾出家創佛寺 天寶七年戊子 年登五十矣 改創槽淵小寺爲大

---

1) 攴 : [浩][六] 支.
2) 貌 : [正][品][浩][六] 皃(貌와 동자). [斗] 皃.
3) 第 : [正][晚][鶴] 苐. [品][斗][浩][六] 第.
4) 寵 : [順] 龍.
5) 丘 : [正][晚][鶴][品][斗][會][東] 立. [浩][六] 丘.

刹　名斷俗寺　身亦削髮　法名孔宏長老　住寺二十年乃卒　與前三國
史所載不同　兩存之闕疑

　讚曰　功名未已鬢先霜　君寵雖多百歲忙　隔岸有山頻入夢　逝將香
火祝吾皇

---

6) 須：[正] 湏. [品][斗][浩][六] 須.

신충이 벼슬을 그만두다[1]

　　효성왕(孝成王)[2]이 잠저(潛邸)[3]에 있을 때 어진 선비 신충(信
忠)[4]과 궁뜰의 잣나무 밑에서 바둑을 두었는데,[5] 언젠가 [신충에게]

말하기를, "훗날에 [내가] 만약 그대를 잊는다면 저 잣나무와 같으리라6)"고 하였다. 신충은 일어나 절하였다. 몇 달이 지나서 효성왕이 즉위하여 공신들에게 상을 주면서 신충을 잊고 차례에 넣지 않았다. 신충은 원망하여 노래를 지어 잣나무에 붙였더니 나무가 문득 누렇게 시들어버렸다.7) 왕은 괴이하게 여겨 사람을 시켜 살펴보게 하였더니 노래를 얻어서 바쳤다. [왕은] 크게 놀라 말하기를, "국사[萬機]8)에 골몰하여9) 공신[角弓]10)을 거의 잊었도다"고 하였다. 이에 신충을

참조) 圍碁에 관해서도 상징적 의미를 생각할 수 있다. 班固에 의하면, 碁局은 땅, 바둑 말의 黑白은 陰陽, 碁局에서의 碁石 布列은 天文을 본뜬 것이다. 棋는 天圓地方 陰陽四象을 비롯한 帝王의 治, 五覇의 權, 戰國事를 재현하여 古今得失을 드러내 보인다고 하였다.(『詳校事文類抄』卷2 技藝部 참조) '궁뜰 잣나무 아래에서의 바둑'은 단순한 오락 이상의 위와 같은 신화적 제의적 의미가 다분하다.

6) 他日若忘卿 有如栢樹 : 後日에 信忠을 저버리지 않겠다는 王子(孝成) 일방의 다짐이나, 다른 기록에서는 왕자와 신충 쌍방의 다짐으로 나타난 것을 볼 수 있다. 「다른 날에 내 그대를 잊지 않으리라. 그대 또한 정조를 바꾸지 말라. 저버리는 바 있을 때에는 이 잣나무와 같아지리라(他日我不忘汝 汝亦不改貞操 有所負者 有如此栢)」(『增補文獻備考』卷106 樂考 17).

7) 作歌 帖於栢樹 樹忽黃悴 : '궁뜰의 잣나무'는 이른바 '宇宙의 나무(Cosmic tree)'로, 이 경우 왕권과 긴밀히 연결되어 있다고 볼 수 있다. 왕권과 동일시된 聖樹-잣나무에 대한 詛呪(怨歌 帖附)나 加害는 類感呪術(Homoeopathic Magic)로 왕권에 중대한 위협으로 작용할 수 있다. 한편 聖王의 食言은 平俗한 인간의 食言과는 다르다. 성왕의 국토와 국민에 대한 무성의와 무관심은 곧 그의 영토 안에 모종의 혼란과 무질서를 야기하는 것으로 관념되었다.(黃浿江, 앞의 논문, pp.196-197 참조)

8) 萬機 : 정치상의 모든 중요한 기틀. 임금의 정무. 여러 가지 정사.

9) 鞅掌 : 바쁘게 일을 하여 여가가 없음. 일이 많은 모양. 「心不耐煩 而官事鞅掌」(『嵇康』).

10) 角弓 : 『詩經』卷15 小雅篇에 角弓章이 있다. 이는 周 幽王이 九族을 멀리 하고, 讒佞을 신임하여 가까운 骨肉이 서로 원망하게 된 것을 찌른 노래다. 角弓은 뿔로 장식한 활을 말한다. 각궁은 恒時 도지개(木敬: 트집간 활을 바로잡는 틀) 안에 넣어서 간직해야 그 모양이 똑바로 안쪽으로 휘어져 활 구실을 하게 되는데, 그렇지 않을 때는 활 시위가 풀려서 바깥 쪽으로 휘어져 쓸 수 없게 된

불러 벼슬을 주니 잣나무는 바로 되살아났다.11) 그 노래는 다음과 같다.

  질 좋은 잣나무는12)

  가을에 아니 그릇 떨어지되13)

  너 어찌 잊으랴 말씀하신14)

  우럴던 낯은 변하셨도다15)

다. 宗族도 그와 같아서 늘 친근하게 지내는 방법을 취하지 않을 때는 서로 원망하게 됨에 비유하였다. 여기서는 공신으로서 응당 기용해야 했음에도 그렇지 못하여 원망을 사게 되었던 信忠을 가리켜 각궁에 비유하였다.

11) 召之賜爵祿 栢樹乃蘇 : 王의 食言과 信忠의 怨歌 帖附는 聖樹를 두고 한 신성 서약을 저버린 결과로서, 우주와 왕국의 질서를 파괴한 중대한 사태(聖樹의 凋落)에 이르렀으나, '得歌'하여, 信忠을 기용함으로써 왕은 무너진 권위를 되찾고, 聖王으로 재생될 수 있었다. 이로써 우주와 왕국의 질서는 회복되었던 것이니, 栢樹의 '黃悴'와 '乃蘇'에 이르는 형상은 위와 같은 전과정을 상징적으로 나타냈다고 하겠다.

12) 物叱好支栢史 : '物叱' 잣(物). '物' 갓믈(『訓蒙字會』下卷). '好支'는 '됴히'로 '됴흔', 곧 '좋은'. '栢史'는 '자시' 즉 '잣-이'. 위의 구는 '갓 됴히 자시'로 해독하고, '질 좋은 잣나무는'으로 해석한다.

13) 秋察尸不冬爾屋支墮米 : 'ᄀ살 안들 글오히 디매'로 해독하고, '가을에 아니 그릇 떨어지되'로 해석하였다. '秋察尸'은 'ᄀ살'. '尸'는 '-ㄹ'음의 표기문자이다. '爾屋支'는 '글오히'로 해독하고, '그릇되게', '그르쳐(乖)'로 해석하였다.(徐在克, 『新羅鄕歌의 語彙硏究』, 啓明大韓國學硏究所, 1975, pp.45-47 참조)

14) 汝於多支行齊敎因隱 : '너 엇뎨 니져 ᄀ르친'으로 해독하고,' 너 어찌 잊으랴 말씀하신'으로 해석하였다. '敎因隱(ᄀ르친)'은 '가르치다'와는 별개의 말로, '말씀하신', '하웁신'으로 풀이한다.(홍기문, 『향가해석』, 과학원출판사, 1956, pp.293-294 참조)

15) 仰頓隱面矣改衣賜乎隱冬矣也 : '울월돈 ᄂ치 ᄀ시샤온뎌여'로 해독하고, '울월던 낯은 변하셨도다'로 해석하였다. '仰頓隱面矣'는 '울월돈 ᄂ치'(金完鎭, 『鄕歌解讀法硏究』, 서울大出版部, 1980, p.138, p.140 참조), '改衣賜乎隱冬矣也'는 '가시샤온뎌여'로 해독하고, '가시었다', '변하셨도다'로 해석하였다.(黃浿江, 「怨歌 硏究」, 『茶谷李樹鳳博士停年紀念古小說硏究論叢』, 經仁文化社, 1994, p.9 참조)

달그림자 진 옛 못엣16)

흐르는 물결엣 모래인양17)

모습이사 바라나18)

세상 모두 잃은 처지여라19)

뒷구는 없어졌다. 이로 인해 [그는] 은총이 두 왕조에서 드러났
다.20) 경덕왕(景德王)21)〈왕은 효성왕의 아우이다.〉 22년 계묘(癸卯, 763)
에 신충은 두 벗과 서로 약속하여 벼슬을 내놓고 남악(南岳)22)으로
들어가 두 번이나 불러도 나오지 않았다. 머리를 깎고 중이 되어 왕을
위해 단속사(斷俗寺)23)를 세우고 [거기에서] 살았다. 평생을 구학(丘

---

16) 月羅理影支古理因淵之叱 : '月羅理'는 '드리', '달이', '影支'는 '그림제', '그림자'.
'古理因淵之叱'는 '옛못잇', '옛 못에의'로 풀이하였다.

17) 行尸浪 阿叱沙矣以支如支 : '行尸浪阿叱'은 '녈 믓결앳'로, '가는 물결에의'로
풀이함. 原典上으로는 '行尸浪'과 '阿叱'이 끊어져 있으나, 助詞인 '阿叱'이 어
두에 올 수는 없다. '行尸浪'의 格助詞로서 이에 붙여 씀이 옳을 것이다. '沙矣
以支如支'는 '몰앳다히', '모래다이', '모래인양'으로 풀이하였다.

18) 貌史沙叱望阿乃 : '즘삿 ㅂ라나'로, '모습을 바라보나'로 풀이하였다.(梁柱東,
『古歌硏究』, 博文出版社, 1957, pp.631-633 참조)

19) 世理都 之叱逸烏隱第也 : '世理'는 '누리', '都之叱'은 '다', '모도'로 읽었다.(南
豊鉉, 「鄕歌와 舊譯 仁王經 口訣의 '之叱'에 대하여」, 『언어』, 2권 1호, 한국언
어학회, 1977, p.63 참조) '逸烏隱'은 '일혼(잃은)'으로 읽었다. '第也'는 '-뎨여'
로, '-것이여', '-處地여'로 읽었다.(梁柱東, 앞의 책, pp.636-637 참조)

20) 寵現於兩朝 : 信忠에 대한 王寵이 孝成王과 景德王의 두 왕조에서 나타났음
을 가리킨다.

21) 景德王 : 신라의 제35대 왕. 재위 742-765. [遺] 卷2 紀異 景德王 忠談師 表訓
大德條 참조.

22) 南岳 : 地理山, 곧 智異山. 경상남도 산청군 단성면 운리동에 위치한다. 「五岳
東吐含山〈大城郡〉 南地理山〈菁州〉 西雞龍山〈熊川州〉 北太伯山〈奈巳郡〉 中父岳〈一云
公山 押督郡〉」([史] 卷32 雜志 祭祀條).

23) 斷俗寺 : 경상남도 산청군 단성면 운리동 智異山 동쪽에 있던 절. 신라 景德王
7년(748) 大奈麻 李純이 창건, 혹은 景德王 22년(763) 信忠이 창건했다고도

塋)24)에서 마치며 대왕의 복을 빌기를 원했으므로 왕은 이를 허락하였다. [왕의] 진영을 모셔두었는데, 금당의 뒷벽에 있는 것이 이것이다. 남쪽에 속휴(俗休)라는 촌이 있는데, 지금은 와전되어 소화리(小花里)라고 한다.〈삼화상전(三和尙傳)25)을 보면 신충봉성사(信忠奉聖寺)26)가 있어, 이것과 서로 혼동되고 있다. 그러나 셈하여 보니, 신문왕[神文]27) 때는 경덕왕과 이미 백여 년이나 차이가 있다. 하물며 신문왕과 신충의 일은 지난 세상의 일이니, 이 신충이 아님은 명백하다. 마땅히 자세히 살펴야 하리라.〉

또 다른 기록은 다음과 같다.

「경덕왕 때 직장(直長)28) 이준(李俊)〈『고승전(高僧傳)』에는 이순(李純)29)이라고 하였다.〉이 일찍이 발원하기를, 나이 50세30)에 이르러서는 출가하여 절을 세우리라고 하였다. 천보(天寶) 7년 무자(戊子, 748)에 나

한다. 崔致遠이 쓴 '廣濟嵒門'의 刻石이 있고, 그의 讀書堂이던 방은 뒷날 大鑑(坦然)의 影堂이 되었다. 신라 率居의 그림인 維摩像이 있었다고 한다. 사지에 동 3층석탑(보물 제72호)과 서 3층석탑(보물 제73호)이 있고, 神行禪師碑가 있었으며, 眞定大師塔碑가 출토되었다.(耘虛龍夏, 『佛敎辭典』, 동국역경원, 1961, p.139. 『朝鮮金石總覽』上, p.106, p.215, p.562 참조)

24) 丘塋 : 언덕과 구렁, 隱者의 居處를 말한다.

25) 三和尙傳 : 알 수 없다.

26) 信忠奉聖寺 : 이 信忠은 본조의 信忠과 同名異人으로 다음과 같은 寺刹緣起譚과 관련되어 있다. 「初神文王發疽背 請候於通 通至 呪之立活 乃曰 陛下曩昔爲宰官身 誤決臧人信忠爲隷 信忠有怨 生生作報 今玆惡疽亦信忠所祟 宜爲忠創伽藍 奉冥祐以解之 王深然之 創寺號信忠奉聖寺 寺成 空中唱云 因王創寺 脫苦生天 怨已解矣」([遺] 卷5 神呪 惠通降龍條).

27) 神文 : 神文王. 신라의 제31대 왕. 재위 681-692. [遺] 卷2 紀異 萬波息笛條 참조.

28) 直長 : 관직의 이름. 李純(俊)에 관하여 [史]는 관직 '直長'을 표기하는 대신 관등 '大奈麻'를 표시하고 있다.(卷9 新羅本紀 景德王 22年 8月條 참조)

29) 李純 : [史]에서도 '李純'으로 썼다.(卷9 新羅本紀 景德王 22年條 참조)

30) 知命 : 孔子의 이른바 '知天命'의 나이, 곧 50세를 말한다. 「子曰 吾十有五而志于學 三十而立 四十而不惑 五十而知天命 六十而耳順 七十而從心所欲 不踰矩」(『論語』 爲政).

이 50세가 되니 조연소사(槽淵小寺)를 고쳐 세워 큰 절로 삼고, 단속사(斷俗寺)라고 이름하였다. 그 자신도 머리를 깎고 법명을 공굉장로(孔宏長老)라고 하고, 절에 20년 동안 거주하다가 세상을 마쳤다.」

[이는] 앞의 『삼국사(三國史)』에 실린 기록과는 같지 않으나[31] 양쪽을 다 실어 의심을 덜었다.

찬한다.

공명을 못 다한 채 귀밑 털이 먼저 세니
임의 은총 많다 하나 백 년이 잠깐이라
저 건너 산[절]이 꿈에 자주 보이니
가서 향 피워 임의 복 빌리라

---

31) 與前三國史所載不同 : 이에 해당하는 [史]의 기술은 다음과 같다. 「上大等信
   忠 侍中金邕免 大奈麻李純爲王寵臣 忽一旦避世入山 累徵不就 剃髮爲僧 爲
   王創立斷俗寺居之 後聞王好樂 卽詣宮門 諫奏曰 臣聞 昔者桀紂 荒于酒色淫
   樂不止 由是 政事凌遲 國家敗滅 覆轍在前 後車宜戒 伏望 大王改過自新 以
   永國壽 王聞之感歎 爲之停樂 便引之正室 聞說道妙 以及理世之方 數日乃止」
   ([史] 卷9 新羅本紀 景德王 22年 8月條).

129. 包山二聖

　　羅時有觀機道成二聖師 不知何許人 同隱包山〈鄕云1)所瑟山 乃梵音此云包也〉機庵南嶺 成處北穴 相去十許里 披雲嘯月 每相過從 成欲致機 則山中樹木2)皆向南而俯 如相迎者 機見之而往 機欲邀成也 則亦如之 皆北偃 成乃至 如是有年

　　成於所居之後 高嵓之上 常宴坐 一日自嵓縫間透身而出 全身騰空而逝 莫知所至 或云 至壽昌郡〈今壽城3)郡〉捐4)骸焉 機亦繼踵歸眞 今以二師名命其墟 皆有遺趾 道成嵓高數丈 後人置寺穴下

　　太5)平興國七年壬午 有釋成梵 始來住寺 敞萬日彌陁道場 精懃五十餘年 屢有殊祥 時玄風信士二十餘人歲結社 拾香木納寺 每入山採香 劈析淘洗 攤置箔上 其木至夜放光如燭 由是郡人項6)施其香徒 以得光之歲爲賀7) 乃二聖之靈感 或岳神攸助也 神名靜聖天王 嘗於迦葉佛時受佛囑 有本誓 待山中一千人出世 轉受餘報

　　今山中嘗記九聖遺事 則未詳 曰 觀機 道成 搬8)師 檪師 道義〈有

---

1) 云：[正][晩][順] 去. [鶴][品][斗][浩][六][民] 云.

2) 木：[浩][六] 없음.

3) 城：[正][晩] 域. [鶴] 域. [品][斗][浩][六][民] 城.

4) 捐：[正][晩][鶴][六] 指. [品][斗][浩][民][會][東] 捐.

5) 太：[正][晩][鶴][斗][六] 大. [品][浩] 太. 『琵瑟山湧泉寺事蹟記』太.

6) 項：[浩] 頂. [民] 未詳. 『琵瑟山湧泉寺事蹟記』傾.

7) 賀：[順] 과손.

栢岩基〉子陽 成梵 今勿女 白牛師

讚曰 相過踏9)月弄雲泉 二老風流幾百年 滿壑烟霞餘古木 偃10)
昂寒影尙如迎

橌音般 鄕云雨木 櫟音牒 鄕云加乙木 此二師久隱嵓叢 不11)交
人世 皆編木葉爲衣 以度寒暑 掩濕遮羞而已 因以爲號 嘗聞楓岳
亦有斯名 乃知古之隱倫12)之士 例多逸韻如此 但難爲蹈襲

予13)嘗寓包山 有記二師之遺美 今幷錄之 紫茅黃精塡肚皮 蔽衣
木葉非蠶機 寒松颼颼石犖硞 日暮林下樵14)蘇歸 夜深披向月明15)
坐 一半颯颯16)隨風飛 敗蒲橫臥於憨17)眠 夢魂不到紅塵羈18) 雲遊
逝兮二庵墟 山鹿恣登人迹稀

---

8) 橌 : [鶴] 搬.
9) 踏 : [正][晚][鶴][品][斗][六] 蹹. [會][東] 幡. [浩] 踏.
10) 偃 : [正] 伭. [晚][鶴][東] 㐰. [品][斗][浩][會] 伍. [六][民] 偃.
11) 不 : [六] 下.
12) 倫 : [浩][六] 淪.
13) 予 : [正][晚][鶴] 子. [品][斗][浩][六] 予.
14) 樵 : [正][晚][鶴] 撨. [品][斗][浩][六][民] 樵.
15) 明 : [正][晚][鶴] 朋. [品][斗][浩][六] 明.
16) 颯颯 : [正][晚][鶴][品] 颲颲. [斗][浩][六] 颯颯.
17) 憨 : [品][斗][會] 憗.
18) 羈 : [正][品][六] 羇(羈의 속자). [斗][浩] 羈.

포산의 두 성사

신라 때 관기(觀機)와 도성(道成) 두 성사(聖師)가 있었는데, 어떤 내력의 사람인지 알 수 없으나1) 함께 포산(包山)2)〈나라 사람이 소슬산(所瑟山)이라고 하는 것은 범음(梵音)이다. 이는 포(包)를 말한다.〉에 숨어 살았다. 관기는 남쪽 고개에 암자를 짓고 살았고, 도성은 북쪽 굴에 몸을 부쳐 살았다. 서로 십여 리쯤 떨어져 있었으나, [이들은] 구름을 헤치고 달을 노래하며 늘 서로 따라 오가며 지냈다. 도성이 관기를 부르려고 할 때면 산 속 나무들이 모두 남쪽을 향하여 굽으니 [그 모양이] 마치 영접하는 것 같았다. 관기는 이를 보고 [도성에게로] 갔다. 관기가 도성을 부르려고 할 때면 또 이와 같이 하여 [나무들이] 모두 북쪽으로 굽었고, 도성은 곧 [관기에게] 이르렀다.3) 이와 같이 여러 해를 지냈다.

---

1) 觀機道成二聖師 不知何許人 : 觀機・道成 두 사람에 관한 행적은 여기 외에는 전혀 나오지 않아 알 수 없다.(이하석,『삼국유사의 현장기행』, 문예산책, 1995, p.255 참조)

2) 包山 : 경상북도 玄風의 琵瑟山. 苞山으로도 쓴다. 「琵瑟山 一名 苞山 在縣東十五里 亦見星州密陽昌寧」([勝覽] 卷27 玄風縣 山川條).

3) 每相過從…成乃至 : 觀機・道成 두 성사가 서로 만날 뜻이 있어 오갈 때면 산중 초목이 이에 따라 굽히는 이적이 나타났던 것이니, 다음과 같은 기록도 전한다. 「地誌云 神僧觀機道成 居苞山南北 兩師有意相邀 則山中草木隨之而偃 禪林靈蹟之著於玆山者 其來尙矣」(任守幹,「龍淵寺重修碑序」,『朝鮮寺刹史料』上, p.408).

도성은 처소 뒤 높은 바위 위에서 항상 좌선하더니,4) 하루는 바위 틈새로부터 몸이 뚫고 나와 온몸이 하늘에 올라갔는데, 간 곳을 알 수 없었다. 혹은 수창군(壽昌郡)〈지금의 수성군(壽城郡)〉5)에 이르러 몸을 버렸다고 한다. 관기도 또 그의 뒤를 따라 세상을 떠났다. 지금 두 성사의 이름으로 그 터를 명명하였는데,6) 그 터는 다 남아 있다. 도성암은 높이가 두어 길 되는데, 뒷사람이 [그] 굴 밑에 절을 지었다.

태평흥국(太平興國) 7년 임오(壬午, 982)에 석(釋) 성범(成梵)7)이 처음으로 [이] 절에 와서 살면서 만일미타도량(萬日彌陁道場)을 열어 50여 년을 부지런히 힘써 닦더니 누차 유별난 상서가 있었다. 이때 현풍(玄風)의 남신도[信士] 20여 명이 해마다 결사(結社)하여 향나

---

4) 宴坐 : 坐禪.

5) 壽昌郡〈今壽城郡〉: 경상북도 대구 남쪽 12리에 있으니, 본래 喟火(一云上村昌) 郡인데, 신라 景德王이 壽昌(一云嘉昌)郡으로 고치더니, 고려 초에 壽城으로 고치고, 顯宗 9년(1018) 경주에 속하였다가, 恭讓王 2년(1390) 監務를 두어, 解顔을 겸임케 하더니, 조선 太祖 3년(1394) 監務를 없애고 大邱에 속하게 하였다. 1961년 현재 達城郡 壽城面이었다.(權相老, 『韓國地名沿革考 地名變遷辭典』, 東國文化社, 1961, p.177 참조) 崔致遠의 「新羅壽昌郡護國城八角燈樓記」에도 '壽昌郡'의 이름이 보인다.(『東文選』 卷64 記 참조)

6) 今以二師名命其墟 : 두 성사의 이름으로 그 유지가 전한다고 하였는데, 지금도 두 사람의 자취는 거친 풀덤불 속에 남아 있다. 觀機가 머물렀던 암자(觀機庵)는 관기봉 남쪽에, 道成이 머물렀던 처소(道成庵)는 비슬산 정상인 천왕봉 바로 아래에 있다. 관기봉은 천왕봉의 남쪽 4km밖에 돌출한 바위 봉우리이다. 그 아래에 관기암 절터 흔적만 남아 있다. 도성암은 유가사 소속 암자로 현존한다. 도성암 뒷편에 도성이 연좌한 것으로 전하는 도통바위(道成嵓)가 우람하게 서 있다. 도성암에서 관기봉은 마주 바라보는 위치에 있다.(이하석, 앞의 책, p.257 참조)

7) 成梵 : 고려의 승려. 신라 때 觀機와 道成이 包山에서 육신으로 등공한 뒤 그 터에 후인들이 절을 지었는데, 고려 成宗 2년(983) 그 절에 있으면서 만일미타도량을 차리고, 50여 년을 정근하여 자주 상서가 나타났다. 包山 2聖(관기·도성)의 유풍을 이은 7성의 한 사람이다.

무를 주워 절에 바쳐왔다. 매양 산에 들어가 향나무를 채취하여 쪼개
어 씻어서 발 위에 널어놓는데, 그 나무가 밤이 되면 촛불처럼 빛을
발하였다. 이로 인해 고을 사람이 그 향도(香徒)8)에게 크게 보시하고
빛을 얻은 해라 하례하니, 곧 두 성사의 신령이 감응한 바이거나 산신
의 도움이라고 하겠다. 산신의 이름은 정성천왕(靜聖天王)9)으로 일
찍이 가섭불(迦葉佛)10) 때 부처님의 부탁을 받고 다짐하여 말하기
를,11) "산 속에서 1천 명의 출세를 기다려 남은 과보를 받겠나이다"
고 하였다.

　지금 산 속에서 일찍이 아홉 성인의 유사(遺事)를 기록하였는데12),
[그 내용은] 자세하지 않다. [아홉 성인은] 관기·도성·반사(檥
師)13)·첩사(牒師)14)·도의(道義)15)⟨백암사[栢岩]16) 터가 있다.⟩·자양(子

---

8) 香徒 : 佛事를 돕기 위한 목적으로 모인 무리. 여기서는 불사에 쓸 향나무를
　　채취하기 위해 모인 무리를 말한다.
9) 靜聖天王 : 包山의 岳神으로 護佛的인 善神.
10) 迦葉佛 : 過去 7佛의 하나. 현세계에서 人壽 2만 세 때 出世하여 正覺을 이루
　　었다. 釋迦佛의 바로 앞에 나타난 부처이다. 「第九小劫減增 人壽…減至二萬歲
　　時 第三迦葉佛出世 姓迦葉 父梵德 母財主 侍者善友 子集軍 居波羅奈城 坐
　　尼俱律樹下說法 一會度二萬人」(『佛祖通紀』卷30).
11) 本誓 : 본래의 誓願. 부처가 지난 세상에서 성불하기를 원해 수양하던 때 세운
　　서원을 말하며 本願이라고도 한다.
12) 今山中嘗記九聖遺事 : 九聖에 관하여 아래와 같은 기록이 전한다. 「地誌云 山
　　於三國時 有九聖僧 其號曰 觀機·道成·檥師·牒師·道義·子陽·成梵·今
　　勿女·白牛師 各分南北相邀之志 山中草木隨而偃之 世有靈異 皆成大道」(龍
　　淵寺事蹟, 『朝鮮寺刹史料』上, p.403).
13) 檥師 : 신라의 승려. 觀機·道成의 유풍을 이어 받은 包山 9聖의 한 사람.
14) 牒師 : 신라의 승려. 觀機·道成의 유풍을 계승한 包山 9聖의 한 사람.
15) 道義 : 신라의 승려. 觀機·道成의 유풍을 계승한 包山 9聖의 한 사람. 同名의
　　고승으로 迦智山 禪派의 제1세 祖師 道義와는 동명이인이다.
16) 栢岩 : 栢岩寺. 道義가 주석했던 苞山에 있던 절인 듯하나, 현재 그 위치는 알
　　수 없다.

陽)17) · 성범 · 금물녀(今勿女)18) · 백우사(白牛師)19)이다.

　　찬한다.20)

　　　　서로 달빛 밟고 운천에 노닐던

　　　　두 늙은이, 그 풍류 몇 백 년 지났던고

　　　　안개 찬 골짝엔 고목만 남았는데

　　　　굽었다 폈다, 쓸쓸한 그림자는 아직도 누를 맞듯

　　'반(橎)'은 음이 '반'이고, 우리말로는 '피나무'이다. '첩(檫)'은 음이 '첩'이요, 우리말로는 '갈나무'다. 이 두 성사는 오랫동안 바위 덤불에 숨어살며 세상 사람과 사귀지 않았다. 모두 나뭇잎을 엮어서 옷 삼아 입고 추위와 더위를 다 지내고, 축축한 기운을 막고 숨길 데를 가릴 뿐이었으므로 ['반과 '첩'으로] 이름 불렀다. 일찍이 들으니, 풍악(楓岳)에도 또 이런 이름의 [선비가] 있었다고 하니, 곧 옛날 은륜(隱倫)21)한 선비들로 그 빼어난 운치가 이와 같은 예가 많았음을 알겠거니와, 다만 답습하기는 어려운 일이다.

　　내가 일찍이 포산에 우거할 때22) 두 성사가 남긴 미덕을 기록한 것

---

17) 子陽 : 신라의 승려. 觀機 · 道成의 유풍을 계승한 包山 9聖의 한 사람.

18) 今勿女 : 신라 사람. 觀機 · 道成과 함께 包山 9聖의 한 사람. 僧俗을 알 수 없다.

19) 白牛師 : 신라의 승려. 觀機 · 道成과 함께 包山 9聖의 한 사람.

20) 讚曰 : [遺]는 讚者를 은연중 一然으로 지목하고 있는데, 이와는 달리 [勝覽]은 「後人 讚曰 相過踏月弄雲泉…」(卷27 玄風縣 古蹟 苞山條)이라고 하여 막연히 後人으로, 『朝鮮名勝古蹟』은 「徐居正詩曰 相過踏月弄雲泉…」(p.129 苞山)이라고 하여 徐居正으로 명시하고 있다.

21) 隱倫 : 세상을 피하여 숨는 것. 숨어서 낙오됨. 隱淪.

22) 予嘗寓包山 : 一然은 高宗 14년(1227) 겨울, 選佛場에서 上上科에 오른 뒤 包

이 있어, 이제 이것을 아울러 기록한다.

　　붉은 띠,23) 죽대 뿌리24)로 배를 채우고

　　나뭇잎 옷 입으니, 누에나 베틀은 아랑곳 않네

　　솔바람 솔솔 불고, 돌길은 울퉁불퉁

　　해 저문 수풀 아래 나무하고 돌아오네25)

　　밤 깊은데 가슴 열고 달 밝은 데 앉으니

　　삽삽한 바람 따라 반쯤은 날 듯

　　헤진 포단에 쓰러져 얼핏 잠드니

　　꿈에도 홍진(紅塵) 속세는 가지 않네

　　구름 따라 노닐다 간 두 분 암자 옛 터에

　　사슴만 오르고, 사람 자취 드물구나

山의 寶幢庵에 가서 禪觀을 닦으며 머물러 있었다. 同王 24년(1237) 여름, 포
산의 妙門庵을 거쳐 無住庵에 주석하여 佛語를 參究하여 크게 깨달은 바 있었
다. 「丁亥冬赴選佛場 登上上科 厥後寄錫于包山寶幢庵 心存禪觀 丙申秋有兵
亂 師欲避地 因念文殊五字呪 以期感應 忽於壁間 文殊現身曰無住居 明年夏
復居是山妙門庵 庵之北有蘭若曰無住 師乃悟前記 住是庵 時常以生界不減 佛
界不增之語 參究之 忽一日豁然有悟 謂人曰 今日 乃知三界如幻夢 見大地無
纖毫礙」(閔漬,「高麗國義興華山曹溪宗麟角寺迦智山下普覺國尊碑銘幷序」,『朝
鮮金石總覽』上, p.470).
23) 紫茅 : 포아(poa)풀科의 多年草. 根莖은 약용, 잎은 지붕을 인다.
24) 黃精 : 죽대의 뿌리. 脾胃를 돕고 원기를 더하는 약으로 쓰인다.
25) 樵蘇歸 : 나무하고 돌아오네. 樵蘇는 나무를 찍고 풀을 벰 또는 그 일.「芻樵
芻蕘 臣聞 千里餽糧 土有飢色 樵蘇後爨 師不宿飽」(『史記』淮陰侯傳).「集解
曰 漢書音義曰 樵 取薪也 蘇取草也」(注).

130. 永才遇賊

釋永才性滑稽 不累於物 善鄉歌 暮歲將隱于南岳 至大峴嶺 遇
賊六十餘人 將加害 才臨刃無懼色 怡然當之 賊怪而問其名 曰永
才 賊素聞其名 乃命□□□作歌 其辭曰 自矣心米貌[1]史毛達只將
來呑隱日 遠鳥逸如攴[2]過出知遣 今呑藪未去遣省如 但非乎隱焉破
戒[3]主 次弗貌[4]史內於都還於尸郎[5]也 此兵物叱沙過乎好尸曰沙也
內乎呑尼 阿耶 唯只伊吾音之叱恨隱潒陵隱安攴尙宅都乎隱以多

賊感其意 贈之綾二端 才笑而前謝曰 知財賄之爲地獄根本 將避
於窮山 以餞一生 何敢受焉 乃投之地 賊又感其言 皆釋釖[6]投戈
落髮爲徒 同隱智異 不復蹈世 才年僅九十矣 在元聖大王之世

讚曰 策杖歸山意轉深 綺紈珠玉豈治心 綠林君子休相贈 地獄無
根只寸金

---

1) 貌 : [正][品][六] 皃(貌와 동자). [斗] 皃. [浩][東] 貌.
2) 如攴 : [正][品][斗][浩][六] □□. 그러나 문맥상 '如攴'를 보충하였다.
3) 戒 : [正][品][斗][六] □. [浩][民] 戒.
4) 貌 : [正][品][斗][六] □. [民] 皃(貌와 동자). [浩] 貌.
5) 郎 : [正][品][斗][浩][六] 朗. 郎이 옳다.
6) 釖 : [正][品][六] 釖. [斗][浩] 劒(釖과 통용).

영재가 도적을 만나다

　석(釋) 영재(永才)[1]는 천성이 익살맞고,[2] 재물에 얽매이지 않고,
향가(鄕歌)를 잘하였다. 만년에 바야흐로 남악(南岳)[3]에 은거하려고
하여 대현령(大峴嶺)[4]에 이르러 도적 60여 명을 만났다.[5] [이들이]

---

1) 永才 : 신라 元聖王(785-798) 때 智異山에 은거한 高德으로 僧俗間에 널리
　　알려진 鄕歌 歌僧인 듯하다. 여기 외에는 그의 행적에 관한 기술을 볼 수 없
　　다. 인명 '永才'에 대하여, '길치', '길째'로 읽고, '길'을 '長命', '치', '째'를 각각
　　인명 접미사와 차례를 나타내는 말로 읽은 이가 있고,(梁柱東, 『古歌研究』, 博
　　文出版社, 1957, p.639 참조) 그가 '善鄕歌'했다는데 근거를 두고, '永言之才'에
　　서 그 이름의 유래를 말한 견해도 있다.(崔喆, 『新羅鄕歌研究-그 作者와 背景
　　說話를 中心으로-』, 開文社, 1979, p.143 참조)
2) 滑稽 : 익살.
3) 南岳 : 신라 5岳의 하나인 地理山.([史] 卷32 雜志 祭祀條 참조) 지금의 智異
　　山.
4) 大峴嶺 : 宜寧縣 서쪽 30리에 大峴의 지명이 있다. 闍崛山의 지맥에 해당하는
　　데, 大東輿地圖에 三嘉縣 東南에 표시된 大峴도 이것이다.([勝覽] 卷31 宜寧
　　縣 山川條. 梁柱東, 앞의 책, p.639 참조)
5) 遇賊六十餘人 : 永才가 만난 도적 60여 인에 대하여 향가를 능숙하게 이해·
　　감상할 줄 알고, 僧侶社會에 관한 많은 상식을 가지고 있었고, 물질에 연연하
　　지 않고 영재에게 비단 두 필을 선사하려 했다는 점 등을 들어 불가피한 사정
　　으로 산속에 숨어 살지 않으면 안되었던 일단의 아웃사이더들-花郎團의 敗殘
　　勢力-殘匪이거나 신라 하대 세력쟁탈에서 실각하여 피신한 일단의 반체제세
　　력이었을 것으로 추정하는 논의도 있다.(朴魯埻, 『新羅歌謠의 研究』, 悅話堂,
　　1982, pp.280-288 참조) 이에 대하여 역사적 존재 여부가 불확실한 '화랑단의
　　잔비'에 부회한 것은 원전의 문맥에서 벗어난 추론이라고 받아들이기 어렵다
　　고 하고, 원전의 문면 그대로 '賊'-도둑, 즉 반사회적 범죄집단으로 이해해야 한
　　다는 반론도 있다.(黃浿江, 「遇賊歌研究」, 『國文學論集』 14, 檀國大, 1994, pp.6-7

가해하려고 하니, 영재는 칼날 앞에서 두려워하는 기색 없이 화평한 태도로 대하였다. 도적들이 이상히 여겨 그 이름을 물으니 영재라고 대답하였다. 도적들이 평소에 그 이름을 들었던 터라 □□□노래를 짓게 하였다. 그 가사는 다음과 같다.

제 마음의6) 모습7) 모르던 날8)

멀리 새 달아나듯 지나서 알고9)

이제란 숲에 가고 있노라10)

다만 불의한 파계주(破戒主)11)의 두려운 상12)에 다시13) 다 돌

참조)

6) 自矣心米 : 저의 ᄆᆞᅀᆞ민. '心米'는 'ᄆᆞ숨민'로 해독되나, 'ᄆᆞ숨이'의 連綴과정에서 'ᄆ'음이 疊記되었다고 보았다.(金完鎭, 『鄕歌解讀法研究』, 서울大出版部, 1980, p.145 참조)

7) 貌史 : '즛'으로 해독되며, '모습', '모양'을 뜻한다. '즛 용(容)'(字會 上24).

8) 毛達只將來呑隱日 : '모둘기려ᄃᆞᆫ날'로 읽고, '모르던 날'로 해석하였다.(홍기문, 『향가해석』, 과학원출판사, 1956, pp.306-307 참조)

9) 遠鳥逸如支過出知遣 : [正]에는 '遠鳥逸□□過出知遣'로 되어 있으나, □□를 '如支'로 보충하여 '遠鳥逸如支過出知遣'으로 再構하고, '머리 새 돋ᄃᆞ기 디나 알고'로 해독하였다. '遠'은 부사 '머리'(멀리)로, '鳥'는 '새'로 훈독하였다. '逸如支'에서 '逸'은 '돋다'로 의독하였다. '-如支'은 'ᄃ이' 혹은 'ᄃ히'로 읽었다. '沙矣以支如支'(몰앳ᄃ이)〈信忠怨歌〉 '過出'은 '디나'(지나)로 읽었다. '-出'은 訓借.

10) 今呑藪未去遺省如 : '今呑'은 '이제ᄃᆞᆫ'으로 해독하고, '이제만', '이제란'으로 읽었다. '藪'는 '숩'(숲). '숩 수(藪)'(字會 上, 7張) '-未'는 통사론적 환경으로 보아 조사, 처격조사 '에'(페)로 읽었다. '去遺省如'는 '가고쇼다'로, '가고 있노라'로 풀었다.(梁柱東, 앞의 책, pp.649-650 참조)

11) 但非乎隱焉破戒主 : [正]에는 '但非乎隱焉破□主'로 되어 있다. '但'은 '다ᄆᆞᆫ'(다만)으로 훈독하고, '非乎隱焉'은 '외온'으로 읽었다.(梁柱東, 앞의 책, pp.652-653 참조) □을 '戒'로 보충하여 '破戒主'로 음독하고, 여기서는 破戒의 주체-도적을 가리킨 것으로 보았다. 위의 대목은 '다ᄆᆞᆫ 외온 破戒主'(다만 외온 破戒主)로 읽힌다.

12) 次弗貌史 : [正]에는 '次弗□史'로 되어 있으나, □를 '貌'로 보충하여 '次弗貌

아가게 될 사내들아14)

이 흉기를15) 허물할 날16) 샐 터이오니17)

아아18)

오직 이 내 몸의 한은19) 선업이 아니 바라는 집으로 모아짐이
니이다.20)21)

史'로 보았다. '次弗'은 '저플'(두려울)로, '貌史'는 '즛'(모양, 相)이다. 따라서
이 구절은 '두려운 相(꼴)'으로 해석된다.

13) 內於 : 'ㄴ외'(다시).(梁柱東, 앞의 책, pp.654-656 참조)

14) 都還於尸郎也 : [正]의 '朗也'는 '郎也'의 誤記인 듯하다. 여기의 '郎'은 도적을
부르는 美稱으로, 讚에서 도적을 '綠林君子'라 부른 것과 상통한다. '都'는 義讀
하여 '다'(모두)로 읽고, '還於尸'는 '돌오르', 곧 '돌올'로 '돌오다'의 冠形詞形
(돌아올)이다. 이 대목은 '다 돌아가게 될 郎아'로 풀이된다.

15) 此兵物叱沙 : '이 잠갯사'. '兵物'은 '잠개'—戎器(梁柱東, 앞의 책, pp.658-659
참조).

16) 過乎好尸日 : '허믈홀 날'(허물한 날)로, '譴責할 날'로 해석된다. '허믈홀 견
(譴)'(字會 下, 29張)

17) 沙也內乎吞尼 : '새누오짜니'로 해독하고, 語義는 '새리러니'가 된다.(梁柱東,
앞의 책, pp.662-663 참조)

18) 阿耶 : '아야'. 嗟詞.

19) 唯只伊吾音之叱恨隱 : '오직 이 내 모믓 恨은'. '唯只'는 '오직'(徐在克,『新羅
鄕歌의 語彙研究』, 啓明大 韓國學研究所, 1975, p.50 참조). '伊吾音之叱恨隱'
을 그대로 읽으면, '이 내 소리잇 恨은'으로 해독된다. 혹 '吾音'을 '吾身音'(내
몸), '吾心音'(내 마슴)의 誤刻으로 본다면 훨씬 세련된 詩語로 읽힐 수 있지
않는가 한다. 여기서는 '吾身音'(내 몸)으로 읽어 두었다.

20) 潃陵隱安支尙宅都乎隱以多 : '潃陵'은 普賢十願歌에 두 번 보이는 '善陵'과
동일한 措語로, '善'과 '潃'을 동일어의 異字表記로 볼 때 '선'으로 음독하는 도
리밖에 없다. 이때, '-陵'은 '-潃'(선)의 末音添記로 보인다.(梁柱東, 앞의 책,
pp.668-669 참조) '安支'는 '안디'(梁柱東, 앞의 책, pp.669-670 참조). '尙宅'의
'尙'은 'ㅂ라숩는'이거나 'ㅂ라는'으로 의독되고, '宅'은 五功德門(『淨土論』에서
彌陀淨土 往生을 성취하는 다섯 功德을 말한다)의 하나인 '宅門'을 가리키데,
자기 집에 돌아온 것 같은 안락한 마음으로 蓮華藏世界로 들어가는 경지를 말
한다. '都乎隱以多'는 흔히 'ㄷ외니다'(홍기문, 앞의 책, p.318 참조)로 해독하
나, 신라 때 'ㄷ외다'의 존재가 확인되지 않으므로, '都'는 釋讀하여 '總集'의 뜻
의 '모도'로, 따라서 '모도호니이다'로 읽고, '모아집니다' 즉 '총괄합니다'로 해

도적들은 그 노래의 뜻에 감동하여 비단 두 단(端)[22]을 그에게 선사하니 영재는 웃으며 사절하여 말하기를, "재물이 지옥 가는 근본됨을 알아 장차 궁산(窮山)에 피하여 일생을 보내려고 하거늘 어찌 구태여 [이를] 받겠는가?"라고 하고 이를 땅에 던졌다. 도적들은 또 그의 말에 감동하여 모두 [지녔던] 칼을 풀고 창을 던져버렸다. [그리고] 머리를 깎고 [영재의] 문도가 되어 함께 지리산[智異]에 들어가 은거하여 다시는 세상에 나오지 않았다. 영재의 나이 거의 90세 가깝던 원성대왕(元聖大王)[23)] 때였다.

석하였다. 본가의 끝 대목은 '善은 안디 ㅂ라논 집 모도호니이다'로, '오직 이 내 몸의 恨은 힘써 닦은 善業은 아니, 바라는 집(蓮華藏世界)으로 모아 돌아감입니다'(오직 이 내 몸의 한은 내 닦는 善業이 행여 바라는 집(蓮華藏界)으로 아니 結集함이니이다)로 해석된다. 自利와 利他를 兼修해야 했던 永才로서는 당장 닥친 60여 인의 破戒徒黨 모두를 당연히 廻向시켜야 했다. 그러나 그러기에는 스스로 한계를 느꼈을 법하다. 그리하여 그는 '이 내 몸의 恨'을 말하지 않을 수 없었던 것으로 보인다. 그러나 이 노래가 도적들에게 주어졌을 때 그들은 본가의 마지막 대목에서 '尙宅'을 지향하는 영재의 열정에 동화되어, 그들 또한 '尙宅'이라는 신대륙에 비로소 눈뜨게 되었던 것이다. 한을 말한 영재의 懷疑는 마침내 無賴의 파계도당을 회향케 하는 결정적 계기가 되었다. 普皆廻向의 결실을 얻었던 것이다.(黃浿江, 앞의 논문, p.100)

21) 自矣心米…尙宅都乎隱以多 : 이 가사를 재해석하면 다음과 같다. 「自性을 미처 깨닫지 못했던 날들이/ 멀리 새 달려가듯 지나서야 알고/ 이제란 숲 속 修道處에 가고 있노라/ 다만 不義한 破戒主의 두려운 形相에 다시 모두 돌아가게 될 사내들아/ 이 흉기를 견책할 날이 곧 샐터이니/ 아아/ 오로지 이 내 몸의 恨은 닦노라 애쓴 善業이 바라는 집[蓮華藏界]으로 아니 모아짐[結實]이니이다.」

22) 二端 : 端은 布帛의 길이의 단위로 18尺 혹은 20尺에 해당한다. 따라서 '二端'은 36尺 혹은 40尺이다.

23) 元聖大王 : 신라의 제38대 왕. 재위 785-798. [遺] 卷2 紀異 元聖大王條 참조. 元聖王의 治世(785-798). 惠恭王을 끝으로 신라 中代가 막을 내리고, 金良相이 즉위하니, 곧 宣德王이다. 이때(780)부터 下代의 20王이 國亡까지 신라를 이끌어 갔다. 선덕왕은 재위 5년만에 아들 없이 죽고, 그뒤를 이어 金敬信이 즉위하니, 곧 원성왕이다. 원성왕은 奈勿王의 12세손을 일컬었다. 원성왕대는 유

찬한다.

　　지팡이 짚고 산으로 돌아가니 그 뜻 그윽하여라

　　비단과 주옥따위로 어찌 마음 다스리랴

　　숲 속의 군자님네[24] 글랑 선물 마오

　　지옥은 다름 아닌, 촌금(寸金)[25]이 근본이라오

혈의 왕권교체로 막을 내린 혜공왕 치세의 뒤끝이라서 사회 모든 면에서 문제
가 많았던 시대다. [史]에 의하면, 元聖王 치세 14년 동안 거의 해마다 각종 재
난(旱災, 蝗災, 火災, 雨・水・雹・風・霜・雪 등의 災害, 疫疾, 饑饉, 凍死)이
잇달았고, 異變(日食, 星異)도 가끔 나타났고, 州民의 勞役 徵發, 重臣의 謀叛,
盜賊들의 跳梁 등 결코 태평성대가 아니다.(黃浿江, 앞의 논문, pp.8-10)

24) 綠林君子 : 도적을 미화한 칭호. 綠林豪傑.

25) 寸金 : 금조각. 비록 작아도 사람의 물욕을 당기는 재물을 가리킨다.

131. 勿稽子

第十奈解王卽位十七年壬辰 保羅國 古自國[1]〈今固城〉 史勿國〈今泗州〉 等八國 併力來侵邊境

王命太[2]子㮈音 將軍一伐等 率兵拒之 八國皆降 時勿稽子軍功第一 然爲太[3]子所嫌 不賞其功 或謂勿稽曰[4] 此戰之功 唯子而已 而賞不及子 太[5]子之嫌君其怨乎 稽曰 國君在上 何怨人臣 或曰 然則奏聞于王幸矣 稽曰 伐功爭命[6] 揚己掩人 志士之所不爲也 勵之待時而已

十[7]年乙未 骨浦國〈今合浦也〉等三國王 各率兵來攻竭火〈疑屈弗也 今蔚州〉王親率禦之 三國皆敗 稽所獲數十級 而人不言稽之功 稽謂其妻曰 吾聞仕君之道 見危致命 臨難忘身 仗於節[8]義 不顧死生之謂忠也 夫保羅〈疑發羅 今羅州〉竭火之役 誠是國之難 君之危 而吾未曾有忘身致命之勇 此乃不忠甚也 旣以不忠而仕君 累及於先

---

1) 古自國：[六] 없음.
2) 太：[正] 大. [品][斗][浩][六] 太.
3) 太：주 2)와 같음.
4) 曰：[浩][六] 子.
5) 太：주 2)와 같음.
6) 命：[浩] 名.
7) 十：[品][斗][浩][民][東] 二十.
8) 節：[正] 판독미상. [晚][順][鶴][品][斗][浩][六][民] 節.

人 可謂孝乎 旣失忠孝 何顔復遊朝市之中乎 乃被髮荷琴 入師嵓
山〈未詳〉悲竹樹之性病 寄托作歌 擬溪澗之咽響 扣琴制曲 隱居不
復現世

물계자

제10대 나해왕(奈解王)[1]이 즉위한 지 17년 임진(壬辰, 212)[2]에 보
라국(保羅國)[3]·고자국(古自國)[4]〈지금의 고성(固城)〉·사물국(史勿國)[5]

---

1) 奈解王 : 신라의 제10대 왕. 재위 196-230. 昔氏. 아버지는 伐休王의 둘째 아
들인 伊買이고 어머니는 內禮夫人이며, 妃는 助賁王의 누이로 昔氏이다. [遺]
卷1 王曆에는 「제9대 왕 伐休尼師今의 庶孫」으로 되어 있지만, [史] 卷2 新羅
本紀 奈解尼師今條에는 「伐休王之孫也」로 되어 있다. 이어서 「母內禮夫人
妃昔氏助賁王之妹…前王太子骨正及第二子伊買先死 大孫尙幼少 乃立伊買之
子 是爲奈解尼師今」이라고 되어 있다. 奈解王은 伐休王의 第二子인 伊買의
아들이기 때문에, 太子의 아들이 大孫으로 표현된 데에 대하여 庶孫으로 기록
된 것으로 보인다. 참고로 奈解王을 중심으로 한 世系表를 [史] 新羅本紀에
의해 작성하면 아래와 같다.

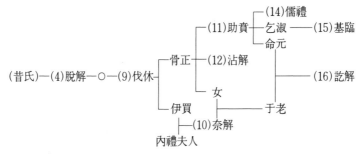

2) 奈解王卽位十七年壬辰 : 奈解王 17년 壬辰은 212년(後漢 獻帝 建安 17年)에
해당된다. 그러나 浦上8國의 내침사실에 대해서는 [史] 卷48 列傳 勿稽子條
에는 연대가 나타나 있지 않으며, 또한 [史] 卷2 新羅本紀에는 奈解王 14년조
에 기록되어 있다.

3) 保羅國 : [史] 新羅本紀나 列傳 勿稽子條에 나오는 浦上8國의 내침기사에서
나타나 있지 않고 본문에서만 기록되어 있어, 그 정확한 위치는 알 수 없다.

〈지금의 사주(泗州)〉 등 여덟 나라가 합세하여 [신라의] 변경을 침범하였다.6)

왕은 태자 내음(㮈音)7)과 장군 일벌(一伐)8) 등에게 명하여 군사

[遺] 본문에 保羅의 註로 「疑發羅 今羅州」에 의거하여 지금의 羅州지역에 있었던 국가로 비정하기도 한다. [勝覽]에 「本百濟發羅郡〈一云通義〉新羅改錦山郡〈一云錦城〉」(卷35 羅州牧 建置沿革條)이라고 하였다. 백제의 發羅郡이 신라 통일 후 錦山郡(또는 錦城)으로 불리다가 왕건이 이 지역을 점령한 다음부터 羅州로 불렸다. 그러나 나주는 거리상으로 당시 신라와 너무 떨어져 있어서 固城 附近의 保寧鄕([勝覽] 卷32 固城縣 古蹟條)지역에 있었던 국가로 추정되기도 한다.

4) 古自國 : 삼국시대 초기 浦上8國에 속한 국가로 지금의 固城郡지역에 있었다. 「本古自郡 景德王改名 今因之」([史] 卷34 地理志 固城郡條). 「本加耶國 新羅取之 置古自郡 景德王改今名 高麗成宗時 爲固州刺史 後降爲縣 顯宗屬巨濟 後置縣令 元宗陞爲州 忠烈王時 併于南海 尋復舊 恭愍王朝 降爲縣令 本朝因之」([勝覽] 卷32 固城縣 建置沿革條).

5) 史勿國 : 삼국시대 초기 浦上8國에 속한 국가. 지금의 泗川市지역. 「本古自郡…領縣三…泗水縣 本史勿縣 景德王改名 今泗州」([史] 卷34 地理志 固城郡條). 「本新羅史勿縣 景德王改泗水 屬固城郡 高麗初屬晉州 顯宗改泗州 明宗置監務」([勝覽] 卷31 泗川縣 建置沿革條).

6) 等八國 併力來侵邊境 : [史] 卷48 列傳 勿稽子條에는 「時八浦上國同謀伐阿羅國 阿羅使來請救」라고 되어 있다. 또한 [史] 卷2 新羅本紀 奈解尼師今 14年條에 「秋七月 浦上八國謀侵加羅 加羅王子來請救」라고 되어 있다. 8국에는 保羅國・古自國・史勿國・骨浦國・柒浦國・古史浦國・竭火國이 속했을 것이며, 8국명을 모두 정확하게 알 수는 없다. [遺] 본문에서는 8국이 협력해서 신라의 변경을 침입했다고 되어있으나, [史] 勿稽子傳에는 8국이 阿羅를 침입했기 때문에 阿羅가 신라에 구원을 요청해왔고, 또 新羅本紀에는 8국이 加羅를 침입하자 加羅의 王子가 신라에 와서 구원을 청한 것으로 되어 있다. 이로써 보면 加耶는 阿羅加耶이며, 포상8국이 아라가야를 침공해왔기 때문에, 아라가야 왕자의 요청으로 신라가 이들 국가를 물리치고 있음이 분명하다.

7) 太子㮈音 : [史] 卷48 列傳 勿稽子條에는 「王孫㮈音」으로 되어 있다. 곧 '太子'는 '王孫'의 오기로 볼 수 있다. 그럴 경우 본문은 㮈音 한 사람을 가리킨다. 그러나 [史] 卷2 新羅本紀 奈解尼師今 14年條에는 太子가 于老로 명기되어 있어 㮈音은 太子가 아니다. 따라서 본문은 태자인 于老와 㮈音의 두 사람을 가리킨다. 㮈音은 利音인 㮈音이다. [史] 卷2 新羅本紀 奈解尼師今 12年條에는 「春正月 拜王子利音〈或云奈音〉爲伊伐湌 兼知內外兵馬事」라고 하였고, 同 13年條에는 「夏四月 倭人犯境 遣伊伐湌利音 將兵拒之」라고 하였다. 또 同 19

를 거느리고 가서 이를 막게 하니9) 여덟 나라가 모두 항복하였다. 당

시 물계자(勿稽子)10)의 군공이 제일이었으나 태자11)의 미움을 받아

그 공을 상받지 못하였다. 누가 물계자에게 말하기를, "이번 전쟁에서

공을 세우기는 오직 그대뿐인데, 상이 그대에게 돌아오지 않으니 태자

가 그대를 미워하는 것이 원망스럽지 않은가?"라고 하니, 물계자가

年條에는 「秋七月 百濟來攻國西腰車城 殺城主薛夫 王命伊伐湌利音 率精兵六
千 伐百濟 破沙峴城」이라고 하였고, 同 25年條에는 「春三月 伊伐湌利音卒」
이라고 하였다. 위의 新羅本紀에 보이는 '伊伐湌 利音〈或云奈音〉'은 장군으로서
크게 武功을 세우고 있다. 또한 利音·奈音·槦晋의 '利'와 '奈'·'槦'는 비슷
한 음이기 때문에 같이 통용된 것으로 보인다.

8) 將軍一伐 : 一伐은 인명이 아니고 신라의 17관등의 제1관등인 一伐湌(伊伐
湌)으로 해석하기도 한다. 본래는 一伐湌 관위를 가진 어떤 인물의 이름이 나
와 있었던 것인데 뒤에 이름은 빠지고, 官位를 인명처럼 기록한 것으로 추측
된다. 또는 본문의 '太子槦晋'의 太子는 于老이기 때문에 일벌을 장군인 槦晋
의 관등으로 파악하기도 한다. 그러나 一伐湌이 아닌 一伐은 外位의 제8등급
관위이다. 따라서 장군이 一伐湌이 아닌 一伐의 외위를 갖고 있을 수 없기 때
문에, 여기의 一伐은 인명으로 파악함([斗]. 李基東, 「于老傳說의 世界」, 『韓
國 古代의 國家와 社會』, 一潮閣, 1985)이 옳다.

9) 王命太子槦晋 將軍一伐等 率兵拒之 : [史] 卷48 列傳 勿稽子條에는 연대가
빠져 있으나, 「尼師今 使王孫槦晋 率近郡及六部軍往救」라고 하였다. 또한
[史] 卷2 新羅本紀 奈解尼師今 14年條에는 「秋七月 浦上八國謀侵加羅 加羅
王子來請救 王命太子于老與伊伐湌利音 將六部兵往救之 擊殺八國將軍 奪所
虜六千人還之」라고 하였다. 곧 신라가 奈解王 14년(209) 가야에 침입한 浦上
8國을 물리친 싸움을 가리킨다.

10) 勿稽子 : 생몰년 미상. 신라 奈解王 때의 志士. 집안이 대대로 미미하였으나
사람됨이 남달리 뛰어나고 어릴 때부터 강한 지조가 있었다. 나해왕 14년(209)
에 勿稽子는 浦上8國의 來襲에서 누차 군공을 세웠고 그 3년 뒤인 竭火城 전
투에서도 많은 공을 세웠으나, 왕손인 槦晋과의 사이가 좋지 않아 그 공이 기
록되지 않았다. 그러나 그는 포상받지 못함을 원망하지 않았으며, 거문고를 메
고 師彘山으로 들어가 다시는 세상에 나오지 않고 노래를 지으면서 살았다. 물
계자에 대해서는 이 외에 [史] 卷48 列傳 勿稽子條에서 자세하게 알 수 있다.
[史] 勿稽子傳과 [遺] 본문은 다소 異同이 있다.

11) 太子 : 이때의 태자는 于老를 가리켰다기보다는, 王孫이나 王子와 같은 뜻으
로 아마 '槦晋'을 가리킨 듯하다.

말하기를, "나라의 임금님이 위에 계시는데 인신(人臣)12)을 어찌 원망하겠는가?"라고 하였다. 어떤 사람이 말하기를, "그렇다면 임금님께 아뢰는 것이 좋겠다"고 하니, 물계자가 말하기를, "공을 자랑하고 복록을 다투며 자기를 추켜세우고 다른 사람을 가리는 것은 뜻있는 선비의 할 바가 아니다. 자기를 독려하고 때를 기다릴 뿐이다"고 하였다.

10년 을미(乙未)13)에 골포국(骨浦國)〈지금의 합포(合浦)이다.〉14) 등 세 나라15) 왕이 각기 군사를 거느리고 와서 갈화(竭火)〈아마 굴불(屈弗)로 지금의 울주(蔚州)이다.〉16)를 공격하였는데, 왕이 친히 군사를 거느

---

12) 人臣 : 㮚音을 가리킨다.

13) 十年乙未 : [正]에는 '(奈解王) 10년 乙未'로 되어 있으나, 奈解王 10년의 干支는 乙未가 아니라 乙酉이다. 浦上8國이 내침한 연대는 [遺] 본문에서 나해왕 17년으로 되어 있으나 [史] 新羅本紀에는 나해왕 14년으로 기록되었다. 이 사건 이후의 乙未年은 奈解王 20년이다. [史] 卷48 列傳 勿稽子條에는 「後三年骨浦柒浦古史浦三國人來攻竭火城」이라고 하여 앞선 포상8국의 침입으로부터 3년 뒤에 竭火城의 싸움이 있었다고 하였다. 그렇다면 포상8국이 내침한 시기는 [史] 신라본기보다 본문의 기록이 옳아 나해왕 17년 壬辰이 되고, 갈화성 전투는 나해왕 20년 乙未에 있게 된다. 곧 [正]의 十年은 아마 二十年의 '二'가 탈락된 듯하다.

14) 骨浦國〈今合浦也〉 : 삼국시대 초기 지금의 경상남도 마산시에 있었던 국가. [史]에는 「本骨浦縣 景德王改名 今因之」(卷34 地理志 義安郡 合浦縣條)로 되어 있다. 즉, 骨浦縣이 景德王代에 合浦縣으로 개명되고 고려시대에도 합포로 불렀다. [勝覽]에는 「會原縣 本新羅骨浦縣 景德王改合浦 屬義安郡 高麗顯宗時 義安合浦俱屬金州 後各置監務 忠烈王以賞元世祖東征供億之勞 改義安爲義昌 合浦爲會原 幷陸縣令」(卷32 昌原都護府 建置沿革條)이라고 하였다.

15) 三國 : [史] 卷48 列傳 勿稽子條에는 骨浦國, 柒浦國, 古史浦國으로 되어 있다. 柒浦는 지금의 경상남도 咸安郡 漆原面에 해당된다.

16) 竭火〈疑屈弗也 今蔚州〉 : 지금의 경상남도 蔚山광역시에 해당된다. 「婆娑王時 取屈阿火村 置縣 景德王改名 今蔚州」([史] 卷34 地理志 良州 管下 臨關郡의 領縣인 河曲縣條). 「本新羅屈阿火村〈新羅地名 多稱火 火乃弗之轉 弗又伐之轉〉 婆娑王始置縣 景德王改名河曲〈或作河西〉 爲臨關郡領縣 高麗太祖 以縣人朴允雄有功 乃以東津虞風二縣來合 陸爲興麗府 後降爲恭化縣 又改知蔚州事 縣宗置

리고 가서 막았더니 세 나라가 모두 패하였다. 물계자가 [죽여] 얻은
적의 머리가 수십 개나 되었으나 사람들은 물계자의 공을 말하지 않
았다. 물계자가 그의 처에게 말하기를, "내가 듣기에 임금을 섬기는
도리는 위태로움을 당하면 목숨을 바치고 환란을 당해서는 제 몸을
잊어버리고, 절의를 지켜 생사를 돌보지 않는 것을 충(忠)이라고 한
다. 무릇 보라〈아마 발라(發羅)로서 지금의 나주(羅州)이다.〉[17]와 갈화의 싸
움은 참으로 이 나라의 환란이고 임금의 위태로움이었는데도 나는 일
찍이 내몸을 잊고 목숨을 바치는 용기가 없었으니, 이것은 바로 불충
(不忠)이 심한 것이다. 이미 불충으로써 임금을 섬겨 그 누를 아버님
께 끼쳤으니, [이를] 효도라고 할 수 있겠는가? 이미 충성과 효도를
잃었으니 무슨 면목으로 다시 조정과 저자거리에 나설 수 있겠는가?"
라고 하였다. 이에 머리를 풀어헤치고 거문고[18]를 맨 채 사체산(師彘
山)[19]〈자세하지 않다.〉으로 들어갔다. 대나무의 곧은 성벽[性病]을 슬퍼
하여 [그것에] 기탁해서 노래를 지었으며, 시냇물 소리에 비겨서 거

防禦使 本朝太祖六年置鎭 以兵馬使兼知州事 太宗十三年罷鎭 改今名爲知郡
事」(〔勝覽〕 卷22 蔚山郡 建置沿革條). 고려시대의 蔚州는 조선 太宗 13년
(1413)에 蔚山으로 개명되어 지금에 이르렀으나, 蔚州의 古名은 屈阿火라 하
였다. 竭火의 '竭'과 屈弗의 '屈'은 서로 音似이므로 竭火는 울주의 옛지명인
屈阿火와 서로 음이 통한다. '火'의 뜻인 '불'은 '弗'과 음이 같다. 따라서 竭火
는 屈弗과 통하며, '屈弗'은 울주의 옛이름인 '屈阿火'와 서로 통한다.

17) 疑發羅 今羅州 : 發羅, 곧 羅州는 지금의 전라남도 나주시지역이다. 〔史〕 卷36
地理志 錦山郡條에는 「本百濟發羅郡 景德王改名 今羅州牧 領縣三」이라고
하였다. 그러나 앞서 서술한 것과 같이 保羅國을 옛 發羅, 후의 羅州로 비정한
것은 詳考할 필요가 있다.

18) 琴 : 신라의 악기. 〔史〕 卷4 新羅本紀 眞興王 12年條와 〔史〕 卷32 樂志 등에
보이며, 玄琴과 加耶琴이 있었다.

19) 師彘山 : 자세한 위치를 알 수 없다.

문고를 뜯어 곡조를 짓고,[20] 숨어살면서 다시는 세상에 나타나지 않았다.

---

20) 制曲 : 勿稽子는 산에 숨어서 작곡하고 거문고를 타면서 노래를 부른 것으로 되어 있다. 여기서의 制曲은 製曲으로 작곡했음을 가리킨다. 또한 그는 본문에서 '作歌'했다고 한다.

132. 迎如師

實際寺釋迎如 未詳族氏 德行雙高 景德王將邀致供養 遣使徵之
如詣內 齋罷將還 王遣使陪送至寺 入門卽隱 不知所在 使來奏 王
異之 追封國師 後亦不復現世 至今稱曰國師房

영여스님

　실제사(實際寺)¹⁾의 석(釋) 영여(迎如)²⁾는 씨족은 잘 알 수 없으나, 덕과 행실이 모두 높았다. 경덕왕(景德王)³⁾이 [그를] 맞이하여 공양을 드리고자 사자를 보내 불렀다. 영여가 대궐로 들어가 재를 마치고 돌아가려고 하니 왕이 사자를 보내 절까지 모시고 전송하게 하였다. [그가 절] 문 안에 들어가자 바로 숨어버려 있는 곳을 알지 못하였다. 사자가 와서 [왕에게] 아뢰니, 왕이 이를 이상하게 여겨 [그를] 국사(國師)⁴⁾로 추봉하였다. 후에도 세상에 다시 나타나지 않았으며, 지금도 [그 절을] 국사방(國師房)⁵⁾으로 부른다.

---

1) 實際寺 : 신라 景德王 때 경상북도 慶州에 있던 절. [史] 卷4 新羅本紀 眞興王 27年條에 「祇園實際二寺成」이라는 기사가 있다. 또 [史] 卷5 新羅本紀 太宗武烈王條에 「實際寺의 道玉스님이 驟徒로 이름을 고치고 法服을 군복으로 갈아입고 三千幢에 소속되기를 청하여 對百濟戰에 출전하였다」는 기사가 있다.
2) 迎如 : 신라 景德王 때 實際寺에 있던 고승. 여기 외에는 자료가 없어 자세한 것은 알 수 없다.
3) 景德王 : 신라의 제35대 왕. 재위 742-765. [遺] 卷2 紀異 景德王 忠談師 表訓大德條 참조.
4) 國師 : 국가의 사표가 될 만한 승려에게 나라에서 내리는 가장 높은 직명. 신라에서는 孝昭王 때 惠通國師가 그 효시이나, 國師라는 용어는 文武王 때 이미 사용하기 시작하였다.([遺] 卷5 感通 憬興遇聖條)
5) 國師房 : 본조에 의하면, 신라 景德王 때 迎如大師가 머물던 實際寺의 별칭이다. 고려 후기 一然 때까지 그 이름이 남아 있었다고 한다.

133. 布川山 五比丘 景德王代

歃良州東北二十許里　有布川山[1]　石窟奇秀　宛如人斲[2]　有五比丘　未詳名氏　來寓而念彌陁　求西方幾十年　忽有聖衆　自西來迎　於是五比丘各坐蓮臺　乘空而逝　至通度寺門外留連　而天樂間奏　寺僧出觀　五比丘爲說無常苦[3]空之理　蛻棄遺骸　放大光明　向西而去　其捐舍處　寺僧起亭榭　名置樓　至今存焉

---

1) 川山：[正] 山川. [品][斗][浩][六][民] 川山.
2) 斲：[正][斗] 斳. [品][浩][六][리] 斲.
3) 苦：[正][斗] 若. [品][浩][六] 苦.

포천산의 다섯 비구 - 경덕왕대

삽량주(歃良州)¹⁾의 동북쪽 20여 리에 포천산(布川山)²⁾이 있고,
[그곳의] 석굴³⁾이 기이하고 빼어나 마치 사람이 깎아 만든 듯하였다.
[그 석굴에] 다섯 비구가 있었는데, 성명을 알 수 없었다. [그들이]
와서 살며 아미타불[彌陀]⁴⁾를 염불하고 서방정토[西方]⁵⁾를 구한 지
몇 십 년만에 갑자기 성중(聖衆)⁶⁾이 나타나 서쪽으로부터 와서 맞이
하였다.

이에 다섯 비구가 각기 연화대좌[蓮臺]⁷⁾에 앉아 허공을 타고 가다

---

1) 歃良州 : 지금의 경상남도 梁山郡. 신라 文武王 때 歃良州를 두었고, 景德王
   때 良州로 고쳤으며, 고려 太祖 때 梁州로 고치고, 忠烈王 이후 梁山이라고
   하여 지금에 이르고 있다.([遺] 卷1 紀異 奈勿王 金堤上條 참조)
2) 布川山 : 경상남도 梁山郡 웅상면에 있는 元曉山(해발 922m)의 신라 때 이름.
3) 石窟 : 지금의 경상남도 梁山郡 웅상면 소주리 元曉山에 있는 신라 때의 석굴
   사원으로, 彌陀岩으로 불린다. 석굴은 자연 수성암으로 이루어진 자연굴에 인
   공을 가하여 만들었으며, 석굴 내에는 통일신라시대의 아미타불입상이 있다.
   [遺] 卷5 避隱 布川山 五比丘 景德王代條에 나오는 석굴로 비정된다.(文明大,
   「布川山石窟考」, 『東國史學』 11, 1969)
4) 彌陀 : 阿彌陀佛의 약칭. [遺] 卷3 塔像 南白月二聖 努肹夫得 怛怛朴朴條의
   주석 22) 참조.
5) 西方淨土 : 阿彌陀佛의 정토, 곧 극락세계. 『阿彌陀經』의 「서쪽으로 10만억
   국토를 지나서 가면 한 세계가 있으니 그곳 이름을 極樂이라고 한다」에서 유
   래하였다고 한다.
6) 聖衆 : 聖者의 군중. 本佛을 따라 다니는 여러 성자.
7) 蓮臺 : 蓮華座. 불보살이 앉는 蓮花의 臺座. 연화는 진흙 속에서 나서도 오염

가 통도사(通度寺)8)의 문 밖에 이르러 머물렀는데, 하늘에서 음악소
리가 간간히 들렸다. [통도사의] 스님이 나와 보니, 다섯 비구는 [인
생이] 무상하고 고통스러우며 공허하다는 이치를 설하고 유해를 벗어
버리면서 큰 광명9)을 내놓으며 서쪽을 향하여 가버렸다. 그들이 [유
해를] 버린 곳에 [그 절의] 스님들이 정자를 일으켜 치루(置樓)10)라
고 이름하였는데, 지금도 남아 있다.

되지 않으므로 불보살의 座臺로 삼는다.
 8) 通度寺 : 경상남도 양산군 하북면 지산리에 위치한 대찰. 신라 善德王 15년
    (646) 慈藏法師에 의하여 건립되었으며, 불사리를 봉안한 佛寶寺刹이다. [遺]
    卷3 塔像 前後所將舍利條 참조.
 9) 光明 : 불보살의 몸에서 나는 빛이나 지혜. 불보살의 광명은 중생에 비추어 여
    러 이익을 주고, 악마를 물리치고 중생을 보호하며, 어둠을 깨치고 깨닫게 한다.
10) 置樓 : 通度寺 문 앞에 있던 신라 때 건물이름.

134. 念佛師

　　南山東麓有避里村　村有寺　因名避里寺　寺有異僧　不言名氏　常念彌陁　聲聞于[1]城中　三[2]百六十坊　十七萬戶[3]　無不聞聲[4]　聲[5]無高下　琅琅一樣[6]　以此異之　莫不致敬　皆以念佛師爲名　死後泥塑眞儀　安于敏藏寺中　其本住避里寺　改名念佛寺　寺旁亦[7]有寺　名讓避　因村得名

---

1) 于 : [鶴] 子.
2) 三 : [遺] 卷1 紀異 辰韓條에는 '一千三'.
3) 戶 : [品][民] 口.
4) 聲 : [正][品] 芽. [斗][浩][六] 聲.
5) 聲 : 주 4)와 같음.
6) 樣 : [正][晩][鶴] 㨾. [品][斗][浩][六] 樣.
7) 亦 : [浩] 없음.

염불스님

　　남산(南山)[1]의 동쪽 기슭에 피리촌(避里村)[2]이 있다. 마을에는 절이 있었는데, [마을이름으로] 인하여 피리사(避里寺)[3]라고 불렀다. 절에는 이상한 중이 있었는데, 성명을 말하지 않았다. 언제나 아미타불[彌陁][4]을 염송하여 그 소리가 성 안에까지 들려 3백 60방(坊) 17만 호(戶)[5]에 들리지 않는 곳이 없었다. 염불소리는 높고 낮음이 없이 낭랑하여 한결같았다. 이로써 그를 이상히 여겨 공경하지 않음이 없었다. 모두가 염불(念佛)[6]스님이라고 이름을 삼았다. [그가] 죽은

---

1) 南山 : 경상북도 慶州市 남쪽 교외에 있는 산. 楊山이라고도 하며 옛부터 靈山으로 숭상되었고 불교 유적이 많다.

2) 避里村 : 경상북도 慶州市 남산의 동쪽 기슭에 있던 마을. 避里는 '避'라는 한자의 뜻에 의해 붙여진 것으로 세상을 피하여 숨어 사는 마을이라는 의미이다. 본문의 뒤에 나오는 '讓避'도 같은 뜻이다. [遺] 卷1 紀異 射琴匣條에 '避村'이 나온다. 이 避村과 본조의 避里村은 같은 마을일 것이다.

3) 避里寺 : 경상북도 慶州市 남산의 동쪽 기슭인 避里村에 있던 절. 念佛寺라고도 불렀다. 여기 외에 더 자세하게 알려져 있지 않다.

4) 彌陁 : 阿彌陀佛의 약칭. [遺] 卷3 塔像 南白月二聖 努肹夫得 怛怛朴朴條 참조.

5) 三百六十坊 十七萬戶 : [遺] 卷1 紀異 辰韓條에는 「新羅全盛之時 京中十七萬八千九百三十六戶 一千三百六十坊 五十五里 三十五金入宅」이라고 하였다. 따라서 '360坊'은 '1360坊'으로 기록되어 있다. 坊과 里는 신라 王京의 행정구획으로 部내에 두어졌다. [史] 卷3 新羅本紀 慈悲麻立干 12年條에 「春正月 定京都坊里名」이라고 하였다. 일반적으로 部·坊·里는 王京의 행정구획이었는데, 백제나 고려의 왕경에도 두어져 있었다.

6) 念佛 : 생몰년 미상. 신라 때의 승려. 이름은 알려져 있지 않으나 경상북도 慶

후에 흙으로 모습을 만들어 민장사(敏藏寺)[7] 내에 모시고, 그가 본래 살던 피리사는 염불사(念佛寺)로 이름을 고쳤다. 이 절 옆에 또한 절이 있는데, 이름을 양피(讓避)[8]라고 하였으니 마을로 인하여 얻은 이름이다.[9]

州市 南山의 동쪽 기슭에 있는 避里村의 避里寺에 거주하면서 항상 阿彌陀佛을 염불하였으므로 念佛師라고 불렀다. 본문 및 바로 앞의 [遺] 卷5 避隱 布川山 五比丘 景德王代條는 신라시대의 淨土信仰관계의 전승을 기록한 것이다. 정토신앙에 대해서는 다음의 논문을 참조. 李基白, 「淨土信仰의 諸樣相」, 『新羅思想史研究』, 一潮閣, 1986. 金英美, 「新羅中代의 阿彌陀信仰」, 『新羅佛教思想史研究』, 民族社, 1994. 金煐泰, 「新羅의 彌陀思想」, 『佛教學報』 12, 1975.

7) 敏藏寺 : 경상북도 慶州市에 있던 절. 각간 敏藏이 자기 집을 회사하여 창건한 절로 현재 그 절터는 미상이다. [遺] 卷3 塔像 敏藏寺條 참조. 禺金里에 살던 寶開는 배를 타고 장사하던 아들 長春의 소식이 끊기자, 敏藏寺의 관음전에 빌어 아들을 무사히 돌아오게 하였다. 곧 민장사는 관음의 영험으로 유명한데, 이에 대해서는 다음의 논문을 참조. 金煐泰, 「三國遺事 所傳의 觀音信仰」, 『三國遺事의 新研究』, 1980, pp.116-118. 鄭炳三, 「統一新羅 觀音信仰」, 『韓國史論』 8, 1982, p.37.

8) 讓避 : 讓避寺. 경상북도 慶州市의 南山 동쪽에 있던 절. 여기 외에 더 자세한 기록이 전하지 않는다.

9) 名讓避 因村得名 : [遺] 卷1 紀異 射金匣條의 避村에 註를 달아 「今壤避寺村 在南山東麓」이라고 하였다. 그러므로 念佛寺 옆에 있는 절의 명칭을 讓避寺라고 하는 것은 讓避村이라는 마을명에 기인한 것이다. 壤避는 ‘壤’과 ‘讓’이 음이 통해서 혼용한 것으로 보인다.

三國遺事　卷第五

孝善　第九

孝善 第九

135. 眞定師孝善雙美

　　法師眞定羅人也 白衣時隸名卒伍 而家貧不娶 部役之餘 傭作受粟 以養孀母 家中計産 唯折脚一鐺而已 一日有僧到門 求化營寺鐵物 母以鐺施之 旣而定從外歸1) 母告之故 且2)虞子意何如爾 定喜現於色曰 施於佛事 何幸如之 雖無鐺又何患 乃以瓦3)盆爲釜 熟食而養之

　　嘗在行伍間 聞人說義湘法師在太4)伯山說法利人 卽有嚮慕之志告於母曰 畢孝之後 當投於湘法師 落髮學道矣 母曰 佛法難遇 人生大5)速 乃曰畢孝 不亦晚6)乎 曷若趁予不死 以聞道聞 愼勿因循速斯可矣 定曰 萱堂晚景 唯我在側 棄而出家 豈敢忍乎 母曰 噫爲我防7)出家 令我便墮泥黎8)也 雖生養以三牢七鼎 豈可爲孝 予

---

1) 歸 : [正] 故. [品] 皈(歸와 동자). [斗][浩][六] 歸.
2) 且 : [品] 旦.
3) 瓦 : [正][晚][鶴] 丸. [順] 瓦(가필). [品][斗][浩][六][民] 瓦.
4) 太 : [正][晚][鶴] 大. [順] 太(가필). [品][斗][浩][六][民] 太.
5) 大 : [浩] 太.
6) 晚 : [鶴]은 이하 5장이 없다.
7) 防 : [浩] 姑. [民][東] 妨.
8) 黎 : [斗] 豺牛.

其衣食於人之門 亦可守其天年 必欲孝我 莫作爾言 定沈思久之

母卽起罄倒囊儲 有米七升 卽日畢炊 且曰恐汝因熟食經營而行慢也 宜在予目下 喰其一 囊其六 速行速行 定飲泣固辭曰 棄母出家 其亦人子所難忍也 況其杯漿數日之資 盡褁9)而行 天地其謂我何 三辭三勸之 定重違其志 進途宵10)征 三日達于太11)伯山 投湘公剃染爲弟子 名曰眞定 居三年 母之訃音至 定跏趺12)入定 七日乃起 說者曰 追傷哀毀之至 殆不能堪 故以定水滌之爾 或曰 以定觀察母之所生處也 或曰 斯乃如實理薦冥福也

旣出定 以後事告於湘 湘率門徒歸于小伯山之錐洞 結草爲廬會13)徒三千 約九十 講華嚴大典 門人智通隨講 撮其樞要 成兩卷 名錐洞記 流通於世 講畢 其母現於夢曰 我已生天矣

---

9) 褁：[正][品] 裹. [斗][浩][六] 褁.
10) 宵：[正] 霄. [品][斗][浩][六] 宵.
11) 太：[正] 大. [品][斗][浩][六][民] 太.
12) 趺：[斗] 跌.
13) 會：[品] 曾.

효선 제9

진정법사의 효도와 선행이 다 아름답다[1]

법사(法師) 진정(眞定)[2]은 신라 사람이다. 속인이었을 때[3]는 군대

---

1) 孝善雙美 : 가정에서의 부모에 대한 孝와 신앙에서의 佛에 대한 善 둘 모두가
아름답다라고 해석된다.(李基白, 「新羅佛教에서의 孝觀念-『三國遺事』의 孝善
篇을 중심으로-」, 『大同文化研究』 6·7합, 1970; 『新羅思想史研究』, 一潮閣,
1986, p.278) [遺] 卷5 孝善篇은 유교의 효도와 불교의 修道를 절충하거나 조
화하려는 신앙을 담고 있는데, 그 중 孝善雙美信仰은 유교윤리와 종교신앙을
일치시키려는 것이다.(金杜珍, 「新羅 義湘系 華嚴宗의 '孝善雙美'信仰」, 『韓國
學論叢』 15, 1992; 『義湘 그의 생애와 화엄사상』, 民音社, 1995, p.249). 孝善
雙美信仰은 一然 당시인 고려 후기의 윤리적·신앙적 문제로 다루려는 시각
도 없지 않으나(関丙河, 「三國遺事에 나타난 孝善思想」, 『人文科學』 3·4合,
成均館大人文科學研究所, 1975, pp.235-238), 대체로 신라시대의 사회문제로
보는 시각이 지배적이다.(尹龍爀, 「新羅 孝子 向德과 그 遺蹟」, 『百濟文化』 11,
公州大 百濟文化研究所, 1978, pp.52-55)
2) 眞定 : 신라 때의 고승. 생몰년 미상. 義湘의 10대 제자 중의 한 사람. 출가하
기 전에는 군인이었고, 복역의 여가에 홀어머니를 봉양할 정도로 효심이 지극
하였다. 뒤에 그는 태백산의 의상 문하로 나아갔다. [卷]4 義解 義湘傳教條 참
조.
3) 白衣時 : 白衣는 無位無官의 사람 또는 관청에 소속된 심부름꾼을 가리키는
데, 이들이 白衣를 입고 있기 때문에 붙여진 이름이다. 白衣는 梵語로
avadata-vasana이며 흰 의복을 말한다. 불교용어로서 白衣는 俗人의 별칭이
다. 인도에서 婆羅門과 俗人이 白衣를 입었으며, 또는 修行僧이 물든 옷을 입
은 것에 대해 世俗人은 白衣를 입었기 때문이다. 여기의 '白衣時'는 眞定師가
출가하기 전의 때, 곧 俗人인 때를 의미한다. [遺] 卷5 神呪 惠通降龍條의 惠
通에 대해서도 출가 전에는 '白衣之時'라고 하였다.

[卒伍]4)에 적을 두었는데, 집이 가난하여 장가를 들지 못하였다. 군대 복역[部役]5)의 여가에 품을 팔아 곡식을 얻어서 홀어머니를 봉양하였다. 집안에 살림이라고는 오직 다리 부러진 솥 한 개가 있었을 뿐이었다.

하루는 어떤 중이 문 앞에 와서 절을 지을 쇠붙이 시주를 청하니 어머니가 솥을 그에게 주었다. 얼마 안되어 진정이 밖에서 돌아오자 어머니는 사정을 말하고 또한 아들의 의사가 어떨까를 걱정하였다. 진정은 기뻐하는 기색을 보이며 말하기를, "불사에 시주하는 것이 얼마나 좋은 일입니까? 비록 솥이 없다한들 또한 무슨 걱정이 되겠습니까?"라고 하였다. 이에 질그릇 동이로 솥을 삼아 음식을 익혀 어머니를 봉양하였다.

일찍이 군대에 있을 때 사람들로부터 의상(義湘)6) 법사가 태백산(太白山)7)에 있으면서 불법을 설하고 사람들을 이롭게 한다는 말을 듣고 바로 사모하는 마음이 생겨 어머니에게 고하기를, "효도를 다한 후에는 의상 법사에게 가서 머리를 깎고 불도를 배우겠습니다"고 하

---

4) 卒伍 : 중국 周代의 軍制는 5人1組를 伍라고 하고, 100人1組를 卒이라고 하였다. 곧 軍隊라는 의미이다.

5) 部役 : '部'는 신라의 王京에 있었던 6部, 곧 梁部·沙梁部·本彼部·牟梁部·習比部·韓祇部를 가리킨다. '役'은 賦役·徭役(兵役도 포함)을 의미한다. 따라서 部役은 신라의 6부가 부족원들에게 부과한 요역이다. [遺] 卷2 紀異 孝昭王代 竹旨郎條에는 「竹曼郎之徒 有得烏級干 隷名於風流黃卷 追日仕進 隔旬日不見 郎喚其母 問爾子何在 母曰 幢典牟梁益宣阿干 以我子差富山城倉直 馳去行急 未暇告辭於郎」이라고 하였다. 곧 益宣阿干이 竹旨郎徒인 得烏를 富山城의 倉直으로 징집했는데, 이때의 富山城 倉直은 牟梁部役임이 분명하다.

6) 義湘 : 신라 때의 고승. 우리 나라 華嚴宗의 開祖. 신라 때의 고승. 우리 나라 華嚴宗의 開祖 [遺] 卷4 義解 義湘傳教條 참조.

7) 太伯山 : 신라 5岳 중의 하나. 北岳이라고도 한다.

였다. 어머니가 말하기를, "불법이란 만나기 어렵고 인생은 너무도 빠르니, 효도를 다 마친 후라고 말한다면 또한 늦지 않겠느냐? 어찌 [네가] 가서 내가 죽기 전에 도를 깨달았다는 소식을 들려주는 것만 같겠느냐? 부디 주저하지 말고 빨리 가는 것이 좋겠다"고 하였다. 진정이 말하기를, "어머님의 만년에 오직 제가 곁에 있을 뿐인데, 어찌 차마 [어머님을] 버리고 출가할 수 있겠습니까?"라고 하였다. 어머니가 말하기를, "답답하구나! 나때문에 출가를 못한다면 나를 바로 지옥 [泥黎]8)에 떨어뜨리는 것이니, 비록 살아서 풍성한 음식[三牢七鼎]9)으로 봉양한들 어찌 효도가 되겠는가! 내가 남의 집 문간에서 의식(衣食)을 비럭질하더라도 또한 타고난 수명대로 살 것이니, 꼭 나에게 효도를 하려거든 그런 말을 하지 말아라"고 하니, 진정이 오랫동안 깊이 생각하였다.

어머니가 즉시 일어나 쌀자루를 모두 털어 보니 쌀 일곱 되가 있어 그날로 밥을 다 짓고 또 말하기를, "네가 밥을 지어 먹으면서 가자면 늦을 것이 염려된다. 마땅히 내 눈 앞에서 그 하나는 먹고 나머지 여섯은 싸 가지고 빨리 빨리 가거라"고 하였다. 진정이 눈물을 삼키면서 굳이 사양하며 말하기를, "어머님을 버리고 출가함이 그 또한 사람의 자식으로서 차마 하기 어려운 일인데, 하물며 며칠 동안의 미음거리 식량까지 모두 싸 가지고 간다면 하늘과 땅이 저를 무엇이라고 하겠습니까?"라고 하고 3번 사양하였으나 [어머니는] 3번 권하였다.

---

8) 泥黎 : 지옥. 梵語 narak, niraya를 奈落, 泥黎, 泥梨, 泥梨耶 등으로 음역하였다.
9) 三牢七鼎 : 매우 풍성한 음식물. '牢'는 희생물 또는 훌륭하고 맛있는 음식을 의미한다. 三牢는 牛・羊・豕를 제물로 하는 三牲과 같다. '鼎'은 음식물을 익히는 도구 또는 宗廟에 두는 寶器이다.

진정이 그 뜻을 어기기가 어려워 길을 떠나 밤낮으로 사흘만에 태백산에 이르렀다. 의상에게 의탁하여 머리를 깎고 제자가 되어 이름을 진정이라고 하였다.

[여기서] 산 지 3년만에 어머니의 부고가 이르렀다. 진정은 가부좌를 하고10) 선정[定]11)에 들어가 7일만에 일어났다. [이를] 설명하는 자가 말하기를, "추모와 슬픔이 지극하여 아마도 견딜 수 없었으므로 입정하여 정화수로써 슬픔을 씻은 것이다"고 하고, 어떤 이는 말하기를, "선정에 들어 어머니가 환생한 곳을 관찰하려고 하였다"고 하고, 또 어떤 이는 말하기를, "이와 같이 해서 어머니의 명복을 빈 것이다"고 하였다.

선정에서 나온 후 이 사실을 의상에게 고하였다. 의상은 문도들을 거느리고 소백산(小伯山)의 추동(錐洞)에 가서 풀을 엮어 막사를 짓고 무리 3천 명을 모아 약 90일 동안『화엄대전(華嚴大典)』을 강하였다.12) [의상의] 문인인 지통(智通)13)이 강의하는 대로 그 요지를 뽑

---

10) 結跏趺坐 : 坐禪할 때의 바른 坐相. 結跏, 跏趺로 약칭하기도 한다. 먼저 오른쪽 발을 왼쪽 넓적다리 위에 두고, 그 다음 왼쪽 발을 오른쪽 넓적다리 위에 두어 金剛不壞의 자세를 취하는 것을 말한다.

11) 定 : 禪定. 6度의 하나. 梵語로 jhana인데, 禪那로 음역된다. '定'은 結跏趺坐하여 속정을 끊고, 마음을 고요히 하여 三昧 寂境에 들어가는 것, 즉 參禪에서 정신의 완전한 통일상태를 말한다.

12) 旣出定…講華嚴大典 : 신라 중대에 孝善의 문제는 六頭品 유학자들의 세력이 커져 불교를 비판하면서 유학의 孝道와 불교의 修道가 서로 마찰을 빚은데서 발생하였다. 이때 유학자들의 비판에 대한 불교계의 대응이 孝善雙美信仰으로 나타났다. 이들은 出家者와 在家者에 대하여 각각 다른 신앙을 성립시켰는데, 眞定이 성립시킨 출가자의 孝行이 孝善雙美信仰으로서 출가와 효도의 상반된 윤리를 불교적 입장에서 조절하려고 하였다. 이 신앙은 당시 불교계를 주도하였던 義湘系 華嚴宗의 실천신앙으로 성립되었다. 진정의 孝善雙美信仰과 의상계 화엄종과의 관계는 본조를 통해서 짐작할 수 있다. 이때 이루어진 錐洞의

아 두 권의 책을 만들고, 이름을 『추동기(錐洞記)』14)라고 하여 세상
에 유통되었다. 강의를 마치자 그 어머니가 꿈에 나타나서 말하기를,
"나는 이미 하늘에 환생하였다"고 하였다.

法會는 불교신앙과 효도의 문제를 집중적으로 추구하는 華嚴法會였을 것으로
추정된다.(金杜珍, 앞의 논문, pp.3-26)
13) 智通 : 신라 때의 고승. 義湘의 10대 제자 중의 한 사람. [遺] 卷4 義解 義湘
傳敎條의 주석 66) 참조.
14) 錐洞記 : 智通이 소백산 錐洞에서의 90일 華嚴法會에서 義湘의 講解를 기록
한 2권의 책. [遺] 卷4 義解 義湘傳敎條의 주석 76) 참조.

136. 大城孝二世父母 神文[1]代

　牟梁里〈一作浮雲村〉之貧女慶祖有兒　頭大頂平如城　因名大城　家
窘不能生育　因役傭於貨殖福安家　其家俵田數畝　以備衣食之資　時
有開士[2]漸開　欲設六輪會於興輪寺　勸化至福安家　安[3]施布五十疋
開呪願曰　檀越好布施　天神常護持　施一得萬倍　安樂壽[4]命長　大
城聞之　跳踉[5]而入　謂其母曰　予聽門僧誦倡　云施一得萬倍　念我定
無宿善　今玆困匱矣　今又不施　來世益艱　施我傭田於法會　以圖[6]
後報何如　母曰善　乃施田於開

　未幾城物故　是日夜　國宰金文亮家　有天唱云　牟梁里大城兒　今
托[7]汝家　家人震驚　使檢牟梁里　城果亡　其日與唱同時　有娠[8]生兒
左手握不發　七日乃開　有金簡子彫大城二字　又[9]以名之　迎其母於
第中兼養之

　旣壯好遊獵　一日登吐含山　捕一熊　宿山下村[10]　夢熊變爲鬼　訟

---

1) 神文 : [浩][民] 神文王.
2) 士 : [斗] 土.
3) 安 : [浩][六] 없음.
4) 壽 : [正] 寿.
5) 踉 : [斗] 跟.
6) 圖 : [正] 昌(鄙와 동자, 圖의 속자). [品][斗][浩][六] 圖.
7) 托 : [正][順][鶴] 杔. [晚] 파손. [品][斗][浩][六] 託.
8) 娠 : [晚] 파손.
9) 又 : [晚] 파손.

曰 汝何殺我 我還啖汝 城怖懼請容赦 鬼曰 能爲我創佛寺乎 城誓
之曰喏 旣覺 汗流被蓐11) 自後禁原野 爲熊創長壽12)寺於其捕13)
地 因而情有所感 悲願增篤 乃爲現生二親 創佛國寺 爲前世爺孃
創石佛寺 請神琳表訓二聖師各住焉 茂張像設 且酬鞠養之勞 以一
身孝二世父母 古亦罕聞 善施之驗 可不信乎

　將彫石佛也 欲鍊一大石爲龕蓋 石忽三裂 憤恚而假寐 夜中天神
來降 畢造而還 城方枕14)起 走跋南嶺爇香15)木 以供天神 故名其
地爲香嶺 其佛國寺雲梯石塔 彫鏤石木之功 東都16)諸刹未有加也

　古鄉傳所載如上 而寺中有記云 景德王代 大相大城以天寶十年
辛卯 始創佛國寺 歷惠恭世 以大歷九年甲寅十二月二日大城卒 國
家乃畢成之 初請瑜伽大德降魔住此寺 繼之至于今 與古傳不同 未
詳孰是

　讚曰 牟梁春後施三畝 香嶺秋來獲萬金 萱室百年貧富貴 槐庭一
夢去來今

---

10) 村 : [正] 材. [順] 村(가필). [品][斗][浩][六][民] 村.
11) 蓐 : [正] 蓐. [順] 蓐(가필). [品][斗][浩][六][民] 蓐.
12) 壽 : 주 4)와 같음.
13) 捕 : [正][順] 補. [品][民] 補. [斗][浩][六] 捕.
14) 枕 : [正][品] 枕. [斗][浩][六] 枕.
15) 香 : [六] 없음.
16) 都 : [斗][浩][六] 部.

대성이 두 세상의 부모에게 효도하다 - 신문왕대

　모량리(牟梁里)1)〈부운촌(浮雲村)이라고도 한다.〉의 가난한 여인 경조 (慶祖)2)에게 아이가 있었는데, 머리는 크고 이마가 평평하여 성(城) 과 같으므로 대성(大城)이라고 이름하였다. 집이 가난하여 생활할 수 없었으므로 부자 복안(福安)의 집3)에 고용살이를 하여 그 집에서 약 간의 밭을 받아 의식(衣食)의 비용으로 삼았다.

　그때 고승[開士]4) 점개(漸開)5)가 6륜회(六輪會)6)를 흥륜사(興輪 寺)7)에서 베풀려고 하여 시주를 얻고자8) 복안의 집에 왔다. 복안이

---

1) 牟梁里 : 경상북도 慶州의 西面에 위치한 동리.
2) 慶祖 : 여기에서만 보일 뿐 자세히 알 수 없다.
3) 貨殖福安家 : 貨殖은 재산을 늘인다는 말이므로 여기서는 부자를 말한다. 福 安은 여기에만 보일 뿐 자세하지 않다.
4) 開士 : 보살(Bodhisattva)을 번역한 이름. 곧 正道를 열어 중생을 인도하는 士 夫란 뜻이며, 고승의 칭호로도 쓴다.
5) 漸開 : 여기에만 보일 뿐 자세히 알 수 없다.
6) 六輪會 : 『菩薩瓔珞本業經』 또는 『占察經』 등에 의하여 베풀어지는 법회. 본 래 六輪이란 天台宗에서 이 『瓔珞本業經』의 뜻을 취하여 圓敎의 6位를 표하 는데 쓰는 여섯 輪으로서 鐵輪(十信), 銅輪(十住), 銀輪(十行), 金輪(十廻 向), 琉璃輪(十地), 摩尼輪(等覺)을 말한다.
7) 興輪寺 : 경상북도 경주시 사정동에 있던 신라 최초의 왕실 절. [遺] 卷3 興法 阿道基羅條의 주석 30) 참조.
8) 勸化 : 化主를 권하는 것이므로 곧 시주를 하는 것을 뜻한다.

베 50필을 보시하니, 점개가 축원하여 말하기를, "단월(檀越)9)이 보시를 좋아하니 천신(天神)이 항상 보호하고 지켜주시며, 하나를 보시하여 만 배를 얻고 안락하여 장수하소서"라고 하였다.

대성이 이를 듣고 뛰어 들어가서 그의 어머니에게 말하기를, "제가 문간에 온 스님이 외우는 소리를 들으니 하나를 보시하면 만 배를 받는다고 합니다. 생각컨대, 우리는 분명히 전생에 선업이 없어 지금 이렇게 곤궁한 것인데, 지금 또 보시하지 않으면 내세에는 더욱 곤란할 것이니, 제가 고용살이로 얻은 밭을 법회(法會)에 보시해서 뒷날의 응보를 도모함이 어떻겠습니까?"라고 하니, 어머니는 말하기를, "좋다"고 하였다. 이에 그 밭을 점개에게 보시하였다.

얼마 후 대성이 죽었는데,10) 이날 밤 재상 김문량(金文亮)의 집에 하늘에서 외치기를, "모량리의 대성이란 아이가 지금 네 집에 태어난다"고 하였다. 집안 사람들이 놀라서 사람을 시켜 모량리에 [가서] 알아보니 대성이 과연 죽었는데, 죽은 날이 [하늘에서] 외치던 때와 같은 시각이었다. [이에] 임신하여 아이를 낳으니 왼손을 쥐고 펴지 않았다가 7일만에 폈는데, 금간자(金簡子)가 있어 대성이란 두 글자가 새겨져 있으므로 또 이것으로 이름하였고, 그 어머니를 집에 모셔와 함께 봉양하였다.

이미 장성하자 사냥을 좋아했는데, 하루는 토함산(吐含山)에 올라가서 곰 한 마리를 잡고 산 밑 마을에서 잤다. 꿈에 곰이 귀신으로 변하여 책망하여 말하기를, "네가 어찌하여 나를 죽였느냐? 내가 도리어

---

9) 檀越 : 梵語 dānapati로서 施主로 번역된다. 곧 보시를 행하는 사람.
10) 物故 : 죽는다는 말이다.

너를 잡아 먹겠다"고 하니, 대성이 두려워서 용서해주기를 청하였다. 귀신이 말하기를, "네가 나를 위하여 절을 짓겠느냐?"고 하니, 대성이 그렇게 하겠다고 맹세하고 깨어 보니 땀이 흘러 요를 적셨다. 그 뒤로는 사냥을 금하고 곰을 위하여 장수사(長壽寺)11)를 곰 잡았던 곳에 세웠다. 이로 인하여 마음에 감동되는 바 있어 자비의 원력12)이 더욱 두터워 이승의 양친을 위하여 불국사(佛國寺)13)를 세우고, 전세 부모를 위하여 석불사(石佛寺)14)를 세워 신림(神琳),15) 표훈(表訓)16) 두

---

11) 長壽寺 : 경상북도 경주시 진현동 佛國寺 근처로 추정하고 있으나 자세하지 않다.
12) 悲願 : 불보살이 중생을 제도하려는 대자비심으로 세운 서원.
13) 佛國寺 : 경상북도 경주시 진현동 吐含山에 있는 신라시대의 절. 사적기에 따르면 眞興王 원년(540)에 창건되었다고 하나, 당시의 규모나 유물에 대하여는 전혀 알 수 없고, 현재의 모습은 景德王 10년(751) 재상 金大城에 의하여 중창된 것이다. 가람의 형태는 토함산 서록의 丘陵을 이용하여 동쪽에 대웅전, 서쪽에 극락전이 배치된 남향의 절로서 통일신라시대 가람배치의 전형을 보여주는 대표적 절이다. 대웅전 앞의 다보탑(국보 20호)과 석가탑(국보 21호)을 비롯하여 청운교·백운교(국보 23호), 연화교·칠보교(국보 22호)와 함께 금동아미타여래좌상(국보 27호), 금동비로자나불좌상(국보 26호), 사리탑(보물 61호), 석등, 당간지주 및 大石壇 등이 전해진다.
14) 石佛寺 : 佛國寺와 함께 金大城에 의하여 건립된 신라시대의 대표적인 석굴사원. 곧 石窟庵(국보 24호)의 본래 이름이다. 낱낱 석재를 절단하여 조립한 前方後圓 형태의 인공 석굴로서 전실에는 14구의 신장상을 위시하여 후실인 본실 중앙의 본존여래좌상을 비롯하여 입구의 범천·제석과 양대보살, 10대 제자, 11면관음 등 총 40구의 불상이 봉안되었으나 일제강점기에 2구의 불상과 석탑이 망실되었다. 또한 석굴은 금세기 초 일제에 의하여 해체 수리 당시 천정 외벽을 시메트로 改惡하는 결정적 과오를 저질렀다. 이로 인하여 1962년 이후 3년에 걸쳐 중수되었으나 그 보존 관리에 여러 가지 문제를 야기하고 있다. 다만 석조건축과 조각을 동시에 수용하고 있는 그 예술적 가치에 대하여는 불교미술사상 전무후무한 가작으로 평가되고 있다.
15) 神琳 : 8세기경에 활동한 華嚴敎學의 고승. 義相의 제자로서 浮石寺에서 수많은 대중을 거느리고 『華嚴經敎分記』를 강의 하였는데, 그를 가리켜 浮石嫡孫이라고 하였다.
16) 表訓 : 신라 華嚴宗의 고승. 義湘의 10대 제자 중의 한 사람. [遺] 卷2 紀異

성사(聖師)를 청하여 각각 거주하게 하였다. 불상의 설비를 크게 펴서 양육한[17] 수고를 갚았으니 한 몸으로 두 세상의 부모에게 효도한 것은 옛적에도 듣기 드문 일이다. 착한 보시의 영험을 어찌 믿지 않겠는가?

[대성이] 장차 석불을 조각하려고 큰 돌 한 개를 다듬어 감실의 뚜껑을 만들다가 돌이 갑자기 세 쪽으로 깨졌다. [대성이] 분해하다가 잠들었더니, 밤중에 천신이 내려와 다 만들어 놓고 돌아갔다. 대성이 막 일어나 남쪽 고개로 좇아가 향나무를 태워 천신을 공양하였다. 이로써 그곳을 향령(香嶺)이라고 하였다. 불국사의 운제(雲梯)[18]와 석탑은 돌과 나무에 조각한 기공이 동도(東都)[19]의 여러 절 가운데 [이보다] 나은 것은 없다.

옛 향전(鄕傳)[20]에 기재된 것은 이상과 같으나, 절의 기록에는 「경덕왕(景德王)[21] 때 대상(大相) 대성이 천보(天寶) 10년 신묘(辛卯, 751)에 처음으로 불국사를 세우다가 혜공왕[惠恭][22] 때를 지나 대력(大歷) 9년 갑인(甲寅, 774) 12월 2일 대성이 죽자 국가에서 이를 완성하였다. 처음에는 유가(瑜伽)의 대덕(大德) 항마(降魔)를 청해 이

景德王 忠談師 表訓大德條 참조.

17) 鞠養 : 양육한다는 말이다.

18) 雲梯 : 높은 사다리.

19) 東都 : 慶州를 말한다.

20) 鄕傳 : [遺]에는 鄕傳을 자주 인용하는데 卷3 興法 原宗興法 厭髑滅身條에 5회, 南白月二聖 努肹夫得 怛怛朴朴條에 3회, 卷4 義解 慈藏定律條에 1회, 元曉不羈條에 1회, 卷5 感通 郁面婢念佛西昇條에 1회를 비롯하여 이곳에서도 인용되고 있으나 그 出典은 자세하지 않다.

21) 景德王 : 신라의 제35대 왕. 재위 742-765. [遺] 卷2 紀異 景德王 忠談師 表訓大德條 참조.

22) 惠恭 : 惠恭王. 신라의 제36대 왕. 재위 765-780. [遺] 卷2 紀異 惠恭王條 참조.

절에 거주하게 했으며, 그를 계승하여 지금에 이르렀다」고 하여 고전
(古傳)23)과 같지 않으므로 어느 것이 옳은지 자세히 알 수 없다.

찬한다.

모량에서 봄을 지나 밭 세 묘를 보시하니

향령에 가을 들자 만금을 거두었네

어머니[萱室]24)는 평생을 가난과 부귀를 누렸으니

괴정(槐庭)25)은 한 꿈 사이에 두 세상 오갔구나26)

23) 古傳 : 여기서는 앞의 古鄕傳을 가리키는 것으로 생각된다.
24) 萱室 : 어머니의 높임말.
25) 槐庭 : 槐位, 곧 宰相의 지위를 뜻하므로 金大城을 가리킨다.
26) 去來今 : 과거, 미래, 현재를 뜻하나 여기서는 전세와 현세를 말한다.

137. 向得¹⁾舍知割股供親 景德王代

熊²⁾川州有向得³⁾舍知者 年凶 其父幾於餒死 向得⁴⁾割股以給養
州人具事奏聞 景德王賞賜租五百碩⁵⁾

---

1) 得 : [史] 卷48 列傳 向德條·卷9 新羅本紀 景德王條와 [勝覽] 卷17 公州牧
   古跡條에는 '德'.
2) 熊 : [正][六] 能. [品][斗][浩][民] 熊.
3) 得 : 주 1)과 같음.
4) 得 : 주 1)과 같음.
5) 碩 : [浩][六] 石.

상득사지가 다리살을 베어 아버지를 공양하다
- 경덕왕대

　　웅천주(熊川州)[1]에 상득(向得)[2] 사지(舍知)[3]라는 사람이 있었다.
흉년이 들어 그의 아버지가 거의 굶어 죽게 되자 상득은 [자기의] 다
리 살을 베어 봉양하였다. [웅천]주의 사람이 사실을 구체적으로 왕에
게 아뢰니, 경덕왕(景德王)[4]은 조(租) 5백 섬[5]을 상으로 내렸다.

---

1) 熊川州 : 지금의 公州의 옛이름. 백제 文周王이 이곳에 도읍을 정하고, 聖王
　　때 泗沘城으로 천도할 때까지 64년간 중기 백제의 도읍지였다. 文武王 때 熊
　　津都督府로, 神文王 때 熊川州로, 景德王 때 다시 熊州로 개명하였다. 고려
　　太祖 때 公州로 개명하여 그 이름이 현재까지 이어져 오고 있다. 成宗 때 牧
　　을 두었다가 곧 安節軍으로 바꾸고 節度使를 두었다. 顯宗 때 다시 郡으로 강
　　등되었다가 忠惠王 때 元의 平章 闊闊赤의 처 敬和翁主의 外鄕이라고 하여
　　다시 牧으로 승격되었다. 조선시대에는 世祖 때 公州鎭管을 설치하였고, 宣祖
　　31년에 忠淸監營을 公州로 옮겨 1932년 충청남도청을 大田으로 이전할 때까
　　지 충청도지방의 정치·경제·문화의 중심지였다. 1895년 公州牧을 公州郡으
　　로 개편하고 公州府를 신설하였다. 1989년 公州郡에서 公州市로 승격되어 현
　　재에 이르고 있다.
2) 向得 : ?-?. 신라 景德王 때 熊川州 板積鄕 출신의 효자로 이름난 인물. [史]
　　卷48 列傳과 [史] 卷9 新羅本紀 景德王條에는 '向德'으로 나와 있다. 公州市
　　소학동에는 조선 英祖 17년에 趙榮國 당시 충청도 관찰사가 세운 新羅孝子向
　　德旌閭碑가 남아 있다. 向得의 관직이 舍知이므로 向은 당연히 성씨로 생각되
　　고, 성일 경우 向은 '상'으로 발음해야 한다.
3) 舍知 : 신라 때 執事省의 관직겸 관등. 17관등 중의 제13관등인 小舍를 말한다.
4) 景德王 : 신라의 제35대 왕. 재위 742-765. [遺] 卷2 紀異 景德王 忠談師 表
　　訓大德條 참조.
5) 碩 : 곡식의 양을 헤아리는 단위로서 두 가마니 정도의 양을 말한다. [遺]에서
　　는 碩자와 石자를 혼용하고 있으나, [史]에서는 石자만 사용하였다.

138. 孫順埋兒 興德王代

孫順者〈古本1)作孫舜〉 牟梁里人 父鶴山 父沒 與妻同傭作2)人家
得米穀 養考孃 孃名運烏 順有小兒 每奪孃食 順難之 謂其妻曰
兒可得 母難再求 而奪其食 母飢何甚 且埋此兒 以圖3)母腹之盈
乃負兒歸4)醉山〈山在牟梁西北〉北郊 堀地忽得石鍾5) 甚奇

夫婦驚怪 乍懸林木上 試撃之 舂容可愛 妻曰 得異物6) 殆兒之
福 不可埋也 夫亦以爲然 乃負兒與鍾7)而還家 懸鍾8)於梁扣之 聲
聞于闕 興德王聞之 謂左右曰 西郊有異鍾9)聲 淸遠不類 速檢之

王人來檢其家 具事奏王 王曰 昔郭巨瘞子 天賜金釜 今孫順埋
兒 地湧石鍾10) 前孝後孝 覆載同鑑 乃賜屋一區 歲給粳五十碩 以
尙純孝焉11)

---

1) 本 : [正] 今. [品][斗][浩][六][民] 本.
2) 傭作 : [正][斗] 但傳. [品][民] 作傭. [浩][六] 傭作.
3) 圖 : [正] 啚(鄙와 동자, 圖의 속자). [品][斗][浩][六] 圖.
4) 歸 : [正] 故. [品] 皈(歸와 동자). [斗][浩][六] 歸.
5) 鍾 : [斗][浩][六] 鐘.
6) 物 : [正] 扬. [品][斗][浩][六][民] 物.
7) 鍾 : [斗][浩] 鐘.
8) 鍾 : 주 7)과 같음.
9) 鍾 : 주 7)과 같음.
10) 鍾 : 주 7)과 같음.
11) 焉 : [正] 馬. [順] 焉(가필). [品][斗][浩][六][民] 焉.

順捨舊居爲寺 號弘孝寺 安置石鍾[12]　眞聖王代 百濟橫賊入其里
鍾[13]亡寺存 其得鍾[14]之地 名完乎坪 今訛云枝良坪[15]

12) 鍾：주 7)과 같음.
13) 鍾：주 7)과 같음.
14) 鍾：[斗][浩] 鐘. [六] 鎭.
15) 坪：[正] 珵. [品][斗][浩][六][民] 坪.

손순이 아이를 묻다 - 흥덕왕대

　손순(孫順)1)이란 자〈고본(古本)에는 손순(孫舜)이라고 썼다.〉는 모량리 (牟梁里)2) 사람으로 아버지는 학산(鶴山)3)이다. 아버지가 죽자 처와 함께 남의 집에 고용되어 일을 하여 쌀을 받아 늙은 어머니를 봉양하 였다. 어머니의 이름은 운오(運烏)4)이다.

　손순에게는 어린 아이가 있었는데, 매번 어머니 음식을 빼앗아 먹 었다. 손순은 이를 곤란하게 여겨 그의 처에게 말하기를, "아이는 [또] 얻을 수 있지만 어머니는 다시 구할 수 없는데, 그 음식을 빼앗 아 먹으니 어머니의 배고픔이 얼마나 심하겠소? 우선 이 아이를 묻어 버리고 어머니의 배를 채워드립시다"고 하고, 이에 아이를 등에 업고 취산(醉山)5)〈산은 모량리 서북쪽에 있다.〉 북쪽 들판으로 가서 땅을 파다 가 문득 돌종을 얻었는데 매우 기이하였다.

　부부가 놀라고 괴이하게 여겨 잠깐 나무 위에 걸어 놓고 시험삼아

---

1) 孫順 : 여기 외에는 자료가 없어 자세히는 알 수 없으나, [遺] 卷1 紀異 新羅 始祖赫居世王條의 「茂山大樹村…又牟梁部 孫氏之祖」라는 기사와 연관이 있 을 것으로 보인다. 또 注에 古本에는 '孫舜'이라고 하였다는 것을 보아 신라 이후 널리 알려진 이야기로 보인다.
2) 牟梁里 : [遺] 卷1 紀異 新羅始祖赫居世王條 참조.
3) 鶴山 : 신라 興德王 때 慶州 牟梁里 사람으로 孫順의 아버지이다.
4) 運烏 : 신라 興德王 때 慶州 牟梁里사람으로 孫順의 어머니이다.
5) 醉山 : 慶州 牟梁里 서북에 있는 산이름.

그것을 쳤더니 [그 소리가] 은은하여 사랑스러웠다. 처가 말하기를, "이상한 물건을 얻은 것은 아마도 아이의 복인 듯하니 [아이를] 묻지 맙시다"고 하였다.

남편도 그렇게 여겨 아이와 종을 업고 집으로 돌아와 종을 들보에 매달고 두드리니 소리가 궁궐까지 들렸다. 흥덕왕(興德王)6)이 이를 듣고 좌우에게 말하기를, "서쪽 교외에서 이상한 종소리가 들리는데, 맑으면서 멀리 들리니 비할 데가 없소. 빨리 조사하시오"라고 하였다.

왕의 사자가 그 집에 가서 조사하고 사실을 구체적으로 왕에게 아뢰었다. 왕이 말하기를, "옛날에 곽거(郭巨)7)가 아들을 묻으니 하늘이 금솥을 내렸고, 지금 손순이 아이를 묻으려고 하니 땅에서 돌종이 솟구쳤다. 전세의 효와 후세의 효8)는 천지[覆載]에 같은 귀감이라"고 하고, 이어 집 한 채를 내리고, 해마다 메벼 50섬을 주어 지극한 효[純孝]를 숭상하게 하였다.

손순은 옛집9)을 내어 절을 만들었는데, 홍효사(弘孝寺)10)라고 부르고 돌종을 [여기에] 안치하였다. 진성왕(眞聖王)11) 때 백제의 방자

---

6) 興德王 : [遺] 卷2 紀異 興德王 鸚鵡條 참조.
7) 郭巨 : 後漢 때 사람으로 24孝의 한 사람. 郭巨는 집안이 어려웠으나 노모를 잘 봉양하였는데, 처가 아이를 낳아 그 아이가 3세가 되자 늘 어머니의 음식을 빼앗아 먹었다. 郭巨는 처에게 아이는 또 얻을 수 있지만 어머니는 다시 얻을 수 없으므로 아이를 땅에 묻자고 하였다. 땅을 한 자 가량 파니, 황금솥이 나왔는데, 솥에는 '하늘이 郭巨에게 주노니 官은 빼앗을 수 없고, 사람은 취할 수 없다'고 써 있었다.
8) 前孝後孝 : 前世의 효는 郭巨의 일이고, 後世의 효는 孫順의 일이다.
9) 舊居 : 孫順의 옛 집터라고 하는 遺址가 경상북도 慶州市 見谷面 小見里에 남아 있다고 한다.(『文化遺蹟總覽』中, 文化財管理局, 1977)『朝鮮金石總覽』下, p.1331에 비문이 실려 있다.
10) 弘孝寺 : 여기 외에는 자료가 없어 자세히 알 수 없다.
11) 眞聖王 : [遺] 卷2 紀異 眞聖女大王 居陀知條 참조.

三國遺事

三國遺事卷第四

義解第五

圓光西學

唐續高僧傳第十三卷載新羅皇隆寺釋圓光俗姓朴

氏本住三韓卞韓辰韓馬韓光即辰韓人也家世海東

祖習綿遠而神器恢廓愛染篇章挍獵玄儒討讎子史

文華騰翥於韓服博贍猶愧於中原遂割略親朋發憤

溟渤年二十五乘舩造于金陵有陳之世號稱文國故

得諮考先疑詢獸了義初聽莊嚴旻公弟子講素霑世

典謂理窮神及聞釋宗又同腐芥尋名教實懼生涯

乃上啟陳主諸歸道法有勅許焉既奏初發來即稟具

戒遊歷講肆曰盡嘉謀領牒微言不謝光景故得成實

涅槃蘆括心府三藏擇論徧所披尋未又投吳之虎

山念定揩拭無忘覺觀息心之家雲結林泉並以綜述

四舍切貌八定明善易擬筒直難鬋深副凰心遂有終

焉之慮於即頹絕人事盤遊聖迹攬想青霄緬謝右

時有信士宅居山下請光出講固辭不許普事邀延逐

從其志劍通戎論末講般若智思解復徵嘉問飛毅焉

縣以絢采織綜詞義聽者欣欣會其心府從此因循舊

章闡化成任妖法輪一動輒傾注江湖雖是異域通傳

而沐道頓除嬿郛故名望横流播于嶺表披榛負槖而
至者相接如鱗會隋后御宇威加南國曆窮其數軍入
揚都遂被乱兵將加刑戮有大主將望見寺塔火燒走
赴救之了無火狀但見光在塔前被縛將殺旣恠其異
即解而放之斯臨危達感如此也光學通呉越便欲觀
化周秦開皇九年來遊帝宇值佛法初會攝論肇興奉
佩文言振績微緒又馳慧解宣譽京皐勳業旣成道東
須繼本國遠聞上啓頻請有勑厚加勞問放歸桑梓光
往還累紀老幼相欣新羅王金氏面申虔敬仰若聖人
光性在虗閑情多汎愛言常含笑慍結不形而牋表啓

書往還國命兼出自胷襟一隅傾奉皆委改貽方詞之

道化事興錦衣請同觀國乘機教訓垂範于今年豈託

高柔嶼入內衣服藥食盖王手自嘗不許佐助用希專

福其感教為此類也將終之前王親執慰寫累遣法熱

濟民斯為說微祥被于海曲以彼建福五十八年少覺

不念経于七日遺誡清切端坐終于所住皇隆寺中春

秋九十有九即唐貞觀四年也（宜云十四年）當終之時寺東

此虗中音樂滿空異香充院道俗悲慶知其靈感邃葬

于郊外國給羽儀葬具同於王禮後有俗人見胎死者

彼土謗云當於有福人墓埋之種徇不絕乃私瘞於墳

側當日震此貼屍擲于墅外由此不懷敬者率崇仰焉

育弟子圓安神志機穎性希周覽慕仰幽求遂北遊九

都東觀不耐又西燕觀後展帝京備通方俗尋諸經論

跨轢大綱洞清纖旨晚歸心學高軌光塵愚初住京寺以

道素育聞特進蕭瑀奏請住於藍田所造津梁寺四事

供給無替六時矣安嘗叙光云本國王染患醫治不損

請光入宮別省安置夜別二時爲說深法受戒懺悔王

大信奉一時初夜王見光首金色晃然有象日輪隨身

而至王后宮女同共觀之由是重發勝心剋留疾所不

又遂差光於辰韓馬韓之間感通正法每歲再講匠成

後學　之資並克營寺餘惟衣盆而已載達

又東京安逸戶長貞孝家在古本殊異博載圓光法師

傳曰法師俗姓薛氏王京人也初爲僧學佛法年三十

歲思靜居修道獨居三岐山後四年有一比丘來所居

不遠別作蘭若居二年爲人強猛好修呪述法師夜獨

坐誦経忽有神聲呼其名善哉善哉汝之修行凡修者

雖衆如法者稀有令見隣有比丘径修呪術而無所得

喧聲惱他靜念住家礙我行路每有去來幾發惡心法

師爲我語告而使移遷若久住者恐我忽作罪業明月法

師往而告曰吾於昨夜有聽神言比丘可移別處不然

應有餘殃比丘對曰至行者為魔所眩法師何憂狐鬼
之言乎其夜神又來曰向我告事比丘有何答乎法師
恐神瞋怒而對曰終未了說若強語者何敢不聽神曰
吾已具聞法師何頒補說但可默然見我所為遂歸而
去夜中有聲如雷震明日視之山頹填壑神曰我藏義
神亦來曰師見如何法師對曰見甚驚懼但復將來之
於三千年神術最此山是小事何足為驚但
事無所不知天下之事無所不達今思法師唯居此山
雖有自利之行而無利他之功現在不揚高名未來不
取勝果盍採吾法於中國道群迷於東海對曰學道中

國是本所頻海陸迴阻不能自通而已神詳諸歸中國

所行之計海師依其言歸中國留十一年傳通三藏兼 三國史云明師游理葉

學儒術真平壬二十二年庚申年辛酉歲

東還乃陸中國朝聘使還國法師欲謝神至前佳三岐

山寺夜中神亦來呼其名曰海陸遂間往還如何對口

蒙神鴻恩平安到託神曰吾亦授戒於神初結生生相

濟之約又請曰神之真容可得見耶神曰法師若欲見

我形于旦可望東天之際法師明日望之有大臂貫雲

接於天際其夜神亦來曰法師見我臂耶對曰見已甚

奇絕異因此俗亦號長山神曰雖有此身不免無常之

害故吾無月日捨身其嶺法師来送長迎之塊待約日

徃看有一老狐黑如柒但吸吸無息俄然而死法師始

自中國来本朝君臣敬重為師常講大乘經與此時高

厭百濟常侵邊鄙王甚患之欲請兵於隋宜作請法師

作乞兵表皇帝見以三十萬兵親征高麗自此知法師

旁通儒術也享年八十四入寂葬明活城西又三國史

列傳云賢士貴山者沙梁部人也與同里箒項為友二

人相謂曰我等期與士君子遊而不先正心持身則恐

不免於招辱盍問道於賢者之側乎時聞圓光法師入

隋回寓止嘉瑟岬或作加西又嘉栖嘗方言也岬俗云古尸故或云古尸寺猶言岬寺也仝

雲門寺東九千步許有加西峴或
云嘉瑟峴峴之北洞有寺基是也　二人詣門進告曰俗
士顗蒙無所知識願賜一言以爲終身之誡光曰佛教
有菩薩戒其別有十若等爲人臣子恐不能堪乎有世
俗五戒一曰事君以忠二曰事親以孝三曰交友有信
四日臨戰無退五曰殺生有擇若行之無忽貴山等曰
他則既受命矣所謂殺生有擇持未曉也光曰六齋日
春夏月不殺是擇時也不殺使畜謂馬牛雞犬不殺細
物謂肉不足一臠是擇物也此亦唯其所用不求多殺
此是世俗之善戒也貴山等曰自今以後奉以周旋不
敢失墜後二人從軍事皆有奇功於國家又建福三十

年癸酉誤慎砰五年耳位　秋隋使二世儀至於皇龍寺設
百座道塲請諸高德說經光最尊上首議曰原宗興法
已來律梁始置而未遑堂宇故宜以歸戒減懺之法開
曉愚迷故光於所住嘉栖岬置占察寶以為恒規時有
檀越尼納田於占察寶今東平郡之田一百結是也古
籍猶存光性好虛静言常含笑形無慍色年朡既邁乘
興入內當時群彦德義攸屬無敢出其右者文藻之瞻
一隅所傾年八十餘卒於貞觀間浮圖在三岐山金谷
寺也今安康之西南洞唐傳云告寂皇隆寺未詳其地疑
皇龍之訛也如芬皇作王芬寺之例也據如上唐鄉二

傳之文但姓氏之朴聲出家之東西如二人焉不敢詳定
故兩存之然彼諸傳記皆無鵠岾璃目與雲門之事而
鄉人金陛明謬以街巷之說潤文作免師傳濫記雲門
開山祖寶攘師之事迹合爲一傳後撰海東僧傳者承
誤而錄之故時人多惑之因辭於此不加減一字載二
傳之文詳矣陳隋之世海東人鮮有航海問道者設有
猶未大振及先之後繼踵西學者憧憧焉光乃啓途矣
讚曰航海初穿漢地雲幾人來往把清芬普年曒迹青
山在金谷嘉西事可聞

　寶攘梨木

釋寶壤傳不載鄉井氏族謹按淸道郡同籍載天福八

年癸酉二大祖即位弟六年也正月日淸道郡界里審使順英大

乃末水文等柱貼公文雲門山禪院長生南阿尺岵東

嘉西峴云同藪三剛典主人寶壤和尚院主玄會長老

阿尺岵嘉西峴畝峴西北買峴一作面北猪足門等又

貞座玄兩上座直歲信元禪師右公文淸道郡又開運

三年丙辰雲門山禪院長生標塔公文一道長生十一

庚寅年晉陽府貼五道按察使各道禪教寺院始劃年

月形止審檢成籍時差使貟東京掌書記李僐審撿記

載正豐六年辛巳大金年号本朝毅九月郡中古籍裨

楠記雄靖道郡前副戶長禦侮副尉李則禎戶在右人

消息及諸傳記載致仕上戶長金亮辛致仕戶長昊育

戶長同正尹應前其人弥尚等與時上戶長用成等言

語時太守李思老戶長亮辛至八十九餘輩皆七十巳

上用成年六十巳巳云不雜云云　羅代已來當郡寺院鵲岬

巳下中小寺院三韓亂三間大鵲岬小鵲岬所寶岬天

門岬嘉西岬等五岬皆三壤五岬柱合在大鵲岬祖師

知識上文云大國傳法來還次西海中龍邀入宮中念

経施金羅袈裟一領無拖一子摘目爲侍奉而追之囑

曰于時三國接動未有歸依佛法之君主希與吾子歸

本國鵲岬剒寺而居可以避賊挪亦不數年內必有護

法賢君出定三國矣言訖相別而來還及至玆洞忽有

老僧自稱圓光抱爲樻而出授之而沒

東還住嘉西岬而後於皇隆寺計至淸泰之初無虜三百

年矣今悒嘆諸岬皆廢而喜見壞卒而將興故告之爾百

於是壞師將興瘳寺而登北嶺望之庭有五層黃塔下

來尋之則無跡尋陟望之有群鵲喙地乃思海龍鵲岬

之言尋掘之果有遺塼無數聚而蘊崇之誥成而無遺

塼知是前代伽藍墟也畢釗寺而住焉因名鵲岬寺未

幾太祖統一三國聞師至此剒院而居乃合五岬四求

五百結納寺以淸泰四年丁酉賜額曰雲門禪寺以奉

裂瓷之靈薩瘸目常在寺側小渾陰隱伏化忽一年一元
早田蟲焦槁壞勃瘸目行兩一境告是天帝將誅不識
瘸目告急於師師藏目於床下俄有天使到庭請出瘸目
之一云師呪其末近年倒地有人作捷於安置善法堂及
師指庭前梨木乃震之而上一天裂木菱欇龍㮤之即蘇
食堂其攉柄有銘初師入唐迴先止于推火之奉聖寺
過太祖東征至清道境山賊嘯聚于犬城嵞有山峯臨水
其名改云犬城驕倣不格太祖至于山下問師以易制之述
答曰夫犬之為物司夜而不司晝守前而忘其後宜以
晝擊其北祖從之果敗降太祖嘉乃神謀歲給近縣租

五十頒以供香火是以寺安二聖真容因名奉聖寺後

遷至鵠岬而大劉終焉師之行狀古傳不載諺云與石

崛備盧師毗盧(一作)為昆弟奉聖石崛雲門三寺連峰櫛比

交相往還爾後人攺作新羅異傳濫記鵲塔鳶目之事

于圓光傳中系犬城事於毗盧傳既謬矣又作海東僧

傳者從而潤文使實壞無傳而疑誤後人証妄幾何

良志使錫

釋良志未詳祖考鄉邑唯現迹於善德王朝錫杖頭掛

一布帒錫自飛至檀越家振拂而鳴戶知之納齋費帒

滿則飛還故名其所住曰錫杖寺其神異莫測皆類此

旁通離舉神妙絕比又善筆扎靈廟丈六三尊天王像

并殿塔之瓦天王寺塔下八部神將法林寺主佛三尊

左右金剛神等皆所塑也書靈廟法林二寺頷又嘗彫

磚造一小塔并造三千佛安其塔置於寺中致數爲其

塑靈廟之丈六也自入定以正受所對爲㨾式故傾城

士女爭運泥土風謠云　來如來如來　來如哀反

多羅　哀反多吳徒良　功德修叱如良來如　至本

土人舂相役作皆用之蓋始于此像成之費入穀二萬

三千七百碩金時租　議曰師可謂才全德充而以大

方隱於末技者也　讚曰齋罷堂前錫杖閑靜裝爐鴨

自焚撙殘經讀了無餘事聊塑圓容合掌者

歸竺諸師

廣函求法高僧傳云釋阿離那（一作耶）跋摩（一作新羅人）

也初希正教早入中華思觀聖跡勇銳彌增以貞觀年

中離長安到五天住那蘭陀寺多閱律論抄寫貝莢痛

矣歸心所期不遂忽於寺中無常齡七十餘繼此有惠

業　玄泰　求本　玄恪　惠輪　玄遊　復有二云

名法師等皆志身順法觀化中天而或天於中途或生

存住彼寺者竟未有能復雞貴與唐室者唯玄泰師克

返歸唐亦莫知所終天竺人呼海東云矩矩吒瞖說（一作...）

距矩吃言雜也醫說羅言貴也彼土相傳云其國教

雜神而取尊故戴翎羽而表飾也　讚曰天竺天遙萬

疊山可憐遊士力賢攀幾回月送孤帆去來見雲龍一

杖還

二惠同塵

釋惠宿沉光於好世即徒即既讓名黃卷師亦隱居赤

善村今安康縣二十餘年時國仙瞿旵公當往其郊毾

獵一日宿出於道左贊繢而請曰庸僧亦願隨徒可乎

公許之於是縱橫馳突裸袒裀先公既悅久休勞坐敎

以烹相詢宿亦與啖噬略無忤色既而進於前曰今可

羔鮮於此是其屬之何公曰善宿居异人割其股實盤以薦

及血淋漓公愕然曰何至此耶宿曰始吾謂公仁人也

能起巳通物也故從之爾今察公所好唯殺戮之躭篤

害彼自養而巳豈仁人君子之所為非吾徒也遂拂衣

而行公大慚視其所食盤中鮮藏不滅公甚異之歸奏

於朝真平王聞之遣使徵迎宿示卧婦床而寢中使陋

焉返行七八里逢師於途問其所從來曰城中檀越家

赴七日齋席罷而來矣中使以其語達於上又遣人撿檀

越家其事亦實未幾宿忽死村人轝葬於耳峴東（一作東）

其村人有自峴西來者逢宿於途中問其所往曰久居

此地欲遊他方爾相揖而別行半里蹣雲而逝其人

至峴東見葬者未斂具說其由開塚視之唯芒鞋一隻
而已人言安康縣之北有寺名惠宿乃其所居云亦有濟

晝焉

釋惠空天其公之家傭嫗之子小名憂助讖才也公嘗患
瘡濱於死而候慰填街憂助年七歲謂其母曰家有何
事賓客之多也母曰家公發惡疾將死矣爾何不知助
曰吾能右之母異其言告於公公使喚來至坐床下無

一語濱更瘡濱公謂偶爾不甚異之既壯爲公養鷹甚
愜公意初公之弟有得官赴外者請公之選鷹歸治所
嫗公意初公之弟有得官赴外者請公之選鷹歸治所

一夕公感德甚厚晨撰遣助取之助已先知之儀頃

故鷹瞭蒙獻之公大驚悟方知昔日救瘡之事皆可側

也謂曰儀不知至聖之托吾家狂言非禮污辱之緣罪

何雪而後乃今顏為導師道我迺遂下拜靈異既著遂

出家為僧易名惠空常住一小寺每猖狂大醉負簣歌

舞於街巷口號賢和尚所居寺因名夫蓋寺乃簣之鄉

言也每入圭之井中數月不出因以師名名其井每出

有碧衣神童先湧故寺僧以此為候既出衣裳不濕

年稜止恒沙寺沙人出邑故名恒沙洞　時元曉撰諸

經疏每就師質疑或相調戲一日二公沿溪掇魚蝦而

噗之攷便於石上公挹之戲曰汝承吾魚故因名吾名魚

寺或人以此為曉師之語盥也狷浴訖呼其溪曰吾老矣

川霍山公嘗遊山見公死僵於山路中其屍腥脹爛生

虫蛆悲嘆父之及迴繇入城見公大醉歌舞於市中又

一日將草索絢入靈廟寺圍結於金堂遶左右經樓及

南門廊廡語剛司此索頃三日後取之剛司與焉而從

之果三日善德王駕幸入寺志思心火出燒其埃唯結

索慶獲免入神印祖師明朗新創金剛寺設落成會龍

豪畢集唯師不赴朗即焚香慶禱小選公至時方大雨

秋袴不濕乞不沾迅謂朗日屡召懃懃故並兹來矣靈

迹願多及終遇空告寂舍利冥知其數嘗見摩論曰是
吾昔所撰也乃知僧肇之後有也　讚曰草原縱獵處
頭臥酒肆狂歌井底眠雙履遺空何處去一雙弥重火

中蓬

慈藏定律

大德慈藏金氏本辰韓真骨蘇判茂名茂林之子其父
歷官清要絶無後胤乃歸心三寶造于千部觀音希生
一息祝曰若生男子捨作法海津梁母忽夢星墜入懷因
有娠及誕與釋尊同日名善宗即神志澄睿文思日贍
而無染世趣早喪二親轉猒塵譁捐妻息捨田園為元

寧寺獨處幽隱不避狼虎修枯骨觀微或倦弊乃作小
室周障荊棘裸坐其中動輒箴刺頭懸在梁以袪昏瞑
適台輔有闕門閥當議累徵不赴王乃勅旦不就斬之
藏聞之曰吾寧一日持戒而死不額百年破戒而生尋
聞上許公出家乃深隱岩藪糠粃不恤時有異禽含菓
來供就手而飡俄夢天人來授五戒方始出谷鄉邑士
女爭來受戒藏自嘆邊生西希大化以仁平三年丙申
歲惻惻懺覩勅興門人僧實等十餘輩西入唐詣清涼
山山有曼殊大聖塑相彼國相傳云帝釋天將工來彫
也藏於像前禱祈冥感夢像摩頂授梵偈覺而未解及

曰有異僧持来釋云龍龕出皇龍塔篇又曰雛学萬歳来有過此

又以袈裟舍利等付之而誡 藏公初匾之姤 藏知已蒙

聖別及下北臺抵大和池入京師太宗勑使慰撫安置

勝光別院寵賜頻厚藏嬾其繁擁啓表入終南雲際寺

之東嵃架嵓為室居三年人神受戒靈應日錯鐇煩不

戴既而再入京又蒙勑慰賜絹二百疋用演衣資貞觀

十七年癸卯本國善徳王上表乞還詔許引入宣賜綃

一領雜緑五百端東宮亦賜二百端又多禮貺藏以本

朝経像未充乞齎藏経一部泊諸幡幢花盖遝為福利

者皆載之既至洎與國欣迎命住芬皇寺

擁踵一夏請王宮中講大乘論又於皇龍寺演菩薩戒

本七日七夜天降甘澍雲霧陰靄覆所講堂四衆咸服

其異朝廷議曰佛教東漸雖百千齡其於住持修奉軌

儀闕如也非夫綱理無以肅清啓勅藏為大國統凡僧

尼一切規猷惣委僧統主之按北齊天保中國置十統

有司奏宜甄異之於是宣

帝以法上法師為大統餘為通統又梁陳之間有國統

州統國都州都僧都僧止都維那乃至名德

即領僧尼官名唐初又有十大德之盛新羅真興王十二

明年辛丑以安藏法師為大書省一人又有小書省二

師更置大都維那一人及州統九人郡統十八人至

人一明年庚午又置大國統一人蓋非常職也亦禮郞為大角

法更置大國信大善一人為司存之捥

藏干金更信大善一人為司存之捥亦律寺之別也

之役有法典以糺之徒亦律寺之別也

傳云藏入唐太宗迎至武乾殿請講華嚴天請
甘露開爲國師云者妄矣曹傳與國史皆無文　藏傾

斬嘉會勇激弘通令僧尼五部各增舊學半月說戒冬

春摠試令知持犯置貞管維持之文遣巡使歷撿外寺

誠礪僧失嚴飾経像爲恒式一代護法於斯盛矣如夫

子自衛返過嘗樂正雅頌各得其宜當此之際國中之人

受戒奉佛十室八九祝髮請度歲月增至乃割通度寺

築戒壇以度四來戒壇事已出上又改營生緣里第九寧寺設

落成會議雜花萬偈感五十二女現身證聽門人揷

擻如其數以旌厥異因号知識擻嘗以邦國服章不同

諸夏舉議於朝奏允旦戚乃以真德王三年己酉始厳

中朝衣冠明年庚戌又奉正朔始行永徽号自後每有
朝覲列在上蕃藏之切也暮年謝薜蘿簧於江陵郡賢
剣永多寺居焉復要與僧狀北臺所見來告曰明日
見沒於大松汀驚悸而起早行至松汀果感文殊來格
諮詢法要乃曰重期於太伯葛蟠地遂隱不現松汀至
鷹鸇之類云徃太伯山尋之見巨蟒蟠結樹下謂侍
者曰此所謂葛蟠地乃剣石南院岩寺今淨以候聖降粤有
老居士方袍縷褸荷蕢簣盛死狗兒來謂侍者曰欲見
慈藏來爾門者曰自奉巾篲未見忤犯吾師請者汝何
人斯爾狂言子居士曰但告汝師遂入告藏不之覺同

殆狂者邪門人出詣遂之居士曰歸歟歸歟有我相者

吾得見我之倒覆掃之狗變為師子寶座陞坐放光而

去藏聞之方具威儀尋光而趨登南嶺已杳然不及遂

殞身而卒茶毗安骨於石穴中九藏之縞襹寺塔十有

餘所每一興造必有異祥故蒲塞供填市不日而成藏

之道具布幞幷大和龍所獻木鴨枕亦知尊由衣等合

在通度寺又嚥陽縣今彦有鴨遊寺枕鴨曾於此現異

故名之又有叔圓勝者先藏西學而同還桑摔肋弘律

部云　讚曰旨向清涼蔓破迴亡篇三聚一時開敷令

緇素衣幘東國衣冠上國裁

九曉不羈

聖師元曉俗姓薛氏祖仍皮公亦云赤大公今赤大樹

側有仍皮公廟父談捺乃末初示生于押梁郡南 佛地村此栗谷娑羅樹下村名佛地或作發智村俚云 郡章 等云

佛地村此栗谷娑羅樹下村名佛地或作發智村俚云

娑羅樹者諺云師之家本住此谷西南毋既娠而月

滿適過此谷栗樹下忽分産而倉皇不能歸家且以夫

衣掛樹而寢裏其中因号樹曰娑羅樹其樹之實亦異

於常至今稱娑羅栗右傳昔有主寺者給寺奴一人一

夕饌栗二枚奴訟于官官吏怪之取栗撿之一枚盈一

鉢乃反判給一枚故因名栗谷師既出家捨其宅爲寺

名初開樹之旁置寺曰裟羅師之行狀云是京師人從
祖冷也唐僧傳云本下湘州之人按麟德二年間文武
玉割上州下州之地置歃良州則下州乃今之昌寧郡
也押梁郡本下州之屬縣上州則今尚州亦作湘州也
佛地村今屬慈仁縣則乃押梁之所分開也師生小名
誓幢第名新幢者俗云毛也初母要流星入懷因而有娠又
將產有五色雲覆地直平王三十九年大業十三年丁
丑歲也生而頴異學不從師其遊方始末弘通茂跡具
載唐傳與行狀不可具載唯鄉傳所記有一二段異事
師嘗一日風顛唱街云誰許沒柯斧我斫支天柱人皆

未喻時大宗聞之曰此師殆欲得貴婦產賢子之謂爾

國有大賢利莫大焉時瑤石宮有寡公主勅宮

吏覓曉引入宮吏奉勅將求之巳自南山來過蚊川橋 沙川俗云年別渠又橋名楡橋也

遇之佯墮水中濡衣袴吏引師於

宮換衣曬晾因留宿焉公主果有娠生薛聰聰生而睿

敏博通經史新羅十賢中一也以方音通會華夷方俗

物名訓解六經文學至今海東業明經者傳受不絕曉

旣失戒生聰巳後易俗服自號小姓居士偶得優人舞

弄大瓠其狀瑰奇因其形製為道具以華嚴經一切無

导人一道出生死命名曰無导仍作歌流于世嘗持此

千村萬落且歌且舞化詠而歸使桑樞甕牖玃猴之輩
皆識佛陀之号咸作南無之稱曉之化大矣哉其生緣
之村名佛地寺名初開自稱元曉者蓋初輝佛日之意
爾元曉亦是方言也當時人皆以鄉言稱之始旦也曾
住芬皇寺纂華嚴疏至第四十迴向品終乃絕筆又嘗
因訟分軀於百松故皆謂位階初地矣亦因海龍之誘
承詔於路上撰三昧経疏置筆硯於牛之兩角工因謂
之角乘亦表本始二覺之微旨也大安法師排来而粘
紙亦知音唱和也既入寂聦碎遺骸塑真容妾芬皇寺
以表敬慕終天之志聦時旁禮俛忽迴顧至今猶顧矣

曉嘗所居穴寺旁有聰家之壚云　讚曰角乘初開三

昧軸舞蠆終掛萬街風月明謠石春眠去門擡雪皇顧

影空迴顧至

　　義湘傳教

法師義湘考曰韓信金氏年二十九依京師皇福寺落

髮未幾西圖觀化遂與元曉道出遼東邊戍邏之為諜

者囚閉者累旬僅免而還事在崔侯本傳永徽初會唐

使舡有西還者寓載入中國初止揚州州將劉至仁請

留衙內供養豐贍尋往終南山至相寺謁智儼儼前夕

夢一大樹生海東枝葉溥布來蔭神州上有鳳巢登視

－38－

之有一摩尼寶珠光明屬遠覺而驚異徧掃而待湘乃
至殊禮迎際從容謂曰吾昨者之夢子來投我之兆許
為入室雜花妙旨剖析幽微儼喜遙覯克詮新致可
謂鈎深索隱藍茜迪本色既而本國承相金欽純一作
仁問良圖等徃囚於唐高宗將大舉東征欽純等密遣
湘誘而先之以咸亨元年庚午還國聞事於朝命神印
大德明朗假設密壇法禳之國乃免儀鳳元年湘歸太
伯山奉朝旨劉淳石寺數敞大乘靈感頗著終南門人
賢首撰搜玄疏送副本於湘處并奉書懃懃曰西京崇
福寺僧法藏致書於海東新羅華嚴法師侍者一從分

別二十餘年傾望之誠置離心首加以烟雲萬里海陸

千重恨此一身不復再面抱懷戀戀夫何可言故由凤

世同因今生同業得於此報俱沐大經特蒙先師授茲

粤典仰承上人歸鄉之後開演華嚴宣揚法界無尋緣

起重重帝網新新佛國刹益弘廣喜躍增綵是知如来

滅後光輝佛日再轉法輪令法久住者其唯法師矣藏

進趣無成周旋寡況仰念慈典愧荷先師隨分受持不

能捨離希冀此業用結来因但以和尚章疏義豐文簡

致令後人多難趣入是以錄和尚微言妙音勤成義記

近因勝詮法師抄寫還鄉傳之彼土請上人詳撿藏否

幸示箴誨願當當来世捨身受身相與同於盧舍郍

爽受如此無盡妙法修行如此無量普賢願行懷餘惡

業一朝顛墜伏希上人不遺宿昔在諸趣中示以正道

人信之次時訪存没不具文額大湘乃令十剎傳教太

伯山浮石寺原卅毗摩羅伽耶之海卯毗瑟之王泉金

井之梵魚南嶽華嚴寺寺是也又著法界圖書印并略

跪括盡一乘樞要千載龜鏡競所珎佩餘無撰述嘗鼎

味一巒乩矣曺成總章元年戊辰是年儼亦歸寂如孔

氏之絶筆於獲麟矣世傳湘乃金山寶蓋之幻有也徒

弟悟真　智通　表訓　真定　真藏　道融　良圓

相源　能仁　義寂寺十大德為領首皆亞聖起各

有傳真嘗處六柯山鵑嵓寺每夜伸臂點海石室燈通

著雛詞記盖承親訓故辭多詣娑訓胥佳佛國寺常往

来天宮　湘住皇福寺時與徒眾繞塔每步虗而工不

以階升故其塔不設梯橙其徒離階三尺履空而旋湘

乃顧謂曰世人見此必以為怪不可以訓世餘如崔侯

所撰本傳　讚曰披榛跨海月烟塵至相聞開摚瑞弥

采央雜花我故國終南太伯一般春

地福不言

京師萬善北里有富女不夫而孕既産年至十二歲不

語亦不起因号蛇童又作蛇卜又巴又伏等皆言童也一日其母死時

元曉往高仙寺曉見之迎礼福不荅拜而曰君我昔日

駄經牸牛今已死矣偕葬何如曉曰諾遂與到家令曉

布薩授戒臨尸祝曰莫生兮其死也苦莫死兮其生也

苦福曰詞煩更之曰死生苦兮二公舁歸活里山東麓

曉曰葬智惠虎於智惠林中不亦宜乎福乃作偈曰徃

昔釋迦牟尼佛娑羅樹間入涅槃于今亦有如彼者欲

入蓮花藏界寬言訖拔茅莖下有世界晃朗清虛七寶

攔楯樓閣莊嚴殆非人間世福負尸共入其地奄然而

合曉乃還後人為創寺於金剛山東南領曰道場寺等

年三月十四日行占察會為恒現福之應世唯示此爾

儸讖多以荒唐之說托焉可笑　讚曰淵默龍眠豈弟

閑臨行一曲渡多般若乎生死元非菩華藏淨祿世界

寬

真表傳簡

釋真表完山州（今全）萬頃縣人或作豆乃山縣或作那
山縣也貫寧傳釋之鄉里云金山縣今萬頃古名豆乃
山縣人（寺名及縣名混之也）　父曰真乃末母吉寶
娘姓井氏年至十二歲投金山寺崇濟法師講下落彩
請業其師嘗謂曰吾曾入唐受業於善道三藏然後入
五臺感文殊菩薩現受五戒表啟曰勤修幾義何得戒耶

濟曰精至則不過一年表聞師之言遍遊名岳止錫仙

溪山不思議庵該錬三業以亡身懺初以七霄

為期五輪撲石膝腕俱碎雨血嵓崖若無聖應杂志指

捨更期七日二七日終見地藏菩薩現受淨戒即關元

二十八年庚辰三月十五日辰時也時齡二十餘三矣

然志存慈氏故不敢中止乃移靈山寺一名邊山又趨

勇如初果感弥力現授占察經兩卷此經刀陳隋間外國所譯非公始出也慈氏以經授之耳并證果簡子一百八十九介謂於中第八

簡子喻新得妙戒第九簡子喻得具戒斯二簡子是

我手指骨餘比沉檀木造喻諸煩惱波以此傳法救世

作濟人津筏表既受聖剝来住金山毎歲開地壇張法
施壇席精嚴末季末之有也風化既周遊諸到阿髮羅
州島嶼間魚鼇兒橋迎入水中講法受戒即天寶十一
載壬辰二月望日也或本云元和六年誤矣元和在憲
德王代去聖德幾十年矣景德王聞之迎入宮闕受菩薩戒覩
祖七萬七千石椒庭列岳皆受戒品施絹五百端黄金
五十兩皆容受之分施諸山廣興佛事其骨石今在鉢
瀾寺即為海族演戒之地得法之袖頷曰永深寶宗信
芳体弥弥海真善釋忠等皆為山門祖深則真傳簡
子注俗離山為克家子作壇之法與占察六輪頗異修

如山中所傳本矣按唐僧傳云開皇十三年廣州有僧
行懺法以皮作帖子二枚書善惡兩字令人擲之得善
者吉又行自撲懺法以為滅罪而男女合匝妄承密行
青州接響同行官司檢察謂是妖妄彼云此搭懺法依
占察經撰懺法依諸經中五體投地如大山崩時必奏
聞乃勅內史侍郎李元撰就大興寺問諸大德有大沙
門法経彥琮等對曰占察経見有兩卷首題菩提登在
外國譯文似近代所出亦有寫而傳者撿勘群錄並無
正名譯人時處搭懺與衆経復異不可依行因勅禁之
今試論之青州居士等搭懺等事如大儒以詩書發塚

可謂畫虎不成類狗者矣佛所預防正為此爾若曰占
察經無譯人時冣為可疑也是亦擔麻棄金也何則詳
彼經文乃慈壇深密洗滌藏懺激昂懶夫者莫如兹典
故亦名大乘懺又云出六根聚中開元貞元二釋教錄
中編入正藏雖外乎性宗其相教太乘殆亦優矣豈與
搭撲二懺同日而語哉如舍利佛問經佛告長者子邪
若多羅曰汝可七日七夜悔汝先罪皆使清淨多羅奉
教日夜懇惻至第五夕於其室中兩種種物若巾若帊
若拂箒若刀錐斧等隨其目前多羅歡喜問於佛佛言
是諸塵之相割佛之物也攘此則與占察經擲輪得相

- 48 -

之事矣以異哉乃知表公趙懺得簡聞法見佛可謂不

誑況此經若淺矣則趙氏何以親授表師又此經如可

禁舍利問經㫰可祢於乎除單可謂授金不見人讚者評

為　讚曰現彗曉李激憤騎靈岳仙儔感應通吳謂魆

憨傳搭懺崇福東海化魚龍

開東諷岳鈴鋋數石記虎此誌切寺主藝奘所獵

志求出家文許之師徒金山藪順濟浩師靈室染縉

卷曰受持此戒法於彌勒地藏兩聖前懇求懺悔親

授沙弥法傳教供養次第敎法一卷名亠菩薩戒本縳經

真表律師　金氏碧骨郡都那山村大井里人也年至十

二

二

受戒法流傳於世師承教誨遵通盧志山年巳二十七

藏於工元元年庚子秦二十四六刀氣為徇詔保安縣

入邊山不忌讒房以五合來氣一日晝夜一合亲養畏

師勤求戒吐於於勤傷前三年而亲列枝記彰慎誦身

品下忽有骨氷童手擸而置石工師更秦志額約三七

日日夜勤傷和石懺悔至三日手瘡杤蒡至七日夜地

藏善薩手掁金傷亲加持手瘡如蒿善薩逵典製粱

及鉢師感其虔應傷加精進滿三七日即彷天眼見覺

率天亲奉侯之相於是地藏憑民現前慈氏磨師頂日

善栽大丈夫求戒如是不惜身命懇求懺悔地藏授典

戒本慈氏復與二柱一題彩九者一題八者告師曰此
二簡子者是吾手拾骨此喻始本二覺又九者法尒八
者新熏成佛種子以此當知果報汝捨此身受大國王
身後生於兜率如是語已兩聖即隱時壬寅四月二十
七日也師受教法已欲剏金山寺下山而來至大潮津
忽有龍王出獻玉架裟將八萬眷屬侍往金山藪四方
子來不日成之復感慈氏從堍率駕雲而下與師受戒
法師勤檀緣鑄成弥勒丈六像復畫下降受戒威儀之
相於金堂南壁　於甲辰六月九日鑄成丙午五月一
日安置金堂是歲大曆九年也師出金山向俗離山路

逢駕牛車者其牛等向師前跪膝而泣乘車人下
何故此牛等見和尚泣耶和尚從何而來師曰我是全
山巖真表僧子曾入邊山不思議房於彌勒地藏兩聖
前親受戒法真桂欲覓劉寺鎮長修道之處故來爾此
牛等外愚內明知我受戒法為壹法故跪膝而泣其人
聞已乃曰畜生尚有如是信心況我為人豈無心乎即
以手執鑣自斷頭骰師以悲心更為視骰受戒行至俗
離山洞意見吉祥草所生處而識之還向溟州海邊徐
行次有一龜黽鼈等類出海向師前綴身如陸師踏而
入海唱念戒法還出行至高城郡入皆骨山始創鉾淵

藪開与衆法会住七年時濱州界年穀不登人民飢鏈
師為説戒法人人奉持致敬三寶饑於髙城海邊有無
数魚類自死而出人民賣此為食得免死師出鉢淵復
到不思議房然後往詣家邑調父或到真門大德房居
住時俗雄山大德永深与大德懃宗佛施等同詣律師
所伸請曰我等不遠千里来求戒法願授法門師默然
不答三人者乗挑樹上倒堕於地勇猛懺悔師乃傳教
瓏頂遂與袈裟及鉢供養次篤秘法一卷曰寨善恶業
報經二巻一百八十九挫復與弥勒真挫九者八者誡
曰九者法尒八者新熏成佛種子我已付囑汝等持此

還歸俗離山山有吉祥草生處於此劍立精舍依此教

法廣度人天流布後世永深等奉教並往俗離尋吉祥

草生處劍寺名曰吉祥永深於此始設占察法會律師

與父復到鉢淵同終道業而終孝之師遷化時登於寺

東大巖上示滅第子等不動真体而供養至于骸骨散

落於是以土覆藏乃爲幽宮有青松即出歲月又遠而

枯復生一樹後更生一樹其根一也至今雙樹存焉凡

有致敬者松下覓骨或得或不得子恐聖骨埋滅丁巳

九月特詣松下拾骨盛筒有三合許於大昌上雙樹下

立石安骨焉云此錄所載直表事跡與鉢淵石記互

有不同故刪取瑩岑所記而載之後賢宜考之無極記

勝詮髑髏

釋勝詮未詳其所自也常附舶指中國詣賢首國師講下領受玄言研微積慮惠超頴探賾索隱妙盡隅奧思欲趨感有緣當還國里始賢首與義湘同學俱禀儼和尚慈訓首就旅師說演述義科因詮法師還鄉寄示湘仍寓書云別幅云探玄記二十卷兩卷未成教分記三卷玄義章等雜義一卷華嚴梵語一卷起信疏兩卷十二門疏一卷法界無差別論疏一卷並因勝詮法師抄寫還鄉頃新羅僧孝忠遺金九分云是上人所寄雖

不得書頂荷無盡今附西國軍特澡灌一口用�微誠
幸願挨領謹宣師既還寄信于義湘湘力目閱藏文如
耳聆儻訓探討數旬而授門弟子廣演斯文語在湘得
按此圓融之教誨徧洽于青丘者定師之功也厥後有
僧梵修遠適彼國求得新譯後分華嚴經觀師義蹟官
還流演峕當貞元已卯斯亦求法洪揚之流于詮刀旋
尚州領內開寧郡境開創精廬以石髑髏爲官屬開譜
華嚴新羅沙門可歸頒聰明識道理有傳燈之續刀撰
心源章其略云勝詮法師領石徒眾論議講演今葛頂
手也其髑髏八十餘枚至今爲綱司所傳頌有靈異其

他事迹具載碑文　如大覺國師實錄中

心地繼祖

釋心地辰韓第四十一主憲德大王金氏之子也生而

孝悌天性冲睿志學之年落彩從師翹懃于道寓止中

岳嶺公適爾俗離山深公傳表律師佛骨簡子設果訂

法會決意披尋既至後期不許參例乃席地扣庭隨衆

禮懺經七日天大雨雪所立地方十尺許雪霰飄不下衆

見其神異許引入堂地撝謙辭退處房中向堂潛禮

肘顙俱血類表公之仙壑山也地藏菩薩日來問慰詢

常罷還山途中見二簡子貼在衣褶間持迴告於深深

曰簡在函中那得至此撿之封題依舊開視之矣深深

異之重䋷而藏之又行如初再迴告之梁曰佛意在子

乎其奉行乃授簡子地頂戴故山岳神率二仙子迎至

山椒引地坐於嵓上敁伏嵓下謹受正戒地曰今將撝

地本安聖簡非晉室所能指定請與三君憑高擲簡以

卜之乃與神等陟峰巔向西擲之簡乃風颷而飛時神

作歌曰　礙嵓遠退砥平兮　落葉飛散生明兮　覓

得佛骨簡子兮　邀於淨處投誠兮　既唱而得簡於

林泉中卽其地構堂安之今桐華寺宻密北有小井是

也本朝麐王甞取迎聖簡致內瞻敬忽夫元者一簡以

牙代之送還本寺今則漸變同一色難卜新占其賀乃

非牙非玉按占察經上卷叙一百八十九簡之名一者

求工乘得不退二者所求果現當證爲三第四求中下

乘得不退五者求神通得成就六者修四慈得成就七

者修世禪得成就八者所欲受得妙戒九者所留受得

戒具也以此文訂知慈氏所言新得戒者謂今生始得戒

生本有之舊得戒者謂過去曾受令生又蒙受也非謂修

新舊也　十者求下乘未住信次求中乘未住信如是

乃至一百七十二皆過現世中或善或惡得失事也第

一百七十三者捨身已入地獄已上皆未一百七十四

者死已作畜生如是乃至餓鬼　修羅　人　人王

天 天王 闻法 出家 值聖僧 生兜率 生淨

土 尋見佛 住下乘 住中乘 住上乘 得解脫

第一百八十九等是也言上乘住下乘輕上乘得解脫等次此為別甬今

皆三世善惡果報差別之相以此自看得與心所行事

相當則為感應否則為心名為虛謬則此八九二

簡但從百八十九中而来者也而宋傳但云百八蟹子

何也恐認被百八煩惱之名而稱之不撰尋經文爾又

按本朝文士金寬毅所撰王代宗録二卷云羅末新羅

大德釋冲獻太祖以表律師袈裟一領戒簡百八十九

校今與桐華寺所傳簡子未詳同異 讚曰生辰金閣

早脫龍偸△聰恵自矢鍾滿虚積△曾偸神簡賣故桐華

最上峯

賢瑜珈 海華嚴

瑜珈祖大德大賢住南山茸長寺寺有慈氏石丈六賢常
旋繞像亦隨賢轉面賢恵辯精敏決擇了然大抵相宗
銓量言理幽深難爲剖拆中國名士白居易嘗窮之未
能乃曰唯識幽難破因明擘不開是以學者難承禀者
尚矣賢獨刊定邪謬暫開幽奧恢恢游刃後進咸
導其訓中華學士往往得此爲眼目景德王天寶十二
年癸巳夏大旱詔入內殿講金光経以祈甘霔一日齋

次展鉢良久而淨水獻運監吏詰之供者曰宮井祜涸

汲遠故遲爾賢聞之曰何不早云又畫講時捧爐黙然

斯湏井水湧出高七丈許與剎幢齊闔宮驚駭因名其

井曰金光井賢嘗自号青丘沙門　讚曰遠佛南山像

遂旋青丘佛日再中懸解教宮井清波湧誰識金爐一

炷烟　明年甲午夏王又請大德法師講金光經井

嚴経駕幸行香從容謂曰前夏大賢法師講華

水湧七丈此公法道如何海曰特為細事何足稱乎直

使傾滄溟襄東岳流京師亦非所難王未之信謂戲言

爾至午講引爐況寂湏吏内禁忽有哭泣聲宮吏走報

日東池已溢漂流內殿五十餘間王同然⋯失海菱謂
之曰東海欲傾水脉先漲爾王不覺與拜翌日感恩寺
奏昨日午時海水漲溢至佛殿階前晴時而還王益信
敬之　讚曰法海波瀾法界寬四海盈縮未爲難莫言
百億頌彌大都在吾師一指端石海

三國遺事卷第四

三國遺事卷第五

國尊曹溪宗迦智山下麟角寺住持圓鏡沖照大禪師一然撰

神呪第六

密本摧邪

善德王德曼遘疾弥留有興輪寺僧法惕應詔侍疾久而無効時有密本法師以德行聞於國方右請代之王詔迎入內本在宸伏外讀藥師經卷軸繞周所持六環飛入寢內刾一老狐與法惕倒擲庭下王疾乃瘳時本頂上發五色神光覩者皆驚又丞相金良圖為阿孩時忽口噤體硬不言不遂每見一大鬼率群小鬼來家中

凡有盤肴皆啖嘗之巫覡来祭則群聚而争侮之盂雖
欲命撤而口不能言家親請法流寺僧上名来轉大
兒命小鬼以鐵槌打僧頭仆地嘔血而死傭數日遺使
邀本使還言本法師受我請将来吴泉鬼聞之皆失色
小鬼曰法師至将不利避之何草大鬼偬慢自若曰何
害之有俄而有四方大力神皆屬金甲長或来捉群鬼
而縛去焉有無數天神拱而待須臾本至不待開経
其疾乃治語通身解具說神事良畵因此篤信釋氏一
生無怠望成興　○寺吴堂主彌陁尊像左右菩薩并瀚
○○其堂本嘗付金谷寺又金庾信嘗與一老居士交

厚也人不知其何人于時公之戚秀天久染惡疾公遣

居士診衛適有秀天之舊名因惠師者自中嶽來訪之

見居士而慢侮之曰相汝形儀邪使人也何得理人之

疾居士曰我受金公命不獲已爾惠曰汝見我神通乃

奉鑪呪香俄頃五色雲旋遶頂上天花散落士曰和尚

通力不可思議弟子亦有拙技請試之願師卜立於前

惠従之士彈指一聲惠倒迸於空高一丈許良久徐徐

倒下頭卓地屹然如植橛旁人推挑之不動士出去惠

猶倒卓達曙明日秀天使扣於金公公遣居士往救乃

解因惠不復賣我　　讚曰　紅紫紛紛幾亂朱堪嗟魚

曰誑愚夫不困居士輕彈指多小巾箱龍袈碰砆

惠通降龍

釋惠通氏族未詳白衣之時家在南山西麓銀川洞之

口今南澗口寺東里一日遊舍東溪上捕一獺屠之弃骨園中詰旦

亡其骨跡血尋之骨還舊穴抱五兒而蹲即望見驚異

久之感嘆蹢躅便弃俗出家易名惠通往唐詣無畏三

藏請業藏曰嵎夷之人豈堪法器遂不開授通不堪輕

謝去服勤三載猶不許通憤悱立於庭頭戴火盆須

臾頂裂聲如雷藏聞来視之撤火盆以指按裂慶誦神

見滃合如平日有瑕如王字文因号王和尚深器之傳

卯訣時唐室有公主疾病髙宗請救於三藏舉通自代

通受教別屬以白豆一斗呪銀器中變爲白甲神兵逐崇

不克又以黑豆一斗呪金器中變黑甲神兵令二色合

逐之忽有蛟龍走出疾逐瘳龍恐通之逐已也來本國

文仍林害命尤妻是時鄭恭奉使於唐見通而謂曰師

所逐妻龍歸本國害其速去除之乃與兼以麟德二年

乙丑還國而黜之龍又恐恭乃托之林生鄭氏門外來

不之黨但當其怨密酷愛之及神文王崩孝昭卽位修

山陵除葬路鄭氏之梛當道有司欲伐之恭憲曰寧斬

我頭莫伐此樹有司奏聞王大怒命司冠曰鄭恭恃王

和尚神附將謀不遜俛遂王命言斬我頭宜從所好乃

誅之坑其家朝議王和尚與恭其意厚應有忌嫌宜先畫

之乃徵甲馬捕通在王堂寺見甲徒至登屋揮砂視研

朱筆而呼曰見我所為乃焚執項揲一畫曰爾筆宜各

見項視之皆朱畫相視慢然又呼曰若斷執項應斷甬

項如何其徒奔走以朱項赴王王曰和尚神通當人力

所能畫乃擒之王女忽有疾詔通治之疾愈王大悅通

因言恭被妻龍之汚濫膺國刑王鬪之心悔乃兒恭妻

琴拜通為國師龍既報寃於恭往撥張山為熊神傷妻

滋甚民多梗之通到山中諭龍授不殺戒神害乃息初

神文王發疽背請候於通通至呪之立活乃曰陛下襄

昔為寧官身誤決職人信忠為隸信忠有疽生生作報

全兹惡疽亦信忠所乗冝為忠劍

王深然之劍寺号信忠奉聖寺成空中唱云因王劍

寺脱苦生天惡已解矣 或本載此事於真表傳中誤

堂堂與寺今存先是惡本之後有高僧明朗八龍官得神

印 梵云文豆妻 祖劍神遊抹 于天 王寺屢權隣國之寇全和尚

傳無畏之髓 歷歷麞 敕人化物薫以宿命之明劍寺

靈惡密敎之風於是乎大振天麽之捴持嵒母岳之呪

鍚院等皆其流裔也或云通俗名尊勝用千角千乃新

羅之宰相峻級未聞通歷仕之迹或云射得狩狼皆未

詳　讚曰山桃溪杏映蘺斜一徑春深兩岸花賴得

卽君閑捕獺盡教魔外遠京華

明朗神印

按金光寺本記云師挺生新羅入唐學道將還因海龍

之請入龍宮傳祕法施黃金千兩（一云千斤）潛行地下湧出

本宅井底乃捨為寺以龍王所施黃金飾塔像光曜殊

特因名金光焉（僧傳作金羽寺誤）師諱明朗字國育新羅沙干

才良之子母曰南澗夫人或云法乘娘蘇判茂林之子

金氏則慈藏之妹也三息長曰國教大德次曰義安大

德師義宗至也初母夢天靑色珠而有娠菩德王元年入

唐貞觀九年乙未来歸總章元年戊辰唐將李勣大
兵合新羅滅髙麗後餘軍留百濟將寢滅新羅羅人覺
之發兵拒之髙宗聞之赫怒命薛邦興師將討之〔事在文武王傳中〕
王聞之懼請師開秘法禳之
及我太祖剏業之時亦有海賊来擾乃請安惠朗融之
裔廣學大緣等二大德作法禳鎭皆朗之傳系也故开
師而上至龍樹為九祖〔本寺記三師爲律祖未詳〕又太祖爲剏現聖寺
爲一宗根柢焉又新羅京城東南二十餘里有遠源寺
諺傳安惠等四大德與金庾信金義元金述宗等同願

一所創也四大德之遺骨皆藏寺之東峰因号四靈山祖

師嵓去則四大德皆羅時髙德按竣白寺柱貼注勝載

慶州戶長巨川母阿之女女母明珠女女母積利女之

子廣學天德大緣三重 古名昆孝二人皆投神印宗以

長興二年辛夘隨大祖上京隨駕禁修冥其旁繪二人

父母忌日寶于塚白寺田畓若于結去則廣學大

緣二入隨聖祖入京者安師芋乃興金俔信孝劍遠源

寺者也廣學等二入骨亦來安于兹爾非四德皆劍遠

源皆隨聖祖也謚之

感通第七

仙桃聖母隨喜佛事

真平王朝有比丘尼名智惠多賢行住安興寺擬新修

佛殿而力未也夢一女仙風儀婥約珠翠餙鬖来慰曰

我是仙桃山神母也喜汝欲修佛殿願施金十斤以助

之宜取金於予座下粧點主尊三像壁上繪五十三佛

六類聖衆及諸天神五岳神君[羅時五岳謂東吐含山南智異山西雞龍北太伯中父岳]

山也[亦云公]每春秋二季之十日叢會善男善女廣為一切含

靈設占察法會以為恒規[本朝屈佛池龍詫夢於帝請於靈鷲山長開藥師道場平海達]

其事[亦同]惠乃驚覺率徒往神祠座下堀得黃金一百六十

兩克乾乃功皆依神母所諭其事唯存而法事廢矣神

母本中國帝室之女名娑蘇早得神仙之術贈止海東

文而不還父皇寄書繫足云隨鳶所止爲家蘇得書放

鳶飛到此山而止遂來宅爲地仙故名西鳶山神母久

擾茲山鎮祐邦國靈異其多有國巳來常爲三祀之一

秩在群望之首第五十四景明王好使鷹嘗登此放鷹

而失之禱於神母曰若得鷹當封爵俄而鷹飛來止机

上因封爵大王焉其始到辰韓也生聖子爲東國始君

蓋赫居閼英二聖之所自也故稱雞龍雞林白馬等雞

屬西故也嘗使諸天仙織羅緋染作朝衣贈其夫國人

因此始知神驗又國史史臣曰軾政和中嘗奉使入宋

詵佑神館有一堂設女仙像館伴學士王巐曰此是貴

國之神公知之乎遂言曰古有中國帝室之女泛海抵

辰韓生子爲海東始祖女爲地仙長在仙桃山此其像

也又大宋國使王襄到我朝祭東神聖母女有娠賢肇

邦之句今能施金奉佛爲含生開香火作津梁豈徒學

長生而囿於溟濛者哉　　讚曰來宅西鳶幾十霜招

呼帝子織霓裳長生未必無生異故謁金仙作玉皇

郁面婢念佛西昇

景德王代康州 今晉州一作剛州則今順化 善士數十人志求西方於

州境 創彌陁寺約万日爲契時有阿干貴珎家一婢名

戒　一　宂　臺　来　堂　橛　此　毂　郁
墮　千　慶　放　婢　念　上　年　二　面
畜　分　云　大　湧　佛　合　日　碩　隨
生　明　郷　光　透　寺　掌　夕　一　其
道　爲　批　明　屋　泉　左　微　夕　主
爲　二　按　綾　標　間　右　怠　春　歸
浮　一　僧　綾　而　之　遶　達　之　寺
石　勞　傳　而　出　勸　之　之　婢　立
寺　力　棟　逝　西　勵　勸　左　一　中
牛　一　梁　樂　行　焉　婢　右　更　逢
嘗　精　八　聲　至　時　入　竪　春　一
駄　修　珎　不　郊　有　堂　立　畢　僧
経　彼　者　徹　外　天　隨　長　歸　念
而　勞　觀　空　捎　唱　例　攏　寺　佛
行　力　音　中　骸　於　精　以　念　主
頼　曰　應　其　竆　空　進　繩　佛　僧
経　　現　堂　現　郁　未　穿　　其
力　知　也　至　眞　面　幾　貫　　不
轉　事　結　今　身　娘　天　兩　　職
爲　者　徒　有　坐　入　樂　掌　　每
阿　不　有　透　運　　從　繫　　給
　　獲　　　　　西　於

二十貴珎家婢名郁面因事至下柯山感夢遂發道心阿
于家距惠宿法師所劂彌陁寺不遠阿于每至其寺念
佛婢隨徃在庭念佛去云如是九年歲在乙未正月二
十一日禮佛撥屋梁而去至小伯山墮一隻履就其地
爲菩提寺至山下弃其身卽其地爲二菩提寺榜其殿
曰勖面登天之殿屋脊穴成十許圍雖暴雨密雪不霑
濕後有好事者範金塔一座直其穴安承塵上以誌其
異今榜塔尚存勖面去後貴孫亦以其家異人托生之
地捨爲寺曰法王納田民久後廢爲丘墟有大師懷鏡
與承宣劉碩小卿李元長同願重營之鏡躬事王末獲輸

三國遺事卷五

材夢老父遺麻葛屢各一又就古神杜諭以佛理研出

祠側材木九五載告畢又加藏獲蔚為東南名藍入以

鏡為貴孫後身　議曰按鄉中古傳郁面乃景德王代

事也援徵琭字襄作本傳則元和三二戊子哀莊王時

也景德後歷恵恭宣德元聖昭聖哀莊等五代共六十

餘年也徵先面後與鄉傳垂違然兩存之闕疑讚曰

西隣古寺佛燈明春罷歸來夜二更自許一聲成一佛

掌穿繩子直怠形

　廣德　嚴莊

文武王代有沙門名廣德嚴莊二入友善日夕約曰先

歸安養者須告之德隱居芬皇西里

鞋為業挾妻子而居莊庵栖南岳天種刀耕一日日影

拖紅松陰靜暮窓外有聲報云其已西往矣惟君好往

遠從我来怪排闥而出顧之雲外有天樂聲光明屬地

明日歸訪其居德果亡矣於是乃與其婦収骸同營蒿里

既事乃謂婦曰夫子逝矣偕處何如婦曰可遂留夜宿

將欲通焉婦靳之曰師求淨土可謂求魚緣木嚴莊問

曰德既乃爾予又何妨婦曰夫子與我同居十餘載未

嘗一夕同床而枕況觸污乎但每夜端身正坐一聲念

阿彌陁佛号或作十六觀觀既熟明月入户時昇其光

加趺於上竭誠若此雖欲勿西奚往夾適千里者一步

可規本師之觀可去東矣西則未可知也從愧赧而退

便詣元曉法師展懇求津要曉作錐觀誘之藏於是

縈已悔責一意修觀亦得西見錚觀在曉師本傳　退海

東僧傳中其婦乃芬皇寺之婢盖十九應身之一德當

有歌云　月下伊底亦　西方念了去賜里遣　無量

壽佛前乃　惱叱古音（報言也）多可支白遣賜立

音深史隱尊衣希仰支　两手集刀花乎白良願往生

願往生　慕人有如白遣賜立阿邪　此身遺也置遣

四十八大願成遣賜去

憬興遇聖

神文王代大德憬興姓水氏熊川州人也年十八出家
遊刃三藏望重一時開耀元年文武王將昇遐顧命於
神文曰憬興法師可為國師不忘朕命神才即位冊為
國老住三郎寺忽寢疾彌月有一尼來謁候之以華嚴
經中善友原病之說為言曰今師之疾憂勞所致喜笑
可治乃作十一樣面貌各作俳諧之舞巉巖戲削巉態
不可勝言皆可脱願師之病不覺洒然迭此門乃入
南巷寺 寺在南 而隱所將杖子在幀畫十一面圓通像
前一日將入王宮從者先備於東門之外鞍騎甚都靴

笠斷陳行路為之碑易一居士　一云門形儀疎章手杖皆

笙衆趒于下馬臺上視筐中乾魚也從者何之曰爾養

緇奚負穢物耶僧曰與其換生肉於兩服間皆真三市

之枯魚有何所嫌言訖起去興方出門閒其言使人追

之至南山文殊寺之門外拋筐而隱杖在文殊像前枯

魚乃松皮也使來告興聞之嘆曰大聖來戒我騎畜爾終

身不復騎興之德聲道味倫載釋玄本所撰三郎寺碑

嘗見普賢章經彌勒菩薩言我當來世生閻浮提先度釋

迦末法弟子唯除騎馬心立不得見佛可不愼哉讚曰

昔賢無軌轍誦多胡乃覓孫莫切璞皆忘枯魚猶可

事邢壞他日負羅華

真身受供

長壽元年壬辰孝昭即位始創望德寺將以奉福唐室

後景德王十四年望德寺塔戰動是年有安史之亂羅人

云為唐室立玆寺宜其應也八年丁酉設落成會王親

駕辨供有一比丘儀彩踈陋局束辛於連請曰貧道亦

望齋王許赴床將罷王戲調之曰住錫何所僧曰琵

琶嵒王曰此去莫向人言赴國王親供之齋僧答曰

陛下亦莫與人言供養真身釋迦言訖湧身凌空向南

而行王驚愧馳上東岡向方遙禮使往尋之到南山參

星谷或云大磧川源右上置錫鉢而隱使來復命遂創
釋迦寺於琵琶嵓下創佛無事於滅影處今置錫鉢焉
二寺至今存錫鉢亡矣智論第四云昔有罽賓三藏行
阿蘭若法至一王寺寺設大會守門人見其衣服麁弊
遮門不前如是數數以衣弊故每不得前便作方便假
借好衣而來門人見之聽前不禁既獲詣坐得種種好
食先以與衣衆人問言何以爾乎答曰我比數來每不
得入今以衣故得此座得種種食宜以與衣爾事可同
按讚曰　燃香擇佛看新繪輦供齋僧喚舊知從此琵
琶嵓上月時時雲掩到潭遲

月明師兜率歌

景德王十九年庚子四月朔二日並現挾旬不滅日官
奏請緣僧作散花功德則可禳於是潔壇於朝元殿駕
幸青陽樓望緣僧時有月明師行于阡陌時之南路王
使召之命開壇作啟明奏云臣僧但屬於國仙之徒只
解鄉歌不閑聲梵王曰既卜緣僧雖用鄉歌可也明乃
作兜率歌賦之其詞曰　今日此矣散花唱良巴寶白
乎隱花良汝隱　　直等隱心音矣命叱使以惡只
彌勒座主陪立羅良　解曰　龍樓此日散花歌挑
送青雲一片花殷重直心之所使遠邀兜率大僊家

今俗謂此為散花歌誤矣宣云也墮歌別有散花歌文

多不載既而曰怪即滅王喜之賜品茶一襲永精念珠

百八箇忽有一童子儀形鮮潔跪奉茶珠得殿西小門

而出明謂是內宮之使王謂師之從者及玄微而俱非王

甚異之使人追之童入內院塔中而隱茶珠在南壁畫

慈氏像前知明之至德與至誠能昭假于至聖也如此

朝野莫不聞知王益歌之更贐絹一百疋以表鴻誠明

又嘗為亡妹嘗齋作獅歌祭之忽有鷲䴔吹紙錢飛舉

向西而没　歌曰　生死路隱　此矣有阿米次朕伊

遣　吾隱去內如醇叱都　毛如去遣去內尼叱古

於內秋察早隱風未　此矣彼矣浮良落尸葉如一等

隱枝良出古　去奴隱處毛冬乎丁　阿也　彌陀刹

良逢乎吾道修良待是古如　明常居四天王寺善呪

當晝月夜吹過門前大路月取為之停輪因名其路曰

月明里師亦以是著名師即能俊大師之門人也羅人

尚鄉歌者尚矣蓋詩頌之類歟故往往能感動天地鬼

神者非一　讚曰　風送飛錢資逝妹笛搖明月住姮

娥莫言兜率連天遠萬德花迎一曲歌

善律還生

望德寺僧善律施錢欲成六百般若功未周忽被陰府所

追至冥司問曰汝在人間作何業僣曰貧道暮年發戒

大品經四□就而彖司曰汝之壽籙雖盡勝顧　宜

復入間畢成寶與乃故還達中有一女子哭游拜罪曰

我亦南閻州新羅人坐父母陰取金剛寺永田一畝被

冥府追揄久擧重苦令師若還古里告我父母隨逼展

田妾之在世胡麻油埋於床下并藏縋密布於寢褥間

顧師取吾油黠佛燈貨其亦爲幅則黃川亦恩庶類

眤我若惱羕律曰汝家何往曰汝梁部久遠寺西南里

也律閒之方行乃蘇時律死巳十日葬于南山東麓在

塚中呼三日妝童聞之來告於本寺寺僧歸發塚出之

具說前事又訪女家女死陽十五年油布窆然律依其
諭作冥福女來魂報云頼師之恩妾已離苦得脫矣時
人聞之莫不驚感助成寶典其經秩今在東都僧司藏
中每年春秋披轉襃其焉　讚曰　堪羨吾師伕勝緣
魂遊却返舊林泉爺孃若問兒安否爲我催還一畒田

金現感虎

新羅俗每當仲春初八至十五日都人士女競遶興輪
寺之殿塔爲福會元聖王代有郎君金現者夜深獨遶
不息有一處女念佛隨遶相感而目送之遂率入屏處
通焉女將還現從之女辭拒而強随之行至西山之麓

入一茅店有老嫗問女曰附辜者何人女陳其情嫗曰

雖好事不如無也然逐車不可諫也且藏於密恐汝爾

兄之惡也把即斷匪之奥小遠有三虎咆哮而至作人

話曰家有腥膻之氣療飢何辜嫗與女吐曰甫鼻之羹

子何言之狂也時有天唱爾輩嗜害物命老多宜誅一

以徵惡三獸間之皆有憂色女謂曰三兄若能遠避而

自懲我能代受其罰皆意覿首妾尾而遁去女入謂即

曰始吾耻君子之辱臨鞭族故薜萦爾今既無隱敢希

腹心且賤妾之於即君雖曰非類得階一夕之歡義重

結褵之好三兄之惡天既猒之一家之殃予欲當之與

其死於等閑人之手豈若伏於郎君刃下以報之德乎
妾以明日入市為害劇則國人無奈我何大王必募以
重爵而捉我矣君其無慮追我乎城北林中吾將待之
現曰人交人彝倫之道異類而交蓋非常也既得從容
固多天幸何可忍賣於伉儷之死徒僥一世之爵祿乎
女曰郎君無有此言今妾之壽夭蓋天命也亦吾願莫
郎君之慶也予族之福也國人之喜也一死而五利備
其可違乎但為妾創寺講真詮資勝報則郎君之惠莫
大焉遂相泣而別次日果有猛虎入城中剽甚無敢當
尤聖王聞之申令曰戡虎者爵二級現詣闕妾曰小臣

能之乃先賜爵以激之現持短兵入林中虎變為娘子

熙怕而笑曰昨夜共即君繾綣之事惟君無忽今日被

爪傷者皆塗與輪寺醫聆其之螺鉢聲則可治乃取

現所佩刀自頸而仆乃虎也現出林而託曰今茲虎易

博矣匪其由不遠但依論之其瘧皆効今俗亦用

其方現既登庸劍寺於西川邊號虎頭寺常講梵網経

以導虎之冥遊亦報其殺身成已之恩現臨卒深感前

事之異乃筆成傳俗姑聞知因名論虎林稱于今貞元

九年申屠澄自黃冠調補漢州什邡縣之尉至真符縣之東

十里許遇風雪大寒馬不能前路旁有茅舍中有煙火甚溫照燈

生一男一女亦甚明惠澄尤加敬愛嘗作贈內詩云一

至官俸禄甚菲薄妻方以成家無不歡心後秩滿將歸已

定分也澄遂修子婿之禮澄乃以所乘馬載之而行既

人甚幸未婚敢請自媒如何翁曰不期貴客欲採拾豈

帷箔間出有閑雅之態猶過初時澄曰小娘子明惠過

敢承命澄遂解鞍施衾幬其女見客方止修容龍靚月

澄曰西去縣尚遠請宿于此父嫗曰苟不以蓬蓽為陋

客甚衝寒雪請前就火澄坐良久天色已暝風雪不止

雖蓬髮垢衣雪屑花臉興止妍媚父嫗見澄來邊起曰

下就之有老父嫗及處子環火而坐其女年方十四五曰

官慚梅福三年愧孟光此情何所喻川上有鴛鴦其

妻終日吟諷似默有和者未嘗出口澄罷官蟄室歸本

家妻忽悵然謂澄曰見贈一篇尋即有和乃吟曰琴瑟

情雖重山林志自深常憂時節變辜負百年心遂興

訪其家不復有人矣妻思慕之其盡日涕泣忽壁角見

一虎皮妻大笑曰不知此物尚在乎遂取披之即變為

虎哮吼攫攬突門而出澄驚避之俄乃二子尋其路望山

林大哭數日竟不知所之憶澄覡二公之接異物也變

為人妾則同矣而贈貽人詩然後哮吼攫攬而走真現

之虎異矣現之虎不詢已而傷人然善誘良方以教人

獸有爲仁如彼者今有人而不如獸者何哉詳觀事之
終始感人於施逺佛寺中天唱徴惡以自代之傳神方
以救人置精盧講佛戒非徒畏獸之性仁者也盖大聖應
物之多方感現公之能致情於施逺欲報冤盖耳宜其
當時能爱禧佑予讃曰　山家不耐三兄惡蘭吐郡塽
一諾芳義重數條輊萬死許身林下落花忙

融天師彗星歌　真平王代

第五居烈郎第六實處郎一作突　處郎第七寶同郎等三
花之徒欲遊楓岳有彗星犯心大星郎徒疑之欲罷其
行時天師作歌歌之星怪即滅日本兵還國反成福慶

大王歡喜遺郎遊岳焉　歌曰　舊理東尸汀叱

乾達婆矣遊烏隱城叱肹良望良古　倭理叱軍置來

叱多烽燒邪隱邊也藪耶　三花矣岳音見賜烏尸聞

古　月置八切爾數於將來尸波衣　道尸掃尸星利

望良古　彗星也白反也人是有叱多　後句　達阿

羅浮去伊叱等邪　此也友物北所音叱彗叱只有叱

故

正秀師救氷女

第四十哀莊王代有沙門正秀寓止皇龍寺冬日雪濃

既暮自三郎寺還經由天嚴寺門外有一乞女産兒凍

卧濱死師見而憫之就抱良久氣蘇乃脫衣以覆之裸
走本寺苫草覆身過夜夜半有天唱於王達曰皇龍寺
汝門正秀宜封王師急使人掄之具事外聞盛備威儀
近入大內冊爲國師

避隱第八

朗智乘雲　普賢樹

歃良州阿曲縣之靈就山（歃良今梁州阿曲一作西又云
求佛又屈弗今蔚州置屈弗驛今存其名）有異僧庵居累紀而鄉邑皆不識師亦不言名氏
常講法華仍有通力龍朔初有沙彌智通伊亮公之家
奴也出家年七歲時有烏來鳴云去靈就去投朗智爲弟

子通聞之尋訪此山來憩於洞中樹下忽見異人出曰

我是普大士欲授汝戒品故來爾因宣戒託乃隱通神

心嶷爾智證頓圓遂前行路逢一僧乃問朗智師何所

往僧曰吳問朗智乎通具陳神烏之事僧宛爾而笑曰

我是朗智今茲堂前亦有烏來報有聖兒授師將至矣

宣出迎故來迎爾乃執子而嘆曰靈烏驚爾授吾報子

近汝是何祥也殆山靈之陰助也傳去山主乃辨才天

女通聞之泣謝授禮於師既而將與授戒通曰予於洞

口樹下已蒙普賢大士乃授正戒智嘆曰善哉汝已親

稟大士滿分之戒我自生年來夕惕懃懃念遍至聖而

猶未熊照格今汝已愛吾不及汝遠矣反禮智通因名
其樹曰普賢通曰法師住此其已又如曰法興王丁未
之歲始寓之焉不知今幾通到山之時乃文武王即位
元年辛酉歲也計已一百三十五年矣通後詣義湘之
室升堂覩奧頒資玄化宴為錐洞記主也元曉往磻高
寺時常往謁智令著初章觀文及安身事心論曉撰記
使隱士文善奉書馳達其篇尾述偈云西谷沙弥趂首
禮東岳上德高巖前磲高在靈鷲之西北故吹汝細塵
補驚岳飛以微滴投龍淵玄山之東有大和江乃為中
國大和池龍植福所創故云龍淵通與曉皆大聖也二

聖兩軀衣師之道邁可知師嘗乘雲往中國之清涼山
隨衆聽講俄頃即還彼中僧謂是隣居者黙固知彼止
一日令於衆曰除常住外別院來僧各持所居名氏異
植來獻道場智明日折山中異木一枝歸呈之彼僧見
之乃曰此木梵号怛提伽此云赫唯西笁海東二靈鷲
山有之彼二山皆第十法雲地菩薩所居斯必聖者也
遂察其行色乃知住海東靈鷲鳥也因此改觀名署中外
鄉人乃譩其庵曰赫木今赫木寺之北崗有古基乃其
遺趾靈鷲寺記云朗智嘗云此庵址乃迦葉佛時寺基
也堀地得燈缸二隔尤聖王代有大德緣會來居山中

撰師之傳行于世按華嚴經第十名法雲地今師之取

名盖佛陁屈三指凡曉分百身之頹也歟　讚曰　想

料山品藏百歲間高名曾未落人寧不禁山鳥閑饒古雲

取無端洩往還

　　緣會逃名　文殊岾

高僧緣會嘗隱居靈鷲嘗讀蓮經修普賢觀行迁池常

有蓮數朶四時不萎今靈鷲寺龍藏殿是緣會舊居國主元聖王聞其

瑞異欲徵拜爲國師師聞之乃棄庵而遁行跨西嶺嵓

間有一老叟今甫耕問師奚適曰吾聞邦家濫聽縻我

以爵故避之爾叟聽曰於此可賈何勞遠售師之謂賣

名無眹子會謂其慢已不聽逐行数里許溪邊遇一嫗

問師何徃荅如初嫗且来矣嫗曰前遇人乎曰有一老叟侮子之

甚愠且来矣嫗曰文殊大聖也夫言之不聽何會聞即

驚悚遽還翁扣頴陳悔曰聖者之言敢不聞命乎今

且還矣溪邊嫗彼何人斯嫗曰辯才天女也言訖遂隱

乃還庵中俄有天使賫詔徴之會知業已當受乃應詔

赴闕封為國師僧傳云雲安王封為二朝王師号照咸
通四年□与先聖年代相亦未知孰是

師之感老叟處因名文殊岾見女處曰阿尼岾　讚曰

濟市難藏又陸況棄雛旣露括難禁自緣連下青蓮誤

惠現求靜

釋惠現百濟人小出家苦心專志誦蓮經爲業祈禳請
福靈應良稠無攷三論染指通神初住北部修德寺有
衆則講無則持誦四遠欽風戶外之復滿矣稍厭煩擁
遂往江南達拏山居焉山極嵒險來往艱稀現靜坐求
忘終于山中同學舉屍置右室中虎啖盡遺骸唯髏舌
存焉三周寒暑舌猶紅軟過後方變紫硬如石道俗敬
之藏于石塔俗齡五十八即貞觀之初現不西學靜退
以終而乃名流諸夏立傳在唐聲著矣夫又高麗釋波
若入中國天台山受智者教觀以神異間山中而滅唐

僧傳亦有章顯多靈範　讚曰　鹿尾傳經卷一塲去
年清誦猗雲藏風前青史名流遠火後紅蓮舌帶芳

信忠掛冠

孝成王潛邸時與賢士信忠圍碁於宮庭栢樹下嘗謂
曰他日若忘卿有如栢樹信忠興拜隔數月王即位賞
功臣忌忠而不第之忠怨而作歌帖於栢樹樹忽黃悴
王恠使審之得歌獻之大驚曰萬機鞅掌幾忘乎角弓
乃召之賜爵祿栢樹乃蘇　歌曰　物叱好支栢史
秋察尸不冬爾屋支墮米　汝於多支行齊教因隱
仰頓隱面矣改衣賜乎隱冬矣也　月羅理影支古理

因淵之叱

比望阿乃　世理都

竹尸浪　阿叱沙矣以支如支

兒史沙

由是寵現於兩朝景德王之王即孝成之弟也二十二年癸卯死忠

興二友相約掛冠入南岳再徵不就落髮爲沙門爲王

剙斷俗寺居焉額終於身立壑以奉福大王王許之留眞

在金堂後壁是也南有村名俗休今訛云小花里按三和尚

傳有信忠奉聖寺與此相混然計其神文之世距景德

已石餘年況神文與信忠乃宿世之事則非此信忠明

誤矣宜文別記云景德王代有直長李俊高僧傳作李純

願年至知命須出家剙佛寺天寶七年戊子年登五十

矣攺剙槽淵小寺爲大刹名斷俗寺身亦削髮法名孔

宏長老住寺二十年乃卒與前三國史所載不同兩存
之闕讚曰　功名未已鬢先霜君寵雖多百歲必償

岸有山頻入夢遊將香火祝吾皇

包山二聖

羅時有觀機道成二聖師不知何許人同隱包山（鄉去琴瑟此云乃梵音包也）機庵南嶺成廬北穴相去十許里披雲嘯月
每相過從成欲致機則山中樹木皆向南而俯如相迎
者機見之而往機欲邀成也則亦如之皆北偃成乃至
如是有年成於所居之後高嵓之上常宴坐一日自嵓
縫間透身而出全身騰空而逝莫知所至或云至壽昌

郡域郡（今壽）指骸焉機亦繼踵歸真今以二師名其堰比皆

有遺趾道成嵓高數丈後人置寺完下大平興國七年

壬午有釋成梵始來住寺敞萬日彌陁道場精懃五十

餘年屢有殊祥時玄風信士二十餘人歲結社拾香木

納寺每入山揉香劈析淘洗攤置簞上其木至夜放光

如燭由是郡人項施其香徒以得光之歲爲賀乃二聖

之靈感或岳神攸助也神名靜聖天王嘗於迦葉佛時

受佛囑有本誓待山中一千人出世轉受餘報今山中

嘗記九聖遺事則未詳曰　觀機　道成　搬師　搬

師　道義（岩有桶基）　子陽　成梵　今勿女　白牛師

讚曰相過踏月弄雲泉二老風流幾百年滿徑烟霞餘

古木伍昂寒影尚如迎　搬音䑺卿云兩木機音稼卿

去加乙木此二師久隱嵓叢不交人世皆編木葉為衣

以度寒暑掩濕遯夐兩已因以為犧嘗聞楓岳亦有斯

各乃知古之隱倫之士例多遯頹如此但難為躡踵

子嘗寓包山有記二師之遺美今并録之

紫苶黃精䏏皮襖衣木葉非蠶機寒松颼颼石犖确

日暮林下樵蘇歸夜深披向月明坐一半颱颱隨風飛

敗蒲橫臥於慈眠夢魂不到紅塵霧雲遊逝兮二庵墟

山鹿恣登人迹稀

永才遇賊

釋永才性滑稽不累於物善鄉歌暮歲將隱于南岳至
大峴嶺遇賊六十餘人將加害才臨刃無懼色怡然當
之賊恠而問其名曰永才賊素聞其名乃命□□作
歌其辭曰　自矣心米　皃史毛達只將來呑隱日遠
烏逸□□　過出知遣　今呑藪未去遣省如　但非乎
隱焉破□□　主次弗□史內於都還於尸朗也　此兵物
隱焉過乎好尸曰沙也內乎呑尼　阿耶　唯只伊吾
音之叱恨隱㴱陵隱安攴尚宅都乎隱以多
賊感其意贈之綾二端才笑而前謝曰知財賄之爲地

獄根本將避於窮山以饑一生何敢受爲乃投之地賊

又感其言皆釋釼投戈落髮爲徒同隠智異不復蹈世

才年僅九十矣往在元聖大王之世讚曰　策秋歸山意

轉深綺紈珠玉豈治心綠林君子休相贈地獄無根只

寸金

勿替子

第十奈解王即位十七年壬辰保羅國古自國城 今闕史

勿國 今州 等八國併力來侵過境王命大子㯓音將軍

一伐等率兵拒之八國皆降時勿替子軍功第一然爲

大子所嫉不賞其功或謂勿替曰此戰之功唯子而已

而賞不及子大子之嬪君其恐卒碧曰國君在上何怨
人臣或曰然則秦聞于王幸矣碧曰伐功爭命揚巳掩
人志士之所不為也厲之待時而巳十年乙秦骨浦國
浦也今合等三國王各率兵來攻竭火今蔚州屈弗希也王親率禦
之三國皆敗臂所獲數十級而人不言臂之功遂曰謂其
妻曰吾聞仕君之道見危致命臨難忘身仗於節義不
顧死生之謂忠也夫保羅竭火羅州之役誠是國之
難君之危而吾未曾有忘身致命之勇此乃不忠甚也
既以不忠而仕君累及於先人可謂孝乎既失忠孝何
顏復遊朝市之中乎乃被髮荷琴入師彘山諫悲竹樹

之性病寄托作歌擬溪澗之回響扣琴制曲隱居不復

現世

　迎如師

實際寺釋迎如未詳族氏德行雙高景德王將邀致供

養遣使徵之如詣内蕭蘇將遂王遣使陪送至寺入門

即隱不知所在使來奏王異之追封國師後亦不復現

世至今稱囗國師房

布川山　　　五比丘　　　景德王代

歆良州東北二十許里有布山川原□奇秀宛如人斷

有五比丘未詳名氏來寓而念彌陀求西方幾十年忽

- 114 -

有聖衆自西来迎於是五比丘各坐蓮臺乘空而逝至
通度寺門外留連而天樂間奏寺僧出觀五比丘為說
無常苦空之理蛻棄遺骸放大光明向西而去其捐舍
處寺僧起亭謝名置樓至今存焉

念佛師

南山東麓有避里村村有寺因名避里寺寺有異僧不
言名氏常念弥陁聲聞于城中三百六十坊十七萬戶
無不聞辭辭無高下琅琅一揆以此異之莫不致敬皆
以念佛師為名死後泥塑真儀安于敏藏寺中其本住
避里寺改名念佛寺寺旁亦有寺名讓避因村得名

孝童第九

真定師孝善雙美

法師真定羅人也白衣時隸名平伍丙家貧不聚部後

之餘備作受栗以養孀母家中計產唯折脚一鐺而已

一日有僧到門求化營寺鐵物母以鐺施之既而定

外故母告之故且虞乏子意何如朱定喜覩於色曰施於

佛事何幸如之雖無鐺又何患乃以瓦盆為金熟食而

養之當在行伍間聞人說義湘法師在大伯山說法利

人即有嚮慕之志吉於母曰畢孝之後當投放湘法師

落髮學․真矢母曰佛法難遇人生大速乃曰畢孝不亦

晚乎昌若趂予不死以聞道闇慎勿因徇速斯可矣定
曰萱堂晚景唯我在側弃而出家豈敢忍孝母曰意為
我防出家令我便隨泥黎也雖生養以三牢七鼎豈可
為孝予其衣食於人之門亦可守其天年必欲孝我莫
畢炊且曰恐汝因熟食經營旦而行慢也宜在予目下喰
作爾言定沉思久之母即起甓儲有米弃即曰
其一囊其六速行速行定飲泣固辤曰弃母出家其亦
人子所難忍也況其抔槊數日之資盡裹而行天地其
謂我何三簣三勤之定重遺其志進途宵征三日達于
大伯山投湘公剃染為弟子名曰真定居三年母之訃

音至定跏趺入定七日乃起　說者曰追傷哀毀之至

殆不能堪故以定水滌之爾或曰以定觀察母之所生

處也或曰斯乃如實理鷙寞福也既出定後事告於

湘湘率門徒歸于小伯山之錐洞結草為廬會徒三千

約九十日講華嚴大典門人智通隨講撮其樞要兩

卷名錐洞記流通於世講畢其母現於夢曰我已生天

矣

大城孝二世父母

神文代

年梁里〔一作浮雲村〕之貪女慶祖有兒頭大頂平如城因名

大城家窘不能生育因役傭於貧殖福安家其家俵田

數畝以備衣食之資時有開士漸開欲設六輪會於興
輪寺勸化至福安家安施布五十疋開呪願曰檀越好
布施天神常護持施一得萬倍安樂壽命長大城聞之
跳踉而入謂其母曰予聽門僧誦偈云施一得萬倍念
我定無宿善今玆困乏矣今又不施來世益艱施我傭田
於法會以圖後報何如母曰善乃施田於開未幾城物
故是日夜國宰金文亮家有天唱云牟梁里大城兒今
托汝家家人震驚駙使撿牟梁里城果亡其日與唱同時有
娠生兒左手握不發七日乃開有金簡子彫大城二字
又以名之迎其母於第中兼養之旣壯好遊獵一日登

吐含山捕一熊宿山下村夢熊變爲鬼訟曰汝何殺我
我還喫汝城怖懼請容救鬼曰熊爲我剏佛寺子城普
之日喏既覺汗流被蓐自後禁原野爲熊剏長壽寺於
其捕地因而情有所感悲願增篤乃爲現生二親剏佛
國寺爲前世爺孃剏石佛寺請神琳表訓二聖師各住
焉茂張像設且酬鞠養之勞以一身孝二世父母古亦
罕聞善施之驗可不信乎將彫石佛也欲鍊一大石爲
龕盖石忽三裂憤恚而假寐夜中天神來降畢造而還
城方扆起走跋南嶺藝香木以供天神故名其地爲香
嶺其佛國寺雲攘石塔彫鏤石木之功東都諸刹

未有加也古鄉傳所載如上而寺中有記云景德王代

大相大城以天寶十年辛卯始創佛國寺歷惠恭世以

大曆九年甲寅十二月二日大城卒國家乃畢成之初

請瑜伽大德降魔住此寺繼之至于今與古傳不同未

詳孰是　讚曰牟梁春後施三畝香嶺秋來養萬金　萱

室百年貪富貴槐庄一夢去來今

　　　　向得舍知割股供親　景德王代

熊川州有向得舍知者年凶其父幾於餒死向得割股

以給養州人具事奏聞景德王賞賜租五百碩

　　孫順埋兒　　興德王代

孫順者孫舜古今作　牟梁里人父鶴山父没與妻同但傭人

家得米穀裝養老孃孃名運烏順有小兒毎奪孃食順難

之謂其妻曰兒可得母難再求而奪其食母飢何甚且

埋此兒以畐母腹之盈乃負兒故醉山梁西北郊堀山在牟北郊堀

地忽得石鍾甚寄夫婦驚怪乍懸林木上試擊之舂容可

愛妻曰得異扬殆兒之福不可埋也夫亦以爲然乃負

兒與鍾而還家懸鍾於梁扣之聲聞于闕興德王聞之

謂左右曰西郊有異鍾聲清遠不類速檢之王人来檢

其家具事奏王王曰昔郭巨瘞子天賜金金今孫順埋

兒地湧石鍾前孝後孝覆載同鑑乃賜屋一區歳給粳

五十碩以髙純孝馬順㨑舊居為寺端弘若芬壽安置石

鍾真聖王代百濟橫戒入其里鍾士寺存其得鍾之地

名兒孚坏今訛云枝良坪

貧女養母

孝宗郞遊南山鮑石亭(或云三花述)門客星馳有二客獨後

郞問其故曰芬皇寺之東里有女年二十左右抱盲母

相號而哭問同里曰此家貧乞啜而反哺有年矣適歲

荒倚門難以籍手贖債他家得穀三十石寄置大家服

役日暮橐米而來家炊餉宿則故役大家如是者

數日矣母曰昔日之糠粃心和且平近日之香秔膈肝

若刺而心未安何哉女言其實質母痛哭女噗巳之但能
口腹之養而失於色難也故相持而泣見此而遑留於
郎聞之潛然送穀一百斛郎之二親亦送衣袴一襲郎
之千徒歛祖一千石造之事達宸聽時真聖王賜穀五
百石并宅一區畫畫後衛其家以敬劫標旌其坊爲孝
養之里後捨其家爲寺名兩尊寺

吾東方三國本史遺事兩本他無所刊而只在
本府藏久刓缺一行可解僅四五字余惟士生
斯世歷觀諸史其於天下治亂興亡與諸異跡
尚欲博識況居是邦不知其國事可乎因欲改
刊廣求完本閱數載不得焉其曾梓行于世
人未易得見可知若今不改則將為失傳東方
往事後學竟夷聞知可嘆也已幸吾斯文星
州牧使權公輳聞余之求、得完本送余之喜
受具告監司安相國瑭都事朴侯佺僉曰異哉
是今刊列邑令還藏于本府噫物久則必有弊

之則必有興之而廢之而興是理之常知理之常而

有時興以永其傳亦有望於後來之惠學者云

皇明正德壬申季冬府君推誠定難効臣嘉善大

夫慶州鎮兵馬節制使全平君李繼福謹跋

生員李山甫

校正生員崔起謹

中訓大夫行慶州判官慶州鎮兵馬節制都尉李澍

奉直郎守慶尚道都事朴徐

節度使安瑭

住誠定難効臣嘉靖大夫慶尚道觀察使燕兵馬水軍

三國遺事　卷第四

影印原文

義解　第五

三國遺事　卷第五

影印原文

神呪　第六　/　感通　第七

避隱　第八　/　孝善　第九

진 병마절제도위(兵馬節制都尉)23)   이류(李瑠)24)

봉직랑(奉直郞)25) 수(守)26) 경상도(慶尙道) 도사(都事) 박전(朴佺)

추성정난공신 가정대부(嘉靖大夫)27) 경상도 관찰사(觀察使)28) 겸 병마

수군절도사(兵馬水軍節度使)   안당(安瑭)

졌다. 조선 太宗 때 慶州로 복귀되고, 世宗 때 慶州鎭이 설치되었다.

22) 判官 : 조선시대 중앙과 지방의 관아에 두었던 실무담당의 종5품직 관리.

23) 兵馬節制都尉 : 조선시대 각 도에 두었던 兵馬節度使 아래의 종6품 서반 외관
직 將이다. 巨邑은 종5품인 판관이 겸임하고 鎭을 지휘하였다.

24) 李瑠 : 여기 외에는 자료가 없어 자세히 알 수 없다.

25) 奉直郞 : 조선시대 文散階의 하나. 문관 종5품 上階의 관계명.

26) 守 : 行에 반대되는 개념으로 보임된 관직이 이미 받은 품계보다 높은 직일 경
우 守자를 붙이며, 守職으로 불린다. 조선시대에는 世宗 24년에 처음 실시되었
으며, 行職과 守職을 수여하는 법을 行守法이라고 한다.(『經國大典』)

27) 嘉靖大夫 : 조선시대 文散階의 하나. 종2품 상계의 명칭. 太祖 때 설치되어
1894년 甲午更張 때까지 실시되었다.

28) 觀察使 : 앞의 주석 4) 참조.

주진(慶州鎭)13) 병마절제사(兵馬節制使)14) 전평군(全平君) 이계복
(李繼福)15)이 삼가 발문을 쓴다.

생원(生員)16) 이산보(李山甫)17)

교정생원(校正生員) 최기동(崔起潼)18)

중훈대부(中訓大夫)19) 행(行)20) 경주부(慶州府)21) 판관(判官)22) 경주

臣으로 봉했는데, 이 중 3등에 봉해진 공신 12명을 推誠定難功臣이라 하였다.

12) 嘉善大夫 : 조선시대 文散階의 하나. 동반 종2품 下階의 명칭. 太祖 때 설치하
   여 高宗 31년 甲午更張까지 존속되었고, 이때 새로 설치된 勅任官의 하한인
   종2품도 嘉善大夫라고 하였다.

13) 慶州鎭 : 조선시대 慶州府에 설치된 鎭. 太祖 때 각 도에 2-4개의 진을 설치하
   였고, 1398년에 都節制使가 고정된 營을 이루고, 馬兵으로 군사력을 이루어 연
   안지대에 진을 설치하였다. 1419년에는 軍翼道體制로 바뀌었다가, 다시 1421년
   에 鎭營體制로 바뀌었는데, 主鎭·巨鎭·諸鎭으로 편성하여 상하관계를 명백
   히 하였다.

14) 兵馬節制使 : 조선시대 지방에 파견된 무관직. 2품 이상의 장수로 파견될 경우
   節制使라고 하고, 兵馬都節制使와 水軍都節制使도 節制使라고 불렀다. 1455
   년 이후는 정3품의 巨鎭將으로 수령이 겸하는 병마절제사와 병마수군절제사만
   이 남게 되었다.

15) 李繼福 : 여기 외에는 자료가 없어 자세히 알 수 없다.

16) 生員 : 조선시대 小科인 生員試에 합격한 사람. 生員試는 1894년 甲午更張 때
   까지 계속되었다. 생원은 성균관에 입학자격이 있고, 다시 더 공부하여 文科에
   급제하여 관직에 나가는 것이 정과정으로 되어 있었다. 이와는 달리, 향촌에서
   는 존경을 받으며 지도자로 군림하여 지방의 정치·문화방면에 군림하였다.

17) 李山甫 : 1538-1594. 자는 仲擧, 호는 鳴國이며, 韓山사람으로 牧隱 李穡의 7
   세손이다. 1568년에 문과에 급제하여 대사헌 대사간 벼슬에 오르고, 임진왜란
   때 활약이 컸다. 사후 영의정을 추증받았다.

18) 崔起潼 : 여기 외에는 자료가 없어 자세히 알 수 없다.

19) 中訓大夫 : 조선시대 文散階의 하나. 종3품 下階의 관계명.

20) 行 : 보임된 관직이 이미 받은 품계보다 낮은 직일 경우에 行자를 붙이며, 行
   職이라고 한다. 조선시대에는 定宗 때부터 실시되었다.

21) 慶州府 : 신라시조 赫居世 때의 徐羅伐로 脫解王 때 雞林으로 고쳐졌다. 고려
   太祖 18년에 慶州大都督府, 成宗 때 東京留守, 顯宗 때 慶州防禦使 安東大都
   護府 등으로 바뀌었다가 다시 東京留守로 복귀되었고, 高宗 때 雞林府로 고쳐

내가 [이 책을] 구한다는 말을 듣고 완본을 구하여 나에게 보냈다. 나는 기쁘게 받아 감사(監司)4) 자세히 안상국(安相國) 당(瑭)5)과 도사(都事)6) 박(朴侯) 전(佺)7)에게 보고했더니 모두 좋다고 하였다. 이에 여러 고을에 나누어 간행하도록 하여 본부에서 돌려받아 간직하도록 하였다.

아! 사물이 오래되면 반드시 못쓰게 되고, 못쓰게 되면 반드시 일으키게 되니, 일으키면 못쓰게 되고, 못쓰게 되면 일으키게 되니 이것이 일상의 이치이다. 일상의 이치를 알아 적당한 때에 일으켜 영원히 그것을 전하고, 또한 후대에 가서 학자들이 혜택을 입기를 기대한다.

명나라[皇明]8) 정덕(正德)9) 임신(壬申, 1512) 늦은 겨울에 부윤(府尹)10) 추성정난공신(推誠靖難功臣)11) 가선대부(嘉善大夫)12) 경

---

4) 監司 : 觀察使의 별칭. 조선 太祖 때 觀察黜陟使로 불렸으나, 明宗 21년(1566)에 관찰사로 고쳐 불렀다. 觀察使는 각 도 내의 행정·군정·재정·사법관계의 일을 총재하며, 도 내의 지방관을 감독하는 종2품으로 임명하였다.

5) 安相國瑭 : 相國은 정승을 가리킨다. 安瑭은 자가 彦寶, 호는 永慕堂이며 順興사람이다. 成均館司藝 李敦厚의 아들로 태어났다. 사관과 대사간을 거쳐 1518년(戊寅) 좌찬성과 우의정을 지냈으며, 己卯士禍를 일으켰다. 1574년(甲戌, 萬曆 2년)에 사망하였으며, 宣祖는 貞愍이라는 시호를 내렸다.

6) 都事 : 각 도의 관찰사 바로 아래에 둔 관찰사의 보좌관격 벼슬. 종5품으로 임명하였으며, 도의 영역을 관찰사와 나누어 맡아 도 내 각급 수령을 巡歷하고 糾察하는 임무를 맡았다. 首領官·亞監司로 통칭되기도 하였다.

7) 朴侯佺 : 朴佺. 여기 외에는 자료가 없어 자세히 알 수 없다.

8) 皇明 : 황제가 있는 明나라를 높여서 부르는 말.

9) 正德 : 중국 明의 제8대 황제인 武宗의 연호(1506-1521).

10) 府尹 : 조선시대 지방행정기구인 府의 장. 종2품의 문관으로 임명하였다. 太祖 때 漢陽, 1403년에 全州, 1406년에 咸興, 1577년에 廣州, 1592년에 義州 등에 설치하여 모두 6곳이 되었다. 전주·평양·함흥은 觀察使가 겸임하였고, 광주·경주·의주는 전임의 府尹이 임명되었다. 1895년 행정구역 개편 때 전국에 모두 23개소 큰 도시를 府라고 하고 그 장을 府尹이라고 하였다.

11) 推誠定難功臣 : 조선 中宗 2년(1507) 李顆의 獄事를 처리하고 21명을 定難功

발문

　우리 동방 삼국의 『삼국사기[本史]』와 『삼국유사[遺事]』 두 책은 다른 곳에서는 간행된 것이 없고 단지 본부(本府)1)에만 있으나, 세월이 오래되어 글자가 닳아 없어져서 한 줄에서 겨우 4, 5자를 해독할 수 있었다.

　내가 생각하건대, 선비들이 이 세상에 나서 여러 역사를 두루 보고 천하의 치란흥망(治亂興亡)과 여러 신기한 사적에 대하여 오히려 지식을 넓히고자 하는데, 하물며 이 나라에 살면서 이 나라의 일을 몰라서야 되겠는가?

　이러한 까닭에 다시 간행하고자 완본(完本)을 널리 구한 지 여러 해가 되었으나 얻지 못하였다. 그것은 일찍이 [이 책이] 세상에 드물게 유포되어 사람들이 쉽게 얻어 볼 수 없음을 알 수 있다. 만약 지금 다시 간행을 못하면 앞으로 실전(失傳)되어 동방의 옛일을 후학은 끝내 알지 못하게 될 것이니 한탄할 만한 일이다.

　다행히 유학자[斯文] 성주목사(星州牧使)2) 권공(權公) 주(輳)3)가

---

1) 本府 : 慶州府를 가리킨다.
2) 牧使 : 지방의 관찰사 아래에서 행정단위인 牧을 통치하는 관직으로 종3품의 외직. 군사통수권까지 장악하였으며, 주로 문관으로 보임하였다.
3) 權公輳 : 權輳. 조선 成宗 11년(1480)에 司馬試에 급제하여 掌令벼슬을 지내다가, 1507년에 文科에 급제하여 寺正典籍과 公州牧使을 지냈다.

生員 李山甫

校正生員 崔起潼

中訓大夫行慶州府⁶⁾判官慶州鎭兵馬節制都尉　李瑠

奉直郎守慶尙道都事　朴佺

推誠定難功臣嘉靖大夫慶尙道觀察使兼兵馬水軍節度使 安瑭⁷⁾

---

6) 府 : [正][順] 판독미상. [斗][浩][六] 府.
7) 推誠定難功臣嘉靖大夫慶尙道觀察使兼兵馬水軍節度使　安瑭 : [正][斗][六]
　 節度使安瑭 推誠定難功臣嘉靖大夫慶尙道觀察使兼兵馬水軍. [浩] 推誠定難
　 功臣嘉靖大夫慶尙道觀察使兼兵馬水軍節度使　安瑭.

140. 跋[1]

　吾東方三國　本史遺事兩本　他無所刊　而只在本府　歲久刓缺　一行可解　僅四五字　余惟士生斯世　歷觀諸史　其於天下治亂興亡與諸異跡　尙欲博識　況居是邦　不知其國事　可乎

　因欲改刊　廣求完本　閱數載不得焉　其曾罕行于世　人未易得見可知　若今不改　則將爲失傳　東方往事　後學竟莫聞知　可嘆也已　幸吾斯文星州牧使權公轓[2]　聞余之求　求得完本送余　余喜受　具告監司安相國瑭[3]都事朴侯[4]佺　僉曰善　於是分刊列邑　令還藏于[5]本府

　噫物久則必有廢　廢則必有興　興而廢　廢而興　是理之常　知理之常　而有時興　以永其傳　亦有望於後來之惠學者云

　皇明正德壬申季冬　府尹推誠定難功臣嘉善大夫慶州鎭兵馬節制使全平君李繼福謹跋

---

1) 跋 : [正]에는 없으나 편의상 추가함.
2) 轓 : [正][順] 轓(가필). [斗][浩][六] 轓.
3) 瑭 : [正][順] 溏(가필). [斗][浩][六] 瑭.
4) 侯 : [正] 候. [斗][浩][六] 侯.
5) 于 : [正] 子. [斗][浩][六] 于.

맡겨 놓고 일을 하였습니다. 해가 지면 쌀을 싸 가지고 집에 와서 밥을 지어 드리고 [어머니와] 함께 자고, 새벽이면 부잣집에 가서 일을 하였습니다. 이렇게 한 지 며칠만에 어머니가 말하기를, 전일에 거친 음식은 마음이 편안하더니, 요사이 좋은 음식은 가슴속을 찌르는 것 같고 마음이 편안하지 않으니 어찌된 일이냐고 하였습니다. [이에] 딸이 사실대로 말하였더니, 어머니가 통곡하고, 딸은 자기가 단지 입과 배를 봉양할 줄만 알고, 부모의 마음을 살필 줄 모른 것6)을 한탄하여 서로 붙잡고 울고 있는 것입니다'고 하였습니다. [그래서] 이것을 보느라고 늦었습니다"고 하였다.

효종랑이 이 말을 듣고 눈물을 흘리며 곡식 1천 말7)을 보냈고, 효종랑의 부모도 의복 1습을 보냈으며, 효종랑의 많은 무리들도 조(租)8) 1천 섬을 거두어 보냈다. [이] 일이 임금에게 알려지자, 그때 진성왕(眞聖王)이 곡식 5백 섬과 아울러 집 한 채를 하사하고, 군졸을 보내 그 집을 지켜주어 도적을 막게 하였다. 그 방(坊)에 정문을 세워9) 효양(孝養)마을이라고 하였다. 뒤에 그 집을 내어 절을 만드니 양존사(兩尊寺)10)라고 이름하였다.

삼국유사 권제5

---

6) 色難 : 色養을 하지 못하는 것. 色養이란 부모의 얼굴 빛을 보아 마음을 편안하게 해드리는 봉양.

7) 一百斛 : 斛은 10말의 용량. 따라서 100斛은 1000말 가량이 된다.

8) 租 : 신라 때 租·庸·調 貢賦의 하나. 租는 세금, 庸은 부역, 調는 특산물을 바치는 것. 신라의 조세제도는 神文王 때 전부터 내려오는 祿邑을 폐지하고, 대신 官僚田과 歲租로 바꿨다. 그 결과, 예를 들면 强首가 新城租 100석, 金庾信 사후 그의 부인이 南城租 1000석 등을 받았다. 세조는 녹읍과 관료전을 받지 못하는 대상자에게 주었다.

9) 旌 : 旌門을 세우다. 旌門은 紅門으로 충신·효자·열녀 등을 표창하기 위하여 그 집 앞에 세운 붉은 문이다.

10) 兩尊寺 : 여기 외에는 자료가 없어 자세히 알 수 없다.

가난한 여인이 어머니를 봉양하다

　효종랑(孝宗郎)[1]이 남산(南山)의 포석정(鮑石亭)[2]〈혹은 삼화술(三花述)[3]이라고도 한다.〉에서 놀 때 문객들이 매우 급히 달려왔는데, 유독 두 사람만이 늦었다. 효종랑이 그 까닭을 물으니, [그는] 말하기를, "분황사(芬皇寺)[4]의 동쪽 마을에 나이가 스무 살 전후인 여자가 눈먼 어머니를 껴안고 서로 부르며 울고 있어서 같은 마을 사람에게 물으니, [그들이] 말하기를, '이 여자의 집은 가난하여 걸식하며 어머니를 봉양한 지[5] 몇 년이 되었습니다. 마침 금년은 흉년이 들어 문전에서 걸식하기도 어려워서 남의 집에 품을 팔아 곡식 30섬을 받아 부잣집에

---

1) 孝宗郎 : 신라 眞聖女王 때 慶州사람으로 화랑이며, 재상 仁慶의 아들이고, 憲康王의 사위이다.

2) 鮑石亭 : 慶州市 南山 서록에 있는 신라시대의 離宮址. 鮑形(전복모양) 水路 (流觴曲水)에 술잔을 띄워 돌아가며 받아 마셨다고 한다. 景哀王 때 甄萱의 공격으로 왕이 자결하였다는 기사가 [史] 卷12 新羅本紀 景哀王 4年條·[史] 卷50 列傳 甄萱傳條·[遺] 卷2 紀異 處容郎 望海寺條 등에 전한다.

3) 三花述 : 경상북도 慶州 南山에 있던 신라 때의 고개이름. 3존석불이 있었다고 하며, 경주박물관에 있는 애기부처가 이곳에서 옮긴 것이라고 한다. 그러나 위치에 대해서는 남산의 남쪽이라는 견해와 북쪽이라는 견해가 있는데 확실치 않다.(黃壽永,『韓國佛像의 硏究』, 三和出版社, 1973 : 慶州市,『慶州南山古蹟巡禮』, 1979)

4) 芬皇寺 : [遺] 卷3 興法 阿道基羅條 참조.

5) 反哺 : 씹어서 먹이다. 까마귀 새끼가 자란 뒤에 늙은 어미 까마귀에게 먹을 것을 물어다 준다는 뜻으로 사람이 어버이에게 진 은혜를 갚는 것을 말한다. 「反哺之孝」.

139. 貧女養母

孝宗郎遊南山鮑石亭〈或云三花述〉門客星馳 有二客獨後 郎問其
故 曰 芬皇寺之東里有女 年二十左右 抱盲母相號而哭 問同里 曰
此女家貧 乞啜而反哺有年矣 適歲荒 倚門難以藉手 贖賃他家 得
穀三十石 奇置大家服役 日暮橐米而來家 炊餉伴宿 晨則歸[1)]役大
家 如是者數日矣 母曰 昔日之糠粃 心和且平 近日之香秔 膈肝若
刺 而心未安 何哉 女言其實 母痛哭 女嘆己之但能口腹之養 而失
於色難也 故相持而泣 見此而遲留爾

郎聞之潸然 送穀一百斛 郎之二親亦送衣袴一襲 郎之千徒 斂租
一千石[2)]遺之 事達宸聰 時眞聖王賜穀五百石[3)] 幷宅一廛[4)] 遣卒徒
衛其家 以儆劫掠[5)] 旌其坊爲孝養之里 後捨[6)]其家爲寺 名兩尊寺

三國遺事 卷第五[7)]

---

1) 歸 : [正] 故. [品] 皈(歸와 동자). [斗][浩][六] 歸.
2) 石 : [正] 石.
3) 石 : 주 2)와 같음.
4) 廛 : [正] 廛. [品] 壐. [斗][浩][六] 廛.
5) 掠 : [正] 椋. [品][斗][浩][六] 掠.
6) 捨 : [正] 拾. [品][斗][浩][六][民] 捨.
7) 三國遺事 卷第五 : [正]에는 없으나 편의상 추가함.

한 도둑떼12)가 그 마을에 들어가서 종은 없어지고 절만 남았다. 그 종을 얻은 땅을 완호평(完乎坪)이라고 불렀는데, 지금은 잘못 전해져서 지량평(枝良坪)13)이라고 한다.

---

12) 百濟橫賊 : 후백제 甄萱의 군이 慶州에 침입한 사실을 가리키는 듯하나 연대의 혼란이 보인다. [遺] 卷2 紀異 後百濟 甄萱條 참조.

13) 完乎坪 枝良坪 : 여기 외에는 자료가 없어 자세히 알 수 없다.

◇ 연 구 자 ◇

姜仁求(韓國精神文化研究院 名譽教授)
金杜珍(國民大學校 國史學科 教授)
金相鉉(東國大學校 史學科 教授)
張忠植(東國大學校大學院 美術史學科 教授)
黃浿江(檀國大學校 名譽教授)

◇ 연구보조원 ◇

趙景徹(韓國精神文化研究院 韓國學大學院 博士課程)
文銀順(韓國精神文化研究院 韓國學大學院 博士課程)
尹琇姬(韓國精神文化研究院 韓國學大學院 博士課程)

韓國精神文化研究院
譯註 三國遺事 IV

2003년 6월 25일 초판 인쇄
2003년 6월 30일 초판 발행

발 행 인 | 송 미 옥
편 집 인 | 한국정신문화연구원
발 행 처 | 以會文化社

주   소 | 서울시 동대문구 답십리동 488-338 부영B/D 503
전   화 | 02-2244-7912~3
팩   스 | 02-2244-7914
전자우편 | ih7912@chollian.net
등   록 | 제6-0532 (1992. 5. 2)

ISBN 89-8107-250-7 (세트)
         89-8107-254-X 94910

정가 28,000원